ユーキャンの

学科も実技もしっかり対応

FP2 AFP 級

でるとこ攻略問題集

JN012670

もくじ

ユーニャン

論点別問題　学科試験

論点別問題　実技試験

予想模試

（別冊）予想模試　解答・解説

おことわり

＊本書における法令などの基準について

本書は2024年4月1日現在施行の法令等に基づいて編集されています。本書記載内容に関し、執筆以降の法改正情報などで、試験に関連するものについては、下記「ユーキャンの本」ウェブサイト内「追補（法改正・正誤）」にて、適宜お知らせいたします。

➡https://www.u-can.co.jp/book/information

＊過去問題の掲載について

過去問題につきましては、実際に行われた試験問題（一部改題）の表記のまま掲載しておりますので、他の問題、解説文などの表記と異なる場合があります。

一般社団法人金融財政事情研究会　ファイナンシャル・プランニング技能検定2級

実技試験（個人資産相談業務・生保顧客資産相談業務）

日本FP協会　2級ファイナンシャル・プランニング技能検定

実技試験（資産設計提案業務）

本書の使い方

Step 1

重要事項のチェック

「論点別問題」で過去に実際に出題された問題を解き、出題形式や試験によく出る重要事項を学習します。
答えを確認する際は、全ての選択肢の解説を読んで、理解を深めましょう。

合格目指してファイトだニャ！

出題・科目を確認
論点別問題の実技試験のタイトルバーには、どの科目に関連する内容なのかをアイコンで示しています。
（個人）…個人資産相談業務
（生保）…生保顧客資産相談業務
（資産）…資産設計提案業務

重要度を確認
出題傾向を分析し、重要度と頻出度の高いものをA・Bで表示しています。
A：重要度が特に高い
B：重要度が高い

出題分野を確認

チェックボックス
繰り返し学習に役立ちます。

タックスプランニング

税の分類

01 **A** ☐☐☐ 2023年5月
わが国の税制に関する次の記述のうち、最も適切なものはどれか。

1. 所得税では、課税対象となる所得を8種類に区分し、それぞれの所得の種類ごとに定められた計算方法により所得の金額を計算する。
2. 相続税では、納税者が申告書に記載した被相続人の資産等の内容に基づき、税務署長が納付すべき税額を決定する賦課課税方式を採用している。
3. 相続税は直接税に該当し、消費税は間接税に該当する。
4. 固定資産税は国税に該当し、登録免許税は地方税に該当する。

所得税のしくみ

02 **B** ☐☐☐ 2023年1月
所得税の基本的な仕組みに関する次の記述のうち、最も適切なものはどれか。

1. 非永住者以外の居住者は、国内源泉所得に加え、国外源泉所得のうち国内において支払われたものおよび国外から送金されたものに限り、所得税の納税義務がある。
2. 所得税における青色申告制度では、納税者に記帳義務および帳簿書類保存義務が課されている。
3. 各種所得の金額の計算上、収入金額には、原則として、その年において収入すべきことが確定した金額のうち、未収入の金額を控除した額を計上する。
4. 所得税は、納税者が申告をした後に、税務署長が所得や納付すべき税額を決定する賦課課税方式を採用している。

110

近年の出題傾向を押さえて、集中的に学習するニャ

Step 2

予想模擬試験に チャレンジ

「予想模試」にチャレンジしましょう。本試験と同じ条件で取り組み、時間配分も確認しましょう。解答は別冊の「解答・解説」で確認して下さい。

Step 3

くりかえし学習で 効果UP

不得意な分野を中心に、もう一度「論点別問題」に取り組み、苦手を克服しましょう。また、総仕上げに「予想模試」に再チャレンジして自信をつけましょう。

解説を赤シートでかくして、重要なところを覚えるニャ！

学科試験 タックスプランニング

01 解説

1. 不適切。所得税では、課税対象となる所得を10種類に区分し、それぞれの所得の種類ごとに定められた計算方法により所得の金額を計算する。

2. 不適切。相続税では、納税者が申告書に記載した被相続人の資産等の内容に申告・納税する申告納税方式を採用している。

3. 適切。相続税は直接税に該当し、消費税は間接税に該当する。

4. 不適切。固定資産税は地方税(市町村税)、登録免許税は国税に該当する。

➡ テキストp.301, 302, 305　　**解答 3**

02 解説

1. 不適切。非永住者以外の居住者は、国内外のすべての所得について所得税の納税義務がある。

2. 適切。所得税における青色申告制度では、納税者に記帳義務および帳簿書類保存義務(7年)が課されている。

3. 不適切。各種所得の金額の計算上、収入金額には、原則として、その年において収入すべきことが確定した金額であれば未収入の金額も含めた金額を計上する。

4. 不適切。所得税は、納税者が申告書を作成して申告・納税を行う、申告納税方式を採用している。

➡ テキストp.302, 303, 358　　**解答 2**

おさらいするニャ

個人としての納税義務者

区分		内容	課税対象となる所得
居住者	非永住者以外の居住者	国内に住所がある個人、または、現在までに引き続き1年以上国内に居所がある個人のうち非永住者以外の者	国内外のすべての所得
	非永住者	居住者のうち、日本国籍がなく、かつ過去10年間のうち日本国内に住所または居所を有していた期間の合計が5年以下である個人	国内源泉所得および国外源泉所得で国内に支払われたもの、または国外から送金されたもの
非居住者		居住者以外の個人	国内源泉所得のみ

111

出典・改題

過去問題については、何年の何月の試験で出題されたかを明記しています。また、受験年が2024年時点になるように、問題を一部改題したものについては「改」と表示しています。

→テキスト

姉妹書『'24〜'25年版 ユーキャンのFP2級・AFP でるとこ攻略テキスト』の該当ページを記載しています。

おさらいするニャ

学習のポイントとなる事柄を図や表などにわかりやすくまとめています。

まちがったところは姉妹テキストを見直して、くりかえし学習するニャ！

FP2級 Q&A

FP2級技能検定を受検する前に、
資格や試験についての疑問をスッキリ解決し、
合格を目指して頑張りましょう。

FP2級技能検定はだれでも
受けられるのかニャ？

　FP2級技能検定を受検するには、FP3級技能検定に合格していること、あるいはFP業務に関し2年以上の実務経験があることなどのいくつかの受検資格のうちいずれかを満たしている必要があります。

以前、金財の学科に合格したけど、
日本FP協会で実技を受けることは
できるかニャ？

　FPの試験実施団体には、一般社団法人金融財政事情研究会（金財）とNPO法人日本ファイナンシャル・プランナーズ協会（日本FP協会）があります。学科試験は共通ですが、実技試験は実施団体によって異なっており、学科・実技は個別に合否判定されます。
　学科・実技のいずれか一方のみに合格した場合は、合格から翌々年度末までに実施される試験で「試験の免除」申請をすることができます。その際、実施団体を変更して受検することも可能です。

AFP って何？

　AFP資格（アフェリエイテッド・ファイナンシャル・プランナー）は、FP技能士よりもさらに実戦的な資格です。

　日本FP協会が認定する資格で、FP技能士が国家資格であるのに対し、AFPは民間資格となっています。

　２年ごとの資格更新に所定の継続教育が必要で、知識とスキルをブラッシュアップしていきたい方に向いています。

●AFPの認定要件
・２級FP試験の合格者
・日本FP協会が認定した「AFP認定研修」の修了者

試験ごとに法令基準日って
変わるのかニャ？

2024年９月から2025年５月までに実施される試験の
法令基準日は下記の通りです。

試験月	2024年９月	2025年１月	2025年５月*
法令基準日	2024年４月１日	2024年10月１日	

＊金財のみ紙試験実施予定

なお、2025年４月１日より、金財／日本FP協会の両団体においてCBT試験が実施されます。CBT試験での受験をお考えの方は、法令基準日が上記と異なる場合がございます。詳しくは、各試験実施団体公式ホームページ等よりご確認ください。

FP2級 資格・試験について

 2級FP技能検定の試験概要（2024年度分）

◆学科試験、実技試験の共通事項

受検資格	下記の①〜④のいずれかに該当していること ①日本FP協会が認定するAFP認定研修を修了した者 ②3級の技能検定に合格した者 ③2年以上の実務経験を有する者 ④厚生労働省認定金融渉外技能審査3級の合格者
申込方法	郵送もしくはインターネット
試験日	年3回（5/26、9/8、2025年1/26） ＊2024年度の場合
合格発表	6/28、10/21、2025年3/7 ＊2024年度の場合

◆学科試験

実施機関	金財・日本FP協会（共通の内容）
試験時間	10:00 〜 12:00（120分）
出題形式	マークシート60問（四答択一式）
合格基準	36点以上/60点満点
受検手数料	5,700円

◆実技試験

実施機関	金財	日本FP協会
試験時間	13:30 〜 15:00（90分）	
出題形式	記述式15問	記述式40問
合格基準	30点以上/50点満点	60点以上/100点満点
受検手数料	各科目6,000円	6,000円
選択科目	個人資産相談業務・生保顧客資産相談業務・損保顧客資産相談業務・中小事業主資産相談業務のうちから1つを選択	資産設計提案業務

2級FP技能検定の試験科目

学科試験	実技試験
A ライフプランニング B リスク管理 C 金融資産運用 D タックスプランニング E 不動産 F 相続・事業承継	● 個人資産相談業務/生保顧客資産相談業務 1. 関連業法との関係及び職業上の倫理を踏まえたファイナンシャル・プランニング 2. 個人顧客（生保顧客）のニーズ及び問題点の把握 3. 問題の解決策の検討・分析 4. 顧客の立場に立った相談 ● 資産設計提案業務 1. 関連業法との関係及び職業上の倫理を踏まえたファイナンシャル・プランニング 2. ファイナンシャル・プランニングのプロセス 3. 顧客のファイナンス状況の分析と評価 4. プランの検討・作成と提示

 ## 2級FP学科試験データ

試験実施年月	実施機関	受検者数	合格者数	合格率
2023年5月	金財	27,239人	4,772人	17.51%
	日本FP協会	24,727人	12,072人	48.82%
2023年9月	金財	28,094人	6,393人	22.75%
	日本FP協会	23,917人	12,804人	53.54%
2024年1月	金財	29,226人	3,881人	13.27%
	日本FP協会	26,563人	10,360人	39.00%

３級FP技能士試験と２級FP技能士試験の体系

◆**３級FP技能士試験**

受検資格	FP業務に従事している者、従事しようとしている者
科目	学科試験
	実技試験 （以下のなかから１科目選択） ・個人資産相談業務 ・保険顧客資産相談業務 ・資産設計提案業務

◆**２級FP技能士試験**

受検資格	実務経験２年以上・３級合格者*・日本FP協会認定のAFP研修を修了した者 *金融渉外技能審査３級の合格者を含む
科目	学科試験
	実技試験 （以下のなかから１科目選択） ・個人資産相談業務 ・中小事業主資産相談業務 ・生保顧客資産相談業務 ・損保顧客資産相談業務 ・資産設計提案業務

 問い合わせ先

試験に関する詳細情報は試験実施機関のホームページ等でご確認下さい。

●一般社団法人金融財政事情研究会（金財）

　TEL　03-3358-0771（検定センター）

　URL　https://www.kinzai.or.jp/

●NPO法人日本ファイナンシャル・プランナーズ協会（日本FP協会）

　TEL　03-5403-9890（試験業務部）

　URL　https://www.jafp.or.jp/

論点別問題
学科試験

「論点別問題（学科試験）」には、6分野それぞれの「四答択一式」過去問題を論点別に収載しています。実際の試験ではどういった問われ方をするのかを確かめながら、正確な知識を効率よく習得してください。また、問題を解いた後は必ず解説を読み、合格に必要な知識を確実におさえるようにしましょう。「おさらいするニャ」で、再度その項目を復習するのもよいでしょう。

試験問題については、特に指示のない限り、2024年4月現在施行の法令等に基づいて、解答してください（復興特別法人税・復興特別所得税・個人住民税の均等割加算も考慮するものとします）。なお、東日本大震災の被災者等に対する各種特例等については考慮しないものとします。

ライフプランニング

01 **A** ☐ ☐ 2023年5月

ファイナンシャル・プランナー（以下「FP」という）の顧客に対する行為に関する次の記述のうち、職業倫理や関連法規に照らし、最も不適切なものはどれか。

1. 社会保険労務士の登録を受けていないFPのAさんは、老齢基礎年金の繰下げ受給について相談に来た顧客に対し、繰下げ受給の仕組みや年金額の計算方法について一般的な説明を行った。
2. 税理士の登録を受けていないFPのBさんは、所得税の確定申告について相談に来た顧客に対し、国税庁のホームページを見せながら確定申告の方法について一般的な説明を行った。
3. 生命保険募集人の登録を受けていないFPのCさんは、子の誕生を機に生命保険に加入したいと相談に来た顧客に対し、家計の状況を聞き取りながら必要保障額の計算を行った。
4. 弁護士の登録を受けていないFPのDさんは、相続人間の遺産分割について相談に来た顧客と代理人契約を締結し、顧客の代理人として、有償で他の相続人との遺産分割協議を行った。

02 **A** ☐ ☐ 2022年1月

「個人情報の保護に関する法律」（以下「個人情報保護法」という）に関する次の記述のうち、最も不適切なものはどれか。

1. 個人情報保護法に定める個人識別符号には、指紋認証データや顔認証データといった個人の身体の一部の特徴をデータに変換した符号が含まれる。
2. 個人情報取扱事業者は、個人情報データベース等を事業の用に供している者のうち、5,000件超の個人データを取り扱う事業者に限られる。
3. 個人情報取扱事業者が、本人との契約を通じて契約者本人の個人情報を取得する場合、原則として、契約締結前に、本人に対し、その利用目的を明示しなければならない。
4. 個人情報取扱事業者が、人の生命、身体または財産の保護のために、本人の病歴や犯罪の経歴などの要配慮個人情報を取得する場合、取得に当たって本人の同意を得ることが困難であるときは、あらかじめ本人の同意を得る必要がない。

01　解説

1．適切。社会保険労務士の登録を受けていない者が、公的年金制度の一般的な説明を行うことは、問題ない。
2．適切。税理士の登録を受けていない者が、確定申告の方法について一般的な説明を行うことは、問題ない。
3．適切。生命保険募集人とは、保険会社のために保険契約の締結の代理または媒介を行う者をいう。生命保険の必要保障額の計算を行うことは保険契約の募集行為ではないので生命保険募集人の登録を受けていない者が行っても問題ない。
4．不適切。弁護士でない者は、報酬を得る目的で遺産分割の交渉などを行うことはできない。

➡ テキストp.15　解答　4

02　解説

1．適切。個人識別符号には、顔認証データ、指紋認証データなどの身体の一部の特徴をデータに変換した符号が含まれる。
2．不適切。取り扱っている個人情報の数にかかわらず、個人情報データベースを事業に用いている事業者すべてが個人情報取扱事業者となる。
3．適切。個人情報取扱事業者が、本人との契約を通じて契約者本人の個人情報を取得する場合には、原則として、契約締結前に本人にその利用目的を明示しなければならない。
4．適切。個人情報取扱事業者が、急病などに際して、人の生命、身体または財産の保護のために、本人の病歴や犯罪の経歴などの要配慮個人情報を取得する場合には、取得に当たって本人の同意を得ることが困難である場合はあらかじめ本人の同意を得る必要はない。

➡ テキストp.14, 226　解答　2

ライフプランニングの考え方と手法

03　**B**　□□ 2021年5月

ライフプランニングにおけるライフステージ別の一般的な資金の活用等に関する次の記述のうち、**最も不適切なもの**はどれか。

1．Aさん(25歳)は、子の教育資金を準備するため、金融機関のカードローンで資金を借り入れ、高リスクだが、高い収益が見込める金融商品を購入して積極的な運用を図ることとした。
2．Bさん(40歳)は、老後の生活資金を充実させるために、確定拠出年金の個人型年金(iDeCo)を利用して余裕資金を運用することとした。
3．Cさん(60歳)は、退職金と預貯金のうち、今後の生活資金を確保した残りの余裕資金から、子が住宅を取得するための頭金として、税務上非課税となる範囲で現金を贈与することとした。
4．Dさん(70歳)は、相続対策として、相続人がもめないように、遺言執行者として弁護士を指定した自筆証書遺言を作成し、法務局(遺言書保管所)に保管の申請をすることとした。

04　**A**　□□ 2023年1月

ファイナンシャル・プランナーがライフプランニングに当たって作成する**キャッシュフロー表の一般的な作成方法**に関する次の記述のうち、**最も適切なもの**はどれか。

1．キャッシュフロー表の作成において、可処分所得は、年間の収入金額から直接税、社会保険料および住居費の金額を控除した金額を計上する。
2．キャッシュフロー表の作成において、住宅ローンの返済方法を元金均等返済方式とした場合、その返済額は、毎年同額を計上する。
3．キャッシュフロー表の作成において、基本生活費や教育費等の支出項目に計上した金額は、家族構成が変わらない限り、見直す必要はない。
4．キャッシュフロー表の作成において、各年次の貯蓄残高は、「前年末の貯蓄残高×(1＋運用利率)＋当年の年間収支」の算式で計算した金額を計上する。

03 **解説**

1．**不適切**。高金利のカードローンによって借り入れた資金を、ローン利率を上回る利回りで運用することは難しい。確実に準備したい子の教育資金の準備方法として、借入金を用いてハイリスク・ハイリターンの金融商品で運用するのは不適切である。

2．**適切**。確定拠出年金の個人型年金(iDeCo)は、**運用益が非課税**であり、60歳以上にならないと引き出せないので、確実に老後資金準備を行うのに向いた制度である。

3．**適切**。退職金と預貯金から今後の生活資金を確保した上で、余裕資金から子の住宅取得資金を、贈与税のかからない範囲内で現金で贈与することは、子の生活を助け、相続税対策としても有効である。

4．**適切**。相続対策として、相続人がもめないように、遺言執行者として弁護士を指定した**自筆証書遺言**を作成して被相続人の意思を伝えることは有効である。さらに、2020年7月から開始した**法務局**(遺言書保管所)での**遺言書保管制度**を利用することで、遺言書の紛失なども防ぐことができる。

➡ テキストp.98, 509 解答 1

04 **解説**

1．**不適切**。キャッシュフロー表の作成において、可処分所得は、年間の収入金額から直接税、社会保険料の金額を控除した金額を計上する。

2．**不適切**。キャッシュフロー表の作成において、住宅ローンの返済方法を元利均等返済方式とした場合は、その返済額は、毎年同額を計上するが、元金均等返済方式とした場合は、毎年返済額が逓減していくので、返済額を試算して計上する。

3．**不適切**。キャッシュフロー表の作成において、基本生活費や教育費等の支出項目に計上した金額は、家族構成が変わらなくても、子どもの成長や進学、生活スタイルの変化で変わっていくので、見直す必要がある。

4．**適切**。キャッシュフロー表の作成において、各年次の貯蓄残高は、「前年末の貯蓄残高×（1＋運用利率)＋当年の年間収支」の算式で計算した金額を計上する。

➡ テキストp.18, 19, 27 解答 4

ライフプランニングにおける各種係数を用いた必要額の算出に関する次の記述の空欄（ ア ）、（ イ ）にあてはまる語句の組み合わせとして、最も適切なものはどれか。なお、算出に当たっては下記〈資料〉の係数を乗算で使用し、手数料や税金等については考慮しないものとする。

・Aさんが60歳から65歳になるまでの5年間、年率2%で複利運用しながら、毎年200万円を受け取る場合、60歳時点の元金として（ ア ）が必要となる。

・Bさんが45歳から毎年一定額を積み立てながら年率2%で複利運用し、15年後の60歳時に1,000万円を準備する場合、毎年の積立金額は（ イ ）となる。

〈資料〉年率2%の各種係数

	5年	15年
終価係数	1.1041	1.3459
現価係数	0.9057	0.7430
減債基金係数	0.1922	0.0578
資本回収係数	0.2122	0.0778
年金終価係数	5.2040	17.2934
年金現価係数	4.7135	12.8493

1．（ア）9,057,000円　　（イ）578,000円
2．（ア）9,057,000円　　（イ）778,000円
3．（ア）9,427,000円　　（イ）578,000円
4．（ア）9,427,000円　　（イ）778,000円

05 解説

（ア）希望する年金額を受け取るために必要な元本（年金原資）を求める場合には、**年金現価係数**を用いる。年利２％で複利運用しながら５年間年金を受け取る場合の年金現価係数は4.7135なので、年金原資は

200万円×4.7135＝9,427,000円　である。

（イ）将来の目標金額のために必要な毎年の積立額を計算する場合には、**減債基金係数**を用いる。毎年一定額を積み立てて年利２％で複利運用し15年間で1,000万円を準備する場合の減債基金係数は0.0578なので、毎年の積立額は

1,000万円×0.0578＝578,000円　である。

➡ テキストp.20, 21　解答 3

おさらいするニャ

係数の考え方

年金現価係数

希望する年金額を受け取るために必要な年金原資（元本）や、住宅ローンなどの年間のローン返済額から借入可能額を求める場合に用いる係数

例：年金を毎年 100 万円ずつ 10 年間にわたって受け取りたい場合、年利2%だといくらの元本が必要か？

？＝100 万円 ×8.983＝8,983,000 円

減債基金係数

将来の目標金額のために必要な毎年の積立額を求める場合に用いる係数

例：年利 2% で 10 年後に 100 万円を貯める場合の毎年の積立額はいくらか？

？＝100 万円 ×0.091＝91,000 円

ライフプランの作成の際に活用される**各種係数**に関する次の記述のうち、**最も不適切なも
のはどれか**。

1. 余裕資金300万円を20年間、年率2.0％で複利運用する場合、20年後の元利合計額を計
　 算するには、終価係数を使用する。
2. 退職してから30年間、年率1.5％で複利運用しながら、毎年50万円ずつ受け取りたい場
　 合、退職時点で必要な金額を計算するには、年金現価係数を使用する。
3. 10年後に自宅をリフォームする資金500万円を年率1.5％の複利運用で準備したい場合、
　 現時点で用意すべき手元資金の金額を計算するには、現価係数を使用する。
4. 年率2.0％で複利運用しながら、5 年後に自家用車を買い替える資金300万円を準備し
　 たい場合、必要な毎年の積立額を計算するには、資本回収係数を使用する。

住宅資金設計

住宅金融支援機構と金融機関が提携した住宅ローンであるフラット35（買取型）に関する次
の記述のうち、**最も適切なものはどれか**。

1. フラット35の融資額は、住宅の建設費または購入価額以内で、最高 1 億円である。
2. フラット35の返済方法は、元利均等返済に指定されている。
3. 店舗付き住宅などの併用住宅を建築する場合、住宅部分・非住宅部分の床面積の割合
　 に関係なく、フラット35を利用することができる。
4. 住宅金融支援機構は、融資を実行する金融機関から住宅ローン債権を買い取り、対象
　 となる住宅の第 1 順位の抵当権者となる。

06　解説

1．適切。現在ある資金を複利運用したら、将来いくらになるかを求める場合には終価係数を使用する。

2．適切。希望する年金額を受け取るために必要な元本（年金原資）を求める場合には、年金現価係数を使用する。

3．適切。将来の目標金額のために現時点で用意すべき手元資金の金額を計算するには、現価係数を使用する。

4．不適切。将来の目標金額のために必要な毎年の積立額を計算するには、減債基金係数を使用する。資本回収係数は現在の額を運用しながら受け取れる年金額を求める場合などに用いる係数である。

➡ テキストp.20, 21　**解答　4**

07　解説

1．不適切。フラット35の融資額は、住宅の建設費または購入価額以内で、最高8,000万円である。

2．不適切。フラット35の返済方法には、元利均等返済と元金均等返済がある。

3．不適切。フラット35を利用して店舗付き住宅などの併用住宅を建築する場合には、住宅部分の床面積が非住宅部分（店舗、事務所など）の床面積以上であることが必要である。

4．適切。住宅金融支援機構は、融資を実行する金融機関から住宅ローン債権を買い取り、対象となる住宅の第1順位の抵当権者となる。

➡ テキストp.30　**解答　4**

住宅購入に伴って住宅ローンの利用を検討しているAさんに関する次の記述の空欄(ア)、(イ)にあてはまる語句の組み合わせとして、最も適切なものはどれか。なお、フラット35(買取型)を利用するに当たって、記載されたもの以外の要件はすべて満たしているものとする。

> 給与所得者であるAさん(40歳)は将来、相応の金利上昇を見込んで固定金利型の住宅ローンを利用し、返済方法については、毎月の返済額が一定で返済計画を立てやすい（　ア　）を選ぶつもりである。Aさんは、専有面積50㎡の2DKタイプの居住用マンションの購入を考えており、この場合、住宅金融支援機構と金融機関が提携した住宅ローンであるフラット35(買取型)を利用することは（　イ　）。

1．（ア)元利均等返済　（イ)できない
2．（ア)元金均等返済　（イ)できない
3．（ア)元利均等返済　（イ)できる
4．（ア)元金均等返済　（イ)できる

教育資金設計

奨学金および教育ローンに関する次の記述のうち、最も不適切なものはどれか。

1．日本学生支援機構の奨学金(貸与型)の返還が困難となった場合、一定期間の返還を猶予する返還期限猶予を申請することができる。
2．日本学生支援機構の奨学金(貸与型)には、無利息の第一種奨学金と利息付き(在学中は無利息)の第二種奨学金がある。
3．日本政策金融公庫の教育一般貸付(国の教育ローン)の資金使途として、入学金・授業料等の学校納付金や教材費だけでなく、受験にかかった費用や在学のために必要となる住居費用も対象となる。
4．日本政策金融公庫の教育一般貸付(国の教育ローン)は、学生の保護者が申込人になることはできず、学生本人が申込人となる。

08 **解説**

（ア）毎月の返済額が一定で返済計画を立てやすいのは元利均等返済である。元金均等返済は毎月の元本返済額が一定のため、返済当初は返済利息額が大きいが、返済が進むと返済利息額は少なくなり、毎月返済額も少なくなっていく。

（イ）フラット35は、マンションの場合、専有面積30㎡以上で利用できる。したがって、Aさんの購入希望物件の専有面積は50㎡なので、フラット35（買取型）を利用することができる。

➡ テキストp.27, 28, 30 **解答** 3

09 **解説**

1．適切。日本学生支援機構の奨学金（貸与型）の返還が困難となった場合、一定期間の返還を猶予する「返還期限猶予制度」や「減額返還制度」を申請することができる。

2．適切。日本学生支援機構の奨学金（貸与型）には、無利息の第一種奨学金と利息付（在学中は無利息）の第二種奨学金がある。

3．適切。日本政策金融公庫の教育一般貸付（国の教育ローン）の資金使途として、入学金・授業料等の学校納付金や教材費だけでなく、受験にかかった費用や在学のために必要となる住居費用も対象となる。

4．不適切。日本政策金融公庫の教育一般貸付（国の教育ローン）は、学生の保護者が申込人となる。そのため、子どもの人数に応じた保護者の年収制限がある。

➡ テキストp.33, 34 **解答** 4

医療保険

全国健康保険協会管掌健康保険(協会けんぽ)の保険給付に関する次の記述のうち、最も適切なものはどれか。

1. 傷病手当金は、同一の疾病または負傷およびこれにより発した疾病に関して、その支給を始めた日から通算して最長2年支給される。
2. 夫婦がともに被保険者である場合において、妻が出産したときは、所定の手続きにより、夫婦に対して出産育児一時金および家族出産育児一時金が支給される。
3. 被保険者が業務災害および通勤災害以外の事由で死亡した場合、所定の手続きにより、その者により生計を維持されていた者であって、埋葬を行うものに対し、埋葬料として5万円が支給される。
4. 被保険者が同一月内に同一の医療機関等で支払った医療費の一部負担金等の額が、その者に係る自己負担限度額を超えた場合、所定の手続きにより、支払った一部負担金等の全額が高額療養費として支給される。

公的医療保険に関する次の記述のうち、最も不適切なものはどれか。

1. 定年退職により健康保険の被保険者資格を喪失した者は、所定の要件を満たせば、最長で2年間、健康保険の任意継続被保険者となることができる。
2. 健康保険の被保険者資格を喪失する日の前日までに引き続き1年以上被保険者であった者は、資格喪失時に支給を受けている傷病手当金を、原則として支給期間満了まで継続して受給することができる。
3. 健康保険の被保険者は、70歳に達したときに被保険者資格を喪失し、後期高齢者医療制度の被保険者となる。
4. 2024年7月現在、後期高齢者医療制度の被保険者が保険医療機関等の窓口で支払う一部負担金(自己負担額)の割合は、原則として、当該被保険者が現役並み所得者である場合は3割、現役並み所得者以外の一定所得者は2割、それ以外の所得者は1割とされている。

10　解説

1．不適切。傷病手当金は、同一の疾病または負傷およびこれにより発した疾病に関して、その支給を開始した日から通算して最長1年6ヵ月支給される。

2．不適切。被保険者が出産する場合に出産育児一時金が、被扶養者が出産する場合には家族出産育児一時金が支給される。本肢では妻本人が被保険者なので、妻に出産育児一時金が支給される。妻は夫の被扶養者ではないので、夫に家族出産育児一時金の支給はない。

3．適切。業務災害および通勤災害以外の事由で死亡した場合、所定の手続きにより、埋葬を行った家族（被保険者に生計を維持されていた人であれば、被扶養者でなくても構わない）に5万円の埋葬料が支給される。なお、被扶養者が死亡した場合には、被保険者に家族埋葬料（5万円）が支給される。

4．不適切。被保険者が同一月内に同一の医療機関等で支払った医療費の一部負担金等の額が、その者に係る自己負担限度額を超えた場合、所定の手続きにより、支払った一部負担金等の額から自己負担限度額を差し引いた金額が高額療養費として支給される。

➡ テキストp.40, 41　**解答　3**

11　解説

1．適切。退職により健康保険の被保険者資格を喪失した者は、所定の要件を満たせば、最長で2年間、健康保険の任意継続被保険者となることができる。保険料は、全額自己負担となる。

2．適切。健康保険の被保険者資格を喪失する日の前日までに引き続き1年以上被保険者であった者は、資格喪失時に支給を受けている傷病手当金を、原則として支給期間満了まで継続して受給することができる。ただし、任意継続被保険者となってからの新規の傷病手当金は受給することができない。

3．不適切。健康保険の被保険者は、原則として、75歳（一定の障害がある人は65歳）になると健康保険の被保険者資格を喪失し、後期高齢者医療制度の被保険者となる。

4．適切。後期高齢者医療制度の被保険者が保険医療機関等の窓口で支払う一部負担金（自己負担額）の割合は、原則として、当該被保険者が現役並み所得者である場合は3割、現役並み所得者以外の一定所得者は2割、それ以外の所得者は1割とされている。

➡ テキストp.40-43　**解答　3**

介護保険

公的介護保険に関する次の記述のうち、最も不適切なものはどれか。

1. 公的介護保険の保険給付は、保険者から要介護状態または要支援状態にある旨の認定を受けた被保険者に対して行われるが、第1号被保険者については、要介護状態または要支援状態となった原因は問われない。

2. 公的介護保険の第2号被保険者のうち、前年の合計所得金額が220万円以上の者が介護サービスを利用した場合の自己負担割合は、原則として3割である。

3. 要介護認定を受けた被保険者の介護サービス計画(ケアプラン)は、一般に、被保険者の依頼に基づき、介護支援専門員(ケアマネジャー)が作成するが、所定の手続きにより、被保険者本人が作成することもできる。

4. 同一月内の介護サービス利用者負担額が、所得状況等に応じて定められている上限額を超えた場合、所定の手続きにより、その上限額を超えた額が高額介護サービス費として支給される。

12　解説

1．適切。65歳以上の第1号被保険者は、要介護状態または要支援状態となった原因を問わず、公的介護保険の保険給付対象となる。

2．不適切。公的介護保険の第2号被保険者の自己負担割合は、合計所得金額にかかわらず、1割である。

3．適切。介護サービス計画は、被保険者本人が作成することもできる。

4．適切。同一月内の介護サービス利用者負担額が、所得状況等に応じて定められている上限額を超えた場合には、所定の手続きにより、その上限額を超えた額が高額介護サービス費として支給される。

➡️ テキストp.44　解答　2

おさらいするニャ

公的介護保険の概要

	第1号被保険者	第2号被保険者
対象者	65歳以上の人	40歳以上65歳未満の人
受給者	要介護者（1～5の5段階） 要支援者（1～2の2段階）	老化に起因する特定疾病によって、要介護者・要支援者になった場合のみ
保険料	・市区町村が所得に応じて決定 ・年金が年額18万円以上の人は年金から天引きで納付。それ以外の人は個別に市町村に納付	健康保険の場合：加入している医療保険に上乗せして徴収 国民健康保険の場合：前年の所得等に応じて決定
自己負担	原則として1割*	

＊第1号被保険者は、合計所得金額が一定額以上の場合は2割負担もしくは3割負担となる。負担割合は合計所得金額のほか、世帯人数によっても異なる。
また、介護保険施設入居者やショートステイ利用者の居住費・食費は原則として全額自己負担だが、低所得者へは助成が行われる。

13 **B** ☐☐ 2022年5月

労働者災害補償保険（以下「労災保険」という）に関する次の記述のうち、最も適切なものはどれか。

1. 労災保険の保険料を計算する際に用いる労災保険率は、常時使用する従業員数に応じて定められている。
2. 労働者が業務上の負傷または疾病による療養のために労働することができず、賃金の支給を受けられない場合、賃金の支給を受けられない日の1日目から休業補償給付が支給される。
3. 労働者が業務上の負傷または疾病により、労災指定病院で療養補償給付として受ける療養の給付については、労働者の一部負担金はない。
4. 労働者が業務上の負傷または疾病が治癒したときに一定の障害が残り、その障害の程度が所定の障害等級に該当するときは、障害補償年金または障害補償一時金のいずれかを選択して受給することができる。

14 **B** ☐☐ 2023年1月

雇用保険に関する次の記述のうち、最も適切なものはどれか。

1. 2つの事業所に雇用される65歳以上の労働者で、1つの事業所における1週間の所定労働時間がそれぞれ10時間未満、2つの事業所における1週間の所定労働時間の合計が10時間以上である者は、所定の申出により、雇用保険の高年齢被保険者となることができる。
2. 特定受給資格者等を除く一般の受給資格者に支給される基本手当の所定給付日数は、算定基礎期間が10年未満の場合、150日である。
3. 基本手当の受給期間中に、妊娠、出産、育児、病気等により、引き続き30日以上職業に就くことができない場合、最長3年まで受給期間を延長することができる。
4. 高年齢雇用継続基本給付金は、一般被保険者に対して支給対象月に支払われた賃金の額が、みなし賃金日額に30日を乗じて得た額の75％未満であること等の要件を満たす場合に支給される。

13 解説

1. 不適切。労災保険の保険料を計算する際に用いる**労災保険率**は、業種により異なる。

2. 不適切。労働者が業務上の負傷または疾病による療養のために労働することができず、賃金の支給を受けられない場合、賃金の支給を受けられない日の**4日目**から休業補償給付が支給される。

3. 適切。労働者が業務上の負傷または疾病により、労災指定病院で**療養補償給付**として受ける**療養の給付**については、**労働者の一部負担金はない**。ただし、療養給付の場合は、労働者の一部負担がある。

4. 不適切。労働者が業務上の負傷または疾病が治癒したときに一定の障害が残り、その障害等級が1級から7級までの場合は障害補償年金が、8級から14級までの場合は障害補償一時金が支給される。年金か一時金かを選択できるわけではない。

➡ テキストp.45, 46 **解答** 3

14 解説

1. 不適切。2022年4月から始まった**雇用保険マルチジョブホルダー制度**により、複数の事業所に雇用される65歳以上の労働者で、そのうち2つの事業所での勤務合計が以下の要件を満たす場合には、本人がハローワークに申出を行った日から特例的に雇用保険の被保険者(マルチ高年齢被保険者)となることができる。

〈適用要件〉

> ・複数の事業所に雇用される65歳以上の労働者であること
> ・2つの事業所(1つの事業所における1週間の所定労働時間が5時間以上20時間未満)の労働時間を合計して1週間の所定労働時間が20時間以上であること
> ・2つの事業所のそれぞれの雇用見込みが31日以上であること

しかし本肢の例では、「1つの事業所における1週間の所定労働時間がそれぞれ10時間未満」すなわち1週間の合計労働時間が20時間未満なため、雇用保険の高年齢被保険者となることはできない。

2. 不適切。特定受給資格者等を除く一般の受給資格者に支給される基本手当の所定給付日数は、算定基礎期間が10年未満の場合、**90日**である。

3. 不適切。基本手当の受給期間中に、妊娠、出産、育児、病気等により、引き続き30日以上職業に就くことができない場合、**離職日の翌日から4年以内**まで受給期間を延長することができる。

4. 適切。高年齢雇用継続基本給付金は、60歳時点の賃金と比較して、60歳以後の賃金(みなし賃金を含む)が60歳時点の**75%未満**となっている人で、被保険者であった期間が5年以上ある、60歳以上65歳未満の一般被保険者に支給される。

➡ テキストp.46-50 **解答** 4

雇用保険法に基づく育児休業給付および介護休業給付に関する次の記述のうち、最も不適切なものはどれか。なお、記載されたもの以外の要件はすべて満たしているものとする。

1. 一般被保険者や高年齢被保険者が、1歳に満たない子を養育するために休業する場合、育児休業給付金が支給される。
2. 育児休業給付金に係る支給単位期間において、一般被保険者や高年齢被保険者に対して支払われた賃金額が、休業開始時賃金日額に支給日数を乗じて得た額の60％相当額以上である場合、当該支給単位期間について育児休業給付金は支給されない。
3. 一般被保険者や高年齢被保険者が、一定の状態にある家族を介護するために休業する場合、同一の対象家族について、通算3回かつ93日の介護休業を限度とし、介護休業給付金が支給される。
4. 一般被保険者や高年齢被保険者の父母および配偶者の父母は、介護休業給付金の支給対象となる家族に該当する。

リタイアメント・プランニング

リタイアメントプランニング等に関する次の記述のうち、最も不適切なものはどれか。

1. 将来、本人の判断能力が不十分になった場合に備えて、あらかじめ自らが選任した者と任意後見契約を締結する場合、その契約は、必ずしも公正証書によって締結しなくともよい。
2. 定年年齢を65歳未満に定めている事業主は、高年齢者等の雇用の安定等に関する法律第9条に基づき、雇用する高年齢者の65歳までの雇用確保のため、「定年の引上げ」「継続雇用制度の導入」「定年の定めの廃止」のいずれかの措置を講じなければならない。
3. 金融機関のリバースモーゲージは、通常、利用者が自宅に住み続けながらその不動産を担保に資金を借り入れ、利用者の死亡後に、その不動産の売却等により借入金を返済する仕組みである。
4. 高齢者の居住の安定確保に関する法律に定める「サービス付き高齢者向け住宅」に入居した者は、「状況把握サービス」や「生活相談サービス」を受けることができる。

15 解説

1. 適切。一般被保険者や高年齢被保険者が、一定の要件を満たした場合、1歳に満たない子を養育するために休業する場合には育児休業給付金が支給される。

2. 不適切。支給単位期間において、一般被保険者や高年齢被保険者に対して支払われた賃金額が、休業開始時賃金日額に支給日数を乗じて得た額の80％相当額以上である場合、当該支給単位期間について育児休業給付金は支給されない。

3. 適切。一般被保険者や高年齢被保険者が、一定の状態にある家族を介護するために休業する場合、対象家族一人につき、通算3回かつ93日の介護休業を限度とし、介護休業給付金が支給される。

4. 適切。一般被保険者や高年齢被保険者の父母および配偶者の父母は、介護休業給付金の支給対象となる家族に該当する。そのほか、子、祖父母、兄弟姉妹、孫も介護休業給付金の支給対象となる。

➡ テキストp.50, 51 　解答　2

16 解説

1. 不適切。任意後見契約の締結は、必ず、公正証書で行わなければならない。

2. 適切。高年齢者等の雇用の安定等に関する法律(高年齢者雇用安定法)に基づき、事業者には、雇用する高年齢者等の65歳までの安定した雇用を確保するための措置を講ずることが義務づけられている。2021年4月1日以降、70歳までの就業確保が努力義務として加わった。

3. 適切。金融機関等のリバースモーゲージは、通常、利用者が自宅に住み続けたままその不動産を担保に資金を借り入れ、利用者の死亡後に、その不動産の売却等により借入金を返済する仕組みである。

4. 適切。サービス付き高齢者向け住宅として登録されている住宅は、サービスを提供すること(少なくとも安否確認・生活相談サービスを提供)が義務づけられている。

➡ テキストp.55-58 　解答　1

公的年金

国民年金の保険料に関する次の記述のうち、最も不適切なものはどれか。

1. 国民年金の付加保険料は、将来の一定期間の保険料を前納することができ、前納する期間に応じて所定の額が控除される。
2. 第1号被保険者で障害基礎年金または障害等級1級もしくは2級の障害厚生年金を受給している者は、原則として、所定の届出により、保険料の納付が免除される。
3. 第1号被保険者が出産する場合、所定の届出により、出産予定月の前月から4ヵ月間（多胎妊娠の場合は出産予定月の3ヵ月前から6ヵ月間）、保険料の納付が免除される。
4. 保険料免除期間に係る保険料を追納する場合、追納保険料は、追納する時期にかかわらず、免除された時点における保険料の額となる。

公的年金制度に関する次の記述の空欄（ア）～（ウ）にあてはまる語句の組み合わせとして、最も適切なものはどれか。

・厚生年金保険の被保険者期間を有する者は、国民年金の保険料納付済期間、保険料免除期間および合算対象期間の合計が（　ア　）以上あれば、原則として65歳から老齢基礎年金および老齢厚生年金を受給することができる。
・老齢厚生年金を受給している夫が死亡した場合、夫によって生計を維持されていた妻は、夫の国民年金の保険料納付済期間、保険料免除期間および合算対象期間の合計が（　イ　）以上あれば、原則として遺族厚生年金を受給することができる。
・厚生年金保険の適用事業所に常時使用される者のうち、（　ウ　）以上の者は、原則として厚生年金保険の被保険者とはならない。

1. （ア）25年　　（イ）25年　　（ウ）65歳
2. （ア）25年　　（イ）10年　　（ウ）70歳
3. （ア）10年　　（イ）10年　　（ウ）65歳
4. （ア）10年　　（イ）25年　　（ウ）70歳

17　解説

1．適切。国民年金の付加保険料は、将来の一定期間の保険料を前納することができ、前納する期間に応じて保険料が**割り引かれる**。

2．適切。第1号被保険者で障害基礎年金または障害等級1級もしくは2級の障害厚生年金を受給している者は、**法定免除**の対象であり、原則として、所定の届出により、保険料の納付が免除される。

3．適切。第1号被保険者が出産する場合、所定の届出により、出産予定月の前月から4ヵ月間（多胎妊娠の場合は出産予定月の3ヵ月前から6ヵ月間）、保険料の納付が免除される。

4．**不適切**。保険料免除期間に係る保険料を追納する場合、追納保険料は当時の保険料額となるが、免除などを受けた期間の翌年度から数えて3年度目以降に追納する場合は、当時の保険料額に一定の加算額が上乗せされる。

➡ テキストp.67, 69, 71　**解答**　**4**

18　解説

・厚生年金保険の被保険者期間を有する者は、国民年金の保険料納付済期間、保険料免除期間および合算対象期間の合計が**10年**以上あれば、原則として65歳から老齢基礎年金および老齢厚生年金を受給することができる。

・老齢厚生年金を受給している夫が死亡した場合、夫によって生計を維持されていた妻は、夫の国民年金の**保険料納付済期間**、**保険料免除期間**および**合算対象期間**の合計が**25年**以上あれば、原則として遺族厚生年金を受給することができる。

・厚生年金保険の適用事業所に常時使用される者のうち、**70歳以上**の者は、原則として厚生年金保険の被保険者とならない。

➡ テキストp.73-78, 88　**解答**　**4**

19 **A** ☐☐ 2023年1月

公的年金等に関する次の記述のうち、最も適切なものはどれか。

1. 公的年金および年金生活者支援給付金は、原則として、毎年1月、3月、5月、7月、9月および11月に、それぞれの前月までの2ヵ月分が支給される。
2. 国民年金の第1号被保険者は、日本国内に住所を有する20歳以上60歳未満の自営業者や学生などのうち、日本国籍を有する者のみが該当する。
3. 産前産後休業を取得している厚生年金保険の被保険者の厚生年金保険料は、所定の手続きにより、被保険者負担分と事業主負担分がいずれも免除される。
4. 老齢厚生年金の繰上げ支給を請求する場合、老齢基礎年金の繰上げ支給の請求を同時に行う必要はない。

20 **B** ☐☐ 2023年9月

厚生年金保険における離婚時の年金分割制度に関する次の記述のうち、最も不適切なものはどれか。なお、本問においては、「離婚等をした場合における特例」による標準報酬の改定を合意分割といい、「被扶養配偶者である期間についての特例」による標準報酬の改定を3号分割という。

1. 合意分割および3号分割の請求期限は、原則として、離婚等をした日の翌日から起算して2年以内である。
2. 合意分割は、離婚等をした当事者間において、標準報酬の改定または決定の請求をすることおよび請求すべき按分割合についての合意が得られない限り、請求することができない。
3. 3号分割の対象となるのは、2008年4月1日以降の国民年金の第3号被保険者であった期間における、当該第3号被保険者の配偶者に係る厚生年金保険の保険料納付記録（標準報酬月額・標準賞与額）である。
4. 老齢厚生年金を受給している者について、3号分割により標準報酬の改定または決定が行われた場合、3号分割の請求をした日の属する月の翌月から年金額が改定される。

19 解説

1. **不適切**。公的年金および年金生活者支援給付金は、原則として、**偶数月**である2月、4月、6月、8月、10月、12月の15日に、それぞれの**前月までの2ヵ月分**が支給される。

2. **不適切**。国民年金の第1号被保険者は、日本国内に住所を有する20歳以上60歳未満の自営業者や学生などが加入するが、外国国籍を有する者であっても、住民登録をしている場合は該当する。

3. **適切**。産前産後休業を取得している厚生年金保険の被保険者の厚生年金保険料は、所定の手続きにより、被保険者負担分と事業主負担分が**いずれも免除**される。

4. **不適切**。老齢厚生年金の繰上げ支給を請求する場合、老齢基礎年金の繰上げ支給の請求を**同時に行う**必要がある。

➡ テキストp.60, 62, 76, 90 　**解答** 3

20 解説

1. **適切**。合意分割および3号分割の請求期限は、原則として、離婚等をした日の翌日から起算して2年以内である。

2. **不適切**。合意分割は、離婚等をした当事者間において、標準報酬の改定または決定の請求をすることおよび請求すべき按分割合についての合意が得られた場合、または当事者の一方の求めによる家庭裁判所による決定によって請求することができる。

3. **適切**。3号分割の対象となるのは、2008年4月1日以降の国民年金の第3号被保険者であった期間における、当該第3号被保険者の配偶者に係る厚生年金保険の保険料納付記録(標準報酬月額・標準賞与額)である。

4. **適切**。老齢厚生年金を受給している者について、3号分割により標準報酬の改定または決定が行われた場合、3号分割の請求をした日の属する月の翌月から年金額が改定される。

➡ テキストp.78 　**解答** 2

公的年金制度の障害給付に関する次の記述のうち、最も適切なものはどれか。

1. 障害等級1級に該当する程度の障害の状態にある者に支給される障害基礎年金の額は、障害等級2級に該当する程度の障害の状態にある者に支給される障害基礎年金の額の100分の150に相当する額である。
2. 障害等級2級に該当する程度の障害の状態にある障害厚生年金の受給権者が、所定の要件を満たす配偶者を有する場合、その受給権者に支給される障害厚生年金には加給年金額が加算される。
3. 障害等級3級に該当する程度の障害の状態にある者に支給される障害厚生年金の額については、障害等級2級に該当する程度の障害の状態にある者に支給される障害基礎年金の額の3分の2相当額が最低保障される。
4. 国民年金の被保険者ではない20歳未満の期間に初診日および障害認定日があり、20歳に達した日において障害等級1級または2級に該当する程度の障害の状態にある者には、その者の所得にかかわらず、障害基礎年金が支給される。

遺族厚生年金に関する次の記述のうち、最も不適切なものはどれか。

1. 厚生年金保険の被保険者が死亡したことにより支給される遺族厚生年金の額は、死亡した者の厚生年金保険の被保険者期間が300月未満の場合、300月とみなして計算する。
2. 遺族厚生年金の額(中高齢寡婦加算額および経過的寡婦加算額を除く)は、原則として、死亡した者の厚生年金保険の被保険者記録を基に計算された老齢厚生年金の報酬比例部分の3分の2相当額である。
3. 厚生年金保険の被保険者である夫が死亡し、夫の死亡当時に子のいない40歳以上65歳未満の妻が遺族厚生年金の受給権を取得した場合、妻が65歳に達するまでの間、妻に支給される遺族厚生年金には中高齢寡婦加算額が加算される。
4. 配偶者が死亡したことにより遺族厚生年金の受給権を取得した65歳以上の受給権者について、その受給権者が受給することができる老齢厚生年金の額が当該遺族厚生年金の額を上回る場合、当該遺族厚生年金の全部が支給停止される。

21 解説

1. **不適切。**障害等級1級に該当する程度の障害の状態にある者に支給される障害基礎年金の額は、障害等級2級に該当する程度の障害の状態にある者に支給される障害基礎年金の額の**100分の125**に相当する額である。

2. **適切。**障害厚生年金の受給権者が、所定の要件を満たす配偶者を有する場合、その受給権者に支給される障害厚生年金には**加給年金額が加算**される。障害基礎年金の場合には、一定の要件を満たした**子ども**がいれば加算される。

3. **不適切。**障害等級3級に該当する程度の障害の状態にある者に支給される障害厚生年金は、老齢厚生年金の**報酬比例部分の額**となる。報酬比例部分の額は、被保険者期間が300月未満の場合は、300月とみなして計算する。

4. **不適切。**国民年金の被保険者ではない20歳未満の期間に初診日および障害認定日があり、20歳に達した日において障害等級1級または2級に該当する程度の障害の状態にある者には、原則、障害基礎年金が支給されるが、前年の所得が一定額以上ある場合は、停止や減額の調整がされる。

➡ テキストp.83, 84 　解答　2

22 解説

1. **適切。**厚生年金保険の被保険者が死亡したことにより支給される遺族厚生年金の額は、死亡した者の厚生年金保険の被保険者期間が300月未満の場合、**300月とみなして計算**する。

2. **不適切。**遺族厚生年金の額（**中高齢寡婦加算額**および経過的寡婦加算額を除く）は、原則として、死亡した者の厚生年金保険の被保険者記録を基に計算された**老齢厚生年金の報酬比例部分の4分の3相当額**である。

3. **適切。**厚生年金保険の被保険者である夫が死亡し、夫の死亡当時に子のいない40歳以上65歳未満の妻が遺族厚生年金の受給権を取得した場合、妻が65歳に達するまでの間、妻に支給される遺族厚生年金には**中高齢寡婦加算額**が加算される。

4. **適切。**65歳以上で老齢厚生年金と遺族厚生年金を受ける権利がある場合は、自身の老齢厚生年金が支給されることになり、遺族厚生年金は、老齢厚生年金より年金額が高い場合に、その差額を受けることができる。遺族厚生年金より老齢厚生年金の年金額が高い場合は、遺族厚生年金は全額支給停止になる。

➡ テキストp.88, 91 　解答　2

公的年金の併給調整等に関する次の記述のうち、最も不適切なものはどれか。

1. 障害基礎年金と老齢厚生年金の受給権を有している者は、65歳以降、障害基礎年金と老齢厚生年金を同時に受給することができる。
2. 遺族厚生年金と老齢厚生年金の受給権を有している者は、65歳以降、その者の選択によりいずれか一方の年金が支給され、他方の年金は支給停止となる。
3. 障害基礎年金と遺族厚生年金の受給権を有している者は、65歳以降、障害基礎年金と遺族厚生年金を同時に受給することができる。
4. 同一の事由により、障害厚生年金と労働者災害補償保険法に基づく障害補償年金が支給される場合、障害厚生年金は全額支給され、障害補償年金は所定の調整率により減額される。

公的年金等に係る税金に関する次の記述のうち、最も不適切なものはどれか。

1. 遺族基礎年金および遺族厚生年金は、所得税の課税対象とならない。
2. 老齢基礎年金および老齢厚生年金は、その年中に受け取る当該年金の収入金額から公的年金等控除額を控除した金額が雑所得として所得税の課税対象となる。
3. 確定拠出年金の老齢給付金は、その全部について、一時金として受給する場合は一時所得として、年金として受給する場合は雑所得として所得税の課税対象となる。
4. 老齢基礎年金および老齢厚生年金の受給者が死亡した場合において、その者に支給されるべき年金給付のうち、まだ支給されていなかったもの(未支給年金)は、当該年金を受け取った遺族の一時所得として所得税の課税対象となる。

23　解説

1．適切。受給権者が65歳以上の場合、**障害基礎年金と老齢厚生年金は同時に受給できる**。
2．**不適切**。受給権者が65歳以上で、遺族厚生年金と老齢厚生年金の受給権を有している場合には、まず老齢厚生年金が支給されるが、老齢厚生年金額が遺族厚生年金額よりも少ない場合には、その差額分の遺族厚生年金も支給される。
3．適切。受給権者が65歳以上の場合、**障害基礎年金と遺族厚生年金は同時に受給できる**。
4．適切。障害厚生年金と障害補償年金が併給される場合、障害厚生年金は全額受け取ることができるが、障害補償年金は所定の調整率により減額されて支給される。

➡ テキストp.91, 92　**解答**　2

24　解説

1．適切。遺族基礎年金および遺族厚生年金は**所得税の課税対象とならない**。
2．適切。老齢基礎年金および老齢厚生年金は、その年中に受け取る当該年金の収入金額から**公的年金等控除額**を控除した金額が、雑所得として所得税の課税対象となる。
3．**不適切**。確定拠出年金の老齢給付金は、その全部について、**一時金として受給する場合は退職所得**として、**年金として受給する場合は雑所得**として所得税の課税対象となる。
4．適切。老齢基礎年金および老齢厚生年金の受給者が死亡した場合に、その者に支給されるべき年金給付のうち、まだ支給されていなかったもの(**未支給年金**)は、当該年金を受け取った遺族(生計を一にしていた配偶者や子)の**一時所得**として所得税の課税対象となる。

➡ テキストp.93　**解答**　3

25　B　□□ 2021年9月

中小企業退職金共済、小規模企業共済および国民年金基金に関する次の記述のうち、最も不適切なものはどれか。

1. 中小企業退職金共済の掛金は、原則として、事業主と従業員が折半して負担する。
2. 小売業を主たる事業として営む個人事業主が、小規模企業共済に加入するためには、常時使用する従業員数が5人以下でなければならない。
3. 日本国籍を有する者で、日本国内に住所を有しない20歳以上65歳未満の国民年金の任意加入被保険者は、国民年金基金に加入することができる。
4. 国民年金基金の掛金は、加入員が確定拠出年金の個人型年金に加入している場合、個人型年金加入者掛金と合わせて月額68,000円が上限となる。

26　A　□□ 2020年9月

確定拠出年金に関する次の記述のうち、最も不適切なものはどれか。

1. 個人型年金の加入者が国民年金の第3号被保険者である場合、掛金の拠出限度額は年額276,000円である。
2. 企業型年金において、加入者が掛金を拠出できることを規約で定める場合、加入者掛金の額は、その加入者に係る事業主掛金の額を超える額とすることができる。
3. 企業型年金の加入者が60歳未満で退職し、国民年金の第3号被保険者となった場合、企業型年金の個人別管理資産を国民年金基金連合会に移換し、個人型年金加入者または個人型年金運用指図者になることができる。
4. 老齢給付金を年金で受け取った場合、当該給付金は雑所得として所得税の課税対象となり、雑所得の金額の計算上、公的年金等控除額を控除することができる。

27　B　□□ 2022年1月

中小法人の資金計画等に関する次の記述のうち、最も不適切なものはどれか。

1. 貸借対照表における有形固定資産である建物や機械装置は、所定の耐用年数に応じた減価償却が行われる。
2. 掛取引とは、商品の受渡し時点ではなく、取引の当事者で取り決めた将来の期日までに代金決済を行う取引である。
3. 自己資本比率とは、総資本に対する自己資本の割合を示したものである。
4. 固定比率とは、総資産に対する固定資産の割合を示したものである。

25　解説

1．不適切。中小企業退職金共済の掛金は、**全額事業主が負担する**。

2．適切。小売業を主たる事業として営む個人事業主が、**小規模企業共済**に加入するためには、常時使用する従業員数が**5人以下**でなければならない。

3．適切。海外に居住している国民年金の**任意加入被保険者**は、国民年金基金に加入することができる。

4．適切。加入員が確定拠出年金の個人型年金に加入している場合、国民年金基金の掛金は、個人型年金加入者掛金と合わせて月額68,000円が上限となる。

➡ テキストp.98, 101　**解答**　1

26　解説

1．適切。専業主婦等の国民年金の**第3号被保険者**が個人型年金の加入者である場合の掛金の拠出限度額は**年額276,000円（月額23,000円）**である。

2．不適切。企業型年金において、加入者が掛金を拠出できる（**マッチング拠出**）ことを規約で定める場合、加入者掛金の額は、事業主掛金の額を超えず、かつ、事業主掛金の額との合計が拠出限度額の範囲内とされている。

3．適切。企業型年金の加入者が60歳未満で退職し、国民年金の第3号被保険者（専業主婦等）となった場合には、企業型年金の個人別管理資産を国民年金基金連合会に移換し、個人型年金加入者または個人型年金運用指図者になることができる。

4．適切。老齢給付金を年金で受け取った場合、当該給付金は雑所得として所得税の課税対象となり、公的年金等控除が受けられる。

➡ テキストp.98-100　**解答**　2

27　解説

1．適切。貸借対照表における有形固定資産である建物や機械装置は、所定の耐用年数に応じた**減価償却**が行われる。

2．適切。掛取引とは、商品の受渡し時点ではなく、取引の当事者で取り決めた将来の期日までに代金決済を行う取引である。

3．適切。**自己資本比率**とは、総資本に対する自己資本の割合を示したものである。

4．不適切。**固定比率**とは、**自己資本**に対する**固定資産**の割合を示したものであり、長期的な支払い能力を示す指標である。

➡ テキストp.104, 387　**解答**　4

28 **B** □□ 2021年5月

中小企業による金融機関からの資金調達に関する次の記述のうち、最も不適切なものはどれか。

1．手形貸付は、借入れについての内容や条件等を記載した金銭消費貸借契約証書によって資金を調達する方法である。
2．インパクトローンは、米ドル等の外貨によって資金を調達する方法であり、その資金使途は限定されていない。
3．ABL(動産・債権担保融資)は、企業が保有する売掛債権等の債権や在庫・機械設備等の動産を担保として資金を調達する方法である。
4．信用保証協会保証付融資(マル保融資)の対象となる企業には、業種に応じた資本金または常時使用する従業員数の要件がある。

損益分岐点

29 **B** □□ 2023年1月

損益分岐点比率に関する次のグラフおよび記述の空欄(ア)～(エ)にあてはまる語句の組み合わせとして、最も適切なものはどれか。

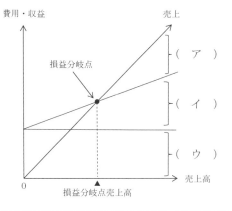

売上高に占める損益分岐点売上高の割合を損益分岐点比率といい、損益分岐点比率が(エ)ほど、売上が低下しても赤字になりにくいとされる。

1．(ア)限界利益　　　(イ)固定費　　　(ウ)変動費　　　(エ)低い
2．(ア)利益　　　　　(イ)変動費　　　(ウ)固定費　　　(エ)低い
3．(ア)利益　　　　　(イ)固定費　　　(ウ)変動費　　　(エ)高い
4．(ア)限界利益　　　(イ)変動費　　　(ウ)固定費　　　(エ)高い

28 **解説**

1. **不適切**。**手形貸付**は、手形を発行し、発行した**手形を担保**に金融機関から融資を受ける方法である。借入れについての内容や条件等を記載した**金銭消費貸借契約証書**によって資金を調達する方法は、**証書貸付**である。

2. **適切**。**インパクトローン**は、米ドル等の外貨によって資金を調達する方法であり、その資金使途は限定されていない。

3. **適切**。ABL（動産・債権担保融資）は、企業が保有する売掛債権等の債権や在庫・機械設備等の動産を担保として資金を調達する方法である。

4. **適切**。**信用保証協会保証付融資（マル保融資）**の対象となる企業には、業種に応じた資本金または常時使用する従業員数の要件がある。

➡ テキストp.102, 103　解答　1

29 **解説**

売上高は、**利益**と**費用**で構成される。損益分岐点とは、売上高と費用が同額で、利益はゼロ、損失もゼロ、というポイントを指す。費用は、**固定費**（売上の大小に関係なく発生する費用。事務所の家賃や人件費等）と**変動費**（売上に応じて金額が変わる費用。仕入れ費用や材料費など）に分けられる。

グラフでは、アは売上から費用を差し引いたものなので「利益」、イは費

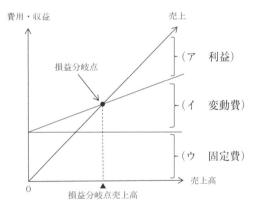

用のうち売上に比例して増えていくものなので「変動費」、ウは費用のうち金額が一定のものなので「固定費」を指す。

損益分岐点となる時の売上高が「**損益分岐点売上高**」で、損益分岐点比率は売上高に占める損益分岐点売上高の割合であり、「**損益分岐点売上高÷売上高×100％**」で計算する。

売上高＝損益分岐点売上高であるとき、損益分岐点比率は100％となり、売上高＞損益分岐点売上高なら100％未満、売上高＜損益分岐点売上高なら100％超となる。

売上高が損益分岐点売上高よりも大きい（＝損益分岐点比率が低い）ほど赤字になりにくいので、損益分岐点比率が低いほど、赤字になりにくいといえる。

解答　2

クレジットカード

30 **B** ☐ ☐ 2023年5月

クレジットカード会社（貸金業者）が発行するクレジットカードの一般的な利用に関する次の記述のうち、**最も不適切な**ものはどれか。

1. クレジットカードで商品を購入（ショッピング）した場合の返済方法の1つである分割払いは、利用代金の支払回数を決め、その回数で利用代金を分割して支払う方法である。
2. クレジットカード会員の信用情報は、クレジットカード会社が加盟する指定信用情報機関により管理されており、会員は自己の信用情報について所定の手続きにより開示請求をすることができる。
3. クレジットカードは、約款上、クレジットカード会社が所有権を有しており、クレジットカード券面上に印字された会員本人以外が使用することはできないとされている。
4. クレジットカードの付帯機能であるキャッシングを利用し、返済方法として翌月一括払いを選択した場合、利息はかからない。

30 解説

1. **適切**。クレジットカードで商品を購入（ショッピング）した場合の返済方法の1つである分割払いは、利用代金の支払回数を決め、その回数で利用代金を分割して支払う方法である。

2. **適切**。クレジットカード会員の**信用情報**は、クレジットカード会社が加盟する**指定信用情報機関**により管理されている。会員は自己の信用情報について所定の手続きにより開示請求をすることができる。

3. **適切**。クレジットカードは、約款上、クレジットカード会社が所有権を有しており、クレジットカード券面上に印字された会員本人以外が使用することはできないとされている。

4. **不適切**。クレジットカードの付帯機能である「**キャッシング**」は、ATMなどを利用して現金の借入ができるサービスである。クレジットカードでショッピングした場合は返済方法として翌月一括払いを選択すると利息はかからないが、キャッシングの場合は、翌月一括払いであっても日割で利息がかかる。

➡ テキストp.105　解答　4

リスク管理

リスク管理と保険

01 **B** ☐☐ 2022年5月

生命保険を利用した家庭のリスク管理に係る一般的なアドバイスに関する次の記述のうち、最も不適切なものはどれか。

1. 「自分が死亡した場合の相続税の納税資金を確保するために生命保険に加入したい」という相談に対して、終身保険への加入を提案した。
2. 「病気やケガで入院した場合の医療費の負担が不安なので生命保険に加入したい」という相談に対して、定期保険への加入を提案した。
3. 「自分の老後の生活資金を準備するために生命保険に加入したい」という相談に対して、個人年金保険への加入を提案した。
4. 「自分が死亡した後の子どもが社会人になるまでの生活資金を準備するために生命保険に加入したい」という相談に対して、収入保障保険への加入を提案した。

02 **B** ☐☐ 2024年1月

損害保険を活用した事業活動のリスク管理に関する次の記述のうち、最も不適切なものはどれか。

1. 生活用品を製造する事業者が、製造した製品の欠陥が原因で顧客がケガをして、法律上の損害賠償責任を負担する場合に備えて、生産物賠償責任保険（PL保険）を契約した。
2. 建設業を営む事業者が、建設中の建物が火災により損害を被る場合に備えて、建設工事保険を契約した。
3. 清掃業務を請け負っている事業者が、清掃業務中の事故により従業員がケガをして、法律上の損害賠償責任を負担する場合に備えて、請負業者賠償責任保険を契約した。
4. ボウリング場を運営する事業者が、設備の管理不備に起因する事故により顧客がケガをして、法律上の損害賠償責任を負担する場合に備えて、施設所有（管理）者賠償責任保険を契約した。

01　解説

1．適切。相続はいつ発生するかわからないので、**保障期間が一生涯の終身保険**で、相続税の納税資金を準備することは適切である。

2．**不適切**。定期保険は一定期間の死亡保障を得るための保険なので、病気やケガで入院した場合の保障を準備することはできない。

3．適切。個人年金保険は、将来**年金形式で**（一括受取も可能）資金を受け取ることができる保険なので、老後の生活資金準備のために利用することは適切である。

4．適切。収入保障保険は定期保険の一種で、被保険者死亡後の一定期間、**年金形式で**（一括受取も可能）資金を受け取ることができる保険なので、死亡後の子どもの生活資金準備に活用することは適切である。

➡ テキストp.117　**解答**　**2**

02　解説

1．適切。製造・販売した製品の欠陥によって、他人に損害を与え、損害賠償責任を負った場合に備えるには、**生産物賠償責任保険（PL保険）**を契約する。

2．適切。建築中の建物に、不測・突発的な事故により損害が生じた場合に備えるには、**建設工事保険**を契約する。

3．**不適切**。請負業者賠償責任保険は、土木工事や清掃作業等の請負業務を遂行する際に他人に損害を与えた場合の賠償責任に備える保険である。業務遂行中の自社の従業員のケガ等の労働災害に備えるには、労災保険の上乗せ補償や従業員への賠償責任を補償する**労働災害総合保険**を契約する。

4．適切。施設の管理不備による事故または施設内外での業務遂行中の事故によって生じた賠償責任に備えるには、**施設所有（管理）者賠償責任保険**を契約する。

➡ テキストp.118　**解答**　**3**

03　**B**　□□ 2023年1月

生命保険の保険料等の一般的な仕組みに関する次の記述のうち、最も不適切なものはどれか。

1. 保険料は、将来の保険金等の支払いの財源となる純保険料と、保険会社が保険契約を維持・管理していくために必要な経費等の財源となる付加保険料で構成されている。
2. 保険料は、予定死亡率、予定利率、予定事業費率の3つの予定基礎率に基づいて算定される。
3. 終身保険の死亡保険金の支払いに充てるために必要な保険料の計算に用いられる予定死亡率が高く設定された場合、新規契約の保険料は安くなる。
4. 責任準備金は、保険会社が将来の保険金等の支払いの財源とするため、保険数理に基づいて算定し、積み立てる準備金である。

少額短期保険

04　**B**　□□ 2022年1月

少額短期保険に関する次の記述のうち、最も適切なものはどれか。

1. 少額短期保険業者と締結した保険契約は保険法の適用対象となるが、少額短期保険業者は保険業法の適用対象とならない。
2. 少額短期保険業者が同一の被保険者から引き受けることができる保険金額の合計額は、原則として、1,500万円が上限となる。
3. 少額短期保険業者と締結する保険契約は、生命保険契約者保護機構または損害保険契約者保護機構による保護の対象となる。
4. 保険契約者(＝保険料負担者)および被保険者を被相続人、保険金受取人を相続人とする少額短期保険において、相続人が受け取った死亡保険金は、相続税法における死亡保険金の非課税金額の規定の適用対象となる。

03 **解説**

1. 適切。保険料は、将来の保険金等の支払いの財源となる**純保険料**と、保険会社が保険契約を維持・管理していくために必要な経費等の財源となる**付加保険料**で構成されている。

2. 適切。保険料は、**予定死亡率、予定利率、予定事業費率**の３つの**予定基礎率**に基づいて算定される。

3. 不適切。終身保険の死亡保険金の支払いに充てるために必要な保険料の計算に用いられる予定死亡率が高く設定された場合は、保険金を払う確率は高くなるので、新規契約の保険料は高くなる。

4. 適切。**責任準備金**は、保険会社が将来の保険金等の支払いの財源とするため、保険数理に基づいて算定し、積み立てる準備金である。

➡ テキストp.124, 127　**解答**　3

04 **解説**

1. 不適切。いずれも適用対象となる。

2. 不適切。少額短期保険業者が同一の被保険者から引き受けることができる保険金額の合計額は、原則として、**1,000万円**が上限となる。

3. 不適切。少額短期保険業者と締結する保険契約は、生命保険契約者保護機構または損害保険契約者保護機構による**保護の対象とならない**。

4. 適切。保険契約者（＝保険料負担者）および被保険者を被相続人、保険金受取人を相続人とする少額短期保険においては、相続人が受け取った死亡保険金は、相続税法における死亡保険金の非課税金額の規定の適用対象となる。

➡ テキストp.138　**解答**　4

生命保険商品

生命保険の一般的な商品性に関する次の記述のうち、最も不適切なものはどれか。なお、記載のない特約については考慮しないものとする。

1. 養老保険では、被保険者が高度障害保険金を受け取った場合、保険契約は消滅する。
2. 積立利率変動型終身保険では、契約後に積立利率が高くなった場合、契約時に定めた保険金額(基本保険金額)を上回る保険金額を受け取れることがある。
3. 外貨建て個人年金保険では、年金を円貨で受け取る場合、外貨と円貨の為替レートの変動により、年金受取総額が払込保険料相当額を下回ることがある。
4. 外貨建て終身保険では、円換算支払特約を付加することで、当該保険契約の締結後から保険金を受け取るまでの為替リスクを回避することができる。

生命保険の一般的な商品性に関する次の記述のうち、最も適切なものはどれか。なお、特約については考慮しないものとする。

1. 養老保険では、被保険者に高度障害保険金が支払われた場合であっても、その被保険者が保険期間満了まで生存したときには満期保険金が支払われる。
2. こども保険(学資保険)では、契約者が死亡した場合、あらかじめ指定された受取人に死亡給付金が支払われる。
3. 収入保障保険の死亡保険金を年金形式で受け取る場合の受取総額は、一時金で受け取る場合の受取額と同額である。
4. 変額保険(終身型)の死亡保険金については、運用実績に応じて保険金額が変動するが、契約時に定めた保険金額(基本保険金額)は保証される。

05　解説

1. 適切。養老保険は、保険期間内に被保険者が死亡・高度障害となった場合には、保険金が支払われ、保険契約は消滅する。
2. 適切。積立利率変動型終身保険では、契約後に積立利率が高くなった場合には、契約時に定めた保険金額（基本保険金額）を上回る保険金額を受け取れることがある。
3. 適切。外貨建て個人年金保険では、年金を円貨で受け取る場合、外貨と円貨の為替レートの変動により、契約時よりも円高になっていると為替差損が発生し、年金受取総額が払込保険料相当額を下回ることがある。
4. 不適切。外貨建て終身保険では、円換算支払特約を付加すると外貨建ての保険金を円で受け取ることができるが、為替リスクを回避できるわけではない。

➡ テキストp.131, 136　**解答**　4

06　解説

1. 不適切。養老保険では、被保険者に高度障害保険金が支払われた場合は、契約はその時点で終了する。
2. 不適切。こども保険（学資保険）では、満期前に契約者が死亡した場合には、死亡給付金の支払いはないが、その後の保険料の支払いは免除され、祝金や満期保険金は受け取れる。
3. 不適切。収入保障保険の死亡保険金は、一時金で受け取ることもできるが、年金形式で受け取る場合の受取総額よりも、受取額は少なくなる。
4. 適切。変額保険（終身型）の死亡保険金については、運用実績に応じて保険金額が変動するが、契約時に定めた保険金額（基本保険金額）は保証される。解約返戻金も変動する。

➡ テキストp.128-133　**解答**　4

07 **A** ☐☐ 2020年1月

個人年金保険の一般的な商品性に関する次の記述のうち、最も不適切なものはどれか。

1. 変額個人年金保険では、保険料の特別勘定による運用成果によって、将来受け取る年金額等が変動するが、死亡給付金については基本保険金額が最低保証されている。
2. 終身年金では、被保険者が同年齢で、基本年金額や保険料払込期間、年金受取開始年齢など契約内容が同一の場合、保険料は被保険者が女性の方が男性よりも高くなる。
3. 確定年金では、年金受取開始日前に被保険者(＝年金受取人)が死亡した場合、死亡給付金受取人が契約時に定められた年金受取総額と同額の死亡給付金を受け取ることができる。
4. 保証期間のない有期年金では、年金受取期間中に被保険者(＝年金受取人)が死亡した場合、それ以降の年金は支払われない。

生命保険契約

08 **B** ☐☐ 2021年5月

生命保険契約や保険約款に関する次の記述のうち、最も不適切なものはどれか。

1. 生命保険会社は、保険契約者等の保護の観点から、普通保険約款の所定の事項を変更する場合、内閣総理大臣の認可を受けなければならない。
2. 生命保険契約は、保険契約者と生命保険会社との合意により契約が成立する諾成契約である。
3. 生命保険契約の締結に際し、保険契約者または被保険者になる者は、生命保険会社から告知を求められた事項以外に保険事故の発生の可能性に関する重要な事項があれば、その者が自発的に判断して事実の告知をしなければならない。
4. 保険金の支払時期に関して、保険法の規定よりも保険金受取人にとって不利な内容である保険約款の定めは無効となる。

07 解説

1. 適切。変額個人年金保険では、保険料の**特別勘定**による運用成果によって、将来受け取る年金額や解約返戻金等が変動する。**死亡給付金**についても運用実績に基づき変動するが、**基本保険金額(既払込保険料相当額)が最低保証**されている。

2. 適切。終身年金では、被保険者が同年齢で、契約内容が同一の場合、女性のほうが平均寿命が長いため、保険料は女性のほうが男性よりも高くなる。逆に、終身保険の保険料は、女性のほうが安くなる。

3. **不適切。**確定年金では、年金受取開始日前に被保険者(=年金受取人)が死亡した場合、一般的には、死亡時点での**既払込保険料相当額**が**死亡給付金**として受け取れる。

4. 適切。保証期間のない有期年金では、年金受取期間中に被保険者(=年金受取人)が死亡した場合、それ以降の年金は支払われない。そのため、確定年金よりも、保険料は安い。

➡ テキストp.134-136 **解答** 3

08 解説

1. 適切。生命保険会社は、保険契約者等の保護の観点から、普通保険約款の所定の事項を**変更する場合、内閣総理大臣の認可を受けなければ**ならない。

2. 適切。生命保険契約は、保険契約者と生命保険会社との合意のみで契約が成立する諾成契約である。

3. **不適切。**生命保険契約の締結に際し、保険契約者または被保険者になる者は、生命保険会社から**告知を求められた事項**について告知する**必要**があるが、その他の事項について自発的に判断して告知する必要はない。

4. 適切。保険金の支払時期に関して、保険法の規定よりも保険金受取人にとって不利な内容である保険約款の定めは無効となる。

➡ テキストp.142, 143 **解答** 3

第三分野の保険と各種特約

09 **B** ☐ ☐ 2022年9月

第三分野の保険の一般的な商品性に関する次の記述のうち、最も適切なものはどれか。

1. 就業不能保険では、入院や在宅療養が一定日数以上継続して所定の就業不能状態に該当した場合に、所定の保険金・給付金が支払われる。
2. 先進医療特約で先進医療給付金の支払い対象とされている先進医療は、契約時点において厚生労働大臣によって定められたものである。
3. 限定告知型の医療保険は、他の契約条件が同一で、限定告知型ではない一般の医療保険と比較した場合、保険料は割安となる。
4. がん保険では、被保険者ががんで入院したことにより受け取る入院給付金について、1回の入院での支払日数は90日が限度となる。

10 **B** ☐ ☐ 2021年5月

医療保険等の一般的な商品性に関する次の記述のうち、最も適切なものはどれか。

1. 人間ドックの受診で異常が認められ、医師の指示の下でその治療を目的として入院した場合、その入院は、医療保険の入院給付金の支払い対象とならない。
2. 先進医療特約で先進医療給付金の支払い対象とされている先進医療は、契約時点において厚生労働大臣によって定められたものをいう。
3. がん保険では、180日間または6ヵ月間の免責期間が設けられており、その期間中に被保険者ががんと診断確定された場合であっても、がん診断給付金は支払われない。
4. 特定(三大)疾病保障定期保険では、保険期間中にがん、急性心筋梗塞、脳卒中のいずれかの疾病により特定疾病保障保険金が支払われた場合、当該保険契約は終了する。

09 **解説**

1. 適切。就業不能保険は、入院や在宅療養が一定日数以上継続して所定の就業不能状態に該当した場合に、所定の保険金・給付金が支払われる保険である。

2. 不適切。先進医療特約で先進医療給付金の支払い対象とされている先進医療は、療養を受けた時点で厚生労働大臣によって定められたものである。

3. 不適切。限定告知型の医療保険は、他の契約条件が同一で、限定告知型ではない一般の医療保険と比較した場合、保険料は割高となる。

4. 不適切。がん保険では、被保険者ががんで入院したことにより受け取る入院給付金について、1回の入院での支払日数は無制限となる。

➡ テキストp.155-157 **解答** 1

10 **解説**

1. 不適切。人間ドックの受診で異常が認められ、医師の指示の下でその治療を目的として入院した場合、その入院は、医療保険の入院給付金の支払い対象となる。

2. 不適切。先進医療特約で先進医療給付金の支払い対象とされている先進医療は、療養時点において厚生労働大臣によって定められたものをいう。

3. 不適切。がん保険では、90日間または3ヵ月間の免責期間が設けられており、その期間中に被保険者ががんと診断確定された場合であっても、がん診断給付金は支払われない。

4. 適切。特定(三大)疾病保障定期保険では、保険期間中にがん、急性心筋梗塞、脳卒中のいずれかの疾病により特定疾病保障保険金が支払われた場合、当該保険契約は終了する。

➡ テキストp.154-158 **解答** 4

生命保険商品と税金

11 **A** □□ 2023年1月

生命保険の税金に関する次の記述のうち、最も不適切なものはどれか。なお、いずれも契約者（＝保険料負担者）ならびに保険金、年金および給付金の受取人は個人であるものとする。

1. 契約者と被保険者が異なる終身保険において、被保険者がリビング・ニーズ特約に基づいて受け取る特約保険金は非課税となる。
2. 契約者と被保険者が異なる個人年金保険において、年金受取開始前に被保険者が死亡して契約者が受け取った死亡給付金は、相続税の課税対象となる。
3. 契約者、被保険者および年金受取人が同一人である個人年金保険（保証期間付終身年金）において、保証期間内に被保険者が死亡し、残りの保証期間について相続人等が受け取る年金の年金受給権は、相続税の課税対象となる。
4. 一時払終身保険を契約から5年以内に解約したことにより契約者が受け取る解約返戻金は、一時所得として総合課税の対象となる。

11 解説

1．適切。所得税では、病気やケガなど身体の傷害に基因して本人に支払われる保険金や給付金は非課税とされており、リビング・ニーズ特約によると特約保険金も、病気やケガなどの身体の傷害に起因して支払われる保険金なので、非課税である。

2．不適切。契約者と被保険者が異なる個人年金保険において、年金受取開始前に被保険者が死亡して契約者が受け取った死亡給付金は、所得税（一時所得）の課税対象となる。

3．適切。契約者、被保険者および年金受取人が同一人である個人年金保険（保証期間付終身年金）において、保証期間内に被保険者が死亡し、残りの保証期間について相続人等が受け取る年金の年金受給権は、相続税の課税対象となる。

4．適切。一時払終身保険を契約から5年以内に解約したことにより契約者が受け取る解約返戻金は、一時所得として総合課税の対象となる。

➡ テキストp.164-170　解答　2

おさらいするニャ

死亡保険金の課税関係

保険契約者	被保険者	受取人	税金
A	A	Aの相続人	相続税（保険金非課税枠有）
A	A	Aの相続人以外	相続税（保険金非課税枠無）
A	B	A	所得税（一時所得）・住民税
A	B	C	贈与税

満期保険金・解約返戻金の課税関係

保険契約者	被保険者	受取人	税金
A	だれでもよい	A	所得税（一時所得）・住民税
A	だれでもよい	A以外	贈与税

個人年金保険の税金に関する次の記述のうち、最も適切なものはどれか。なお、いずれも契約者（＝保険料負担者）は個人であるものとする。

1. 契約者と被保険者が異なる個人年金保険において、年金支払開始前に被保険者が死亡して契約者が受け取った死亡給付金は、相続税の課税対象となる。
2. 契約者と年金受取人が異なる個人年金保険において、年金支払開始時に年金受取人が取得した年金受給権は、贈与税の課税対象となる。
3. 契約者と年金受取人が同一人である個人年金保険（保証期間付終身年金）において、保証期間中に年金受取人が死亡して遺族が取得した残りの保証期間の年金受給権は、一時所得として所得税の課税対象となる。
4. 契約者と年金受取人が同一人である個人年金保険において、年金受取人が毎年受け取る年金は、雑所得として公的年金等控除の対象となる。

生命保険料控除に関する次の記述のうち、最も適切なものはどれか。

1. 終身保険の保険料の払込みがないために自動振替貸付となった場合、それによって立て替えられた金額は、生命保険料控除の対象とならない。
2. 2011年12月31日以前に締結した医療保険契約を2012年1月1日以後に更新した場合、更新後の保険料は介護医療保険料控除の対象とならず、一般の生命保険料控除の対象となる。
3. 2012年1月1日以後に締結した生命保険契約に付加された傷害特約の保険料は、一般の生命保険料控除の対象となる。
4. 変額個人年金保険の保険料は、個人年金保険料控除の対象とならず、一般の生命保険料控除の対象となる。

12　解説

1．不適切。契約者が死亡給付金を受け取った場合は、所得税（一時所得）の課税対象となる。
2．適切。契約者と年金受取人が異なる個人年金保険において、年金支払開始時に年金受取人が取得した年金受給権は、贈与税の課税対象となる。
3．不適切。契約者と年金受取人が同一人である個人年金保険（保証期間付終身年金）において、保証期間中に年金受取人が死亡して遺族が取得した残りの保証期間の年金受給権は、相続税の課税対象となる。
4．不適切。契約者と年金受取人が同一人である個人年金保険において、年金受取人が毎年受け取る年金は雑所得の課税対象となるが、公的年金等控除の対象とはならない。

➡ テキストp.168-170　**解答**　2

13　解説

1．不適切。終身保険の保険料の払込みがないために自動振替貸付となった場合、それによって立て替えられた保険料も、生命保険料控除の対象となる。
2．不適切。2012年1月1日以後に契約の更新、転換、特約の中途付加をした場合は、新制度の対象となる。したがって、更新後の保険料は介護医療保険料控除の対象となる。
3．不適切。2012年1月1日以後に締結した生命保険契約に付加された「傷害特約」や「災害割増特約」「災害入院特約」など身体の傷害にのみ起因して保険金が支払われる特約についての保険料は、控除の対象外である。
4．適切。変額個人年金保険の保険料は、個人年金保険料控除の対象とならず、一般の生命保険料控除の対象となる。定額個人年金保険でも一定の要件を満たしていないもの（「個人年金保険料税制適格特約」が付加されていない契約）は、一般の生命保険料控除の対象となる。

➡ テキストp.164-167　**解答**　4

生命保険の税金に関する次の記述のうち、**最も不適切なもの**はどれか。なお、いずれも契約者（＝保険料負担者）および保険金受取人は個人であるものとする。

1. 契約者と被保険者が同一人である養老保険において、被保険者の相続人ではない者が受け取った死亡保険金は、相続税の課税対象となる。

2. 契約者と被保険者が同一人である終身保険において、被保険者がリビング・ニーズ特約に基づいて受け取る特約保険金は、非課税となる。

3. 契約者と年金受取人が同一人である個人年金保険において、年金受取人が毎年受け取る年金は、所得税における公的年金等控除の対象となる。

4. 契約から10年を経過した一時払養老保険を解約して契約者が受け取る解約返戻金は、所得税において総合課税の対象となる。

法人契約の生命保険

団体生命保険等の一般的な商品性に関する次の記述のうち、**最も適切なもの**はどれか。

1. 団体定期保険（Bグループ保険）は、従業員等が任意に加入する１年更新の保険であり、毎年、保険金額を所定の範囲内で見直すことができる。

2. 総合福祉団体定期保険では、ヒューマン・ヴァリュー特約を付加した場合、当該特約の死亡保険金受取人は被保険者の遺族となる。

3. 住宅ローンの利用に伴い加入する団体信用生命保険では、被保険者が住宅ローン利用者（債務者）、死亡保険金受取人が住宅ローン利用者の遺族となる。

4. 勤労者財産形成貯蓄積立保険（一般財形）には、払込保険料の累計額385万円までにかかる利子差益が非課税となる税制上の優遇措置がある。

14 **解説**

1. 適切。契約者と被保険者が同一人である養老保険等の死亡保険金は、被保険者の相続人が受取人である場合は、相続税の課税対象となり、死亡保険金の非課税の特例が適用される。被保険者の相続人でない者が受け取った場合は「遺贈」によって死亡保険金を受け取ったとみなして相続税の対象となるが、死亡保険金の非課税の特例の適用対象とはならない。

2. 適切。契約者と被保険者が同一人である終身保険において、被保険者がリビング・ニーズ特約に基づいて受け取る特約保険金は、非課税となる。

3. 不適切。契約者と年金受取人が同一人である個人年金保険において、年金受取人が毎年受け取る年金は、所得税における公的年金等控除の対象とならない。

4. 適切。契約から10年を経過した一時払養老保険を解約して契約者が受け取る解約返戻金は、所得税において総合課税の対象となる。

 テキストp.164-170 　解答　3

15 **解説**

1. 適切。団体定期保険(Bグループ保険)は、従業員等が任意に加入する1年更新の保険であり、毎年、保険金額を所定の範囲内で見直すことができる。

2. 不適切。総合福祉団体定期保険では、死亡保険金は、原則として被保険者(役員または従業員)の遺族に支払われる。しかし、ヒューマン・ヴァリュー特約を付加する事でこの保険の死亡保険金の一部が、被保険者の遺族ではなく企業側に支払われる。企業側はこの保険金を活用して、会社の損失補てん等に充てることができる。

3. 不適切。住宅ローンの利用に伴い加入する団体信用生命保険では、被保険者は住宅ローン利用者(債務者)、死亡保険金受取人は住宅ローンを提供する金融機関となる。

4. 不適切。勤労者財産形成貯蓄積立保険(一般財形)には、税制上の優遇措置はない。

テキストp.29, 172 　解答　1

契約者（＝保険料負担者）を法人、被保険者を役員とする生命保険契約の経理処理に関する次の記述のうち、最も不適切なものはどれか。なお、いずれの保険契約も保険料は年払いかつ全期払いで、2021年10月に締結したものとする。

1. 死亡保険金受取人が法人で、最高解約返戻率が65％である定期保険（保険期間20年、年払保険料120万円）の支払保険料は、保険期間の前半4割相当期間においては、その40％相当額を資産に計上し、残額を損金の額に算入することができる。
2. 死亡保険金受取人が法人である終身保険の支払保険料は、その全額を資産に計上する。
3. 死亡保険金受取人および満期保険金受取人が法人である養老保険の支払保険料は、その2分の1相当額を資産に計上し、残額を損金の額に算入することができる。
4. 給付金受取人が法人である解約返戻金のない医療保険の支払保険料は、その全額を損金の額に算入することができる。

16 解説

1. **適切**。死亡保険金受取人が法人で、最高解約返戻率が65%である定期保険（保険期間20年、年払保険料120万円）の支払保険料は、保険期間の前半4割相当期間においては、その40%相当額を資産に計上し、残額を損金の額に算入することができる。

〈最高解約返戻率が50%超の場合の経理処理〉

契約者：法人　　被保険者：役員・従業員　　死亡保険金受取人：法人

最高解約返戻率	資産計上期間	資産計上額（残額を損金算入）	取崩期間
50%超70%以下	保険期間の当初4割の期間	支払保険料×4/10	保険期間の4分の3の経過後から、保険期間の終了の日まで
70%超85%以下		支払保険料×6/10	
85%超	原則として、保険期間開始日から最高解約返戻率となる期間の終了日まで	①保険期間の当初10年間 支払保険料×最高解約返戻率×9/10 ②11年目以降 支払保険料×最高解約返戻率×7/10	解約返戻金が最も高くなる期間の経過後から保険期間の終了の日まで

2. **適切**。死亡保険金受取人が法人である終身保険の支払保険料は、その全額を資産に計上する。

3. **不適切**。死亡保険金受取人および満期保険金受取人が法人である養老保険の支払保険料は、満期保険金であっても死亡保険金であっても法人が受け取ることになるので、支払保険料はすべて資産に計上する。2分の1相当額を資産に計上し、残額を損金の額に算入することができる、いわゆるハーフタックスプランが適用できるのは、①被保険者が従業員・役員全員、②死亡保険受取人が被保険者の遺族、③満期保険金受取人が法人である場合に限られる。

4. **適切**。給付金受取人が法人である解約返戻金のない医療保険の支払保険料は、その全額を損金の額に算入することができる。

➡ テキストp.173-177　解答　3

17 **A** ☐ ☐ 2023年1月

火災保険および地震保険の一般的な商品性に関する次の記述のうち、最も不適切なものはどれか。

1. 地震保険は、火災保険の契約時に付帯する必要があり、火災保険の保険期間の中途で付帯することはできない。

2. 地震保険の保険料には、「建築年割引」、「耐震等級割引」、「免震建築物割引」、「耐震診断割引」の割引制度があるが、これらは重複して適用を受けることはできない。

3. 保険始期が2017年1月1日以降となる地震保険における損害の程度の区分は、「全損」「大半損」「小半損」「一部損」である。

4. 専用住宅を対象とする火災保険の保険料を決定する要素の1つである建物の構造級別には、「M構造」「T構造」「H構造」の区分がある。

17 **解説**

1. 不適切。地震保険は、火災保険に付帯する必要があるが、火災保険の保険期間の中途でも付帯することができる。

2. 適切。地震保険の保険料には、「建築年割引」、「耐震等級割引」、「免震建築物割引」、「耐震診断割引」の割引制度があるが、これらは重複して適用を受けることはできない。なお、割引率は50％が最大である。

3. 適切。保険始期が2017年1月1日以降となる地震保険における損害の程度の区分は、「全損（保険金額の100％）」「大半損（保険金額の60％）」「小半損（保険金額の30％）」「一部損（保険金額の5％）」の4区分である。

4. 適切。専用住宅を対象とする火災保険の保険料を決定する要素の1つである建物の構造級別には、「M構造」「T構造」「H構造」の区分がある。

➡ テキストp.187, 188　解答　1

おさらいするニャ

地震保険の特徴

保険の目的	住宅と家財、ただし1個または1組の価額が30万円超の貴金属や骨董などは対象外
保険料	建物の構造、所在地によって異なる ・「建築年割引」「耐震等級割引」「免震建築物割引」「耐震診断割引」の割引制度があるが、いずれの割引も重複して適用することはできない。割引率は「耐震等級割引」および「免震建築物割引」の50％が最大 ・各損害保険会社の保険料は同じ
保険金額	・主契約の保険金額の30％～50％の範囲内で任意に定める（建物5,000万円、家財1,000万円が上限） ・保険金は損害の程度によって判定し、全損（保険金額の100％）・大半損（同60％）・小半損（同30％）・一部損（同5％）の定額払い

損害保険による損害賠償等に関する次の記述のうち、最も不適切なものはどれか。

1. 政府の自動車損害賠償保障事業による損害の塡補は、自動車損害賠償責任保険と同様に、人身事故による損害が対象となり、物損事故による損害は対象とならない。
2. 自動車保険の対人賠償保険では、被保険者が被保険自動車の運転中に起こした事故が原因で、兄弟姉妹がケガをしたことにより法律上の損害賠償責任を負った場合、補償の対象となる。
3. 失火の責任に関する法律によれば、失火により他人に損害を与えた場合、その失火者に重大な過失がなかったときは、民法第709条(不法行為による損害賠償)の規定が適用される。
4. 生産物賠償責任保険(PL保険)では、被保険者が製造した商品の欠陥が原因で、商品を使用した者がケガをしたことにより法律上の損害賠償責任を負った場合、補償の対象となる。

住宅用建物および家財を保険の対象とする火災保険の一般的な商品性に関する次の記述のうち、最も不適切なものはどれか。なお、特約については考慮しないものとする。

1. 火災保険の保険料は、対象となる住宅用建物の構造により、M構造、T構造、H構造の3つに区分されて算定される。
2. 保険金額が2,000万円(保険価額と同額)の火災保険に加入した後、火災により住宅用建物が損害を被り、損害保険金1,000万円が支払われた場合、保険契約は継続するが、保険期間満了日までの保険金額が1,000万円に減額される。
3. 火災保険では、隣家の火災の消火活動により住宅用建物に収容されている家財が損壊した場合、補償の対象となる。
4. 火災保険では、雪災により住宅用建物の屋根が損壊して100万円の損害が発生した場合、補償の対象となる。

18　解説

1. 適切。政府の自動車損害賠償保障事業による損害の塡補は、自動車損害賠償責任保険と同様に、人身事故による損害が対象で、物損事故による損害は対象とならない。

2. 適切。対人賠償保険は「他人にケガをさせてしまった」「他人を死亡させてしまった」という理由で法律上の損害賠償責任を負った場合に、相手方の治療費や慰謝料などを補償する保険である。したがって、記名被保険者や、被保険自動車を運転中の者またはその父母、配偶者もしくは子、被保険者の父母、配偶者または子、被保険者の業務に従事中の使用人は補償対象とならないが、兄弟姉妹は補償対象となる。

3. 不適切。失火の責任に関する法律によれば、失火により他人に損害を与えた場合、その失火者に重大な過失がなかったときは、民法第709条(不法行為による損害賠償)を適用しないとされている。

4. 適切。生産物賠償責任保険(PL保険)では、被保険者が製造した商品の欠陥が原因で、商品を使用した者がケガをしたことにより法律上の損害賠償責任を負った場合、補償の対象となる。

➡ テキストp.183, 184, 188, 189　解答　3

19　解説

1. 適切。火災保険の保険料は、対象となる住宅用建物の構造により、M構造、T構造、H構造の3つに区分されて算定される。

2. 不適切。保険金額が2,000万円(保険価額と同額)の火災保険に加入した後、火災により住宅用建物が損害を被り、損害保険金1,000万円が支払われた場合、保険金額は2,000万円のまま、保険契約は継続する。

   火災で建物が全焼などにより滅失してしまい、その結果、保険金として保険金額の全部が支払われた場合(1回の事故につき保険金額の80%相当額を超えた場合としている火災保険もある)には、その損害の発生したときに契約は終了する。しかし、1回の事故による保険金支払額が保険金額に満たない場合(または保険金額の80%相当額以下の場合)には、保険金が支払われた後も保険金額から保険金相当額を減額せずに、2回目以降の事故の際も保険金額は変わらないものとして取り扱われ、火災保険契約は継続する。

3. 適切。火災保険では、隣家の火災の消火活動により住宅用建物に収容されている家財が損壊した場合も補償の対象となる。

4. 適切。火災保険では、火災だけでなく、風災・ひょう災・雪災などの自然災害により住宅用建物の屋根が損壊して損害が発生した場合も補償の対象となる。

➡ テキストp.185-187　解答　2

20 **B** ☐☐ 2023年5月

住宅用建物および家財を保険の対象とする火災保険の一般的な商品性に関する次の記述のうち、最も不適切なものはどれか。なお、特約については考慮しないものとする。

1. 消防活動により自宅建物に収容している家財に生じた水濡れによる損害は、補償の対象とならない。
2. 落雷により自宅建物に収容している家財に生じた損害は、補償の対象となる。
3. 経年劣化による腐食で自宅建物に生じた損害は、補償の対象とならない。
4. 竜巻により自宅建物に生じた損害は、補償の対象となる。

21 **B** ☐☐ 2021年1月

任意加入の自動車保険(保険期間1年)のノンフリート等級別料率制度に関する次の記述のうち、最も適切なものはどれか。

1. 自動車同士の衝突によって対人賠償保険および対物賠償保険の保険金が支払われる場合は、3等級ダウン事故となる。
2. 人身傷害(補償)保険の保険金のみが支払われる場合は、1等級ダウン事故となる。
3. 搭乗者傷害保険の保険金のみが支払われる場合は、等級据え置き事故となる。
4. 自動車の盗難により車両保険の保険金のみが支払われる場合は、ノーカウント事故となる。

20 解説

1. **不適切**。自宅や隣家の消防活動により、自宅建物に収容している家財に生じた水濡れによる損害は、補償の対象となる。
2. **適切**。火災保険では、落雷により自宅建物に収容している家財に生じた損害は、補償の対象となる。
3. **適切**。経年劣化による腐食・自然損耗・カビ等で自宅建物に生じた損害は、補償の対象とならない。
4. **適切**。火災保険では、落雷・風災・雪災・竜巻・ひょう災・水災といった自然災害による自宅建物に生じた損害も、補償の対象となる。

 テキストp.185-187　解答　1

21 解説

1. **適切**。自動車同士の衝突によって対人賠償保険および対物賠償保険の保険金が支払われる場合は、3等級ダウン事故となる。
2. **不適切**。人身傷害(補償)保険の保険金のみが支払われる場合は、ノーカウント事故となる。
3. **不適切**。搭乗者傷害保険の保険金のみが支払われる場合は、ノーカウント事故となるので、翌年の等級は1等級上がる。
4. **不適切**。自動車の盗難などで車両保険の保険金が支払われた場合は、1等級ダウン事故となる。

テキストp.188-190　解答　1

--- おさらいするニャ ---

ノンフリート等級制度

1等級～20等級の20段階に区分され、等級が高いほど保険料は安くなる。1年間、保険を使った事故がなければ次年度に等級が1等級上がるが、事故を起こすと、次年度の等級が3等級または1等級下がる。

保険金支払い例	次年度の等級
自動車同士の衝突によって対人賠償保険および対物賠償保険の保険金が支払われた	3等級ダウン
車が盗難にあい、車両保険の保険金が支払われた	1等級ダウン
人身傷害（補償）保険もしくは搭乗者傷害保険の保険金のみが支払われた（ノーカウント事故となる）	1等級アップ

任意加入の自動車保険の一般的な商品性に関する次の記述のうち、最も不適切なものはどれか。なお、特約については考慮しないものとする。

1. 被保険自動車を運転しているときに事故を起こして他人にケガを負わせ、法律上の損害賠償責任を負った場合、被保険者が運転免許証の更新を失念していても対人賠償保険の補償の対象となる。
2. 被保険自動車を車庫入れしているときに同居している父が所有する自動車に接触して損害を与えた場合、対物賠償保険の補償の対象となる。
3. 被保険自動車を運転しているときに脇見をしたため前車に追突し、被保険者がケガを負った場合、被保険者の過失割合が100%であっても人身傷害（補償）保険の補償の対象となる。
4. 台風による洪水で被保険自動車に損害が生じた場合、一般条件の車両保険の補償の対象となる。

任意加入の自動車保険の一般的な商品性に関する次の記述のうち、最も不適切なものはどれか。なお、特約については考慮しないものとする。

1. 駐車中の被保険自動車が当て逃げにより損害を被った場合、当て逃げの相手が判明しなくても、その損害は一般条件の車両保険の補償の対象となる。
2. 被保険自動車が地震を原因とする津波により水没した場合、その損害は一般条件の車両保険の補償の対象となる。
3. 被保険自動車を運転中に、誤って店舗建物に衝突して損壊させ、当該建物自体の損害に加え、建物の修理期間中の休業により発生した損害（休業損害）について法律上の損害賠償責任を負った場合、それらの損害は対物賠償保険の補償の対象となる。
4. 被保険自動車の運転中に、誤って兄の所有する自宅の車庫に衝突して損壊させ、法律上の損害賠償責任を負った場合、その損害は対物賠償保険の補償の対象となる。

22 解説

1．適切。対人賠償保険では、被害者救済の観点から、無免許運転、酒気帯び運転などによる事故であっても、保険金が支払われる。

2．不適切。対物賠償責任保険は、自動車事故によって他人の財物に与えた損害に対して、法律上の損害賠償責任を負った場合に保険金が支払われる保険であるが、記名被保険者、被保険自動車を運転中の者またはその父母、配偶者もしくは子の所有、使用または管理する財物が滅失、破損または汚損された場合に被保険者が被った損害は、対物賠償保険の補償の対象とはならない。

3．適切。人身傷害（補償）保険は、被保険者が自動車事故により、契約の自動車に乗車中の人が死傷した場合に、保険金額の範囲内で、保険約款に定める基準・計算方法に基づいて、過失相殺による減額をせずに、被保険者自身が契約している保険会社から保険金を受け取ることができる保険である。したがって、被保険者の過失割合が100％であっても人身傷害（補償）保険の補償の対象となる。

4．適切。一般条件による契約では、車両の事故による修理費用のうち、故障などを除くほとんどの修理費用が対象であり、台風・竜巻・洪水・高潮等の自然災害による損害の修理費用も対象となる。ただし、地震・噴火・津波による損害は対象外となる。

→ テキストp.189　解答　2

23 解説

1．適切。一般条件による契約では、車両の事故による修理費用のうち、故障などを除くほとんどの修理費用が対象となる。したがって、駐車中の被保険自動車が当て逃げにより損害を被った場合、当て逃げの相手が判明しなくても、その損害は一般条件の車両保険の補償の対象となる。

2．不適切。一般条件の車両保険では、地震・噴火またはこれらによる津波によって生じた損害は補償対象とならない。

3．適切。被保険自動車を運転中に、誤って店舗建物に衝突して損壊させ、当該建物自体の損害に加え、建物の修理期間中の休業により発生した損害（休業損害）について法律上の損害賠償責任を負った場合、それらの損害は対物賠償保険の補償の対象となる。

4．適切。対物賠償責任保険は、自動車事故によって他人の財物に与えた損害に対して、法律上の損害賠償責任を負った場合に保険金が支払われる保険である。記名被保険者、被保険自動車を運転中の者またはその父母、配偶者もしくは子の所有、使用または管理する財物は対象とならないが、本肢では兄の所有する車庫に損害を与えているので、対物賠償保険の補償の対象となる。

→ テキストp.189　解答　2

傷害保険の一般的な商品性に関する次の記述のうち、最も不適切なものはどれか。なお、特約については考慮しないものとする。

1．家族傷害保険では、保険期間中に記名被保険者に子が生まれた場合、その子を被保険者に加えるためには追加保険料を支払う必要がある。
2．普通傷害保険では、被保険者が就業中の事故によりケガをした場合、補償の対象となる。
3．国内旅行傷害保険では、被保険者が旅行中の飲食により細菌性食中毒を発症した場合、補償の対象となる。
4．海外旅行傷害保険では、被保険者が旅行先の火山の噴火により発生した津波でケガをした場合、補償の対象となる。

24 **解説**

1. **不適切。**家族傷害保険では、保険期間中に記名被保険者に子が生まれた場合、その子は自動的に補償対象となり、追加保険料を支払う必要はない。

2. **適切。**普通傷害保険や家族傷害保険は、仕事中を含む日常生活のケガを補償する（ただし、就業外における傷害のみの補償特約を付帯する契約を除く）。

3. **適切。**国内旅行傷害保険では、被保険者が旅行中の飲食により細菌性食中毒を発症した場合、補償の対象となる。

4. **適切。**海外旅行傷害保険では、被保険者が旅行先で地震・噴火・津波によりケガをした場合も、補償の対象となる。

➡ テキストp.190, 191　**解答**　1

　**おさらいするニャ**

おもな傷害保険

普通傷害保険	・国内外を問わず、日常生活の中で起こるさまざまな事故による傷害を補償する保険 ・死亡保険金や後遺障害保険金などがある ・病気や細菌性食中毒は対象外 ・地震、噴火、津波を原因とする傷害は対象外 ・家族全員*を対象とする家族傷害保険もある
交通事故傷害保険	・国内外を問わず、おもに交通事故や、道路通行中の物の落下や倒壊などによる傷害を補償する保険 ・家族全員*の交通傷害などを補償するファミリー交通傷害保険もある
国内旅行傷害保険	・国内旅行を目的に、住居を出発してから帰宅するまでの傷害を補償する保険 ・細菌性食中毒は補償の対象となる ・地震などによる傷害は対象外
海外旅行傷害保険	・海外旅行を目的に、住居を出発してから帰宅するまでの傷害を補償する保険 ・細菌性食中毒、地震、噴火、津波による傷害も補償の対象となる

*本人（生計維持者）のほか、事故発生時のその配偶者、本人または配偶者と生計を一にする同居の親族、および本人または配偶者と生計を一にする別居の未婚の子。保険期間中に契約者本人に子が生まれた場合、その子は自動的に被保険者となる。

25 **B** ☐☐ 2023年5月

損害保険を利用した家庭のリスク管理に関する次の記述のうち、最も不適切なものはどれか。なお、契約者（＝保険料負担者）は会社員の個人であるものとする。

1．国内旅行中の食事が原因で細菌性食中毒を発症するリスクに備えて、国内旅行傷害保険を契約した。
2．同居の子が自転車で通学中に他人に接触してケガをさせ、法律上の損害賠償責任を負うリスクに備えて、火災保険の加入時に個人賠償責任補償特約を付帯した。
3．地震により発生した火災で自宅建物が焼失するリスクに備えて、住宅建物を保険の対象とする火災保険に地震保険を付帯して契約した。
4．自宅の車庫に保管している自動車が火災で損害を被るリスクに備えて、家財を保険の対象とする火災保険を契約した。

損害保険と税金

26 **B** ☐☐ 2022年1月・改

個人を契約者（＝保険料負担者）および被保険者とする損害保険の税金に関する次の記述のうち、最も不適切なものはどれか。

1．契約者である被保険者が不慮の事故で死亡し、その配偶者が受け取った傷害保険の死亡保険金は、相続税の課税対象となる。
2．自損事故で被保険自動車である自家用車を損壊して受け取った自動車保険の車両保険金は、当該車両の修理をしなくとも、非課税となる。
3．自宅の建物と家財を対象とした火災保険に地震保険を付帯して加入した場合、火災保険と地震保険の保険料の合計額が地震保険料控除の対象となる。
4．2022年10月に加入した所得補償保険の保険料は、介護医療保険料控除の対象となる。

25　解説

1. 適切。国内旅行傷害保険は、国内旅行中の食事が原因で細菌性食中毒を発症した場合も補償の対象となる。

2. 適切。同居の子が自転車で通学中に他人に接触してケガをさせ、法律上の損害賠償責任を負うリスクに備えて、火災保険や自動車保険、傷害保険等の加入時に個人賠償責任補償特約を付帯して備えることができる。

3. 適切。地震により発生した火災で自宅建物が焼失するリスクに備えるには、住宅建物を保険の対象とする火災保険に地震保険を付帯して契約する。火災保険では地震を原因とする火災は対象とならない。また、地震保険は単独では契約できず、火災保険とセットで契約する。

4. 不適切。自宅の車庫に保管している自動車が火災で損害を被るリスクに備えるには、自動車保険（車両保険）を契約する。火災保険では、火災による自動車の損害は補償の対象とならない。

➡ テキストp.183-192　**解答**　**4**

26　解説

1. 適切。契約者である被保険者が不慮の事故で死亡し、その配偶者が受け取った傷害保険の死亡保険金は、相続税の課税対象である。

2. 適切。車両保険金は非課税である。

3. 不適切。自宅の建物と家財を対象とした火災保険に地震保険を付帯して加入した場合、地震保険料控除の対象となるのは、地震保険の保険料だけである。

4. 適切。所得補償保険の保険料は、介護医療保険料控除の対象となる。

➡ テキストp.165, 196-198　**解答**　**3**

契約者(=保険料負担者)を個人とする損害保険の税金に関する次の記述のうち、最も適切なものはどれか。

1. 契約者が一時金で受け取る積立普通傷害保険の満期返戻金は、一時所得として課税対象となる。
2. 居住用建物と家財を保険の対象とする火災保険に地震保険を付帯して契約した場合、火災保険料と地震保険料を合算した金額が地震保険料控除の対象となる。
3. 契約者がケガで入院したために受け取る普通傷害保険の入院保険金は、雑所得として課税対象となる。
4. 自動車事故で被保険自動車が損壊したために受け取る自動車保険の車両保険の保険金は、当該自動車を修理しなかった場合、雑所得として課税対象となる。

契約者(=保険料負担者)を法人とする損害保険契約の経理処理に関する次の記述のうち、最も不適切なものはどれか。

1. 火災により倉庫を焼失するリスクに備えて、保険期間5年の火災保険に加入し、5年分の保険料を一括で支払った場合、その事業年度に、支払った保険料の全額を損金の額に算入することができる。
2. 業務中の事故によりケガを負うリスクに備えて、すべての役員・従業員を被保険者および保険金受取人とする普通傷害保険に加入した場合、その支払った保険料の全額を損金の額に算入することができる。
3. 法人が所有する業務用自動車が交通事故で損壊し、法人が受け取った自動車保険の車両保険の保険金で修理をした場合、当該保険金を益金の額に算入し、当該修理費を損金の額に算入することができる。
4. 積立傷害保険が満期を迎え、法人が満期返戻金と契約者配当金を受け取った場合、その全額を益金の額に算入し、資産に計上していた積立保険料の累計額を損金の額に算入することができる。

27 解説

1. **適切。**契約者が一時金で受け取る積立普通傷害保険の満期返戻金は、一時所得として課税対象となる。
2. **不適切。**地震保険は火災保険に付帯して契約するが、地震保険料控除の対象となるのは、地震保険の保険料のみである。
3. **不適切。**契約者がケガで入院したために受け取る普通傷害保険の入院保険金は、非課税である。
4. **不適切。**車両保険の保険金は非課税である。

➡ テキストp.196-199 **解答** 1

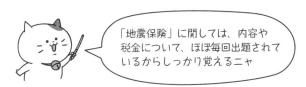

「地震保険」に関しては、内容や税金について、ほぼ毎回出題されているからしっかり覚えるニャ

28 解説

1. **不適切。**契約期間が2年以上の火災保険の保険料は、**年度ごとに期間按分して損金の額に計上する。**支払った年には、その年の分を「損害保険料」として損金に計上し、残る部分を「長期前払保険料」として資産計上する。翌年以降は、1年分ずつ「損害保険料」として「長期前払保険料」から取り崩していく。
2. **適切。**業務中の事故によりケガを負うリスクに備えて、すべての役員・従業員を被保険者および保険金受取人とする普通傷害保険に加入した場合には、その支払った保険料の全額を「福利厚生費」として損金の額に算入することができる。
3. **適切。**法人が所有する業務用自動車が交通事故で損壊し、法人が受け取った自動車保険の車両保険の保険金で修理をした場合、当該保険金を「雑収入」として益金の額に算入し、当該修理費を損金の額に算入することができる。
4. **適切。**積立傷害保険が満期を迎え、法人が満期返戻金と契約者配当金を受け取った場合、その全額を益金の額に算入し、資産に計上していた積立保険料の累計額を損金の額に算入することができる。積立保険料と満期返戻金・契約者配当金との差額は、雑収入あるいは雑損失として処理する。

➡ テキストp.199-201 **解答** 1

法人が所有する建物等を対象とした火災保険から受け取る保険金と圧縮記帳に関する次の記述のうち、最も適切なものはどれか。なお、契約している火災保険の契約者（＝保険料負担者）および保険金受取人は法人であるものとする。

1. 工場建物および建物内に収容されている機械が全焼し、同一事業年度中に受け取った火災保険金で、焼失前と同様の工場建物および同一の機械を新たに取得した場合、当該工場建物・機械ともに圧縮記帳の対象となる。

2. 工場建物が全焼し、同一事業年度中に受け取った火災保険金で、その滅失した工場建物と同一種類に区分される倉庫建物を新築した場合、当該倉庫建物は圧縮記帳の対象とならない。

3. 工場建物が全焼し、同一事業年度中に受け取った火災保険金で、当該工場建物が滅失等をしたときにおいて現に建設中であった他の工場建物を完成させた場合、完成後の工場建物は圧縮記帳の対象となる。

4. 保険金で取得した代替資産の圧縮限度額を算出する際、「所有固定資産の滅失または損壊により支出する経費」には、ケガ人に対する見舞金を含めることができる。

29 | 解説

1. 適切。火災などで建物、機械、車等の固定資産が損壊して保険金の支払いを受けた時、その保険金で再度取得した資産が損壊前と同一の価額の場合には、一定の条件を満たせば圧縮記帳を受けることができる。

2. 不適切。工場建物が全焼し、同一事業年度中に受け取った火災保険金で、その滅失した工場建物と同一種類に区分される倉庫建物を新築した場合には、当該倉庫建物は圧縮記帳の対象となる。

3. 不適切。工場建物が全焼し保険金を受け取った場合に圧縮記帳の対象となるのは、その火事で滅失等した固定資産を代替するために取得する固定資産に限られる。したがって、当該工場建物が滅失等をしたときにおいて現に建設中であった他の工場建物を完成させた場合、完成後の工場建物は圧縮記帳の対象とならない。

4. 不適切。保険金で取得した代替資産の圧縮限度額を算出する際、「所有固定資産の滅失または損壊により支出する経費」には、直接的な費用でないケガ人に対する見舞金を含めることはできない。

 テキストp.200 　解答　　1

経済・金融の基礎知識

01 **A** ☐☐ 2021年5月

景気動向指数に関する次の記述のうち、最も不適切なものはどれか。

1. 景気動向指数は、景気の現状把握および将来予測に資するために作成された指標であり、コンポジット・インデックス(CI)とディフュージョン・インデックス(DI)がある。

2. 景気動向指数に採用されている指標は、先行指数が11系列、一致指数が10系列、遅行指数が9系列の合計30系列となっている。

3. コンポジット・インデックス(CI)は、採用系列の各月の値を3ヵ月前と比べた変化の方向を合成して作成した指数であり、景気拡張の動きの各経済部門への波及度合いの測定を主な目的としている。

4. 景気転換点の判定には、一致指数を構成する個別指標ごとに統計的手法を用いて山と谷を設定し、谷から山に向かう局面にある指標の割合を算出したヒストリカル・ディフュージョン・インデックス(DI)が用いられている。

02 **A** ☐☐ 2022年5月

全国企業短期経済観測調査(日銀短観)に関する次の記述のうち、最も適切なものはどれか。

1. 日銀短観は、統計法に基づいて行われる調査であり、全国の企業動向を的確に把握し、政府の財政政策の適切な運営に資することを目的としている。

2. 日銀短観の調査は年4回実施され、その結果は、3月、6月、9月、12月に公表される。

3. 日銀短観の調査対象企業は、全国の資本金1,000万円以上の民間企業(金融機関等を除く)の中から抽出され、各種計数が業種別および企業規模別に公表される。

4. 日銀短観で公表される「業況判断DI」は、回答時点の業況とその3ヵ月後の業況予測について、「良い」と回答した企業の社数構成比から「悪い」と回答した企業の社数構成比を差し引いて算出される。

01　解説

1．適切。景気動向指数は、景気の現状把握および将来予測に資するために作成された指標であり、コンポジット・インデックス（CI）とディフュージョン・インデックス（DI）がある。

2．適切。景気動向指数に採用されている指標は、先行指数が11系列、一致指数が10系列、遅行指数が9系列の合計30系列となっている。

3．不適切。コンポジット・インデックス（CI）は、採用系列の前月と比べた変化の大きさを合成して作成した指数であり、景気変動の大きさやテンポ（量感）を測定することを目的としている。景気拡張の動きの各経済部門への波及度合いの測定を主な目的としているのはディフュージョン・インデックス（DI）である。

4．適切。景気転換点の判定には、一致指数を構成する個別指標ごとに統計的手法を用いて山と谷を設定し、谷から山に向かう局面にある指標の割合を算出したヒストリカル・ディフュージョン・インデックス（DI）が用いられている。

➡ テキストp.207, 208　解答　**3**

02　解説

1．不適切。日銀短観は、統計法に基づいて行われる調査であり、全国の企業動向を的確に把握し、金融政策の適切な運営に資することを目的としている。

2．不適切。日銀短観の調査は年4回実施され、その結果は、4月、7月、10月、12月に公表される。

3．不適切。日銀短観の調査対象企業は、全国の資本金2,000万円以上の民間企業（金融機関等を除く）の中から抽出され、各種計数が業種別および企業規模別に公表される。

4．適切。日銀短観で公表される「業況判断DI」は、回答時点の業況とその3ヵ月後の業況予測について、「良い」と回答した企業の社数構成比から「悪い」と回答した企業の社数構成比を差し引いて算出される。

➡ テキストp.208　解答　**4**

セーフティネットと関連法規

03 | **A** | □□ 2023年1月・改

金融商品の取引等に係る各種法令に関する次の記述のうち、最も適切なものはどれか。なお、本問においては、「金融サービスの提供及び利用環境の整備等に関する法律」を金融サービス提供法、「犯罪による収益の移転防止に関する法律」を犯罪収益移転防止法という。

1. 金融商品取引法では、金融商品取引契約を締結しようとする金融商品取引業者等は、あらかじめ顧客（特定投資家を除く）に契約締結前交付書面を交付しなければならないとされているが、顧客から交付を要しない旨の意思表示があった場合、その交付義務は免除される。
2. 金融サービス提供法では、金融サービス仲介業の登録を受けた事業者は、銀行、証券、保険、貸金業の分野のサービスを仲介することができるが、特定の金融機関に所属し、その指導および監督を受けなければならないとされている。
3. 消費者契約法では、事業者の不適切な行為によって、消費者が誤認や困惑をし、それによって消費者契約の申込みまたはその承諾の意思表示をした場合、消費者は、当該契約によって生じた損害について賠償を請求することができるとされている。
4. 犯罪収益移転防止法では、金融機関等の特定事業者が顧客と特定業務に係る取引を行った場合、特定事業者は、原則として、直ちに当該取引に関する記録を作成し、当該取引の行われた日から7年間保存しなければならないとされている。

04 | **B** | □□ 2022年9月

わが国における個人による金融商品取引に係るセーフティネットに関する次の記述のうち、最も適切なものはどれか。

1. 国内銀行に預け入れられている円建ての仕組預金は、他に預金を預け入れていない場合、預金者1人当たり元本1,000万円までと、その利息のうち通常の円建ての定期預金（仕組預金と同一の期間および金額）の店頭表示金利までの部分が預金保険制度による保護の対象となる。
2. ゆうちょ銀行に預け入れられている通常貯金は、他に貯金を預け入れていない場合、貯金者1人当たり元本1,300万円までとその利息が預金保険制度による保護の対象となる。
3. 金融機関同士が合併した場合、合併存続金融機関において、預金保険制度による保護の対象となる預金の額は、合併後1年間に限り、全額保護される預金を除き、預金者1人当たり1,300万円とその利息等となる。
4. 国内に本店のある銀行で購入した投資信託は、日本投資者保護基金による補償の対象となる。

03 解説

1. **不適切。** 金融商品取引法では、金融商品取引契約を締結しようとする金融商品取引業者等は、あらかじめ顧客(特定投資家を除く)に契約締結前交付書面を交付しなければならないとされているので、顧客から交付を要しない旨の意思表示があった場合でも、交付義務は免除されない。

2. **不適切。** 金融サービス提供法では、金融サービス仲介業の登録を受けた事業者は、1つの登録で銀行業・金融商品取引業・保険業・貸金業すべての分野の金融サービスの仲介が可能である。特定の金融機関には属さない。

3. **不適切。** 消費者契約法では、事業者の不適切な行為によって、消費者が誤認や困惑をし、それによって消費者契約の申込みまたはその承諾の意思表示をした場合、消費者は、これを取り消すことができるとされている。

4. **適切。** 犯罪収益移転防止法では、銀行、信用金庫、保険会社などの金融機関等の特定事業者が顧客と特定業務に係る取引を行った場合、特定事業者は、原則として、直ちに当該取引に関する記録を作成し、当該取引の行われた日から7年間保存しなければならないとされている。

➡ テキストp.222-224, 226 **解答** 4

04 解説

1. **適切。** 国内銀行に預け入れられている円建ての仕組預金は、他に預金を預け入れていない場合、預金者1人当たり元本1,000万円までと、その利息のうち通常の円建ての定期預金(仕組預金と同一の期間および金額)の店頭表示金利までの部分が預金保険制度による保護の対象となる。

2. **不適切。** ゆうちょ銀行の通常貯金は、他に貯金を預け入れていない場合、ほかの銀行の預金と同様に貯金者1人当たり元本1,000万円までとその利息が預金保険制度による保護の対象となる。

3. **不適切。** 金融機関同士が合併した場合、合併存続金融機関において、預金保険制度による保護の対象となる預金の額は、合併後1年間に限り、預金者1人当たりの上限額(元本1,000万円まで)に合併等に関わった金融機関数を乗じた金額とその利息とする特例が適用される。

4. **不適切。** 日本投資者保護基金は証券会社を会員とする組織であり、銀行は会員ではないため、国内に本店のある銀行で購入した投資信託は、日本投資者保護基金による補償の対象とならない。

➡ テキストp.218-222 **解答** 1

わが国における個人による金融商品取引に係るセーフティネットに関する次の記述のうち、最も不適切なものはどれか。

1．日本国内に本店のある銀行の海外支店や外国銀行の在日支店に預け入れた預金は、その預金の種類にかかわらず、預金保険制度の保護の対象とならない。
2．日本国内に本店のある銀行の国内支店に預け入れた外貨預金は、その金額の多寡にかかわらず、預金保険制度による保護の対象とならない。
3．日本国内の証券会社が破綻し、分別管理が適切に行われていなかったために、一般顧客の資産の一部または全部が返還されない事態が生じた場合、日本投資者保護基金により、補償対象債権に係る顧客資産について一般顧客1人当たり1,000万円を上限として補償される。
4．日本国内の証券会社が保護預かりしている一般顧客の外国株式は、日本投資者保護基金による補償の対象とならない。

為替相場の変動要因

為替相場や金利の変動要因等に関する次の記述のうち、最も不適切なものはどれか。

1．日本の物価が米国と比較して相対的に上昇することは、一般に円高米ドル安の要因となる。
2．米国が政策金利を引き上げ、日本と米国との金利差が拡大することは、一般に円安米ドル高の要因となる。
3．日本の対米貿易赤字が拡大することは、一般に円安米ドル高の要因となる。
4．日本銀行が、国債買入オペによって長期国債（利付国債）を買い入れ、金融市場に資金を供給することは、一般に市中金利の低下要因となる。

05 解説

1. 適切。日本国内に本店のある銀行の海外支店や政府系金融機関、外国銀行の在日支店は預金保険制度の保護の対象外である。
2. 適切。外貨預金は預金保険制度の保護の対象外である。
3. 適切。何らかの事情で証券会社が破綻し、分別管理の義務に違反したことによって、顧客の資産の一部または全部が返還されない場合には、日本投資者保護基金が一般顧客1人当たり上限1,000万円まで補償する。
4. 不適切。投資者保護基金は、有価証券関連・商品デリバティブ関する取引で、一般顧客から証券会社に預けられる資産(金銭と有価証券)を保護する。保護の対象には、外国株式も含まれる。

 テキストp.218-222 解答 4

 預金保険制度の対象となるもの、ならないものを確認しておくニャ!

06 解説

1. 不適切。日本の物価が米国と比較して相対的に上昇すると、日本では同じ金額で買えるものが少なくなるので、円の価値が下落し、円安の要因となる。
2. 適切。米国が政策金利を引き上げ、日本と米国との金利差が拡大すると、高金利を求めて円でドルを買う動きが起こってドルの価値が高くなり、一般に円安米ドル高の要因となる。
3. 適切。貿易赤字とは、輸出額が輸入額を下回っている状態なので、日本の対米貿易赤字が拡大する(=輸入額のほうが輸出額よりも増加している)ことは、輸出で得たドルを円に換える動きよりも、輸入に必要な円をドルに換える動きが増えるので、一般に円安米ドル高の要因となる。
4. 適切。日本銀行が、国債買入オペによって長期国債(利付国債)を買い入れることによって金融市場に資金を供給することは、一般に市中金利の低下要因となる。

 テキストp.211-214 解答 1

貯蓄型金融商品

07 **A** ☐☐ 2020年9月

銀行等の金融機関で取り扱う預金の一般的な商品性に関する次の記述のうち、最も適切なものはどれか。

1. 貯蓄預金は、クレジットカード利用代金などの自動振替口座や、給与や年金などの自動受取口座として利用することができる。
2. 当座預金は、公共料金などの自動振替口座として利用することはできるが、株式の配当金の自動受取口座として利用することはできない。
3. 為替先物予約を締結していない外貨定期預金の満期時の為替レートが預入時の為替レートに比べて円安になれば、当該外貨定期預金に係る円換算の運用利回りは高くなる。
4. 期日指定定期預金は、預金者が預入時に据置期間経過後から最長預入期日までの間で満期日を指定しなければならない。

08 **B** ☐☐ 2022年5月

銀行等の金融機関で取り扱う預金商品の一般的な商品性等に関する次の記述のうち、最も不適切なものはどれか。なお、本問においては、「民間公益活動を促進するための休眠預金等に係る資金の活用に関する法律」を休眠預金等活用法という。

1. 決済用預金は、「無利息」「要求払い」「決済サービスを提供できること」という3つの条件を満たした預金であり、法人も個人も預け入れることができる。
2. オプション取引などのデリバティブを組み込んだ仕組預金には、金融機関の判断によって満期日が繰り上がる商品がある。
3. 自動積立定期預金は、各指定日に普通預金口座からの口座振替等により、指定金額を預入することができる定期預金である。
4. 2009年1月1日以降、取引がないまま7年が経過した普通預金は、休眠預金等活用法に基づく「休眠預金等」に該当する。

07 解説

1．不適切。貯蓄預金は、クレジットカード利用代金などの自動振替口座や、給与や年金などの自動受取口座として利用することはできない。

2．不適切。当座預金は、企業や個人事業主が業務上の支払いに利用する無利息の預金である。現金の代わりに、支払われた手形や小切手の決済をするために利用され、公共料金の自動支払いや株式配当金等の自動受け取りにも利用できる。

3．適切。為替先物予約を締結していない外貨定期預金の満期時の為替レートが預入時の為替レートに比べて円安になれば、当該外貨定期預金に係る円換算の運用利回りは高くなる。

4．不適切。期日指定定期預金は、預入してから1年間据え置けば、指定最長預入期日までの間で自由に満期日を指定できる。

➡ テキストp.234, 235, 273, 274　解答　3

08 解説

1．適切。決済用預金は、「無利息」「要求払い」「決済サービスを提供できること」という3つの条件を満たした預金であり、法人も個人も預け入れることができる。

2．適切。オプション取引などのデリバティブを組み込んだ仕組預金には、金融機関の判断によって満期日が繰り上がったり、繰り下がったりする商品がある。

3．適切。自動積立定期預金は、各指定日に普通預金口座からの口座振替等により、指定金額を預入することができる定期預金である。

4．不適切。2009年1月1日以降、取引がないまま10年が経過した普通預金は、休眠預金等活用法に基づく「休眠預金等」に該当する。

➡ テキストp.219, 235, 238　解答　4

09 **A** ☐ ☐ 2022年9月

一般的な投資信託の分類方法に関する次の記述のうち、最も不適切なものはどれか。

1. 組入れ資産のほとんどを債券が占め、株式をまったく組み入れていない証券投資信託であっても、約款上、株式に投資することができれば、株式投資信託に分類される。

2. 契約型投資信託は、委託者指図型と委託者非指図型に大別され、委託者指図型投資信託は、投資信託委託会社（委託者）と信託銀行等（受託者）との信託契約により、委託者の運用指図に基づいて運用される投資信託である。

3. 単位型投資信託は、投資信託が運用されている期間中いつでも購入できる投資信託であり、追加型投資信託は、当初募集期間にのみ購入できる投資信託である。

4. パッシブ型投資信託は、対象となるベンチマークに連動する運用成果を目指して運用される投資信託である。

10 **B** ☐ ☐ 2022年1月

株式で運用する投資信託の一般的な運用手法等に関する次の記述のうち、最も適切なものはどれか。

1. 割高な銘柄を買い持ち（ロング）にする一方、割安な銘柄を売り持ち（ショート）にすることで、市場全体の動きに左右されない収益を求める投資手法を、ロング・ショート戦略という。

2. マクロ的な環境要因等を基に国別組入比率や業種別組入比率などを決定し、その比率に応じて、個別銘柄を組み入れてポートフォリオを構築する手法を、トップダウン・アプローチという。

3. 企業の将来の売上高や利益の成長性が市場平均よりも高いと見込まれる銘柄を組み入れて運用するグロース運用は、PERやPBRが低い銘柄中心のポートフォリオとなる傾向がある。

4. ベンチマークの動きにできる限り連動することで、同等の運用収益率を得ることを目指すパッシブ運用は、アクティブ運用に比べて運用コストが高くなる傾向がある。

09 **解説**

1. 適切。組入れ資産のほとんどを債券が占め、株式をまったく組み入れていない証券投資信託であっても、約款上、株式に投資することができれば、株式投資信託に分類される。

2. 適切。契約型投資信託は、委託者指図型と委託者非指図型に大別され、日本で主流の委託者指図型投資信託は、投資信託委託会社(委託者)と信託銀行等(受託者)との信託契約により、委託者の運用指図に基づいて運用される投資信託である。
   一方、委託者非指図型投資信託は、受益者兼委託者(投資家)と受託者(信託銀行)で構成され、信託銀行が自らの裁量で、有価証券以外の金融資産や不動産などを対象として運用を行う投資信託である。

3. 不適切。単位型投資信託は、当初募集期間にのみ購入できる投資信託である。投資信託が運用されている期間中いつでも購入できる投資信託は、追加型投資信託である。

4. 適切。パッシブ型投資信託は、対象となるベンチマークに連動する運用成果を目指して運用される投資信託である。

➡ テキストp.244, 245 **解答** 3

10 **解説**

1. 不適切。ロング・ショート戦略とは、割安な銘柄を買い持ち(ロング)にする一方、割高な銘柄を空売り(売り持ち)することで、銘柄の値上がり益だけでなく、値下がり時にも利益を狙う、機動的な運用方法である。

2. 適切。マクロ的な環境要因等を基に国別組入比率や業種別組入比率などを決定し、その比率に応じて個別銘柄を組み入れてポートフォリオを構築する手法は、トップダウン・アプローチである。

3. 不適切。企業の将来の売上高や利益の成長性が市場平均よりも高いと見込まれる銘柄を組み入れて運用するグロース運用は、PERやPBRが高い銘柄中心のポートフォリオとなる傾向がある。

4. 不適切。パッシブ運用は、アクティブ運用に比べて運用コストが低くなる傾向がある。

➡ テキストp.245 **解答** 2

上場投資信託（ETF）の一般的な特徴に関する次の記述のうち、最も不適切なものはどれか。

1．レバレッジ型ETFは、日経平均株価などの指標の日々の変動率に一定の正の倍数を乗じて算出される指数に連動した運用成果を目指して運用されるETFである。
2．インバース型ETFは、日経平均株価などの指標の日々の変動率に一定の負の倍数を乗じて算出される指数に連動した運用成果を目指して運用されるETFである。
3．リンク債型ETFは、所定の指標に連動した投資成果を目的とする債券（リンク債）に投資することにより、ETFの一口当たり純資産額の変動率を対象指標の変動率に一致させる運用手法を採用するETFである。
4．ETFの分配金には、普通分配金と元本払戻金（特別分配金）があり、税法上、普通分配金は課税対象となり、元本払戻金（特別分配金）は非課税となる。

わが国における上場投資信託（ETF）および上場不動産投資信託（J-REIT）の特徴に関する次の記述のうち、最も適切なものはどれか。

1．ETFは、非上場の投資信託と異なり、運用管理費用（信託報酬）は発生しない。
2．ETFを市場で売却する際には、信託財産留保額はかからない。
3．J-REITの分配金は、所得税の配当控除の対象となる。
4．J-REITは、一般に、信託財産の解約ができるオープン・エンド型の投資信託として設定されている。

11　解説

1．適切。レバレッジ型ETFは、日経平均株価などの指標の日々の変動率に一定の正の倍数を乗じて算出される指数に連動した運用成果を目指して運用されるETFである。

2．適切。インバース型ETFは、日経平均株価などの指標の日々の変動率に一定の負の倍数を乗じて算出される（指標の変動率とは逆の動きをする）指数に連動した運用成果を目指して運用されるETFである。

3．適切。リンク債型ETFは、所定の指標に連動した投資成果を目的とする債券（リンク債）に投資することにより、ETFの一口当たり純資産額の変動率を対象指標の変動率に一致させる運用手法を採用するETFである。

4．不適切。ETFの分配金には、普通分配金と元本払戻金（特別分配金）という区別はない。分配金は上場株式等の配当所得と同様の扱いで、20.315％（復興特別所得税を含む）の申告分離課税となる。

➡ テキストp.246　**解答**　4

12　解説

1．不適切。ETFも、運用管理費用（信託報酬）は発生するが、非上場の投資信託よりも安い。

2．適切。ETFを市場で売却する際には、信託財産留保額はかからない。

3．不適切。J-REITの分配金は、所得税の配当控除の対象とはならない。

4．不適切。J-REITは、一般に、組み入れ資産の時価に基づく純資産価格での買い戻しや解約を原則として認めていないクローズドエンド型の投資信託として設定されている。したがって換金を希望する場合は、取引所などを通じて他の投資家に売却することが必要である。

➡ テキストp.246　**解答**　2

13 **A** ☐☐ 2022年9月

上場会社であるA株式会社(以下「A社」という)に係る株式投資の指標に関する次の記述のうち、最も不適切なものはどれか。

〈資料〉A社のデータ

株価	:	2,500円
発行済株式数	:	600万株
配当金総額(年)	:	4億5,000万円
当期純利益(年)	:	12億円
自己資本(=純資産)	:	300億円
※上記以外の数値は考慮しないものとする。		

1. A社株式のPERは、12.5倍である。
2. A社株式のPBRは、2.0倍である。
3. A社株式の配当利回りは、3.0%である。
4. A社のROEは、4.0%である。

14 **A** ☐☐ 2022年5月

株式指標の一般的な特徴に関する次の記述のうち、最も適切なものはどれか。

1. 同規模・同一業種の銘柄間においては、PERの高い銘柄が割安と考えられる。
2. 同規模・同一業種の銘柄間においては、PBRの高い銘柄が割安と考えられる。
3. 配当性向は、企業の当期純利益に対する年間配当金の割合を示す指標である。
4. ROAは、企業の売上高に対する当期純利益の割合を示す指標である。

13　解説

1．適切。「PER＝株価÷1株当たり当期純利益」で求める。

　　まず1株当たりの当期純利益を求める：12億円÷600万株＝200円

　　　　PER：2,500円÷200円＝12.5倍

2．不適切。「PBR＝株価÷1株当たり純資産」で求める。

　　まず1株当たり純資産（BPS）を求める：300億円÷600万株＝5,000円

　　　　PBR：2,500円÷5,000円＝0.5倍

3．適切。「配当利回り（%）＝1株当たり年間配当金÷株価×100」で求める。

　　まず1株当たり年間配当金を求める：4億5,000万円÷600万株＝75円

　　　　配当利回り（%）：75円÷2,500円×100＝3.0%

4．適切。「ROE＝当期純利益÷自己資本×100」で求める。

　　12億円÷300億円×100＝4.0%

　　　　→ テキストp.256-259　**解答　2**

14　解説

1．不適切。同規模・同一業種の銘柄間においては、PER（株価／1株当たり純利益）の低い銘柄が割安と考えられる。

2．不適切。同規模・同一業種の銘柄間においては、PBR（株価／1株当たり純資産）の低い銘柄が割安と考えられる。

3．適切。配当性向（1株当たり年間配当金／1株当たり純利益）は、企業の当期純利益に対する年間配当金の割合を示す指標である。

4．不適切。ROA（総資産利益率）とは、総資産に対する当期純利益の割合を示す指標である。売上高に対する当期純利益の割合を示す指標は売上高当期純利益率である。

　　　　→ テキストp.256-258, 386　**解答　3**

株式市場の各種指数に関する次の記述のうち、最も適切なものはどれか。

1．日経平均株価は東京証券取引所プライム市場に上場している内国普通株式のうち、225銘柄を対象とした株価指数である。
2．JPX日経インデックス400は、東京証券取引所プライム市場に上場している銘柄のうち、時価総額、売買代金、ROE等を基に選定された400銘柄を対象として算出した指数である。
3．ナスダック総合指数は、米国のナスダック市場に上場している米国株式の30銘柄を対象として算出した指数である。
4．S&P500種株価指数は、米国のニューヨーク証券取引所に上場している銘柄のうち、時価総額上位の代表的な500銘柄を対象として算出した指数である。

東京証券取引所の市場区分等に関する次の記述のうち、最も適切なものはどれか。

1．東証株価指数(TOPIX)は、東京証券取引所市場第一部に上場している全銘柄を対象として算出されていたが、東京証券取引所の市場区分見直しが実施された2022年4月4日以降、新たな市場区分であるプライム市場の全銘柄を対象として算出されている。
2．プライム市場のコンセプトは、「多くの機関投資家の投資対象になりうる規模の時価総額(流動性)を持ち、より高いガバナンス水準を備え、投資者との建設的な対話を中心に据えて持続的な成長と中長期的な企業価値の向上にコミットする企業向けの市場」である。
3．スタンダード市場のコンセプトは、「高い成長可能性を実現するための事業計画及びその進捗の適時・適切な開示が行われ一定の市場評価が得られる一方、事業実績の観点から相対的にリスクが高い企業向けの市場」である。
4．グロース市場のコンセプトは、「公開された市場における投資対象として一定の時価総額(流動性)を持ち、上場企業としての基本的なガバナンス水準を備えつつ、持続的な成長と中長期的な企業価値の向上にコミットする企業向けの市場」である。

15 解説

1．適切。日経平均株価は東京証券取引所プライム市場に上場している内国普通株式のうち、225銘柄を対象とした株価指数である。

2．不適切。JPX日経インデックス400は、東京証券取引所に上場している全銘柄のうち、3年平均ROEや3年累積営業利益などの基準をもとに選定された400銘柄を対象として算出した指数である。

3．不適切。ナスダック総合指数は、米国ナスダック市場に上場している全銘柄で構成する時価総額加重型の指数である。

4．不適切。S&P500種株価指数は、米国のニューヨーク証券取引所、NYSE American、ナスダックに上場している企業の中から代表的な500社を選出し、その銘柄を基に算出される時価総額加重平均型の株式指数である。

➡ テキストp.260　**解答** 1

16 解説

1．不適切。東証株価指数(TOPIX)は、東京証券取引所市場第一部に上場している全銘柄を対象として算出されていたが、東京証券取引所の市場区分見直しが実施された2022年10月から銘柄の見直しが段階的に行われており、**プライム市場・スタンダード市場**の銘柄が対象とされている。

2．適切。プライム市場のコンセプトは、「多くの機関投資家の投資対象になりうる規模の時価総額(流動性)を持ち、より高いガバナンス水準を備え、投資者との建設的な対話を中心に据えて持続的な成長と中長期的な企業価値の向上にコミットする企業向けの市場」である。

3．不適切。記述はグロース市場のコンセプト。スタンダード市場のコンセプトは、「公開された市場における投資対象として一定の時価総額(流動性)を持ち、上場企業としての基本的なガバナンス水準を備えつつ、持続的な成長と中長期的な企業価値の向上にコミットする企業向けの市場」である。

4．不適切。記述はスタンダード市場のコンセプト。グロース市場のコンセプトは、「高い成長可能性を実現するための事業計画及びその進捗の適時・適切な開示が行われ一定の市場評価が得られる一方、事業実績の観点から相対的にリスクが高い企業向けの市場」である。

➡ テキストp.250, 260　**解答** 2

17 **A** ☐☐ 2021年1月

固定利付債券の利回り（単利・年率）と市場金利の変動との関係に関する次の記述の空欄
（ア）、（イ）にあてはまる語句の組み合わせとして、最も適切なものはどれか。なお、手数料、
経過利子、税金等については考慮しないものとする。

表面利率が0.2%、償還期限が10年の固定利付債券（以下「債券A」という）が額面100円
当たり100円で新規に発行された。発行から5年後、市場金利が上昇したことに伴い、
債券Aの最終利回りも0.4%に上昇した。この状況において、債券Aを新規発行時に購
入し、発行から5年後に売却した場合の所有期間利回りは（　ア　）。また、債券Aを
新規発行時に購入し、償還まで保有した場合の応募者利回りは（　イ　）。

1．（ア）0.2%よりも低くなる　　（イ）0.2%よりも高くなる
2．（ア）0.2%よりも高くなる　　（イ）0.2%で変わらない
3．（ア）0.2%よりも低くなる　　（イ）0.2%で変わらない
4．（ア）0.2%で変わらない　　（イ）0.2%よりも低くなる

17　解説

債券の利回りには、次のようなものがある。

最終利回り	既に発行されている債券を購入し、償還まで保有したときの利回り
所有期間利回り	債券の発行時に購入または既に発行されている債券を購入し、償還前に売却したときの利回り
応募者利回り	債券の発行時に購入し、償還まで保有したときの利回り

（ア）債券Aの所有期間利回りは、次の式で求める。

$$所有期間利回り（\%）= \frac{表面利率（\%）+ \dfrac{売却価格 - 買付価格}{所有期間}}{買付価格} \times 100$$

市場金利が高くなると発行済債券の価格は下落する。そのため、債券Aの発行から5年後には市場金利が上昇しているので、新規発行から5年後に売却すると、買付価格は100円、債券の表面利率は0.2％のままだが、売却価格は額面価格の100円より安くなる。したがって所有期間利回りを求める式の、分子の値は、0.2より小さくなる。分母は買付価格の100（円）なので、所有期間利回りは0.2％よりも低くなる。

（イ）応募者利回りは、以下の式で求める。

$$応募者利回り（\%）= \frac{表面利率（\%）+ \dfrac{額面価格 - 発行価格}{償還年限}}{発行価格} \times 100$$

市場金利や最終利回りが上昇しても、発行済債券の表面利率や償還時の価格が上昇するわけではないので、応募者利回りは0.2％で変わらない。

したがって、「所有期間利回りは0.2％よりも低くなり、応募者利回りは0.2％で変わらない」ため、解答は選択肢3となる。

➡ テキストp.264, 265　解答　3

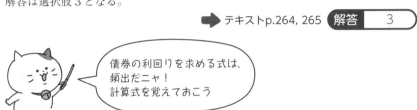

債券の利回りを求める式は、
頻出だニャ！
計算式を覚えておこう

債券のイールドカーブ(利回り曲線)の一般的な特徴等に関する次の記述のうち、最も不適切なものはどれか。

1. イールドカーブは、縦軸を債券の利回り、横軸を債券の残存期間として、利回りと投資期間の関係を表した曲線である。
2. イールドカーブは、好況時に中央銀行が金融引締めを行うとスティープ化し、不況時に中央銀行が金融緩和を行うとフラット化する傾向がある。
3. イールドカーブは、将来の景気拡大が予想されるとスティープ化し、将来の景気後退が予想されるとフラット化する傾向がある。
4. イールドカーブの形状は、通常、右上がりの順イールドであるが、急激な金融引締め時に右下がりの逆イールドとなる傾向がある。

固定利付債券(個人向け国債を除く)の一般的な特徴に関する次の記述のうち、最も適切なものはどれか。

1. 国内景気が好況で国内物価が継続的に上昇傾向にある局面では、債券価格は上昇する傾向がある。
2. 市場金利の上昇は債券価格の上昇要因となり、市場金利の低下は債券価格の下落要因となる。
3. 債券の発行体の財務状況の悪化や経営不振などにより、償還や利払い等が履行されない可能性が高まると、当該債券の市場価格は下落する傾向がある。
4. 債券を償還日の直前に売却した場合には、売却価格が額面価格を下回ることはない。

18 解説

1．適切。イールドカーブは、縦軸を債券の利回り、横軸を債券の残存期間として、利回りと投資期間の関係を表した曲線である。

2．不適切。イールドカーブは、好況時に中央銀行が政策金利の引き上げなどの金融引締めを行うと、市場金利が上昇し、影響を受けやすい短期金利も上昇して長期金利との金利差が少なくなり、イールドカーブはフラット化（傾きが小さくなる）する。逆に、不況時に中央銀行が政策金利を引き下げるなどの金融緩和を行うと、市場金利とともに短期金利が下落して長期金利との差が大きくなり、イールドカーブはスティープ化（傾きが大きくなる）する傾向がある。設問の説明は逆である。

3．適切。イールドカーブは、将来の景気拡大が予想されると、政策金利の引き下げが予想され、金利下落の前に長期債券の売却が増えて債券価格の下落（長期金利は上昇）が予想される。すると長短金利差が大きくなると考えられて、イールドカーブはスティープ化する傾向がある。逆に、将来の景気後退が予想されると、長期債券購入の動きが増えて債券価格は上昇（長期金利は下落）が予想され、長短金利差が小さくなると考えられるので、イールドカーブはフラット化する傾向がある。

4．適切。イールドカーブの形状は、通常、右上がりの順イールド（償還までの期間が長くなるほど金利が高くなる）であるが、急激な金融引締め時に右下がりの逆イールド（償還までの期間が長くなるほど金利が低くなる）となる傾向がある。

➡ テキストp.267 **解答 2**

19 解説

1．不適切。国内景気が好況で国内物価が継続的に上昇傾向にある局面では、債券価格は下落する傾向がある。

2．不適切。市場金利の上昇は債券価格の下落要因となり、市場金利の低下は債券価格の上昇要因となる。

3．適切。債券の発行体の財務状況の悪化や経営不振などにより、償還や利払い等が履行されない可能性が高まると、当該債券の市場価格は下落する傾向がある。

4．不適切。債券を償還日の直前に売却した場合には、売却価格が額面価格を下回ることもある。

➡ テキストp.266 **解答 3**

債券のデュレーションに関する次の記述の空欄（ア）、（イ）にあてはまる語句の組み合わせとして、最も適切なものはどれか。

> デュレーションは、債券への投資資金の平均回収期間を表すとともに、債券投資における金利変動リスクの度合い（金利変動に対する債券価格の感応度）を表す指標としても用いられる。他の条件が同じであれば、債券の表面利率が低いほど、また残存期間が長いほど、デュレーションは（　ア　）。なお、割引債券のデュレーションは、残存期間（　イ　）。

1．（ア）長くなる　　（イ）と等しくなる
2．（ア）短くなる　　（イ）よりも短くなる
3．（ア）長くなる　　（イ）よりも短くなる
4．（ア）短くなる　　（イ）と等しくなる

外貨建て金融商品

個人（居住者）が国内の金融機関等を通じて行う**外貨建て金融商品の取引等**に関する次の記述のうち、**最も不適切なもの**はどれか。

1．外貨建て金融商品の取引に係る為替手数料の料率は、同一の外貨を対象にする場合であっても、取扱金融機関により異なることがある。
2．国外の証券取引所に上場している外国株式を、国内店頭取引により売買する場合、外国証券取引口座を開設する必要がある。
3．外国為替証拠金取引では、証拠金にあらかじめ決められた倍率を掛けた金額まで売買することができるが、倍率の上限は各取扱業者が決めており、法令による上限の定めはない。
4．米ドル建て債券を保有している場合、為替レートが円安・米ドル高に変動することは、当該債券に係る円換算の投資利回りの上昇要因となる。

20 **解説**

・デュレーションは、**債券への投資資金の平均回収期間**を表し、債券投資における金利変動リスクの度合い（金利変動に対する債券価格の感応度。金利が一定の割合で変動すると、債券価格がどの程度変動するか）を表す指標としても用いられる。

・他の条件が同じであれば、債券の**表面利率が低いほど**、また**残存期間が長いほど**、投資資金の回収には時間がかかり、デュレーションは長くなる。

・割引債券は、債券発行の際、額面よりも安い金額で購入することができる代わりに途中のクーポン（利息）は支払われない。利付債の場合は、元本と利息で投資資金が回収されるが、割引債券の場合は、投資資金の回収に充てられるのは元本のみのため、デュレーションは、残存期間と等しくなる。

➡ テキストp.267　解答　1

21 **解説**

1．適切。外貨建て金融商品の取引に係る**為替手数料**の料率は、通貨により異なるが、同一の外貨を対象にする場合であっても、**取扱金融機関により異なる**ことがある。

2．適切。国外の証券取引所に上場している外国株式を、国内店頭取引により売買する場合、外国証券取引口座を開設する必要がある。

3．不適切。外国為替証拠金取引では、証拠金にあらかじめ決められた倍率を掛けた金額まで売買することができ、倍率は各取扱業者が決められるが、**上限は法令により最大25倍**と決められている。

4．適切。米ドル建て債券を保有している場合、為替レートが円安・米ドル高に変動することは、当該債券に係る**円換算の投資利回りの上昇要因**となる。

➡ テキストp.273-277, 281　解答　3

以下の〈条件〉で、円貨を米ドルに交換して米ドル建て定期預金に10,000米ドルを預け入れ、満期時に米ドルを円貨に交換して受け取る場合における円ベースでの利回り（単利・年率）として、最も適切なものはどれか。なお、税金については考慮しないものとし、計算結果は表示単位の小数点以下第3位を四捨五入するものとする。

〈条件〉

・預入期間　1年

・預金金利　3.00％（年率）

・為替予約なし

・為替レート（米ドル／円）

	TTS	TTB
預入時	130.00円	129.00円
満期時	135.00円	134.00円

1．3.17％

2．4.79％

3．6.17％

4．7.79％

外国株式

外国株式の取引の一般的な仕組みや特徴に関する次の記述のうち、最も不適切なものはどれか。

1．国外の証券取引所に上場している外国株式を国内店頭取引により売買する場合、外国証券取引口座を開設する必要がある。

2．一般顧客が国内の証券会社を通じて購入した外国株式は、日本投資者保護基金による補償の対象とならない。

3．国内の証券取引所に上場している外国株式を国内委託取引（普通取引）により売買した場合の受渡日は、国内株式と同様に、売買の約定日から起算して3営業日目である。

4．外国株式については、一部銘柄を除き、金融商品取引法に基づくディスクロージャー制度の適用を受けず、同法に基づく企業内容等の開示は行われない。

22 **解説**

・10,000米ドルを用意するために必要な円貨(a)は、TTSを用いて

130.00×10,000＝1,300,000円(a)

・10,000米ドルを米ドル建て定期預金に預け入れると、1年後の元利金額(米ドル)は

10,000米ドル×(1＋0.03)＝10,300ドル　となる

・10,300米ドルを円貨に換算すると、TTBを用いて

10,300ドル×134.00円＝1,380,200円(b)

・円貨(a)を米ドルに換えて定期預金に預け入れ、1年後の満期金を円貨(b)で受け取った場合の利回りを計算すると

｛収益合計(b－a)÷預入年数1年｝÷当初元本a×100(％)

＝｛(1,380,200円－1,300,000円)÷1｝÷1,300,000円×100(％)

＝6.16923…　　∴6.17％

➡ テキストp.274　**解答**　3

23 **解説**

1．適切。国外の証券取引所に上場している外国株式を国内店頭取引により売買する場合、**外国証券取引口座**を開設する必要がある。

2．不適切。一般顧客が国内の証券会社を通じて購入した外国株式は、**日本投資者保護基金**による補償の対象となる。日本投資者保護基金は、証券会社が行っている有価証券関連ビジネスまたは商品デリバティブ業務関連ビジネスに関して顧客から預かっている海外発行のものも含む株式や公社債、投資信託等を保護の対象としている。

3．適切。国内の証券取引所に上場している**外国株式**を国内委託取引(普通取引)により売買した場合の**受渡日**は、国内株式と同様に、売買の約定日から起算して3営業日目である。

4．適切。外国株式については、国内の金融商品取引所に上場しているものや不特定多数の投資家に販売することを目的とした一部銘柄を除き、金融商品取引法に基づくディスクロージャー制度の適用を受けず、同法に基づく企業内容等の開示は行われない。

➡ テキストp.277　**解答**　2

24 **B** ☐ ☐ 2022年5月

金融派生商品に関する次の記述のうち、**最も適切なもの**はどれか。

1. 金融派生商品を利用する場合、現物取引を行った場合と同等の投資効果を得るには、現物取引よりも多額の資金を投入する必要がある。

2. 現物価格の変動による利益と同額の利益が発生するように、現物と同じポジションの先物を保有することなどにより、価格変動リスク等を回避または軽減することを狙う取引を、ヘッジ取引という。

3. 現物価格と当該現物を原資産とする先物の理論価格との間で価格差が生じた場合、割安な方を売り、割高な方を買うポジションを組み、その価格差を利益として得ることを狙う取引を、裁定取引という。

4. 先物の将来の価格を予想してポジションを取り、予想どおりの方向に変動したときに反対売買を行って利益を確定することを狙う取引を、スペキュレーション取引という。

25 **B** ☐ ☐ 2022年1月

株式の信用取引の一般的な仕組みに関する次の記述のうち、**最も不適切なもの**はどれか。

1. 信用取引では、現物株式を所有していなくても、その株式の「売り」から取引を開始することができる。

2. 制度信用取引の建株を一般信用取引の建株に変更することはできるが、一般信用取引の建株を制度信用取引の建株に変更することはできない。

3. 信用取引では、売買が成立した後に相場が変動して証券会社が定める最低委託保証金維持率を下回った場合、追加保証金を差し入れるなどの方法により、委託保証金の不足を解消しなくてはならない。

4. 金融商品取引法では、株式の信用取引を行う際の委託保証金の額は30万円以上であり、かつ、当該取引に係る株式の時価に100分の30を乗じた金額以上でなければならないとされている。

24 解説

1. 不適切。金融派生商品を利用すると、現物取引をするよりも、少額の資金で、現物投資をした場合と同等の投資効果を得ることができる。

2. 不適切。ヘッジ取引は、現物価格の変動による利益と同額の損失が発生するように、現物と逆のポジションの先物を保有するなどして、価格変動リスクを回避・軽減することを狙う取引である。

3. 不適切。裁定取引は、現物価格と当該現物を原資産とする先物の理論価格との間で価格差が生じた場合に、割安なほうを買って割高なほうを売るポジションを組むことで、利ざやを稼ぐことを狙う取引である。

4. 適切。先物の将来の価格を予想してポジションを取り、予想どおりの方向に変動したときに反対売買を行って利益を確定することを狙う取引を、スペキュレーション取引という。

解答 **4**

25 解説

1. 適切。信用取引では、現物株式を所有していなくても、その株式の「売り」から取引を開始することができる。

2. 不適切。信用取引で新規に売買した株式を建株という。保有している建株は、制度信用取引から一般信用取引（一般信用取引から制度信用取引も同様）に変更はできない。

3. 適切。信用取引では、売買が成立した後に相場が変動して証券会社が定める最低委託保証金維持率を下回った場合、追加保証金を差し入れるなどの方法により、委託保証金の不足を解消しなくてはならない。

4. 適切。金融商品取引法では、株式の信用取引を行う際の委託保証金の額は30万円以上であり、かつ、当該取引に係る株式の時価に100分の30を乗じた金額以上でなければならないとされている。

➡ テキストp.252 解答 **2**

26 **A** ☐☐ 2022年9月

先物取引やオプション取引に関する次の記述のうち、**最も不適切な**ものはどれか。

1. 現在保有している現物資産が将来値下がりすることに備えるため、先物を売り建てた。
2. 将来保有しようとする現物資産が将来値上がりすることに備えるため、先物を買い建てた。
3. 現在保有している現物資産が将来値下がりすることに備えるため、プット・オプションを売った。
4. 将来保有しようとする現物資産が将来値上がりすることに備えるため、コール・オプションを買った。

27 **B** ☐☐ 2021年1月

ポートフォリオ理論に関する次の記述のうち、**最も適切な**ものはどれか。

1. 国内株式のポートフォリオにおいて、組入れ銘柄数を増やすことにより、システマティック・リスクを低減することができる。
2. 異なる2資産からなるポートフォリオにおいて、2資産間の相関係数が−1である場合、ポートフォリオを組成することによる分散投資の効果(リスクの低減)は得られない。
3. ポートフォリオの期待収益率は、組み入れた各資産の期待収益率を組入比率で加重平均した値となる。
4. ポートフォリオのリスクは、組み入れた各資産のリスクを組入比率で加重平均した値よりも大きくなる。

26 解説

1. **適切**。現在保有している現物資産が将来値下がりすることに備えるため、先物を売り建てておくと、現物資産が値下がりしたときには、先物を買い戻して利益を得て、損失を軽減できる。

2. **適切**。将来保有しようとする現物資産が将来値上がりすることに備えるため、先物を買い建てておくと、将来現物資産が値上がりしたときに現時点の先物価格で現物を取得することができる。

3. **不適切**。現在保有している現物資産が将来値下がりすることに備えるためには、プット・オプション(売る権利)を買う。現物資産が将来値下がりした場合には、プット・オプションを売って損失を補てんする。

4. **適切**。将来保有しようとする現物資産が将来値上がりすることに備えるため、コール・オプション(買う権利)を買っておくと、将来現物資産が値上がりしたときにも、オプションを行使して現在の先物価格で購入することができる。

➡ テキストp.280 **解答 3**

27 解説

1. **不適切**。システマティック・リスクとは、分散投資を行ってもなお減らすことができないリスクのことで、株式の銘柄数を増やしても低減することはできない。

2. **不適切**。異なる2資産からなるポートフォリオにおいて、2資産間の相関係数が−1である場合、リスク低減効果は最大となる。

3. **適切**。ポートフォリオの期待収益率は、組み入れた各資産の期待収益を組入比率で加重平均した値となる。

4. **不適切**。ポートフォリオのリスクは、組み入れた各資産のリスクを組入比率で加重平均した値以下になる。

➡ テキストp.285-288 **解答 3**

下記〈資料〉に基づくファンドAとファンドBの過去3年間の運用パフォーマンスの比較評価に関する次の記述の空欄（ア）〜（ウ）にあてはまる語句または数値の組み合わせとして、最も適切なものはどれか。

〈資料〉ファンドAとファンドBの過去3年間の運用パフォーマンスに関する情報

ファンド名	実績収益率の平均値	実績収益率の標準偏差
ファンドA	4.2%	4.0%
ファンドB	8.8%	12.0%

無リスク金利を1.0%として、〈資料〉の数値によりファンドAのシャープレシオの値を算出すると（　ア　）となり、同様に算出したファンドBのシャープレシオの値は（　イ　）となる。両ファンドの運用パフォーマンスを比較すると、過去3年間は（　ウ　）の方が効率的な運用であったと判断される。

1．（ア）1.05　　（イ）0.73　　（ウ）ファンドA
2．（ア）1.05　　（イ）0.73　　（ウ）ファンドB
3．（ア）0.80　　（イ）0.65　　（ウ）ファンドA
4．（ア）0.80　　（イ）0.65　　（ウ）ファンドB

Aさんは、預金、債券、株式でポートフォリオを組んだが、その後各資産の構成比の見直しを行った。Aさんのポートフォリオが下表のとおりであった場合、Aさんの見直し前のポートフォリオの期待収益率と見直し後のポートフォリオの期待収益率の差（見直し後の期待収益率－見直し前の期待収益率）として、最も適切なものはどれか。

資産	期待収益率	標準偏差	見直し前のポートフォリオの構成比	見直し後のポートフォリオの構成比
預金	0.1%	0.0%	60%	20%
債券	2.0%	3.0%	20%	30%
株式	8.0%	20.0%	20%	50%

1．0.486%
2．2.060%
3．2.560%
4．4.620%

28　解説

・シャープレシオは、リスクを取ったうえでどれだけ効率的に収益をあげられたのかをはかる尺度で、次のような式で求める。シャープレシオの値が大きいほど、効率的だと考えられる。

$$\frac{収益率-無リスク金利の資産の収益率}{標準偏差}$$

・無リスク金利を1.0%として、ファンドAのシャープレシオを計算すると

$$\frac{4.2-1.0}{4.0}=0.80\cdots(ア)$$

・無リスク金利を1.0%として、ファンドBのシャープレシオを計算すると

$$\frac{8.8-1.0}{12.0}=0.65\cdots(イ)$$

・シャープレシオを比較すると、ファンドAは0.8、ファンドBは0.65とファンドAのほうが大きいので、過去3年間はファンドAのほうが効率的な運用であったと判断される。

➡ テキストp.288　**解答**　3

29　解説

ポートフォリオの期待収益率は、各資産の期待収益率に投資比率を掛けたものを加重平均して求める。

見直し前のポートフォリオの期待収益率は、

$(0.1\%\times60\%)+(2.0\%\times20\%)+(8.0\%\times20\%)=2.060\%$

見直し後のポートフォリオの期待収益率は、

$(0.1\%\times20\%)+(2.0\%\times30\%)+(8.0\%\times50\%)=4.620\%$

したがって、

4.620%（見直し後の期待収益率）-2.060%（見直し前の期待収益率）$=2.560\%$

となる。

➡ テキストp.286　**解答**　3

金融商品と税金

NISA（少額投資非課税制度）に関する次の記述のうち、最も適切なものはどれか。なお、本問においては、NISAにより投資収益が非課税となる口座をNISA口座という。

1. NISA口座で保有する上場株式の配当金を非課税扱いにするためには、配当金の受取方法として登録配当金受領口座方式を選択しなければならない。
2. NISA口座で保有する金融商品を売却することで生じた譲渡損失の金額は、確定申告を行うことにより、同一年中に特定口座や一般口座で保有する金融商品を売却することで生じた譲渡益の金額と通算することができる。
3. 2024年にNISA口座を開設できるのは、国内に住所を有する者のうち、2024年1月1日現在で20歳以上の者に限られる。
4. NISA口座の開設先を現在開設している金融機関から別の金融機関に変更する場合、変更したい年分の前年の10月1日から変更したい年分の属する年の9月30日までに変更手続きを行う必要がある。

上場株式の譲渡および配当（一定の大口株主等が受けるものを除く）に係る税金に関する次の記述のうち、最も適切なものはどれか。なお、本問においては、NISA（少額投資非課税制度）により投資収益が非課税となる口座をNISA口座という。

1. 上場株式の配当について、総合課税を選択して確定申告をした場合、上場株式の譲渡損失の金額と損益通算することができる。
2. 上場株式等に係る配当所得等の金額と損益通算してもなお控除しきれない上場株式の譲渡損失の金額は、確定申告をすることにより、翌年以後5年間にわたって繰り越すことができる。
3. NISA口座で保有する上場株式の配当金を非課税扱いにするためには、配当金の受取方法として株式数比例配分方式を選択しなければならない。
4. NISA口座で保有する上場株式を売却したことで生じた譲渡損失の金額は、確定申告をすることにより、特定口座内の上場株式の譲渡益の金額と通算することができる。

30 **解説**

1．不適切。NISA口座で保有する上場株式の配当金を非課税扱いにするためには、配当金の受取方法として株式数比例配分方式を選択しなければならない。

2．不適切。NISA口座で保有する金融商品を売却することで生じた譲渡損失の金額はないものとされるので、確定申告を行っても、同一年中に特定口座や一般口座で保有する金融商品を売却することで生じた譲渡益の金額と通算することはできない。

3．不適切。2024年にNISA口座を開設できるのは、国内に住所を有する者のうち、2024年1月1日現在で18歳以上の者に限られる。

4．適切。NISA口座の開設先を現在開設している金融機関から別の金融機関に変更する場合、変更したい年分の前年の10月1日から変更したい年分の属する年の9月30日までに変更手続きを行う必要がある。

➡ テキストp.292, 293 **解答** 4

31 **解説**

1．不適切。上場株式の配当は、申告分離課税を選択した場合に上場株式の譲渡損失の金額と損益通算することができる。総合課税を選択して確定申告をした場合には譲渡所得の損失と損益通算することはできないが、配当控除の適用が受けられる。

2．不適切。上場株式等に係る配当所得等の金額と損益通算してもなお控除しきれない上場株式等の譲渡損失の金額は、確定申告をすることにより、翌年以後3年間にわたって繰り越すことができる。

3．適切。NISA口座で保有する上場株式の配当金を非課税扱いにするためには、配当金の受取方法として株式数比例配分方式を選択しなければならない。

4．不適切。NISA口座内で生じた譲渡損失の金額はないものとされるので、確定申告をしたとしても特定口座内や一般口座内の上場株式の譲渡益の金額と損益通算することはできない。

➡ テキストp.292, 293 **解答** 3

タックスプランニング

税の分類

01 **A** ☐☐ 2023年5月

わが国の税制に関する次の記述のうち、最も適切なものはどれか。

1. 所得税では、課税対象となる所得を8種類に区分し、それぞれの所得の種類ごとに定められた計算方法により所得の金額を計算する。
2. 相続税では、納税者が申告書に記載した被相続人の資産等の内容に基づき、税務署長が納付すべき税額を決定する賦課課税方式を採用している。
3. 相続税は直接税に該当し、消費税は間接税に該当する。
4. 固定資産税は国税に該当し、登録免許税は地方税に該当する。

所得税のしくみ

02 **B** ☐☐ 2023年1月

所得税の基本的な仕組みに関する次の記述のうち、最も適切なものはどれか。

1. 非永住者以外の居住者は、国内源泉所得に加え、国外源泉所得のうち国内において支払われたものおよび国外から送金されたものに限り、所得税の納税義務がある。
2. 所得税における青色申告制度では、納税者に記帳義務および帳簿書類保存義務が課されている。
3. 各種所得の金額の計算上、収入金額には、原則として、その年において収入すべきことが確定した金額のうち、未収入の金額を控除した額を計上する。
4. 所得税は、納税者が申告をした後に、税務署長が所得や納付すべき税額を決定する賦課課税方式を採用している。

01 **解説**

1. 不適切。所得税では、課税対象となる所得を10種類に区分し、それぞれの所得の種類ごとに定められた計算方法により所得の金額を計算する。
2. 不適切。相続税では、納税者が申告書に記載した被相続人の資産等の内容に申告・納税する申告納税方式を採用している。
3. 適切。相続税は直接税に該当し、消費税は間接税に該当する。
4. 不適切。固定資産税は地方税(市町村税)、登録免許税は国税に該当する。

➡ テキストp.301, 302, 305 　解答　3

02 **解説**

1. 不適切。非永住者以外の居住者は、国内外のすべての所得について所得税の納税義務がある。
2. 適切。所得税における青色申告制度では、納税者に記帳義務および帳簿書類保存義務(7年)が課されている。
3. 不適切。各種所得の金額の計算上、収入金額には、原則として、その年において収入すべきことが確定した金額であれば未収入の金額も含めた金額を計上する。
4. 不適切。所得税は、納税者が申告書を作成して申告・納税を行う、申告納税方式を採用している。

➡ テキストp.302, 303, 358 　解答　2

--- おさらいするニャ ---

個人としての納税義務者

区分		内容	課税対象となる所得
居住者	非永住者以外の居住者	国内に住所がある個人、または、現在までに引き続き1年以上国内に居所がある個人のうち非永住者以外の者	国内外のすべての所得
	非永住者	居住者のうち、日本国籍がなく、かつ過去10年間のうち日本国内に住所または居所を有していた期間の合計が5年以下である個人	国内源泉所得および国外源泉所得で国内に支払われたもの、または国外から送金されたもの
非居住者		居住者以外の個人	国内源泉所得のみ

所得税の原則的な仕組みに関する次の記述のうち、最も不適切なものはどれか。

1. 所得税では、課税対象となる所得を10種類に区分し、それぞれの所得の種類ごとに定められた計算方法により所得の金額を計算する。
2. 合計所得金額は、損益通算後の各種所得の金額の合計額に、純損失や雑損失の繰越控除を適用した後の金額である。
3. 課税総所得金額に対する所得税額は、課税総所得金額に応じて7段階に区分された税率を用いて計算される。
4. 所得税では、納税者本人が所得の金額とこれに対応する税額を計算し、申告・納付する申告納税方式を採用している。

所得の種類と内容

所得税における各種所得に関する次の記述のうち、最も不適切なものはどれか。

1. 不動産所得の金額は、原則として、「不動産所得に係る総収入金額－必要経費」の算式により計算される。
2. 賃貸の用に供している土地の所有者が、当該土地を取得した際に支出した仲介手数料は、当該土地の取得価額に算入されるため、その支払った年分の不動産所得の金額の計算上、必要経費に算入することはできない。
3. 個人による不動産の貸付けが事業的規模である場合、その賃貸収入による所得は、事業所得に該当する。
4. 借家人が賃貸借の目的とされている居宅の立退きに際して受け取る立退き料（借家権の消滅の対価の額に相当する部分の金額を除く）は、原則として一時所得に該当する。

03 解説

1. 適切。所得税では、課税対象となる所得を10種類に区分し、それぞれの所得の種類ごとに定められた計算方法により所得の金額を計算する。

2. 不適切。合計所得金額は、損益通算後の各種所得の金額の合計額である。さらに、純損失や雑損失の繰越控除を適用した後の金額は総所得金額である。

3. 適切。課税総所得金額に対する所得税額は、課税総所得金額に応じて7段階に区分された税率（超過累進税率）を用いて計算される。

4. 適切。所得税では、納税者本人が所得の金額とこれに対応する税額を計算し、申告・納付する申告納税方式を採用している。

➡ テキストp.302, 310, 311, 345　**解答** 　2

04 解説

1. 適切。不動産所得の金額は、原則として、「不動産所得に係る総収入金額−必要経費」の算式により計算される。総収入金額には、アパート等の賃貸収入、返還しない礼金・敷金・権利金・更新料などが含まれる。

2. 適切。賃貸の用に供している土地の所有者が、当該土地を取得した際に支出した仲介手数料は、当該土地の取得価額に算入されるため、その支払った年分の不動産所得の金額の計算上、必要経費に算入することはできない。

3. 不適切。個人による不動産の貸付けが事業的規模であるか否かにかかわらず、その賃貸収入による所得は、不動産所得に該当する。

4. 適切。借家人が賃貸借の目的とされている居宅の立退きに際して受け取る立退き料（借家権の消滅の対価の額に相当する部分の金額を除く）は、原則として一時所得に該当する。借家権の消滅の対価の額に相当する立退き料は、譲渡所得に該当する。

➡ テキストp.313　**解答** 　3

所得税における所得の種類に関する次の記述のうち、最も適切なものはどれか。

1. 不動産の貸付けを事業的規模で行ったことにより生じた賃料収入に係る所得は、不動産所得となる。
2. 会社の役員が役員退職金を受け取ったことによる所得は、給与所得となる。
3. 個人年金保険の契約者（＝保険料負担者）である個人が、その保険契約に基づき、年金受給開始後に将来の年金給付の総額に代えて受け取った一時金に係る所得は、退職所得となる。
4. 会社員が勤務先から無利息で金銭を借り入れたことにより生じた経済的利益は、雑所得となる。

損益通算

所得税の損益通算に関する次の記述のうち、最も適切なものはどれか。

1. 先物取引に係る雑所得の金額の計算上生じた損失の金額は、不動産所得の金額と損益通算することができる。
2. 業務用車両を譲渡したことによる譲渡所得の金額の計算上生じた損失の金額は、事業所得の金額と損益通算することができる。
3. 不動産所得の金額の計算上生じた損失の金額のうち、不動産所得を生ずべき土地の取得に要した負債の利子の額に相当する部分の金額は、事業所得の金額と損益通算することができる。
4. 生命保険の解約返戻金を受け取ったことによる一時所得の金額の計算上生じた損失の金額は、不動産所得の金額と損益通算することができる。

05 解説

1. **適切**。個人が**不動産の貸付け**を行った場合は、事業的規模か否かにかかわらず、生じた賃料収入に係る所得は、**不動産所得**となる。
2. **不適切**。会社の役員が役員退職金を受け取ったことによる所得は、**退職所得**となる。
3. **不適切**。個人年金保険の契約者（＝保険料負担者）である個人が、その保険契約に基づき、年金受給開始後に将来の年金給付の総額に代えて受け取った一時金に係る所得は、**一時所得**となる。
4. **不適切**。会社員が勤務先から無利息で金銭を借り入れたことにより生じた経済的利益は、**給与所得**となる。

➡ テキストp.313, 315-317, 321　解答　1

06 解説

1. **不適切**。損益通算できるのは、**不動産所得・事業所得・山林所得・譲渡所得**に限られる。雑所得の損失は損益通算できない。
2. **適切**。業務用車両の譲渡による譲渡所得は、総合課税の譲渡所得に分類され、損失は事業所得など他の総合課税の所得と損益通算することができる。
3. **不適切**。不動産所得の金額の計算上生じた損失の金額のうち、不動産所得を生ずべき**土地の取得に要した負債の利子**の額に相当する部分の金額は、事業所得の金額と損益通算することができない。
4. **不適切**。一時所得の損失は損益通算できない。

➡ テキストp.328　解答　2

損益通算の対象と
ならない所得については、
よく出題されるニャ

所得税の損益通算に関する次の記述のうち、最も不適切なものはどれか。

1. 全額自己資金により購入したアパートの貸付けによる不動産所得の金額の計算上生じた損失の金額は、給与所得の金額と損益通算することができる。
2. コンサルティング事業を行ったことによる事業所得の金額の計算上生じた損失の金額は、不動産所得の金額と損益通算することができる。
3. 生命保険を解約して解約返戻金を受け取ったことによる一時所得の金額の計算上生じた損失の金額は、公的年金に係る雑所得の金額と損益通算することができる。
4. 一般口座で保有している上場株式を譲渡したことによる譲渡所得の金額の計算上生じた損失の金額は、申告分離課税を選択した上場株式に係る配当所得の金額と損益通算することができる。

所得控除

所得税における所得控除に関する次の記述のうち、最も適切なものはどれか。

1. 納税者が医師の診療に係る医療費を支払った場合、その全額を医療費控除として総所得金額等から控除することができる。
2. 納税者が特定一般用医薬品等(スイッチOTC医薬品等)の購入費を支払った場合、その全額を医療費控除として総所得金額等から控除することができる。
3. 納税者が確定拠出年金の個人型年金の掛金を支払った場合、その全額を社会保険料控除として総所得金額等から控除することができる。
4. 納税者が国民年金基金の掛金を支払った場合、その全額を社会保険料控除として総所得金額等から控除することができる。

07 解説

損益通算の対象となる所得は、不動産所得・事業所得・山林所得・譲渡所得に限られる。

1. 適切。全額自己資金により購入したアパートの貸付けによる不動産所得の金額の計算上生じた損失の金額は、給与所得の金額と損益通算することができる。

2. 適切。コンサルティング事業を行ったことによる事業所得の金額の計算上生じた損失の金額は、不動産所得の金額と損益通算することができる。

3. 不適切。生命保険を解約して解約返戻金を受け取ったことによる一時所得の金額の計算上生じた損失の金額は、公的年金に係る雑所得の金額と損益通算することはできない。

4. 適切。株式等の譲渡による損失は損益通算の対象とならないが、上場株式等の譲渡損失は、申告分離課税を選択した上場株式等の配当所得の金額と損益通算ができる。したがって、一般口座で保有している上場株式を譲渡したことによる譲渡所得の金額の計算上生じた損失の金額は、申告分離課税を選択した上場株式に係る配当所得の金額と損益通算することができる。

➡ テキストp.328 **解答 3**

08 解説

選択肢1、2で解説する「医療費控除」と「医療費控除の特例（セルフメディケーション税制）」は選択制で、重複して適用を受けることはできない。

1. 不適切。納税者が医師の診療に係る医療費を支払った場合、下記の算式で計算した一定額を超えた部分を医療費控除として総所得金額等から控除することができる。なお、下記式の「10万円」は、総所得金額等が200万円未満の場合は、「総所得金額等×5％」で計算される。

   控除額：実際に支払った医療費の合計額－保険金などで補てんされる金額－10万円（上限200万円）

2. 不適切。納税者が支払った特定一般用医薬品等（スイッチOTC医薬品等）の購入費の合計額が下記の算式で計算した一定額を超えた部分を医療費控除の特例として総所得金額等から控除することができる。

   控除額：スイッチOTC医薬品等の購入代金の合計額－12,000円（上限88,000円）

3. 不適切。納税者が確定拠出年金の個人型年金の掛金を支払った場合、その全額を小規模企業共済等掛金控除として総所得金額等から控除することができる。

4. 適切。納税者が国民年金基金の掛金を支払った場合、その全額を社会保険料控除として総所得金額等から控除することができる。

➡ テキストp.339-341 **解答 4**

所得税における医療費控除に関する次の記述のうち、最も適切なものはどれか。

1. 医療費はその年中に実際に支払った金額が医療費控除の対象となり、未払いとなっている医療費は実際に支払われるまで医療費控除の対象とならない。
2. 入院に際し必要となる寝巻きや洗面具などの身の回り品の購入費用は、医療費控除の対象となる。
3. 自家用車で通院した際に支払ったガソリン代や駐車場代は、医療費控除の対象となる。
4. 給与所得者は、年末調整により医療費控除の適用を受けることができる。

所得税における所得控除等に関する次の記述のうち、最も適切なものはどれか。

1. 納税者の合計所得金額が2,400万円以下である場合、基礎控除の額は48万円である。
2. 合計所得金額が900万円以下の納税者と生計を一にする配偶者（青色申告者の事業専従者として給与の支払いを受ける人および白色申告者の事業専従者である人を除く）の合計所得金額が48万円以下の場合、納税者が適用を受けることができる配偶者控除の額は32万円である。
3. 控除対象扶養親族のうち、その年の12月31日時点の年齢が19歳以上23歳未満の者を特定扶養親族といい、その者に係る扶養控除の額は58万円である。
4. 給与所得控除額は、給与等の収入金額に応じて計算されるが、収入金額が180万円以下である場合は65万円となり、収入金額が850万円を超える場合は195万円となる。

09 **解説**

1. 適切。医療費はその年中に実際に支払った金額が医療費控除の対象となり、未払いとなっている医療費は 実際に支払われるまで医療費控除の対象とならない。

2. 不適切。入院に際し必要となる寝巻きや洗面具などの身の回り品の購入費用は、医療費控除の対象とならない。

3. 不適切。タクシー代(電車やバスなどの公共交通機関が利用できない場合は除く)や、自家用車で通院した際に支払ったガソリン代や駐車場代は、医療費控除の対象とならない。

4. 不適切。給与所得者は、確定申告により医療費控除の適用を受けることができる。

➡ テキストp.339, 340 **解答** 1

10 **解説**

1. 適切。基礎控除は、合計所得金額に応じて納税者が受けることのできる控除で、合計所得金額が2,400万円以下であれば、一律48万円である。合計所得金額が2,500万円を超えると、基礎控除は受けられない。

2. 不適切。合計所得金額が900万円以下の納税者と生計を一にする配偶者(青色申告者の事業専従者として給与の支払いを受ける人および白色申告者の事業専従者である人を除く)の合計所得金額が48万円以下の場合、納税者が適用を受けることのできる配偶者控除の額は配偶者の年齢が70歳未満の場合は38万円、70歳以上の場合は48万円である。

3. 不適切。控除対象扶養親族のうち、その年の12月31日時点の年齢が19歳以上23歳未満の者を特定扶養親族といい、その者に係る扶養控除の額は63万円である。

4. 不適切。給与所得控除額は、給与等の収入金額に応じて計算されるが、収入金額が1,625,000円以下である場合は55万円となり、収入金額が850万円を超える場合は195万円となる。

➡ テキストp.315, 316, 335-337 **解答** 1

所得税における所得控除に関する次の記述のうち、最も不適切なものはどれか。なお、ほかに必要とされる要件等はすべて満たしているものとする。

1. 所得税法上の障害者に該当する納税者は、その年分の合計所得金額の多寡にかかわらず、障害者控除の適用を受けることができる。
2. 納税者は、その年分の合計所得金額の多寡にかかわらず、基礎控除の適用を受けることができる。
3. 納税者は、その年分の合計所得金額が500万円を超える場合、ひとり親控除の適用を受けることができない。
4. 納税者は、その年分の合計所得金額が1,000万円を超える場合、配偶者の合計所得金額の多寡にかかわらず、配偶者控除の適用を受けることができない。

税額控除

所得税における住宅借入金等特別控除（以下「住宅ローン控除」という）に関する次の記述のうち、最も不適切なものはどれか。なお、2024年3月に住宅ローンを利用して住宅を取得し、同年中にその住宅を居住の用に供したものとする。

1. 住宅ローン控除の適用を受けるためには、原則として、住宅を取得した日から6ヵ月以内に自己の居住の用に供し、適用を受ける年分の12月31日まで引き続き居住していなければならない。
2. 住宅ローン控除の対象となる住宅は、床面積が50㎡以上であり、その3分の2以上に相当する部分がもっぱら自己の居住の用に供されるものでなければならない。
3. 中古住宅を取得し、住宅ローン控除の適用を受ける場合、当該住宅は、1982年1月1日以降に建築された住宅、または一定の耐震基準に適合する住宅でなければならない。
4. 新たに取得した住宅を居住の用に供した年に、これまで居住していた居住用財産を譲渡して「居住用財産を譲渡した場合の3,000万円の特別控除」の適用を受けた場合、住宅ローン控除の適用を受けることはできない。

11 **解説**

1. **適切**。所得税法上の障害者に該当する納税者は、その年分の合計所得金額の多寡にかかわらず、障害者控除の適用を受けることができる。

2. **不適切**。基礎控除は合計所得金額によって控除額が異なり、合計所得金額が2,500万円超の人は適用を受けられない。

〈基礎控除額〉

合計所得金額	基礎控除額
2,400万円以下	48万円
2,400万円超2,450万円以下	32万円
2,450万円超2,500万円以下	16万円
2,500万円超	－

3. **適切**。ひとり親控除は、合計所得金額が500万円以下で、配偶者と死別・離別している、または婚姻していない一定の納税者に適用される。

4. **適切**。納税者は、その年分の合計所得金額が1,000万円を超える場合、配偶者の合計所得金額の多寡にかかわらず、配偶者控除の適用を受けることができない。

➡ テキストp.335, 336, 338　**解答**　2

12 **解説**

1. **適切**。住宅ローン控除の適用を受けるためには、原則として、住宅を取得した日から6ヵ月以内に自己の居住の用に供し、適用を受ける年分の12月31日まで引き続き居住していなければならない。

2. **不適切**。住宅ローン控除の対象となる住宅は、床面積が50㎡以上（合計所得金額1,000万円以下の人は40㎡以上）であり、その2分の1以上に相当する部分がもっぱら自己の居住の用に供されるものでなければならない。

3. **適切**。中古住宅を取得し、住宅ローン控除の適用を受ける場合、当該住宅は、1982年1月1日以降に建築された住宅、または一定の耐震基準に適合する住宅でなければならない。

4. **適切**。新たに取得した住宅を居住の用に供した年と、その前後2年ずつの5年間に、これまで居住していた居住用財産を譲渡して「居住用財産を譲渡した場合の3,000万円の特別控除」「居住用財産の軽減税率の特例」「特定の居住用財産の買換え特例」の適用を受けた場合、住宅ローン控除の適用を受けることはできない。

➡ テキストp.347, 348　**解答**　2

13 **A** □□ 2022年5月

住宅を新築または取得した場合の所得税における住宅借入金等特別控除（以下「住宅ローン控除」という）に関する次の記述のうち、最も適切なものはどれか。

1．住宅ローン控除の対象となる借入金は、契約による償還期間が15年以上のものに限られる。

2．住宅ローン控除の対象となる家屋は、床面積の2分の1以上に相当する部分がもっぱら自己の居住の用に供されるものでなければならない。

3．住宅ローン控除の適用を受けるためには、その対象となる家屋を新築または取得した日から3ヵ月以内に自己の居住の用に供さなければならない。

4．住宅ローン控除は、納税者が給与所得者である場合、所定の書類を勤務先に提出することにより、住宅を取得し、居住の用に供した年分から年末調整により適用を受けることができる。

所得税の申告と納付

14 **A** □□ 2022年9月

所得税の申告と納付等に関する次の記述のうち、最も不適切なものはどれか。

1．給与所得者が、医療費控除の適用を受けることにより、給与から源泉徴収された税金の還付を受けようとする場合、納税地の所轄税務署長に確定申告書を提出する必要がある。

2．年間の給与収入の金額が2,000万円を超える給与所得者は、年末調整の対象とならない。

3．確定申告書を提出した納税者が、法定申告期限後に計算の誤りにより所得税を過大に申告していたことに気づいた場合、原則として、法定申告期限から5年以内に限り、更正の請求をすることができる。

4．納税者が、確定申告に係る所得税について延納の適用を受けようとする場合、納期限までに納付すべき所得税額の3分の1相当額以上を納付する必要がある。

13 解説

1．不適切。住宅ローン控除の対象となる借入金は、契約による償還期間が10年以上のものに限られる。

2．適切。住宅ローン控除の対象となる家屋は、床面積の2分の1以上に相当する部分がもっぱら自己の居住の用に供されるものでなければならない。

3．不適切。住宅ローン控除の適用を受けるためには、その対象となる家屋を新築または取得した日から6ヵ月以内に自己の居住の用に供さなければならない。

4．不適切。住宅ローン控除は、納税者が給与所得者である場合、所定の書類を勤務先に提出することにより、住宅を取得し、居住の用に供した年の翌年分から年末調整により適用を受けることができる。

➡ テキストp.347, 348　解答　2

14 解説

1．適切。給与所得者が、医療費控除の適用を受ける場合は、納税地の所轄税務署長に確定申告書を提出する必要がある。

2．適切。年間の給与収入の金額が2,000万円を超える給与所得者は、年末調整の対象とならないため、確定申告が必要である。

3．適切。確定申告書を提出した納税者が、法定申告期限後に計算の誤りにより所得税を過大に申告していたことに気づいた場合、原則として、法定申告期限から5年以内に限り、更正の請求をすることができる。

4．不適切。納税者が、確定申告に係る所得税について延納の適用を受けようとする場合、納期限までに納付すべき所得税額の2分の1相当額以上を納付する必要がある。延納税額に対しては、利子税がかかる。

➡ テキストp.356, 357　解答　4

所得税の申告に関する次の記述のうち、最も適切なものはどれか。

1. 老齢基礎年金および老齢厚生年金を合計で年額350万円受給し、それ以外の所得が原稿料に係る雑所得の金額20万円のみである者は、確定申告を行う必要はない。

2. 年の中途で死亡した者が、その年分の所得税について確定申告を要する場合、その相続人は、相続の開始があったことを知った日の翌日から3ヵ月以内に、死亡した者に代わって確定申告をしなければならない。

3. 1月16日以後新たに業務を開始した者が、その年分から青色申告の適用を受けようとする場合、その業務を開始した日から3ヵ月以内に、「所得税の青色申告承認申請書」を納税地の所轄税務署長に提出し、その承認を受けなければならない。

4. 青色申告を取りやめようとする者は、その年の翌年3月31日までに、「所得税の青色申告の取りやめ届出書」を納税地の所轄税務署長に提出しなければならない。

所得税の青色申告に関する次の記述のうち、最も適切なものはどれか。

1. 青色申告の適用を受けることができる者は、不動産所得、事業所得、雑所得を生ずべき業務を行う者で、納税地の所轄税務署長の承認を受けた者である。

2. 前年からすでに業務を行っている者が、本年分から新たに青色申告の適用を受けようとする場合、その承認を受けようとする年の3月31日までに「青色申告承認申請書」を納税地の所轄税務署長に提出しなければならない。

3. 青色申告を取りやめようとする者は、その年の翌年3月31日までに「青色申告の取りやめ届出書」を納税地の所轄税務署長に提出しなければならない。

4. 前年からすでに業務を行っている者が、本年分から新たに青色申告の適用を受けるために青色申告の承認の申請を行ったが、その年の12月31日までに、その申請につき承認または却下の処分がなかったときは、その日において承認があったものとみなされる。

15 解説

1. 適切。公的年金等の収入金額が年額400万円以下で、かつそれ以外の所得が20万円以下である者は確定申告を行う必要はない。

2. 不適切。年の中途で死亡した者が、その年分の所得税について確定申告を要する場合、その相続人は、相続の開始があったことを知った日の翌日から4ヵ月以内に、死亡した者に代わって確定申告をしなければならない。

3. 不適切。1月16日以後新たに業務を開始した者が、その年分から青色申告の適用を受けようとする場合、その業務を開始した日から2ヵ月以内に、「所得税の青色申告承認申請書」を納税地の所轄税務署長に提出し、その承認を受けなければならない。

4. 不適切。青色申告を取りやめようとする者は、その年の翌年3月15日までに、「所得税の青色申告の取りやめ届出書」を納税地の所轄税務署長に提出しなければならない。

➡ テキストp.356-360 **解答** 1

16 解説

1. 不適切。青色申告の適用を受けることができる者は、不動産所得、事業所得、山林所得を生ずべき業務を行う者で、納税地の所轄税務署長の承認を受けた者である。

2. 不適切。前年からすでに業務を行っている者が、本年分から新たに青色申告の適用を受けようとする場合、その承認を受けようとする年の3月15日までに「青色申告承認申請書」を納税地の所轄税務署長に提出しなければならない。

3. 不適切。青色申告を取りやめようとする者は、その年の翌年3月15日までに「青色申告の取りやめ届出書」を納税地の所轄税務署長に提出しなければならない。

4. 適切。前年からすでに業務を行っている者が、本年分から新たに青色申告の適用を受けるために青色申告の承認の申請を行ったが、その年の12月31日までに、その申請につき承認または却下の処分がなかったときは、その日において承認があったものとみなされる。

➡ テキストp.358-360 **解答** 4

17 **A** ☐☐ 2023年9月

所得税の申告に関する次の記述のうち、最も適切なものはどれか。

1. 青色申告者は、仕訳帳、総勘定元帳その他一定の帳簿を原則として10年間保存しなければならない。
2. 青色申告者が申告期限後に確定申告書を提出した場合、適用を受けることができる青色申告特別控除額は最大55万円となる。
3. 青色申告者の配偶者で青色事業専従者として給与の支払いを受ける者は、その者の合計所得金額の多寡にかかわらず、控除対象配偶者には該当しない。
4. 青色申告者に損益通算してもなお控除しきれない損失の金額（純損失の金額）が生じた場合、その損失の金額を翌年以後最長で7年繰り越して、各年分の所得金額から控除することができる。

個人住民税

18 **B** ☐☐ 2022年5月

個人住民税の原則的な仕組みに関する次の記述のうち、最も適切なものはどれか。

1. 個人住民税の課税は、その年の4月1日において都道府県内または市町村（特別区を含む）内に住所を有する者に対して行われる。
2. 個人住民税の所得割額は、所得税の所得金額の計算に準じて計算した前々年中の所得金額から所得控除額を控除し、その金額に税率を乗じて得た額から税額控除額を差し引くことにより算出される。
3. 所得税および個人住民税の納税義務がある自営業者は、所得税の確定申告をした後、住民税の申告書も提出しなければならない。
4. 納税者が死亡した時点で未納付の個人住民税があったとしても、相続の放棄をした者は、その未納付分を納税する義務を負わない。

17 解説

1. **不適切**。青色申告者は、仕訳帳、総勘定元帳その他一定の帳簿を原則として**7年間保存**しなければならない。
2. **不適切**。青色申告者が申告期限後に確定申告書を提出した場合、適用を受けることができる青色申告特別控除額は最大10万円となる。
3. **適切**。青色申告者の配偶者で**青色事業専従者**として給与の支払いを受ける者は、その者の合計所得金額の多寡にかかわらず、**控除対象配偶者**には該当しない。
4. **不適切**。青色申告者に損益通算してもなお控除しきれない損失の金額（純損失の金額）が生じた場合、その損失の金額を翌年以後最長で**3年繰り越して**、各年分の所得金額から控除することができる。

➡ テキストp.358-360　解答　**3**

18 解説

1. **不適切**。個人住民税の課税は、**その年の1月1日**において、都道府県内または市町村（特別区を含む）内に住所を有する者に対して行われる。
2. **不適切**。個人住民税の所得割額は、所得税の所得金額の計算に準じて計算した前年中の所得金額から所得控除額を控除し、その金額に税率を乗じて得た額から税額控除額を差し引くことにより算出される（**前年課税**）。
3. **不適切**。個人住民税は、賦課課税方式の税金なので**申告は不要である**。
4. **適切**。納税者が死亡した時点で未納付の個人住民税があったとしても、相続の放棄をした者は、その未納付分を納税する義務を負わない。

➡ テキストp.361, 502　解答　**4**

19 **B** ☐☐ 2021年5月

個人事業税の仕組みに関する次の記述のうち、最も適切なものはどれか。

1. 個人事業税の徴収は、特別徴収の方法による。
2. 個人事業税の標準税率は、一律3％である。
3. 個人事業税の課税標準の計算上、事業主控除として最高390万円を控除することができる。
4. 医業などの社会保険適用事業に係る所得のうち社会保険診療報酬に係るものは、個人事業税の課税対象とならない。

法人税

20 **A** ☐☐ 2021年1月

法人税の基本的な仕組み等に関する次の記述のうち、最も不適切なものはどれか。なお、法人はいずれも内国法人（普通法人）であるものとする。

1. 法人税における事業年度とは、法令または定款等により定められた1年以内の会計期間がある場合にはその期間をいう。
2. 新たに設立された法人が、その設立事業年度から青色申告の適用を受けるためには、設立の日以後3ヵ月経過した日と当該事業年度終了の日のいずれか早い日の前日までに、「青色申告承認申請書」を納税地の所轄税務署長に提出しなければならない。
3. 法人は、その本店の所在地または当該代表者の住所地のいずれかから法人税の納税地を任意に選択することができる。
4. 期末資本金の額等が1億円以下の一定の中小法人に対する法人税の税率は、所得金額のうち年800万円以下の部分については軽減税率が適用される。

19 解説

1. 不適切。特別徴収とは、給与天引きで納税する方法であるが、個人事業税は、各都道府県から送付される納税通知書によって、年2回に分けて納税する。
2. 不適切。個人事業税の標準税率は、業種別に3～5％の税率が設定されている。
3. 不適切。個人事業税の課税標準の計算上、事業主控除として最高290万円を控除することができる。
4. 適切。医業などの社会保険適用事業に係る所得のうち社会保険診療報酬に係るものは、個人事業税の課税対象とならない。

➡ テキストp.364 解答 **4**

20 解説

1. 適切。法人税における事業年度とは、法令または定款等により定められた1年以内の会計期間がある場合には、その期間をいう。
2. 適切。新たに設立された法人が、その設立事業年度から青色申告の適用を受けるためには、設立の日以後3ヵ月を経過した日と当該事業年度終了の日のいずれか早い日の前日までに、「青色申告承認申請書」を納税地の所轄税務署長に提出しなければならない。
3. 不適切。法人税の納税地は、原則として法人の本店または主たる事業所の所在地である。
4. 適切。期末資本金の額等が1億円以下の一定の中小法人に対する法人税の税率は、所得金額のうち年800万円以下の部分については軽減税率(15%)が適用される。

➡ テキストp.368, 369, 378 解答 **3**

法人税の損金に関する次の記述のうち、最も不適切なものはどれか。

1. 法人が国または地方公共団体に対して支払った寄附金は、確定申告書に当該寄附金の明細を記載した書類を添付することで、その全額を損金の額に算入することができる。
2. 得意先への接待のために支出した飲食費で、参加者1人当たりの支出額が1万円以下であるものについては、一定の書類を保存している場合、その全額を損金の額に算入することができる。
3. 法人が役員に支給した定期同額給与を損金の額に算入するためには、所定の時期に確定額を支給する旨の定めの内容をあらかじめ税務署長に届け出なければならない。
4. 損金の額に算入される租税公課のうち、事業税については、原則として、その事業税に係る納税申告書を提出した日の属する事業年度の損金の額に算入することができる。

会社と役員間の取引に係る所得税・法人税に関する次の記述のうち、最も不適切なものはどれか。

1. 会社が役員に支給した退職金は、不相当に高額な部分の金額など一定のものを除き、損金の額に算入される。
2. 会社が所有する資産を適正な時価よりも低い価額で役員に譲渡した場合、その適正な時価と譲渡価額との差額が、その役員の給与所得の収入金額となる。
3. 役員が会社に無利息で金銭の貸付けを行った場合、原則として、通常収受すべき利息に相当する金額が、その役員の雑所得の収入金額となる。
4. 役員が所有する土地を会社に無償で譲渡した場合、会社は、その適正な時価を受贈益として益金の額に算入する。

21 解説

1. **適切**。法人が**国または地方公共団体**に対して支払った**寄附金**は、確定申告書に当該寄附金の明細を記載した書類を添付することで、その**全額を損金**の額に算入することができる。それ以外の寄附金は、一定の限度額まで損金の額に算入することができる。
2. **適切**。資本金に関係なく、接待のための飲食費であれば、**1人当たりの支出額が1万円以下**であるものについては、一定の書類を保存している場合、その**全額を損金**の額に算入することができる。
3. **不適切**。法人が役員に支給する**定期同額給与**(不相当に高額な部分の金額など一定のものは除く)は、**損金の額に算入**できるが、あらかじめ税務署長に届け出る必要はない。
4. **適切**。損金の額に算入される租税公課のうち、事業税については、原則として、その事業税に係る納税申告書を提出した日の属する事業年度の損金の額に算入することができる。

 テキストp.372, 373, 375 **解答** 3

22 解説

1. **適切**。会社が**役員**に支給した**退職金**は、不相当に高額な部分の金額など一定のものを除き、**損金**の額に算入される。
2. **適切**。会社が所有する資産を適正な時価よりも低い金額で役員に譲渡した場合、その適正な時価と譲渡価額との**差額**が、その役員の**給与所得**の収入金額となる。
3. **不適切**。役員が会社に金銭の貸付けを行った場合、本来一定の利子を支払う必要があるが、役員が営利目的でなく**無利子**で貸し付けた場合には、役員側は本来受け取れる利子額については**課税されない**。
4. **適切**。役員が所有する土地を会社に**無償で譲渡**した場合、**会社**はその適正な時価を受贈益として**益金**の額に算入する。

テキストp.375-377 **解答** 3

安く譲ったり、高く売ったりしたら、「適正な価格」との差額が課税対象になるんだニャ

決算書に関する次の記述のうち、最も不適切なものはどれか。

1. 貸借対照表において、純資産の部の合計額がマイナスになることがある。
2. 貸借対照表における資産の部の合計額は、負債の部および純資産の部の合計額と一致する。
3. 損益計算書における売上総利益の額は、売上高の額から売上原価の額を差し引いた額である。
4. 損益計算書における経常利益の額は、売上総利益の額から販売費及び一般管理費の額を差し引いた額である。

決算書に関する次の記述のうち、最も適切なものはどれか。

1. 損益計算書の売上総利益の額は、売上高の額から売上原価の額を差し引いた額である。
2. 損益計算書の営業利益の額は、経常利益の額から販売費及び一般管理費の額を差し引いた額である。
3. 損益計算書の税引前当期純利益の額は、営業利益の額から特別損益の額を加算・減算した額である。
4. 貸借対照表の資産の部の合計額と負債の部の合計額は一致する。

23　解説

1. 適切。純資産は「資産－負債」で求める。資産は現金、預金、売掛金、建物などの換金価値のあるものであり、負債は借入金や未払金などの支払うべき債務などである。資産の額よりも負債の額が大きければ、純資産額はマイナスになる。
2. 適切。「純資産＝資産－負債」で求めるので、資産の部の合計額は「純資産＋負債」で求められる。
3. 適切。売上総利益の額は、売上高の額から売上原価の額を差し引いた額である。
4. 不適切。売上総利益の額から販売費及び一般管理費の額を差し引いて求められるのは営業利益である。営業利益と営業外利益を足したものが、経常利益である。

➡ テキストp.384-386　**解答　4**

24　解説

1. 適切。損益計算書の売上総利益の額は、売上高の額から売上原価の額を差し引いた額である。
2. 不適切。損益計算書の営業利益の額は、売上総利益の額から販売費及び一般管理費の額を差し引いた額である。
3. 不適切。損益計算書の税引前当期純利益の額は、経常利益の額から特別損益の額を加算・減算した額である。
4. 不適切。貸借対照表の資産の部の合計額と負債・純資産の部の合計額は一致する。

➡ テキストp.384-386　**解答　1**

法人成り等に関する次の記述の空欄(ア)〜(ウ)にあてはまる語句の組み合わせとして、最も適切なものはどれか。

> 個人事業の場合、通常、利益は事業所得として他の所得と合算されて最高(ア)％の超過累進税率による所得税の課税対象となるが、個人事業の法人成りにより、法人に課される法人税は、原則として、比例税率となる。なお、資本金の額が1億円以下の法人(適用除外事業者を除く)に対する法人税の税率は、軽減措置が適用される。2019年4月1日以後に開始する事業年度において、年800万円以下の所得金額からなる部分の金額については(イ)％とされ、年800万円超の所得金額からなる部分の金額については(ウ)％とされる。

1.(ア)50 　　(イ)19.0 　　(ウ)15.0
2.(ア)50 　　(イ)15.0 　　(ウ)19.0
3.(ア)45 　　(イ)23.2 　　(ウ)15.0
4.(ア)45 　　(イ)15.0 　　(ウ)23.2

M&A

株式譲渡によるM&A等に関する次の記述のうち、最も不適切なものはどれか。なお、本問において、株式会社は非上場会社であるものとする。

1. M&Aにより、株式会社の取締役が保有する当該株式会社の株式を買取会社に譲渡した場合、原則として、当該株式の譲渡による所得に対して、申告分離課税により所得税および住民税が課される。
2. M&Aにより、株式会社の取締役が保有する当該株式会社の株式を買取会社に譲渡した場合、譲渡所得の金額の計算上、その収入金額は、原則として、取引当事者間の契約により決定された譲渡金額である。
3. 株式会社は、あらかじめ定款に定めておくことにより、相続により当該株式会社の株式(譲渡制限株式)を取得した者に対して、当該株式を当該株式会社に売り渡すことを請求することができる。
4. 株式譲渡制限会社である株式会社においては、株主でなければ取締役に就任することはできない。

25 解説

・個人事業の場合、通常、利益は事業所得として他の所得と合算されて所得税の課税対象となる。所得が多いほど税率が高くなる**最高45％の超過累進税率**が適用される。

・法人成りした場合、法人に課される法人税は、原則として、課税標準の大小に関わりなく同じ税率で課税する**比例税率**であり、さらに、**資本金の額が1億円以下の法人**（適用除外事業者を除く）の場合は**法人税率に軽減措置**が適用される。

・2019年4月1日以後に開始する事業年度において、年800万円以下の所得金額からなる部分の金額については15.0％とされ、年800万円超の所得金額からなる部分の金額については23.2％とされる。

➡ テキストp.345, 378, 384　**解答　4**

26 解説

1. **適切**。M&A（企業の合併や買収）により、株式会社の取締役が保有する当該株式会社の株式を買収会社に譲渡した場合、原則として、当該**株式の譲渡**による所得に対して、**申告分離課税**により所得税および住民税が課される。

2. **適切**。M&Aにより、株式会社の取締役が保有する当該株式会社の株式を買収会社に譲渡した場合、譲渡所得の金額の計算上、その収入金額は、原則として、取引当事者間の契約により決定された譲渡金額である。

3. **適切**。株式会社は、あらかじめ定款に定めておくことにより、相続により当該株式会社の株式（譲渡制限株式）を取得した者に対して、当該株式を当該株式会社に売り渡すことを請求することができる。

4. **不適切**。**株式譲渡制限会社**とは、すべての株式に譲渡制限に関する規定がある会社のことであり、**非公開会社**とも呼ばれる。株式譲渡制限会社は定款に「株主でなければ取締役に就任することはできない」と定めることも可能であるが、特に定めなければ、株主でなくても取締役就任は可能である。

解答　4

消費税

消費税に関する次の記述のうち、最も不適切なものはどれか。

1．課税事業者が行う金融商品取引法に規定する有価証券の譲渡は、課税取引に該当する。
2．特定期間（原則として前事業年度の前半6ヵ月間）の給与等支払額の合計額および課税売上高がいずれも1,000万円を超える法人は、消費税の免税事業者となることができない。
3．「消費税課税事業者選択届出書」を提出して消費税の課税事業者となった法人は、事業を廃止した場合を除き、原則として2年間は消費税の免税事業者となることができない。
4．消費税の課税事業者である個人事業者は、原則として、消費税の確定申告書をその年の翌年3月31日までに納税地の所轄税務署長に提出しなければならない。

消費税に関する次の記述のうち、最も不適切なものはどれか。

1．土地の譲渡は、非課税取引に該当する。
2．新たに設立した普通法人のうち、事業年度開始の日における資本金の額等が1,000万円以上である法人は、基準期間がない課税期間において消費税の課税事業者となる。
3．基準期間における課税売上高が1億円である課税事業者は、所定の手続きにより、簡易課税制度の適用を受けることができる。
4．課税事業者である個人事業者は、原則として、消費税の確定申告書をその年の翌年3月31日までに納税地の所轄税務署長に提出しなければならない。

27　解説

1．不適切。課税事業者が行う金融商品取引法に規定する有価証券（社債や株式等）の譲渡は、消費税の非課税取引に該当する。

2．適切。特定期間（原則として前事業年度の前半6ヵ月間）の給与等支払額の合計額および課税売上高がいずれも1,000万円を超える法人は、消費税の免税事業者となることができない。

3．適切。「消費税課税事業者選択届出書」を提出して消費税の課税事業者となった法人は、事業を廃止した場合を除き、原則として2年間は消費税の免税事業者となることができない。

4．適切。消費税の課税事業者である個人事業者は、原則として、消費税の確定申告書をその年の翌年3月31日までに納税地の所轄税務署長に提出しなければならない。

➡ テキストp.389-392　解答　1

28　解説

1．適切。土地の譲渡は、消費税の非課税取引に該当する。

2．適切。新たに設立した普通法人のうち、事業年度開始の日における資本金の額等が1,000万円以上である法人は、基準期間がない課税期間において消費税の課税事業者となる。

3．不適切。簡易課税制度を選択できるのは、所定の手続きを行った基準期間における課税売上高が5,000万円以下である課税事業者である。

4．適切。課税事業者である個人事業者は、原則として、消費税の確定申告書をその年の翌年3月31日までに納税地の所轄税務署長に提出しなければならない。

➡ テキストp.389-392　解答　3

⊖ おさらいするニャ

免税事業者の要件とポイント

・基準期間における課税売上高が1,000万円以下

・新規事業等を開業して**2年以内**の事業者*
（当初の2年間は基準期間がないため）
ただし資本または出資金の額が1,000万円以上の法人を除く

*ただし、開業後6ヵ月の給料および課税売上が1,000万円を超える場合は、2年目より課税。

不動産

不動産の権利と登記

01　**A**　☐☐ 2022年9月

不動産の登記や調査に関する次の記述のうち、最も不適切なものはどれか。

1. 同一の不動産について二重に売買契約が締結された場合、譲受人相互間においては、売買契約の締結の先後にかかわらず、原則として、所有権移転登記を先にした者が当該不動産の所有権の取得を対抗することができる。
2. 抵当権の設定を目的とする登記では、債権額や抵当権者の氏名または名称は、不動産の登記記録の権利部乙区に記載される。
3. 一般に公図と呼ばれる地図に準ずる図面は、地図が登記所に備え付けられるまでの間、これに代えて登記所に備えられているものであり、一筆または二筆以上の土地ごとに土地の位置、形状および地番を表示するものである。
4. 不動産の登記事項証明書の交付を請求することができるのは、当該不動産の利害関係者に限られる。

02　**A**　☐☐ 2022年5月

不動産の登記や調査に関する次の記述のうち、最も不適切なものはどれか。

1. 不動産の登記記録において、土地の所有者とその土地上の建物の所有者が異なる場合、その土地の登記記録に借地権の登記がなくても、借地権が設定されていることがある。
2. 不動産の登記事項証明書の交付を請求することができるのは、当該不動産に利害関係を有する者に限られる。
3. 不動産登記には公信力がないため、登記記録を確認し、その登記記録の内容が真実であると信じて取引しても、その登記記録の内容が真実と異なっていた場合、法的に保護されないことがある。
4. 公図(旧土地台帳附属地図)は、登記所に備え付けられており、対象とする土地の位置関係を確認する資料として有用である。

01 **解説**

1. **適切**。同一の不動産について二重に売買契約が締結された場合、譲受人相互間においては、売買契約の締結の先後にかかわらず、原則として、所有権移転登記を先にした者が当該不動産の所有権の取得を対抗することができる。

2. **適切**。**所有権に関する記載は権利部甲区に記載**され、**所有権以外の権利（抵当権、根抵当権、賃借権など）**は、権利部**乙区**に記載される。

3. **適切**。一般に公図と呼ばれる地図に準ずる図面は、地図が登記所に備え付けられるまでの間、これに代えて登記所に備え付けられているものであり、一筆または二筆以上の土地ごとに土地の位置、形状および地番を表示するものである。

4. **不適切**。不動産の**登記事項証明書**は、だれでも手数料を支払えば**自由**に交付請求できる。

➡ テキストp.397-400, 402 **解答** **4**

02 **解説**

1. **適切**。不動産の登記記録において、土地の所有者とその土地上の建物の所有者が異なる場合、その土地の登記記録に借地権の登記がなくても、借地権が設定されていることがある。

2. **不適切**。不動産の登記事項証明書は、だれもが所定の手数料を納付することで自由に交付請求することができる。

3. **適切**。不動産登記には**公信力がない**ため、登記記録を確認し、その登記記録の内容が真実であると信じて取引しても、その登記記録の内容が真実と異なっていた場合、法的に保護されないことがある。

4. **適切**。公図（旧土地台帳附属地図）は、登記所に備え付けられており、対象とする土地の位置関係を確認する資料として有用であるが、土地の大まかな位置や形状を表すものである。公図の多くは、明治時代の地租改正に伴い作成されたもので、**精度は低く**、現況と大きく異なる場合もある。

➡ テキストp.397-400, 402 **解答** **2**

不動産の価格と鑑定評価

03 | **A** | □□ 2022年5月

土地の価格に関する次の記述のうち、最も不適切なものはどれか。

1. 地価公示法による公示価格は、毎年1月1日を標準地の価格判定の基準日としている。
2. 都道府県地価調査の標準価格は、毎年7月1日を基準地の価格判定の基準日としている。
3. 相続税路線価は、地価公示法による公示価格の70%を価格水準の目安としている。
4. 固定資産税評価額は、原則として、3年ごとの基準年度において評価替えが行われる。

04 | **B** | □□ 2023年5月

不動産鑑定評価基準における不動産の価格を求める鑑定評価の手法に関する次の記述のうち、最も不適切なものはどれか。

1. 収益還元法は、文化財の指定を受けた建造物等の一般的に市場性を有しない不動産以外のものには基本的にすべて適用すべきものとされている。
2. 収益還元法のうち直接還元法は、対象不動産の一期間の純収益を還元利回りで還元して対象不動産の価格を求める手法である。
3. 原価法は、価格時点における対象不動産の再調達原価を求め、この再調達原価について減価修正を行って対象不動産の価格を求める手法である。
4. 取引事例比較法では、取引事例の取引時点が価格時点と異なり、その間に価格水準の変動があると認められる場合であっても、当該取引事例の価格は取引時点の価格から修正する必要はないとされている。

03 解説

1. 適切。地価公示法による公示価格は、**毎年1月1日を標準地の価格判定の基準日とし**ている。
2. 適切。都道府県地価調査の標準価格は、**毎年7月1日を基準地の価格判定の基準日と**している。
3. 不適切。相続税路線価は、地価公示法による公示価格の80％を価格水準の目安としている。
4. 適切。固定資産税評価額は、原則として、3年ごとの基準年度において評価替えが行われる。

➡ テキストp.403 **解答 3**

04 解説

1. 適切。収益還元法は、文化財の指定を受けた建造物等の一般的に市場性を有しない不動産以外のものには基本的にすべて適用すべきものとされている。
2. 適切。収益還元法のうち直接還元法は、対象不動産の一期間の純収益を還元利回りで還元して対象不動産の価格を求める手法である。
3. 適切。原価法は、価格時点における対象不動産の再調達原価を求め、この再調達原価について減価修正を行って対象不動産の価格を求める手法である。一般的に造成宅地や建物などに適用される。
4. 不適切。取引事例比較法では、取引事例の取引時点が価格時点と異なり、その間に価格水準の変動があると認められる場合には、当該取引事例の価格を取引時点の価格から修正(時点修正)する場合がある。

➡ テキストp.404, 405, 471 **解答 4**

不動産取引

05　B　□□ 2023年9月

不動産の売買契約に係る民法の規定に関する次の記述のうち、最も不適切なものはどれか。なお、特約については考慮しないものとする。

1. 同一の不動産について二重に売買契約が締結された場合、譲受人相互間においては、売買契約の締結の先後にかかわらず、原則として、所有権移転登記を先にした者が、当該不動産の所有権の取得を他方に対抗することができる。
2. 不動産の売買契約において買主が売主に手付金を交付した場合、売主が契約の履行に着手する前であれば、買主はその手付金を放棄することで契約を解除することができる。
3. 不動産が共有されている場合に、各共有者が、自己の有している持分を第三者に譲渡するときは、他の共有者の同意を得る必要がある。
4. 売買の目的物である建物が、その売買契約の締結から当該建物の引渡しまでの間に、地震によって全壊した場合、買主は、売主に対する建物代金の支払いを拒むことができる。

06　A　□□ 2022年9月

不動産の売買契約に係る民法の規定に関する次の記述のうち、最も不適切なものはどれか。なお、特約については考慮しないものとする。

1. 売買契約締結後、買主の責めに帰すことのできない事由により、当該契約の目的物の引渡債務の全部が履行不能となった場合、買主は、履行の催告をすることなく、直ちに契約の解除をすることができる。
2. 売主が種類または品質に関して契約の内容に適合しないことを過失なく知らないまま、売買契約の目的物を買主に引き渡した場合、買主は、不適合を知った時から1年以内にその旨を売主に通知しないときは、その不適合を理由として契約の解除をすることができない。
3. 買主が売主に解約手付を交付した後、売買代金の一部を支払った場合、売主は、受領した代金を返還し、かつ、手付金の倍額を現実に提供しても、契約を解除することができない。
4. 売買の目的物である建物が、その売買契約の締結から当該建物の引渡しまでの間に、台風によって全壊した場合、売主の責めに帰すことのできない事由であることから、買主は、売主に対して建物代金の支払いを拒むことはできない。

05　解説

1. 適切。同一の不動産について二重に売買契約が締結された場合、譲受人相互間においては、売買契約の締結の先後にかかわらず、原則として、**所有権移転登記を先にした者**が、当該不動産の所有権の取得を他方に**対抗することができる**。

2. 適切。不動産の売買契約において買主が売主に手付金を交付した場合、売主が契約の履行に着手する前であれば、**買主はその手付金を放棄することで契約を解除する**ことができる。逆に、売主が契約を解除したい場合は、受け取った額の2倍額を買主に渡さなくてはならない。

3. **不適切**。不動産が共有されている場合、各共有者が、**自己の有している持分を第三者に譲渡する**ときは、他の共有者の同意を得る必要はない。その不動産を売却する場合には、共有者全員の同意が必要である。

4. 適切。売買の目的物である建物が、その売買契約の締結から当該建物の引渡しまでの間に、第三者による火災や地震などの自然災害など、売主・買主双方には責任のない理由によって滅失した場合、買主は、売主に対する建物代金の支払いを拒むことができる。

　　　　　　　　　　　　➡ テキストp.400, 412　**解答**　3

06　解説

1. 適切。履行不能となった場合、原則として、履行の催告をすることなく、直ちに契約の解除をすることができる。

2. 適切。**契約不適合責任を追及する権利**は、**不適合を知った時から1年以内**に、その旨を売主に通知しないと消滅する。

3. 適切。**手付解除は相手が契約の履行に着手する**とできなくなる。なお、ここでいう履行とは、売主においては、物件の引渡し、買主については、残代金の一部または全部の支払いを指す。

4. **不適切**。危険負担は、原則として、売主負担とされているので、売主・買主双方の責めに帰すことができない原因で建物が損害を受けた場合、原則として、買主は損害について金銭を負担することはない。

　　　　　　　　　　　　➡ テキストp.412, 413　**解答**　4

宅地建物取引業法に関する次の記述のうち、最も適切なものはどれか。なお、買主は宅地建物取引業者ではないものとする。

1. アパートやマンションの所有者が、当該建物の賃貸を自ら業として行うためには、あらかじめ宅地建物取引業の免許を取得しなければならない。
2. 宅地建物取引業者が、自ら売主となる宅地の売買契約の締結に際して手付を受領したときは、その手付がいかなる性質のものであっても、買主が契約の履行に着手する前であれば、当該宅地建物取引業者はその手付を返還することで、契約の解除をすることができる。
3. 専任媒介契約を締結した宅地建物取引業者は、依頼者に対し、当該専任媒介契約に係る業務の処理状況を、5日間に1回以上報告しなければならない。
4. 宅地建物取引業者は、自ら売主となる宅地の売買契約の締結に際して、代金の額の10分の2を超える額の手付を受領することができない。

宅地建物取引業法に関する次の記述のうち、最も不適切なものはどれか。なお、買主は宅地建物取引業者ではないものとする。

1. 宅地建物取引業者が建物の貸借の媒介を行う場合、貸主と借主の双方から受け取ることができる報酬の合計額は、当該建物の借賃（消費税等相当額を除く）の2ヵ月分に相当する額に消費税等相当額を加算した額が上限となる。
2. 宅地建物取引業者は、自ら売主となる宅地の売買契約の締結に際して、代金の額の10分の2を超える額の手付を受領することができない。
3. 宅地建物取引業者が、自ら売主となる宅地の売買契約の締結に際して手付を受領したときは、その手付がいかなる性質のものであっても、買主が契約の履行に着手する前であれば、当該宅地建物取引業者はその倍額を現実に提供して、契約の解除をすることができる。
4. 専任媒介契約の有効期間は、3ヵ月を超えることができず、これより長い期間を定めたときは、その期間は3ヵ月とされる。

07 　解説

1．不適切。建物の所有者が**自ら業として賃貸**を行う場合には、**宅地建物取引業の免許は必要ない**。

2．不適切。宅地建物取引業者が、自ら売主となる宅地の売買契約の締結の際に手付を受領したときは、その手付がいかなる性質のものであっても、買主が契約の履行に着手する前であれば、当該宅地建物取引業者はその手付の倍額を返還することで、契約の解除をすることができる。

3．不適切。専任媒介契約を締結した宅地建物取引業者は、依頼者に対し、当該専任媒介契約に係る業務の処理状況を、2週間に1回以上報告しなければならない。

4．適切。宅地建物取引業者が、自ら売主となり宅建業者以外の一般顧客と宅地の売買契約を結ぶ場合は、代金の額の2割以下の手付金しか受領できない。

➡ テキストp.409-412　解答　4

08 　解説

1．不適切。宅地建物取引業者が建物の貸借の媒介を行う場合、貸主と借主の双方から受け取ることができる報酬の合計額は、当該建物の借賃（消費税等相当額を除く）の1ヵ月分に相当する額に消費税等相当額を加算した額が上限となる。

2．適切。宅地建物取引業者は、自ら売主となり宅建業者以外の一般の人と宅地の売買契約を締結する際には、代金の額の10分の2を超える額の手付を受領することはできない。

3．適切。宅地建物取引業者が、自ら売主となる宅地の売買契約の締結に際して手付を受領したときは、その手付がいかなる性質のものであっても、買主が契約の履行に着手する前であれば、当該宅地建物取引業者はその倍額を現実に提供して、契約の解除をすることができる。

4．適切。専任媒介契約の有効期間は、3ヵ月を超えることができず、これより長い期間を定めたときは、その期間は3ヵ月とされる。

➡ テキストp.411, 412　解答　1

09 **A** ☐☐ 2020年1月

借地借家法に関する次の記述のうち、最も適切なものはどれか。なお、本問においては、同法第22条の借地権を一般定期借地権といい、同法第22条から第24条の定期借地権等以外の借地権を普通借地権という。

1. 普通借地権の存続期間は20年とされているが、当事者が契約でこれより長い期間を定めたときは、その期間とする。

2. 普通借地権の当初の存続期間が満了する場合、借地上に建物が存在しなくても、借地権者が借地権設定者に契約の更新を請求したときは、従前の契約と同一の条件で契約を更新したものとみなされる。

3. 一般定期借地権において、もっぱら居住の用に供する建物の所有を目的とするときは、存続期間を30年として設定することができる。

4. 一般定期借地権において、契約の更新および建物の築造による存続期間の延長がなく、建物等の買取りの請求をしないこととする旨を定める特約は、公正証書による等書面によってしなければならない。

09 **解説**

1. **不適切**。普通借地権の存続期間は、**30年以上**とされているが、当事者が契約でこれより長い期間を定めたときは、その期間とする。契約更新を行う場合は、最初の更新は**20年以上**とする。

2. **不適切**。普通借地権の当初の存続期間が満了した場合、借地上に**建物が存在した場合**に限り、借地権者が借地権設定者に契約の更新を請求したときは、従前の契約と同一の条件で契約を更新したものとみなされる。地主は、**正当事由**がない限り契約更新を拒むことはできない。

3. **不適切**。一般定期借地権において、もっぱら居住の用に供する建物の所有を目的とするときは、存続期間を**50年以上**として設定しなければならない。**契約は書面（公正証書に限らない）**でなければならない。契約満了時には、原則として建物を取り壊して土地を返還する。

4. **適切**。一般定期借地権において、契約の更新および建物の築造による存続期間の延長がなく、建物等の買取りの請求をしないことを定めることができる。この場合においては、その特約は、公正証書による等書面によらなくてはならない。

➡ テキストp.419, 420 **解答** 4

⊖ お さ ら い す る ニ ャ

３つの定期借地権とその特徴

	一般定期借地権	事業用 定期借地権等	建物譲渡 特約付借地権
建物の利用目的	制限なし	事業のみ （居住用不可）	制限なし
契約の存続期間	50年以上	10年以上 50年未満	30年以上
契約方法	書面	公正証書	制限なし
借地関係の終了	期間の満了	期間の満了	建物の譲渡
期間満了時の 返還形態	原則として 更地で返還	原則として 更地で返還	地主は借地人から 建物を買い取る＊

＊借地人または建物の賃借人が当該建物の使用継続を請求したときは、期間の定めのない建物の賃貸借がなされたものとみなされる。

民法および借地借家法に関する次の記述のうち、**最も不適切なもの**はどれか。なお、本問においては、借地借家法第38条による定期建物賃貸借契約を定期借家契約といい、それ以外の建物賃貸借契約を普通借家契約という。また、記載された特約以外のものについては考慮しないものとする。

1. 期間の定めがある普通借家契約において、賃借人は、正当の事由がなければ、賃貸人に対し、更新しない旨の通知をすることができない。
2. 賃借人は、建物の引渡しを受けた後にこれに生じた損傷であっても、通常の使用および収益によって生じた建物の損耗ならびに経年変化によるものである場合、賃貸借が終了したときに、その損傷を原状に復する義務を負わない。
3. 定期借家契約を締結するときは、賃貸人は、あらかじめ、賃借人に対し、契約の更新がなく期間満了により賃貸借が終了することについて、その旨を記載した書面を交付（電磁的方法によって提供する場合を含む）して説明しなければならない。
4. 定期借家契約において、経済事情の変動があっても賃貸借期間中は賃料を増減額しないこととする特約をした場合、その特約は有効である。

借地借家法に関する次の記述のうち、**最も適切なもの**はどれか。なお、本問においては、同法第22条の借地権を一般定期借地権といい、同法第22条から第24条の定期借地権等以外の借地権を普通借地権という。

1. 事業の用に供する建物の所有を目的とするときは、一般定期借地権を設定することができない。
2. 一般定期借地権の存続期間は、50年以上としなければならない。
3. 普通借地権の存続期間は30年とされており、契約でこれより長い期間を定めることはできない。
4. 普通借地権の存続期間が満了する場合において、借地権者が契約の更新を請求し、借地権設定者に更新を拒絶する正当の事由がないときは、借地上に建物があるかどうかにかかわらず、従前の契約と同一の条件で契約を更新したものとみなされる。

10　解説

1．不適切。期間の定めがある普通借家契約において、賃借人は正当事由がなくても更新を拒絶できる。なお、賃貸人は、正当の事由がなければ、賃借人に対し、更新しない旨の通知をすることはできない。

2．適切。賃借人は、建物の引渡しを受けた後にこれに生じた損傷であっても、通常の使用および収益によって生じた建物の損耗ならびに経年変化によるものである場合には、賃貸借が終了したときに原状回復義務は負わない。

3．適切。定期借家契約を締結するときは、賃貸人は、あらかじめ、賃借人に対して、契約の更新がなく期間満了により賃貸借が終了することを、その旨を記載した書面を交付あるいは電磁的方法によって提供して説明しなければならない。

4．適切。定期借家契約においては、増減額しない旨の特約を有効に設けることができる。なお、普通借家契約の場合は、特約で契約期間中の賃料を増減額しない旨を定めていた場合、増額請求はできないが、減額請求は可能である。

➡ テキストp.420, 421　**解答　1**

11　解説

1．不適切。事業の用に供する建物の所有を目的とする場合でも、一般定期借地権を設定することはできる。

2．適切。一般定期借地権の存続期間は、50年以上としなければならない。

3．不適切。普通借地権の存続期間は30年とされており、契約でこれより長い期間を定めることもできる。

4．不適切。普通借地権の存続期間が満了する場合において、借地上に建物がある場合に限り、借地権者が契約の更新を請求し、借地権設定者に更新を拒絶する正当の事由がないときは、従前の契約と同一の条件で契約を更新したものとみなされる。借地上に建物がなければ、借地権者の契約更新請求権は発生しない。

➡ テキストp.419, 420　**解答　2**

借地借家法に関する次の記述のうち、最も適切なものはどれか。なお、本問においては、同法第38条による定期建物賃貸借契約を定期借家契約といい、それ以外の建物賃貸借契約を普通借家契約という。また、記載のない事項については考慮しないものとする。

1. 普通借家契約において存続期間を6ヵ月と定めた場合、その存続期間は1年とみなされる。
2. 普通借家契約において、賃借人は、その建物の賃借権の登記がなくても、引渡しを受けていれば、その後その建物について物権を取得した者に賃借権を対抗することができる。
3. 定期借家契約は、契約当事者の合意があっても、存続期間を6ヵ月未満とすることはできない。
4. 定期借家契約は、公正証書によって締結しなければならない。

建物の区分所有等に関する法律に関する次の記述のうち、最も不適切なものはどれか。

1. 専有部分が数人の共有に属するときは、共有者は、議決権を行使すべき者1人を定めなければならない。
2. 共用部分に対する各区分所有者の共有持分は、各共有者が有する専有部分の床面積の割合によるものとされ、規約で別段の定めをすることはできない。
3. 建物を建て替えるに当たっては、集会において、区分所有者および議決権の各5分の4以上の多数による建替え決議をすることができる。
4. 区分所有者は、敷地利用権が数人で有する所有権である場合、原則として、敷地利用権を専有部分と分離して処分することはできないが、規約で別段の定めをすることができる。

12 **解説**

1. **不適切**。普通借家契約において、1年未満の期間を定めた場合、その存続期間は期間の定めのない契約とみなされる。

2. **適切**。普通借家契約において、賃借人は、その建物の賃借権の登記がなくても、引渡しを受けていれば、その後その建物について物権を取得した者に賃借権を対抗することができる。

3. **不適切**。定期借家契約は期間の制限はないので、6ヵ月未満でもかまわない。

4. **不適切**。定期借家契約は書面であればよい。

 テキストp.420, 421　**解答**　2

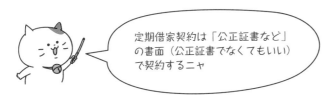

定期借家契約は「公正証書など」の書面（公正証書でなくてもいい）で契約するニャ

13 **解説**

1. **適切**。専有部分を数人で共有している場合は、共有者は、議決権を行使すべき者1人を定めなければならない。

2. **不適切**。共用部分の持分割合は、原則として各共有者が有する専有部分の床面積に比例するが、規約で別段の定めをすることもできる。

3. **適切**。建物を建て替えるに当たっては、集会において、区分所有者および議決権の各5分の4以上の多数による建替え決議をすることができる。

4. **適切**。区分所有者は、敷地利用権が数人で有する所有権である場合、原則として、敷地利用権を専有部分と分離して処分することはできないが、規約で別段の定めをすることができる。

 テキストp.422, 423　**解答**　2

建物の区分所有等に関する法律に関する次の記述のうち、最も適切なものはどれか。

1．管理者は、少なくとも毎年1回、集会を招集しなければならない。
2．集会の招集の通知は、原則として、開催日の少なくとも1ヵ月前までに、会議の目的たる事項を示して各区分所有者に発しなければならない。
3．形状または効用の著しい変更を伴わない共用部分の変更を行うためには、原則として、区分所有者および議決権の各4分の3以上の多数による集会の決議が必要である。
4．集会の決議は、原則として、当該決議後に区分所有権を譲り受けた者に対して、その効力を有しない。

都市計画法に関する次の記述のうち、最も適切なものはどれか。

1．都市計画区域内において、用途地域が定められている区域については、防火地域または準防火地域のいずれかを定めなければならない。
2．市街化区域については用途地域を定め、市街化調整区域については原則として用途地域を定めないものとされている。
3．土地の区画形質の変更は、建築物の建築や特定工作物の建設の用に供することを目的としていない場合であっても、開発行為に該当する。
4．市街地再開発事業の施行として行う開発行為は、都市計画法に基づく都道府県知事等の許可が必要である。

14　解説

1. 適切。区分所有法では、管理者は、少なくとも**毎年1回**、集会を招集しなければならないと定められている。

2. 不適切。集会の招集の通知は、原則として、開催日の少なくとも**1週間前**までに、会議の目的たる事項を示して各区分所有者に発しなければならない。

3. 不適切。形状または効用の著しい変更を伴わない共用部分の変更の場合は、区分所有者および議決権の過半数による集会の決議で足りる。形状または効用の著しい変更を伴う共用部分の変更の場合は、区分所有者および議決権の各**4分の3以上**の多数による集会の決議が必要である。

4. 不適切。集会の決議は、原則として、当該決議後に区分所有権を譲り受けた者に対して、その効力を有する。

➡ テキストp.423　**解答**　1

15　解説

1. 不適切。都市計画区域内において、防火地域または準防火地域は任意で定めることができる。

2. 適切。**市街化区域**については用途地域を定め、**市街化調整区域**については原則として用途地域を定めないものとされている。

3. 不適切。都市計画法上の開発行為とは、建築物の建築や特定工作物の建設の用に供することを目的とする土地の区画形質の変更を指す。したがって、分筆等、それ以外の目的で土地の区画形質の変更を行っても開発行為には該当しない。

4. 不適切。原則として、都市計画区域内で一定の開発行為を行う場合には、事前に都道府県知事等の許可が必要になる。ただし、市街地再開発事業や土地区画整理事業の施行として行う開発行為の場合は許可は不要である。

➡ テキストp.424, 425　**解答**　2

都市計画法に関する次の記述のうち、最も適切なものはどれか。

1. すべての都市計画区域において、都市計画に市街化区域と市街化調整区域との区分(区域区分)を定めるものとされている。
2. 土地の分筆は、その行為が建築物の建築または特定工作物の建設を目的としていなくても、都市計画法上の開発行為に該当する。
3. 土地区画整理事業の施行として行う開発行為は、都道府県知事等による開発許可を受ける必要はない。
4. 農業を営む者の居住の用に供する建築物の建築を目的として市街化調整区域内で行う開発行為は、都道府県知事等による開発許可を受ける必要がある。

都市計画区域および準都市計画区域内における建築基準法の規定に関する次の記述のうち、最も不適切なものはどれか。

1. 敷地の前面道路の幅員が12m未満である建築物の容積率は、原則として、「都市計画で定められた容積率」と「前面道路の幅員に一定の数値を乗じて得たもの」とのいずれか低い方が上限となる。
2. 建築物の高さに係る隣地斜線制限は、第一種低層住居専用地域、第二種低層住居専用地域および田園住居地域には適用されない。
3. 第一種住居地域内においては、建築物の高さは10mまたは12mのうち当該地域に関する都市計画において定められた建築物の高さの限度を超えてはならない。
4. 建築物の敷地は、原則として、建築基準法に規定する道路に2m以上接していなければならない。

16 解説

1. **不適切**。都市計画区域では、**市街化区域**と**市街化調整区域**との区分（区域区分）は任意で定められ、定められていない部分は非線引き区域となる。

2. **不適切**。開発行為とは、建築物の建築または特定工作物の建設を目的とした土地の区画形質の変更をいう。したがって、建築物の建築または特定工作物の建設を目的としない土地の分筆は開発行為には該当しない。

3. **適切**。土地区画整理事業の施行として行う開発行為は、都道府県知事等による開発許可を受ける必要はない。

4. **不適切**。市街化区域以外の地域で、農業漁業関係の建築物やこれらの業務に従事する者の居住用建物を建築するために行う開発行為には、都道府県知事等による開発許可を受ける必要はない。

➡ テキストp.424, 425 **解答** 3

17 解説

1. **適切**。容積率は、建物の前面道路の幅員によって制限を受ける。前面道路が2つ以上ある場合は、最も幅の広いものが採用される。前面道路の幅員が12m未満である場合には、原則として、「都市計画で定められた容積率」と「前面道路の幅員に一定の数値を乗じて得たもの」とのいずれか低いほうが上限となる。

2. **適切**。建築物の高さに係る**隣地斜線制限**は、第一種低層住居専用地域、第二種低層住居専用地域および田園住居地域には適用されない。

3. **不適切**。建築物の高さで10mまたは12mのうち、都市計画で定められた高さを超えてはならないのは、**第一種低層住居専用地域・第二種低層住居専用地域・田園住居地域内の建築物**である（絶対高さの制限）。

4. **適切**。建築物の敷地は、原則として、建築基準法に規定する道路に2m以上接していなければならない。

➡ テキストp.430, 434, 435 **解答** 3

18 **A** ☐☐ 2023年9月

都市計画区域および準都市計画区域内における建築基準法の規定に関する次の記述のうち、最も不適切なものはどれか。

1. 商業地域、工業地域および工業専用地域においては、地方公共団体の条例で日影規制（日影による中高層の建築物の高さの制限）の対象区域として指定することができない。
2. 建築物の高さに係る隣地斜線制限は、第一種低層住居専用地域、第二種低層住居専用地域および田園住居地域には適用されない。
3. 第一種低層住居専用地域内には、原則として、老人ホームを建築することはできるが、病院を建築することはできない。
4. 道路斜線制限（前面道路との関係についての建築物の各部分の高さの制限）は、原則として、第一種低層住居専用地域、第二種低層住居専用地域における建築物にのみ適用され、商業地域における建築物には適用されない。

不動産に係る税金

19 **A** ☐☐ 2023年1月

不動産の取得に係る税金に関する次の記述のうち、最も適切なものはどれか。

1. 不動産取得税は、相続により不動産を取得した場合は課されるが、贈与により不動産を取得した場合は課されない。
2. 一定の要件を満たす戸建て住宅（認定長期優良住宅を除く）を新築した場合、不動産取得税の課税標準の算定に当たっては、1戸につき最高1,200万円を価格から控除することができる。
3. 登録免許税は、贈与により不動産を取得した場合の所有権移転登記では課されない。
4. 登録免許税は、建物を新築した場合の建物表題登記であっても課される。

18　解説

1. 適切。日影規制は、隣接する地域の日照を確保するための規制である。商業地域、工業地域および工業専用地域は日影規制の対象外である。ただし、高さが10mを超える建築物で、かつ冬至日において日影規制の対象区域内の土地に日影を生じさせる場合には、日影規制が適用される。

2. 適切。隣地の日照や採光、通風を確保するための規制である隣地斜線制限は、住居地域のうち第一種・第二種住居地域、第一種・第二種中高層住居専用地域および準住居地域が適用を受ける。

3. 適切。第一種・第二種低層住居専用地域内には、原則として、老人ホームを建築することはできるが、病院を建築することはできない。老人ホームは工業専用地域を除くすべての用途地域で建築可能である。

4. 不適切。道路斜線制限（前面道路との関係についての建築物の各部分の高さの制限）は、すべての用途地域に適用される。

➡ テキストp.431, 435, 436　**解答**　**4**

19　解説

1. 不適切。不動産取得税は、相続により不動産を取得した場合は課されないが、贈与により不動産を取得した場合は課される。

2. 適切。一定の要件を満たす戸建て住宅を新築した場合、不動産取得税の課税標準の算定に当たっては、1戸につき最高1,200万円を価格から控除することができる。認定長期優良住宅の場合は1,300万円を控除することができる。

3. 不適切。登録免許税は、贈与により不動産を取得し所有権移転登記で行った場合も課される。

4. 不適切。登録免許税は、建物を新築した場合の建物表題登記には課されない。

➡ テキストp.443-446　**解答**　**2**

20　A　☐☐ 2022年9月

不動産に係る固定資産税および都市計画税に関する次の記述のうち、最も適切なものはどれか。

1. 年の中途に固定資産税の課税対象となる土地または家屋が譲渡された場合、その譲受人は、原則として、その年度内の所有期間に応じた当年度分の固定資産税を納付しなければならない。
2. 住宅用地に係る固定資産税の課税標準については、住宅1戸当たり400㎡以下の部分について課税標準となるべき価格の6分の1相当額とする特例がある。
3. 都市計画税の税率は各地方自治体の条例で定められるが、100分の0.3を超えることはできない。
4. 都市計画税は、都市計画区域のうち、原則として、市街化調整区域および非線引きの区域内に所在する土地および家屋の所有者に対して課される。

21　A　☐☐ 2023年1月

居住用財産を譲渡した場合の3,000万円の特別控除(以下「3,000万円特別控除」という)および居住用財産を譲渡した場合の長期譲渡所得の課税の特例(以下「軽減税率の特例」という)に関する次の記述のうち、最も不適切なものはどれか。なお、記載されたもの以外の要件はすべて満たしているものとする。

1. 3,000万円特別控除は、居住用財産を配偶者に譲渡した場合には適用を受けることができない。
2. 3,000万円特別控除は、譲渡した居住用財産の所有期間が、譲渡した日の属する年の1月1日において10年を超えていなければ、適用を受けることができない。
3. 軽減税率の特例では、課税長期譲渡所得金額のうち6,000万円以下の部分の金額について、所得税(復興特別所得税を含む)10.21%、住民税4%の軽減税率が適用される。
4. 3,000万円特別控除と軽減税率の特例は、重複して適用を受けることができる。

20 解説

1. 不適切。固定資産税の納税義務者は、1月1日時点で課税対象となる固定不動産を所有している人なので、年の途中に取得した人は納税する必要がない。

2. 不適切。固定資産税の小規模住宅用地の特例は、住宅用地に係る固定資産税の課税標準を、住宅1戸当たり200㎡以下の部分について6分の1相当額とする特例である。

3. 適切。都市計画税の税率は、0.3%が制限税率である。

4. 不適切。都市計画税は、都市計画区域のうち、原則として、市街化区域に所在する土地および家屋の所有者に対して課される。

➡ テキストp.452-455 **解答** 3

21 解説

1. 適切。3,000万円特別控除は、居住用財産を配偶者や直系血族、生計を一にしている親族などに譲渡した場合には適用を受けることができない。

2. 不適切。3,000万円特別控除は、所有期間は問われない。

3. 適切。軽減税率の特例では、課税長期譲渡所得金額のうち6,000万円以下の部分の金額について、所得税（復興特別所得税を含む）10.21%、住民税4%の軽減税率が適用される。

4. 適切。3,000万円特別控除と軽減税率の特例は、重複して適用を受けることができる。

➡ テキストp.459, 460 **解答** 2

22　A　□□ 2020年9月

個人が土地を譲渡した場合の譲渡所得に関する次の記述のうち、最も不適切なものはどれか。

1．譲渡所得のうち、土地を譲渡した日の属する年の1月1日における所有期間が10年以下のものについては短期譲渡所得に区分される。
2．譲渡所得の金額の計算上、取得費が不明な場合には、譲渡収入金額の5％相当額を取得費とすることができる。
3．譲渡するために直接要した仲介手数料は、譲渡所得の金額の計算上、譲渡費用に含まれる。
4．土地の譲渡に係る譲渡所得の金額は、当該土地の所有期間の長短にかかわらず、他の所得の金額と合算せず、分離して税額が計算される。

23　B　□□ 2023年5月・改

不動産賃貸に係る所得税に関する次の記述のうち、最も不適切なものはどれか。

1．不動産所得の金額の計算上、2024年中に取得した建物を同年中に貸し付けた場合の当該建物の減価償却費の計算においては、定額法または定率法の選択が可能である。
2．不動産所得の金額の計算上、当該不動産所得に係る所得税および住民税の額は必要経費に算入されない。
3．不動産所得に係る総収入金額を計算する場合において、契約により支払日が定められている賃貸料は、原則として、その定められた支払日が収入すべき時期となる。
4．アパート等の貸付けが不動産所得における事業的規模であるかどうかの判定において、貸与することができる独立した室数がおおむね10以上であれば、特に反証がない限り、事業的規模として取り扱われる。

22 解説

1．不適切。譲渡所得のうち、土地を譲渡した日の属する年の1月1日における所有期間が5年以下のものについては短期譲渡所得に区分される。

2．適切。譲渡所得の金額の計算上、取得費が不明な場合には、譲渡収入金額の5％相当額を取得費とすることができる（概算取得費）。

3．適切。譲渡するために直接要した仲介手数料や建物解体費用、立退き料などは譲渡所得の金額の計算上、譲渡費用に含まれる。

4．適切。土地の譲渡に係る譲渡所得の金額は、当該土地の所有期間の長短にかかわらず、他の所得の金額と合算せず、分離して所得税や住民税が計算される。

➡ テキストp.455-457 **解答　1**

23 解説

1．不適切。不動産所得の金額の計算上、1998年4月以降に取得した建物や建物附属設備の減価償却には定額法が適用される。

2．適切。不動産所得の金額の計算上、当該不動産所得に係る所得税および住民税の額は必要経費に算入されない。固定資産税や不動産取得税は、必要経費に算入される。

3．適切。不動産所得に係る総収入金額を計算する場合に収入すべき時期は、
（1）契約や慣習などにより支払日が定められている場合は、その定められた支払日
（2）支払日が定められていない場合は、実際に支払を受けた日
　　ただし、請求があったときに支払うべきものと定められているものは、その請求の日
（3）賃貸借契約の存否の係争等（未払賃貸料の請求に関する係争を除く）に係る判決、和解等により不動産の所有者等が受け取ることになった係争期間中の賃貸料相当額については、その判決、和解等のあった日
とされている。したがって、契約により支払日が定められている賃貸料は、原則として、その定められた支払日が収入すべき時期となる。

4．適切。アパート等の貸付けが不動産所得における事業的規模であるかどうかの判定においては、貸与することができる独立した室数がおおむね10以上、独立家屋であれば5棟以上（5棟10室基準）であれば、特に反証がない限り、事業的規模として取り扱われる。

➡ テキストp.314, 360, 467 **解答　1**

不動産の有効活用

24 **B** ☐☐ 2023年9月

不動産の投資判断の手法等に関する次の記述のうち、最も適切なものはどれか。

1. DCF法は、対象不動産の一期間の純収益を還元利回りで還元して対象不動産の収益価格を求める手法である。
2. NPV法（正味現在価値法）による投資判断においては、対象不動産から得られる収益の現在価値の合計額が投資額を上回っている場合、その投資は有利であると判定することができる。
3. NOI利回り（純利回り）は、対象不動産から得られる年間の総収入額を総投資額で除して算出される利回りであり、不動産の収益性を測る指標である。
4. DSCR（借入金償還余裕率）は、対象不動産から得られる収益による借入金の返済余裕度を評価する指標であり、対象不動産に係る当該指標の数値が1.0を下回っている場合は、対象不動産から得られる収益だけで借入金を返済することができる。

25 **A** ☐☐ 2023年1月

不動産の有効活用の一般的な特徴に関する次の記述のうち、最も不適切なものはどれか。

1. 事業受託方式は、土地有効活用の企画、建設会社の選定および土地上に建設する建物の管理・運営をデベロッパーに任せることができるが、建設資金の調達は土地所有者が行う必要がある。
2. 建設協力金方式は、土地所有者が、建設する建物を貸し付ける予定のテナントから、建設資金の全部または一部を借り受けてビルや店舗等を建設する方式である。
3. 定期借地権方式では、土地所有者は土地を一定期間貸し付けることによって地代収入を得ることができ、当該土地上に建設される建物の建設資金を調達する必要はない。
4. 等価交換方式では、土地所有者は土地の出資割合に応じて、建設される建物の一部を取得することができるが、建設資金の調達は土地所有者が行う必要がある。

24 解説

1. **不適切**。DCF法は、対象不動産が将来生み出すであろう純収益や、その不動産を売却した場合に得られる収益を現在価値に計算し直して合算し、収益価格を求める方法である。設問の記述は、**直接還元法**に関するものである。

2. **適切**。NPV法（正味現在価値法）による投資判断においては、対象不動産から得られる収益の現在価値の合計額が投資額を上回っている場合、その投資は有利であると判定することができる。

3. **不適切**。NOI利回り（純利回り）は、対象不動産から得られる年間の総収入額から実質費用を差し引いたものを総投資額で除して算出される利回りであり、不動産の**収益性を測る指標**である。

4. **不適切**。DSCR（借入金償還余裕率）は、対象不動産から得られる収益による借入金の返済余裕度を評価する指標であり、年間のNOI利回りを元金と利息の返済額で割って求められる。対象不動産に係る当該指標の数値が1.0を下回っている場合は、投資する不動産からの収益のみでは借入金の返済分をカバーできないとみなされる。

➡ テキストp.470-472 **解答** 2

25 解説

1. **適切**。**事業受託方式**は、土地有効活用の企画、建設会社の選定および土地上に建設する建物の管理・運営をデベロッパーに任せることができるが、**建設資金の調達は土地所有者が行う必要がある**。

2. **適切**。**建設協力金方式**は、土地所有者が、建設する建物を貸し付ける予定のテナントから、建設資金の全部または一部を借り受けてビルや店舗等を建設する方式である。

3. **適切**。**定期借地権方式**では、土地所有者は土地を一定期間貸し付けることによって地代収入を得ることができ、当該土地上に建設される建物の建設資金を調達する必要はない。

4. **不適切**。**等価交換方式**では、土地所有者は土地の出資割合に応じて、建設される建物の一部を取得することができる。**建設資金の調達はデベロッパーが行う**。

➡ テキストp.474-476 **解答** 4

相続・事業承継

贈与税

01　A　□□ 2022年9月

贈与に関する次の記述のうち、最も適切なものはどれか。

1. 民法上、贈与は、当事者の一方がある財産を無償で相手方に与える意思を表示し、相手方が受諾をすることにより効力が生じる。
2. 民法上、書面によらない贈与は、いまだその履行がなされていない場合であっても、各当事者がこれを解除することはできない。
3. 相続税法上、書面によらない贈与における財産の取得時期は、原則として、その履行の有無にかかわらず、受贈者が当該贈与を受ける意思表示をした時とされている。
4. 相続税法上、個人の債務者が資力を喪失して債務を弁済することが困難になり、その債務の免除を受けた場合、債務免除益のうち債務を弁済することが困難である部分についても、贈与により取得したものとみなされ、贈与税の課税対象となる。

02　A　□□ 2022年1月

民法上の贈与に関する次の記述のうち、最も適切なものはどれか。

1. 書面によらない贈与は、その履行の終わった部分についても、各当事者が解除をすることができる。
2. 負担付贈与とは、贈与者が受贈者に対して一定の債務を負担させることを条件とする贈与をいい、その受贈者の負担から利益を受ける者は贈与者に限られる。
3. 死因贈与とは、贈与者の意思表示のみで成立し、贈与者の死亡によって効力が生じる贈与をいう。
4. 定期贈与とは、贈与者が受贈者に対して定期的に財産を給付することを目的とする贈与をいい、贈与者または受贈者の死亡によって、その効力を失う。

01 解説

1. 適切。贈与は当時者の一方がある財産を無償で相手方に与える意思を表示し、相手方が受諾をすることにより効力が生じる。
2. 不適切。書面によらない贈与は、未履行の部分は取り消すことができる。
3. 不適切。書面によらない贈与における財産の取得時期は、贈与の履行が完了した時である。
4. 不適切。債務免除益のうち、弁済することが困難であると認められる部分については、贈与税はかからない。

➡ テキストp.480, 481 解答 1

02 解説

1. 不適切。書面によらない贈与は、その履行が終わっていない部分については、各当事者が解除をすることができる。
2. 不適切。負担付贈与とは、贈与者が受贈者に対して一定の債務を負担させることを条件とする贈与をいう。その受贈者の負担によって利益を受ける者は贈与者に限られず、第三者の場合もある。たとえば、父が子に贈与するにあたって、母親の介護を引き受けることを条件とする場合などがある。
3. 不適切。死因贈与とは、贈与者と受贈者が財産の贈与について合意することで成立し、贈与者の死亡によって効力が生じる贈与をいう。
4. 適切。定期贈与とは、贈与者が受贈者に対して定期的に財産を給付することを目的とする贈与をいい、贈与者または受贈者の死亡によって、その効力を失う。

➡ テキストp.480, 481 解答 4

おさらいするニャ

贈与の成立と撤回・取消し

	書面によるもの	書面によらないもの（口頭）
成立の時期	契約の効力発生時	契約が履行されたとき
撤回・取消し	効力が発生した後、一方的な撤回はできない	履行されていない部分については撤回が可能

贈与税の非課税財産等に関する次の記述のうち、最も不適切なものはどれか。

1. 扶養義務者相互間において生活費または教育費に充てるためにした贈与により取得した財産のうち、通常必要と認められるものは、贈与税の課税対象とならない。

2. 個人から受ける社交上必要と認められる香典や見舞金等の金品で、贈与者と受贈者との関係等に照らして社会通念上相当と認められるものは、贈与税の課税対象とならない。

3. 離婚に伴う財産分与により取得した財産は、その価額が婚姻中の夫婦の協力によって得た財産の額等の事情を考慮して社会通念上相当な範囲内である場合、原則として、贈与税の課税対象とならない。

4. 父が所有する土地の名義を無償で子の名義に変更した場合、その名義変更により取得した土地は、原則として、贈与税の課税対象とならない。

贈与税の課税財産に関する次の記述のうち、最も不適切なものはどれか。

1. 子が母から著しく低い価額の対価で土地の譲渡を受けた場合、原則として、その相続税評価額と支払った対価の額との差額を限度に、子が母から贈与により取得したものとみなされ、その差額相当分は、贈与税の課税対象となる。

2. 個人の債務者が資力を喪失して債務を弁済することが困難になり、個人の債権者から当該債務の免除を受けた場合、当該免除を受けた金額のうちその債務を弁済することが困難である部分の金額は、贈与税の課税対象とならない。

3. 離婚による財産分与によって取得した財産については、その価額が婚姻中の夫婦の協力によって得た財産の額その他一切の事情を考慮しても過当でなく、贈与税や相続税のほ脱を図ったものでもない場合には、贈与税の課税対象とならない。

4. 契約者（＝保険料負担者）が父、被保険者が母、死亡保険金受取人が子である生命保険契約を締結していた場合において、母の死亡により子が受け取った死亡保険金は、贈与税の課税対象となる。

03　解説

1. 適切。扶養義務者相互間(夫や妻、直系血族、兄弟姉妹)から必要に応じて受け取る生活費や教育費に充てるためにした贈与により取得した財産のうち、通常必要と認められるものは、贈与税の**課税対象とならない**。

2. 適切。個人から受ける社交上必要と認められる香典や見舞金等の金品で、贈与者と受贈者との関係等に照らして**社会通念上相当と認められる**ものは、贈与税の**課税対象とならない**。過剰な金額の香典等は課税対象となる場合がある。

3. 適切。離婚に伴う財産分与により取得した財産は、その価額が婚姻中の夫婦の協力によって得た財産の額等の事情を考慮して**社会通念上相当な範囲内**である場合、原則として、贈与税の**課税対象とならない**。

4. 不適切。父が所有する土地の名義を無償で子の名義に変更した場合、その名義変更により取得した土地は、原則として、その土地の時価が贈与税の課税対象となる。

➡ テキストp.485　**解答**　**4**

04　解説

1. 不適切。著しく低い価額の対価で財産を贈与された場合には、その時価と支払った対価の額との**差額相当分**が贈与税の課税対象となる。

2. 適切。債務者が資力を喪失して債務弁済が困難になり、債権者から債務の免除を受けた場合には、債務を弁済することが困難である部分の金額は贈与税の**課税対象にはならない**。

3. 適切。離婚による財産分与によって取得した財産については、その価額が婚姻中の夫婦の協力によって得た財産の額その他一切の事情を考慮しても過度に多額ではなく、贈与税や相続税の課税を逃れるためのものでもない場合には、贈与税の課税対象とならない。

4. 適切。契約者(=保険料負担者)ではない者が保険金受取人である場合には、当該死亡保険金は贈与税の課税対象になる。

➡ テキストp.484　**解答**　**1**

みなし贈与財産に関する次の記述のうち、最も適切なものはどれか。

1. 契約者（＝保険料負担者）および被保険者が父、死亡保険金受取人が子である生命保険契約において、父の死亡により子が受け取った死亡保険金は、子が父から贈与により取得したものとみなされ、贈与税の課税対象となる。

2. 委託者が父、受益者が子である信託契約を締結し、その効力が生じた場合において、子がその適正な対価を負担しなかったときには、その信託に関する権利は、原則として子が父から贈与により取得したものとみなされ、贈与税の課税対象となる。

3. 子が父から著しく低い価額の対価で土地を譲り受けた場合には、原則として、その相続税評価額と支払った対価の額との差額を限度に、子が父から贈与により取得したものとみなされ、贈与税の課税対象となる。

4. 離婚による財産分与により財産を取得した場合には、その価額が婚姻中の夫婦の協力によって得た財産の額等の事情を考慮して社会通念上相当な範囲内であったとしても、その取得した財産は、原則として贈与により取得したものとみなされ、贈与税の課税対象となる。

贈与税の計算に関する次の記述のうち、最も不適切なものはどれか。

1. 子が、同一年中に父と母のそれぞれから200万円ずつ贈与を受けた場合、その年分の暦年課税に係る贈与税額の計算上、課税価格から控除する基礎控除額は110万円である。

2. 相続時精算課税制度の適用を受けた贈与財産に係る贈与税額の計算上、特別控除額は特定贈与者ごとに累計3,000万円である。

3. 配偶者からの贈与について贈与税の配偶者控除の適用を受けた者は、その年分の贈与税額の計算上、課税価格から、基礎控除額のほかに最高2,000万円を控除することができる。

4. 2022年4月1日以後、その年1月1日において18歳以上の者が、直系尊属から贈与により財産を取得した場合、その財産に係る暦年課税による贈与税額は、課税価格から基礎控除額を控除した残額に、特例税率による超過累進税率を乗じて計算する。

05　解説

1. 不適切。契約者(＝保険料負担者)および被保険者が父、死亡保険金受取人が子である生命保険契約において、父の死亡により子が受け取った死亡保険金は、子が父から相続により取得したものとみなされ、相続税の課税対象となる。

2. 適切。委託者が父、受益者が子である信託契約を締結し、その効力が生じた場合において、受益者である子がその適正な対価を負担しなかったときには、その信託に関する権利は、原則として子が父から贈与により取得したものとみなされ、贈与税の課税対象となる。

3. 不適切。子が父から著しく低い価額の対価で土地を譲り受けた場合には、原則として、その時価と支払った対価の額との差額を限度に、子が父から贈与により取得したものとみなされ、贈与税の課税対象となる。

4. 不適切。離婚による財産分与により財産を取得した場合には、その価額が婚姻中の夫婦の協力によって得た財産の額等の事情を考慮して社会通念上相当な範囲内であれば、その取得した財産は、原則として贈与により取得したものとはみなされず、贈与税の課税対象とはならない。

　　　　　　　　　　　　　　　　　　　　　　➡ テキストp.484　**解答**　2

06　解説

1. 適切。子が、同一年中に父と母のそれぞれから200万円ずつ贈与を受けた場合、その年分の暦年課税に係る贈与税額の計算上、課税価格から控除する基礎控除額は110万円である。複数人から贈与を受けた場合は、受け取った贈与財産額を合計したものから基礎控除額110万円を差し引き、税率を掛けて贈与税を計算する。

2. 不適切。相続時精算課税制度の適用を受けた贈与財産に係る贈与税額の計算上、特別控除額は特定贈与者ごとに累計2,500万円である。

3. 適切。配偶者からの贈与について贈与税の配偶者控除の適用を受けた者は、その年分の贈与税額の計算上、課税価格から、基礎控除額(110万円)のほかに最高2,000万円を控除することができる。

4. 適切。その年1月1日において18歳以上の者が、直系尊属(父母、祖父母等)から贈与により財産を取得した場合、その財産に係る暦年課税による贈与税額は、課税価格から基礎控除額を控除した残額に、特例税率による超過累進税率を乗じて計算する。

　　　　　　　　　　　　　　　　　　　　➡ テキストp.485-488　**解答**　2

贈与税の申告と納付に関する次の記述のうち、最も適切なものはどれか。

1. 贈与税の申告書の提出期間は、原則として、贈与を受けた年の翌年2月16日から3月15日までである。
2. 贈与税の申告書の提出先は、原則として、贈与者の住所地の所轄税務署長である。
3. 贈与税の納付は、贈与税の申告書の提出期限までに贈与者が行わなければならない。
4. 贈与税の納付について認められる延納期間は、最長で5年である。

相続と法律

親族等に係る民法の規定に関する次の記述のうち、最も不適切なものはどれか。

1. 25歳以上の者は、配偶者を有していなくても、特別養子縁組により養親となることができる。
2. 特別養子縁組の成立には、原則として、養子となる者の父母の同意がなければならない。
3. 本人からみて、配偶者の妹は、2親等の姻族であり、親族に該当する。
4. 協議離婚後の財産分与について、当事者間に協議が調わない場合、当事者は、原則として、家庭裁判所に対して協議に代わる処分を請求することができる。

07　解説

1. **不適切**。贈与税の申告書の提出期間は、原則として、贈与を受けた年の翌年 2 月 1 日から 3 月 15 日までである。
2. **不適切**。贈与税の申告書の**提出先**は、原則として、**受贈者の住所地**の所轄税務署長である。
3. **不適切**。贈与税の納付は、贈与税の申告書の提出期限までに受贈者が行わなければならない。
4. **適切**。贈与税の納付について認められる**延納期間**は、**最長 5 年**である。物納はない。

➡ テキストp.492　**解答**　4

08　解説

1. **不適切**。**特別養子縁組**により**養親**となることができるのは、婚姻している夫婦で、夫婦の少なくとも**一方が25歳以上**（もう一方は20歳以上）の場合である。
2. **適切**。**特別養子縁組**の成立には、原則として、**養子となる者の父母の同意**がなければならない。
3. **適切**。本人からみて、配偶者の妹は、2 親等の姻族であり、親族に該当する。姻族とは、婚姻によって生じた親族をいう。
4. **適切**。協議離婚後の財産分与について、当事者間に協議が調わない場合、当事者は、原則として、家庭裁判所に対して協議に代わる処分を請求することができる。

➡ テキストp.482, 483　**解答**　1

民法上の相続人に関する次の記述のうち、最も不適切なものはどれか。

1. 被相続人に子がいる場合、その子は第1順位の相続人となる。
2. 被相続人の子が相続開始以前に廃除により相続権を失っているときは、その相続権を失った者に子がいても、その子（被相続人の孫）は代襲相続人とならない。
3. 特別養子縁組が成立した場合、原則として、養子と実方の父母との親族関係は終了し、その養子は実方の父母の相続人とならない。
4. 相続開始時における胎児は、すでに生まれたものとみなされるが、その後、死産となった場合には、相続人とならない。

遺産の分割に関する次の記述のうち、最も適切なものはどれか。

1. 遺産の分割は、民法上、遺産に属する物または権利の種類および性質、各相続人の年齢、職業、心身の状態および生活の状況その他一切の事情を考慮して行うものとされている。
2. 遺産の分割について、共同相続人間で協議が調わないとき、または協議をすることができないときは、各共同相続人はその分割を公証人に請求することができる。
3. 被相続人は、遺言で、相続開始の時から1年間に限り、遺産の分割を禁ずることができる。
4. 相続財産である不動産を、共同相続人間で遺産分割するために譲渡して換価した場合、その譲渡による所得は、所得税法上、非課税所得とされている。

09 解説

1. 適切。被相続人に子がいる場合、その子は第1順位の相続人となる。
2. 不適切。被相続人の子が相続開始以前に廃除や欠格により相続権を失っている場合、その子（被相続人の孫）は代襲相続人となる。
3. 適切。特別養子縁組が成立した場合、原則として、養子と実方の父母との親族関係は終了し、その養子は実方の父母の相続人とならない。普通養子縁組の場合は、養親と実方の父母との両方の相続人となる。
4. 適切。相続開始時における胎児は、すでに生まれたものとみなされるが、その後、死産となった場合には相続人とならない。

➡ テキストp.498-500 **解答 2**

10 解説

1. 適切。民法上、遺産の分割は、遺産（物・権利）の種類や性質、各相続人の年齢、職業、心身の状態、生活の状況その他一切の事情を考慮して行うものとされている。
2. 不適切。遺産の分割について、共同相続人間で協議がまとまらない場合は、各共同相続人は、それぞれ家庭裁判所に遺産分割の調停を申し立てることができる。さらに、調停でもまとまらない場合は、自動的に審判手続きが開始され、裁判官が審判する。
3. 不適切。相続人は、相続開始後にいつでも遺産分割が可能だが、被相続人が遺言で遺産分割を禁止している場合には、相続開始から5年までを限度に遺産分割が禁止される。
4. 不適切。換価分割では、換価に際して、各相続人に所得税が課されることがある。

➡ テキストp.506-508 **解答 1**

おさらいするニャ

相続における子の定義

実子	嫡出子	正式な婚姻関係のもとに生まれた子
	非嫡出子	婚姻外で生まれた子で、父または裁判所が認知した子
養子	普通養子	実親と養親の両方の相続権を持つ
	特別養子	実親との親族関係がなくなるため、実親およびその親族の相続権は持たない
胎児		被相続人の死亡時に胎児だった者は子とみなし、相続権を持つ

民法上の相続分に関する次の記述のうち、最も適切なものはどれか。なお、記載のない事項については考慮しないものとする。

1. 被相続人は、遺言で、共同相続人の相続分を定めることができるが、これを定めることを第三者に委託することはできない。
2. 共同相続人の1人が遺産の分割前にその相続分を共同相続人以外の第三者に譲り渡した場合、他の共同相続人は、当該第三者に対して一定期間内にその価額および費用を支払うことで、その相続分を譲り受けることができる。
3. 父母の一方のみを同じくする兄弟姉妹の法定相続分は、父母の双方を同じくする兄弟姉妹の法定相続分と同じである。
4. 養子の法定相続分は、実子の法定相続分の2分の1である。

遺言に関する次の記述のうち、最も不適切なものはどれか。

1. 公正証書遺言を作成する際には、証人2人以上の立会いが必要とされる。
2. 公正証書遺言を作成した遺言者は、その遺言を自筆証書遺言によって撤回することができる。
3. 自筆証書遺言を作成する際に財産目録を添付する場合、その目録はパソコン等で作成することができる。
4. 自筆証書遺言は、自筆証書遺言書保管制度により法務局(遺言書保管所)に保管されているものであっても、相続開始後に家庭裁判所の検認を受けなければならない。

法定後見制度に関する次の記述の空欄(ア)〜(ウ)にあてはまる語句の組み合わせとして、最も適切なものはどれか。

・法定後見制度は、本人の判断能力が(ア)に、家庭裁判所によって選任された成年後見人等が本人を法律的に支援する制度である。
・法定後見制度において、後見開始の審判がされたときは、その内容が(イ)される。
・成年後見人は、成年被後見人が行った法律行為について、原則として、(ウ)。

1. (ア)不十分になる前 　　(イ)戸籍に記載 　　(ウ)取り消すことができる
2. (ア)不十分になった後 　(イ)登記 　　　　　(ウ)取り消すことができる
3. (ア)不十分になった後 　(イ)戸籍に記載 　　(ウ)取り消すことはできない
4. (ア)不十分になる前 　　(イ)登記 　　　　　(ウ)取り消すことはできない

11 **解説**

1．**不適切**。被相続人は、遺言で、共同相続人の相続分を定めることができ、これを定めることを第三者に委託することもできる。

2．**適切**。共同相続人の１人が遺産の分割前にその相続分を共同相続人以外の第三者に譲り渡した場合、他の共同相続人は、当該第三者に対して一定期間内にその価額および費用を支払うことで、その相続分を譲り受けることができる。

3．**不適切**。父母の一方のみを同じくする兄弟姉妹（半血兄弟姉妹）の法定相続分は、父母の双方を同じくする兄弟姉妹の法定相続分の２分の１である。

4．**不適切**。養子の法定相続分は、実子の法定相続分と同じである。

➡ テキストp.498, 499 **解答** 2

12 **解説**

1．**適切**。公正証書遺言を作成する際には、証人２人以上の立会いが必要とされる。

2．**適切**。公正証書遺言を作成した遺言者は、公証役場で撤回の申述をするか、新たな自筆証書遺言を作成することで撤回することができる。

3．**適切**。自筆証書遺言を作成する際に財産目録を添付する場合、その目録はパソコン等で作成することができる。

4．**不適切**。自筆証書遺言は、自筆証書遺言書保管制度により法務局（遺言書保管所）に保管されているものであれば、相続開始後に家庭裁判所の検認を受ける必要はない。

➡ テキストp.509 **解答** 4

13 **解説**

・法定後見制度は、本人の判断能力が不十分になった後に、家庭裁判所によって選任された成年後見人等が本人を法律的に支援する制度である。

・法定後見制度において、後見開始の審判がされたときは、その内容が登記される。

・成年後見人は、成年被後見人が行った法律行為について、原則として、取り消すことができる。ただし、日用品（食料品や衣料品等）の購入など「日常生活に関する行為」については、取消の対象にならない。

➡ テキストp.57, 514 **解答** 2

相続税の計算

相続税の計算に関する次の記述のうち、**最も不適切なもの**はどれか。

1. 法定相続人が相続の放棄をした場合、その放棄をした者の人数を「法定相続人の数」に含めずに、相続税の計算における遺産に係る基礎控除額を計算する。
2. すでに死亡している被相続人の子を代襲して相続人となった被相続人の孫は、相続税額の2割加算の対象とならない。
3. 相続開始時の法定相続人が被相続人の配偶者のみで、その配偶者がすべての遺産を取得した場合、「配偶者に対する相続税額の軽減」の適用を受ければ、相続により取得した財産額の多寡にかかわらず、配偶者が納付すべき相続税額は生じない。
4. 「配偶者に対する相続税額の軽減」の適用を受けることができる配偶者は、被相続人と法律上の婚姻の届出をした者に限られ、いわゆる内縁関係にある者は該当しない。

相続税の計算に関する次の記述のうち、**最も不適切なもの**はどれか。

1. 遺産に係る基礎控除額の計算上、法定相続人の数は、相続人が相続の放棄をした場合には、その放棄がなかったものとした場合における相続人の数である。
2. 遺産に係る基礎控除額の計算上、法定相続人の数に含めることができる養子の数は、被相続人に実子がなく、養子が2人以上いる場合には1人である。
3. 遺産に係る基礎控除額の計算上、被相続人の特別養子となった者は実子とみなされる。
4. 遺産に係る基礎控除額の計算上、被相続人の子がすでに死亡し、代襲して相続人となった被相続人の孫は実子とみなされる。

14 解説

1. 不適切。法定相続人が相続の放棄をした場合でも、その放棄をした者の人数を「法定相続人の数」に含めて、相続税の計算における遺産に係る基礎控除額を計算する。
2. 適切。すでに死亡している被相続人の子を代襲して相続人となった被相続人の孫は、相続税額の2割加算の対象とならない。
3. 適切。相続開始時の法定相続人が被相続人の配偶者のみで、その配偶者がすべての遺産を取得した場合、「配偶者に対する相続税額の軽減」の適用を受ければ、相続により取得した財産額の多寡にかかわらず、配偶者が納付すべき相続税額は生じない。ただし、申告は必要である。
4. 適切。「配偶者に対する相続税額の軽減」の適用を受けることができる配偶者は、被相続人と法律上の婚姻の届出をした者に限られ(婚姻期間は問われない)、いわゆる内縁関係にある者は該当しない。

➡ テキストp.522-527　解答　1

15 解説

1. 適切。遺産に係る基礎控除額の計算上、法定相続人の数は、相続人が相続の放棄をした場合には、その放棄がなかったものとした場合における相続人の数である。
2. 不適切。遺産に係る基礎控除額の計算上、法定相続人の数に含めることができる養子の数は、被相続人に実子がなく、養子が2人以上いる場合には2人である。実子がいる場合は法定相続人の数に含めることができる養子の数は1人となる。
3. 適切。遺産に係る基礎控除額の計算上、被相続人の特別養子となった者は実子とみなされる。
4. 適切。遺産に係る基礎控除額の計算上、被相続人の子がすでに死亡し、代襲して相続人となった被相続人の孫は実子とみなされる。

➡ テキストp.520, 523　解答　2

16 **A** ☐☐ 2023年5月

相続人が負担した次の費用等のうち、相続税の課税価格の計算上、相続財産の価額から債務控除をすることができるものはどれか。なお、相続人は債務控除の適用要件を満たしているものとする。

1. 被相続人が生前に購入した墓碑の購入代金で、相続開始時点で未払いのもの
2. 被相続人が所有していた不動産に係る固定資産税のうち、相続開始時点で納税義務は生じているが、納付期限が到来していない未払いのもの
3. 被相続人に係る初七日および四十九日の法要に要した費用のうち、社会通念上相当と認められるもの
4. 被相続人の相続に係る相続税の申告書を作成するために、相続人が支払った税理士報酬

財産の評価

17 **B** ☐☐ 2022年9月

相続税・贈与税の税額を計算する場合の財産の評価に関する次の記述の空欄(ア)〜(ウ)にあてはまる語句の組み合わせとして、最も適切なものはどれか。

・相続税法では、財産評価の原則として、特別の定めのあるものを除き、相続、遺贈または贈与により取得した財産の価額は、当該財産の取得の時における時価によるとされている。また、「特別の定めのあるもの」として、地上権および永小作権、（　ア　）、給付事由が発生している（　イ　）に関する権利、給付事由が発生していない（　イ　）に関する権利、立木の評価方法を規定している。
・財産評価基本通達では、「時価」とは、課税時期において、それぞれの財産の現況に応じ、（　ウ　）取引が行われる場合に通常成立すると認められる価額をいい、その価額は、この通達の定めによって評価した価額によるとされている。

1. （ア）配偶者居住権等 　　（イ）定期金 　　　　　（ウ）不特定多数の当事者間で自由な
2. （ア）賃借権 　　　　　　（イ）生命保険契約 　　（ウ）不特定多数の当事者間で自由な
3. （ア）配偶者居住権等 　　（イ）生命保険契約 　　（ウ）当事者同士の相対
4. （ア）賃借権 　　　　　　（イ）定期金 　　　　　（ウ）当事者同士の相対

16　解説

1. **不適切**。被相続人が生前に購入した墓碑等の未払代金等の非課税財産に関する債務（未払金）は債務控除の対象にはならない。
2. **適切**。被相続人が所有していた不動産に係る**固定資産税**のうち、相続開始時点で納税義務は生じているが、**納付期限が到来していない未払いのものは、債務控除の対象と**なる。
3. **不適切**。被相続人に係る**初七日および四十九日の法要に要した費用**は、社会通念上相当と認められるものであっても、**債務控除の対象とはならない**。
4. **不適切**。被相続人の相続に係る相続税の申告書を作成するために、相続人が支払った**税理士報酬は債務控除の対象とならない**。

➡ テキストp.521　**解答**　2

17　解説

・相続税法（第22条）では、財産評価の原則として、特別の定めのあるものを除き、相続、**遺贈または贈与により取得した財産の価額は、当該財産の取得の時における時価による**とされている。
・また、「特別の定めのあるもの」として、地上権および永小作権、**配偶者居住権**等、**定期金に関する権利**、立木については個別に評価方法を規定している（相続税法第23条～26条）。
・財産評価基本通達では、「時価」とは、課税時期において、それぞれの財産の現況に応じ、不特定多数の当事者間で自由な取引が行われる場合に通常成立すると認められる価額をいい、その価額は、この通達の定めによって評価した価額によるとされている。

➡ テキストp.540　**解答**　1

宅地の相続税評価額の算定方法等に関する次の記述のうち、最も適切なものはどれか。

1. 宅地の評価方法には、路線価方式と倍率方式があり、どちらの方式を採用するかについては、納税者が任意に選択することができる。

2. 倍率方式は、固定資産税評価額に国税局長が一定の地域ごとに定める倍率を乗じて計算した金額によって評価する方式である。

3. 正面と側方に路線がある宅地（角地）を路線価方式によって評価する場合、原則として、それぞれの路線価に奥行価格補正率を乗じた価額を比較し、低い方の路線価が正面路線価となる。

4. 路線価は、路線に面する標準的な宅地の1坪当たりの価額であり、千円単位で表示される。

宅地および宅地の上に存する権利の相続税における評価に関する次の記述のうち、最も不適切なものはどれか。なお、評価の対象となる宅地は、借地権（建物等の所有を目的とする地上権または賃借権）の設定に際し、その設定の対価として通常権利金その他の一時金を支払う「借地権の取引慣行のある地域」にあるものとする。また、宅地の上に存する権利は、定期借地権および一時使用目的の借地権等を除くものとする。

1. Aさんが、借地権の設定に際して通常の権利金を支払って賃借した宅地の上にAさん名義の自宅を建築して居住の用に供していた場合において、Aさんの相続が開始したときには、相続税額の計算上、その宅地の上に存するAさんの権利の価額は、借地権として評価する。

2. Bさんが所有する従前宅地であった土地を、車庫などの施設がない青空駐車場（月極駐車場）の用に供していた場合において、Bさんの相続が開始したときには、相続税額の計算上、その土地の価額は、自用地として評価する。

3. Cさんが所有する宅地を子に権利金や地代の授受なく無償で貸し付け、子がアパートを建築して賃貸の用に供していた場合において、Cさんの相続が開始したときには、相続税額の計算上、そのアパートの敷地の用に供されている宅地の価額は、貸家建付地として評価する。

4. Dさんが、借地権の設定に際して通常の権利金を支払って賃借した宅地の上にDさん名義のアパートを建築して賃貸の用に供していた場合において、Dさんの相続が開始したときには、相続税額の計算上、その宅地の上に存するDさんの権利の価額は、貸家建付借地権として評価する。

18 **解説**

1. 不適切。宅地の相続税評価額は原則として路線価方式で求めるが、相続税路線価が設定されていない地域では、倍率方式を採用する。

2. 適切。倍率方式は、固定資産税評価額に国税局長が一定の地域ごとに定める倍率を乗じて計算した金額によって評価する方式である。

3. 不適切。正面と側方に路線がある宅地（角地）を路線価方式によって評価する場合には、原則として、それぞれの路線価に奥行価格補正率を乗じた価額を比較し、高いほうの路線価が正面路線価となる。

4. 不適切。路線に面する標準的な宅地の1㎡当たりの価額であり、千円単位で表示される。

➡ テキストp.541, 542 **解答** 2

19 **解説**

1. 適切。土地を借りる権利を相続した場合、その権利は借地権として評価する。

2. 適切。青空駐車場は、自用地として評価する。

3. 不適切。被相続人が、使用貸借により貸していた土地は、自用地として評価する。

4. 適切。被相続人が借りていた土地に被相続人が貸家を建てていた場合、相続人が相続した土地を借りる権利は、貸家建付借地権として評価する。

➡ テキストp.543 **解答** 3

小規模宅地等についての相続税の課税価格の計算の特例（以下「本特例」という）に関する次の記述のうち、最も不適切なものはどれか。なお、記載のない事項については、本特例の適用要件を満たしているものとする。

1. 被相続人の配偶者が、被相続人が居住の用に供していた宅地を相続により取得した場合、相続税の申告期限までにその宅地を売却したとしても、本特例の適用を受けることができる。

2. 相続開始の直前において被相続人と同居していなかった被相続人の配偶者が、被相続人が居住の用に供していた宅地を相続により取得した場合、本特例の適用を受けることはできない。

3. 被相続人の子が相続により取得した宅地が、本特例における特定事業用宅地等に該当する場合、その宅地のうち400㎡までを限度面積として、評価額の80％相当額を減額した金額を、相続税の課税価格に算入すべき価額とすることができる。

4. 相続人以外の親族が、被相続人が居住の用に供していた宅地を遺贈により取得した場合であっても、本特例の適用を受けることができる。

20　解説

1. 適切。被相続人の配偶者であれば、被相続人が居住の用に供していた宅地を相続により取得した場合は、要件はなく、本特例の適用を受けることができる。

2. 不適切。上記と同様、被相続人の配偶者であれば、被相続人が居住の用に供していた宅地を相続により取得した場合は、要件はないので、本特例の適用を受けることができる。

3. 適切。被相続人の子が相続により取得した宅地が、本特例における特定事業用宅地等に該当する場合、その宅地のうち400㎡までを限度面積として、評価額の80％相当額を減額した金額を、相続税の課税価格に算入すべき価額とすることができる。

4. 適切。相続人以外の親族が、被相続人が居住の用に供していた宅地を遺贈により取得した場合であっても、本特例の適用を受けることができる。ただし、一定の要件を満たしていることが必要である。

➡ テキストp.544, 545　**解答**　2

〰おさらいするニャ

限度面積と減額割合

相続開始の直前における宅地等の利用区分			要件	限度面積	減額割合
被相続人等の事業の用に供されていた宅地等	貸付事業以外の事業用の宅地等		特定事業用宅地等に該当する宅地等	400㎡	80%
	貸付事業用の宅地等	一定の法人に貸し付けられ、その法人の事業（貸付事業を除く）用の宅地	特定同族会社事業用宅地等に該当する宅地等	400㎡	80%
			貸付事業用宅地等に該当する宅地等	200㎡	50%
		一定の法人に貸し付けられ、その法人の貸付事業用の宅地等	貸付事業用宅地等に該当する宅地等	200㎡	50%
		被相続人等の貸付事業用の宅地等	貸付事業用宅地等に該当する宅地等	200㎡	50%
被相続人等の居住の用に供されていた宅地等			特定居住用宅地等に該当する宅地等	330㎡	80%

Aさんの相続が開始した場合の相続税額の計算における下記〈資料〉の甲宅地の評価に関する次の記述のうち、最も適切なものはどれか。なお、記載のない事項については考慮しないものとする。

〈資料〉

※Aさんの相続人は、妻および長男の合計2名である。
※甲宅地は、使用貸借契約により長男に貸し付けられており、長男が所有する乙建物の敷地の用に供されている。
※乙建物は、相続開始時において、長男の居住の用に供されている。

1. 長男が相続により甲宅地を取得した場合、貸宅地として評価する。
2. 長男が相続により甲宅地を取得した場合、自用地として評価する。
3. 妻が相続により甲宅地を取得した場合、貸宅地として評価する。
4. 妻が相続により甲宅地を取得した場合、貸家建付地として評価する。

相続税における取引相場のない株式の評価に関する次の記述のうち、最も適切なものはどれか。

1. 会社規模が小会社である会社の株式の価額は、純資産価額方式によって評価し、類似業種比準方式と純資産価額方式の併用方式によって評価することはできない。
2. 会社規模が中会社である会社の株式の価額は、類似業種比準方式、または純資産価額方式のいずれかによって評価する。
3. 同族株主が取得した土地保有特定会社に該当する会社の株式は、原則として、類似業種比準方式によって評価する。
4. 同族株主のいる会社において、同族株主以外の株主が取得した株式は、その会社規模にかかわらず、原則として、配当還元方式によって評価する。

21　解説

相続される土地の評価は、だれが相続するかにかかわらず、どのように使用されていたかによって決定する。

1．不適切。**使用貸借されていた土地は自用地として評価される**ので、長男が相続により甲宅地を取得した場合、貸宅地としては評価されない。

2．適切。長男が相続により使用貸借していた甲宅地を取得した場合、自用地として評価する。

3．不適切。**使用貸借されていた土地は自用地として評価される**ので、妻が相続により甲宅地を取得した場合、貸宅地としては評価されない。

4．不適切。貸家建付地は、土地に自身が保有する貸家が建っている土地のことであり、甲土地に建っているのは長男所有の建物なので、妻が相続により甲宅地を取得した場合、貸家建付地としては評価されない。

➡️ テキストp.543　**解答**　2

22　解説

1．不適切。会社規模が小会社の株式の価額は、純資産価額方式か、類似業種比準方式と純資産価額方式の併用方式により評価する。

2．不適切。会社規模が中会社の株式の価額は、純資産価額方式か、類似業種比準方式と純資産価額方式の併用方式により評価する。

3．不適切。**株式保有特定会社・土地保有特定会社・開業後3年未満の会社等**は、会社の規模に関係なく、原則として純資産価額方式で評価する。

4．適切。同族株主のいる会社において、同族株主以外の株主が取得した株式は、その会社規模にかかわらず、原則として、配当還元方式によって評価する。

➡️ テキストp.548-551　**解答**　4

23 **B** ☐☐ 2023年9月

相続税の課税財産等に関する次の記述のうち、最も不適切なものはどれか。

1. 契約者(=保険料負担者)および被保険者が夫、死亡保険金受取人が妻である生命保険契約において、夫の死亡により妻が受け取った死亡保険金は、原則として、遺産分割の対象とならない。

2. 契約者(=保険料負担者)および被保険者が父、死亡保険金受取人が子である生命保険契約において、子が相続の放棄をした場合は、当該死亡保険金について、死亡保険金の非課税金額の規定の適用を受けることができない。

3. 老齢基礎年金の受給権者である被相続人が死亡し、その者に支給されるべき年金給付で死亡後に支給期の到来するものを相続人が受け取った場合、当該未支給の年金は、相続税の課税対象となる。

4. 被相続人の死亡により、当該被相続人に支給されるべきであった退職手当金で被相続人の死亡後3年以内に支給が確定したものについて、相続人がその支給を受けた場合、当該退職手当金は、相続税の課税対象となる。

24 **B** ☐☐ 2023年1月

相続税の納税に関する次の記述のうち、最も不適切なものはどれか。

1. 相続により土地を取得した者がその相続に係る相続税について延納を申請する場合、一定の要件を満たせば、その相続により取得した土地以外の土地を延納の担保として提供することができる。

2. 相続税は金銭による一括納付が原則であるが、一括納付や延納による金銭の納付が困難な場合、納税義務者は、その納付を困難とする金額を限度に物納を申請することができる。

3. 物納に充てることができる財産の種類には順位があり、不動産と上場株式はいずれも第1順位に分類されている。

4. 「小規模宅地等についての相続税の課税価格の計算の特例」の適用を受けた宅地等を物納する場合の収納価額は、特例適用前の価額である。

23 解説

1. **適切**。契約者(＝保険料負担者)および被保険者が夫、死亡保険金受取人が妻である生命保険契約において、夫の死亡により妻が受け取った死亡保険金は、原則として、遺産分割の対象とならない。

2. **適切**。契約者(＝保険料負担者)および被保険者が父、死亡保険金受取人が子である生命保険契約において、子が相続の放棄をした場合は、当該死亡保険金について、**死亡保険金の非課税金額の規定の適用を受けることができない**。

3. **不適切**。老齢基礎年金の受給権者である被相続人が死亡し、その者に支給されるべき年金給付で死亡後に支給期の到来するものを相続人が受け取った場合、当該未支給の**年金は、相続税の課税対象にはならない**。遺族が支給を受けた未支給年金は、その遺族の一時所得として所得税の課税対象となる。

4. **適切**。被相続人の死亡により、当該被相続人に支給されるべきであった退職手当金で被相続人の**死亡後3年以内に支給が確定したもの**について、相続人がその支給を受けた場合、当該退職手当金は、**相続税の課税対象となる**。

➡ テキストp.518-520　解答　3

24 解説

1. **適切**。相続税について延納を申請する場合、一定の要件を満たせば、その相続により取得した財産以外の財産を延納の担保として提供することができる。

2. **適切**。相続税は金銭による一括納付が原則であるが、納付すべき相続税額が10万円を超えていて、一括納付や延納による金銭の納付が困難な場合には、納税義務者は、その納付を困難とする金額を限度に物納を申請することができる。

3. **適切**。物納に充てることができる財産の種類には順位がある。第1順位は不動産、船舶、国債証券、地方債証券、上場株式等である。

4. **不適切**。「小規模宅地等についての相続税の課税価格の計算の特例」の適用を受けた宅地等を物納する場合の収納価額は、**特例適用後の価額**である。

➡ テキストp.534-537　解答　4

事業承継対策

25　**B**　☐☐ 2024年1月

非上場企業の事業承継のための自社株移転等に関する次の記述のうち、最も不適切なものはどれか。

1. 「非上場株式等についての贈与税の納税猶予及び免除の特例」の適用を受けるためには、特例承継計画を策定し、所定の期限までに都道府県知事に提出して、その確認を受ける必要がある。
2. 「非上場株式等についての贈与税の納税猶予及び免除の特例」と相続時精算課税は、重複して適用を受けることができない。
3. 経営者が保有している自社株式を後継者である子に譲渡した場合、当該株式の譲渡による所得に対して、申告分離課税により所得税および住民税が課される。
4. 株式の発行会社が、経営者の親族以外の少数株主が保有する自社株式を買い取ることにより、当該会社の株式の分散を防止または抑制することができる。

26　**B**　☐☐ 2022年9月

非上場企業における役員（死亡）退職金を活用した相続税の納税資金対策および事業承継対策に関する次の記述のうち、最も不適切なものはどれか。

1. 死亡退職金の原資の準備として、契約者（＝保険料負担者）および死亡保険金受取人を法人、被保険者を経営者とする生命保険に加入することが考えられる。
2. 経営者の死亡直後に遺族が支給を受けた死亡退職金は、相続税の納税資金に充てることができる。
3. 経営者が死亡した場合に遺族が支給を受けた死亡退職金で、相続税額の計算上、退職手当金等の非課税限度額の適用対象となるものは、その死亡後5年以内に支給額が確定したものである。
4. 経営者が死亡した場合の遺族への死亡退職金の支給は、相続税額の計算上、純資産価額方式による自社株式の評価額を引き下げる効果が期待できる。

25 解説

1. 適切。「非上場株式等についての贈与税の納税猶予及び免除の特例」の適用を受けるためには、特例承継計画を策定し、所定の期限までに都道府県知事に提出して、その確認を受ける必要がある。

2. 不適切。「非上場株式等についての贈与税の納税猶予及び免除の特例」と相続時精算課税は、重複して適用を受けられる。

3. 適切。経営者が保有している自社株式を後継者である子に譲渡した場合、当該株式の譲渡による所得に対して、申告分離課税により所得税および住民税が課される。

4. 適切。株式の発行会社が、経営者の親族以外の少数株主が保有する自社株式を買い取れば、当該会社の株式の分散を防止または抑制することができる。

➡ テキストp.560, 561　**解答　2**

26 解説

1. 適切。死亡退職金の原資の準備として、契約者(＝保険料負担者)および死亡保険金受取人を法人、被保険者を経営者とする生命保険に加入することは有効である。

2. 適切。経営者の死亡直後に遺族が支給を受けた死亡退職金は、相続税の納税資金に充てることができる。

3. 不適切。経営者が死亡した場合に遺族が支給を受けた死亡退職金で、相続税額の計算上、退職手当金等の非課税限度額の適用対象となるものは、その死亡後3年以内に支給額が確定したものである。

4. 適切。経営者が死亡した場合に遺族へ死亡退職金を支給すると、会社の純資産価額が減るため、相続税額の計算上、純資産価額方式による自社株式の評価額を引き下げる効果が期待できる。

➡ テキストp.520, 561　**解答　3**

論点別問題
実技試験

「論点別問題(実技試験)」には、6分野の実技試験過去問題を論点別に収載しています。それぞれの分野が、「個人資産相談業務」「生保顧客資産相談業務」「資産設計提案業務」のどの科目の学習内容であるかをタイトルバーにアイコンで示しています。他の科目の出題であっても、自分が受検する科目名がアイコンで表示されている場合学習内容は同じなので、練習としてすべて解くようにしましょう。

試験問題については、特に指示のない限り、2024年4月現在施行の法令等に基づいて、解答してください（復興特別法人税・復興特別所得税・個人住民税の均等割加算も考慮するものとします）。なお、東日本大震災の被災者等に対する各種特例等については考慮しないものとします。

ライフプランニング

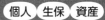

実技試験　次の設例に基づいて、下記の各問(01〜03)に答えなさい。

2020年1月／個人・改

《設例》

　Aさん(39歳)は、X株式会社を2021年8月末日に退職し、個人事業主として独立した。独立から2年以上が経過した現在、事業は軌道に乗り、収入は安定している。

　Aさんは、最近、公的年金制度を理解したうえで、老後の収入を増やすことのできる各種制度を利用したいと考えている。そこで、Aさんは、懇意にしているファイナンシャル・プランナーのMさんに相談することにした。

〈Aさんとその家族に関する資料〉

(1) Aさん(個人事業主)

・1984年10月22日生まれ

・公的年金加入歴:　下図のとおり(60歳までの見込みを含む)

　　　　　　　　　なお、年金保険料の追納を行ったことはない。

20歳　　　　　22歳		36歳		60歳
国民年金 学生納付 特例期間 (30月)	厚生年金保険 被保険者期間 (173月) 平均標準報酬額:28万円		国民年金 保険料納付済期間 (277月)	
	2007年4月		2021年9月	

(2) 妻Bさん(会社員)

・1987年4月21日生まれ

・公的年金加入歴:　20歳から22歳の大学生であった期間(36月)は国民年金の第1号被保険者として保険料を納付し、22歳から現在に至るまでの期間(165月)は厚生年金保険に加入している。妻Bさんは、60歳になるまでの間、厚生年金保険の被保険者として勤務する見込みである。

(3) 長男Cさん

・2020年5月8日生まれ

※妻Bさんは、現在および将来においても、Aさんと同居し、生計維持関係にあるものとする。

※家族全員、現在および将来においても、公的年金制度における障害等級に該当する障害の状態にないものとする。

※上記以外の条件は考慮せず、各問に従うこと。

01 **A** □□

Mさんは、Aさんに対して、Aさんが受給することができる公的年金制度からの老齢給付について説明した。Mさんが説明した以下の文章の空欄①～③に入る最も適切な数値を記入しなさい。計算にあたっては、《設例》の〈Aさんとその家族に関する資料〉および下記の〈資料〉に基づくこと。なお、年金額は2024年度価額に基づいて計算し、年金額の端数処理は円未満を四捨五入すること。

Ⅰ　「Aさんが65歳に達すると、老齢基礎年金および老齢厚生年金の受給権が発生します。Aさんが65歳から受給することができる老齢基礎年金の額は（　①　）円となります」

Ⅱ　「Aさんが65歳から受給することができる老齢厚生年金の額は（　②　）円となります。なお、Aさんの厚生年金保険の被保険者期間は（　③　）年以上ありませんので、老齢厚生年金の額に配偶者に係る加給年金額の加算はありません」

〈資料〉

○老齢基礎年金の計算式（4分の1免除月数、4分の3免除月数は省略）

$$816,000円 \times \frac{保険料納付済月数 + 保険料半額免除月数 \times \frac{□}{□} + 保険料全額免除月数 \times \frac{□}{□}}{480}$$

○老齢厚生年金の計算式（本来水準の額）

ⅰ）報酬比例部分の額（円未満四捨五入）＝ⓐ＋ⓑ

ⓐ　2003年3月以前の期間分

$$平均標準報酬月額 \times \frac{7.125}{1,000} \times 2003年3月以前の被保険者期間の月数$$

ⓑ　2003年4月以後の期間分

$$平均標準報酬額 \times \frac{5.481}{1,000} \times 2003年4月以後の被保険者期間の月数$$

ⅱ）経過的加算額（円未満四捨五入）＝1,701円×被保険者期間の月数

$$-816,000円 \times \frac{1961年4月以後で20歳以上60歳未満の厚生年金保険の被保険者期間の月数}{480}$$

ⅲ）加給年金額＝408,100円

Mさんは、Aさんに対して、老後の収入を増やすための各種制度について説明した。Mさんが説明した以下の文章の空欄①～④に入る最も適切な語句または数値を、下記の〈語句群〉のなかから選び、その記号を記入しなさい。

Ⅰ 「国民年金の第1号被保険者であるAさんは、所定の手続により、国民年金の定額保険料に加えて、国民年金の付加保険料を納付することができます。仮に、Aさんが付加保険料を180月納付し、65歳から老齢基礎年金を受け取る場合、老齢基礎年金の額に付加年金として（　①　）円が上乗せされます」

Ⅱ 「国民年金基金は、老齢基礎年金に上乗せする年金を支給する任意加入の年金制度です。国民年金基金への加入は口数制となっており、1口目は保証期間のある終身年金A型、保証期間のない終身年金B型の2種類のなかからの選択となります。掛金の額は、加入者が選択した給付の型や口数、加入時の年齢等で決まり、掛金の拠出限度額は月額（　②　）円となります。なお、（　③　）に加入している場合は、その掛金と合わせて月額（　②　）円が上限となります。また、国民年金基金に加入した場合は国民年金の付加保険料を納付することはできません」

Ⅲ 「小規模企業共済制度は、個人事業主が廃業等をした場合に必要となる生活資金などを準備しておくための共済制度です。毎月の掛金は、1,000円から（　④　）円の範囲内（500円単位）で選択できます」

〈語句群〉

イ．20,000　ロ．23,000　ハ．30,000　ニ．36,000　ホ．54,000

ヘ．68,000　ト．70,000　チ．72,000　リ．中小企業退職金共済制度

ヌ．確定拠出年金の個人型年金　　ル．小規模企業共済制度

03　**A**　□□

Mさんは、Aさんに対して、公的年金制度等の各種取扱いについて説明した。Mさんが説明した次の記述①～③について、適切なものには○印を、不適切なものには×印を記入しなさい。

① 「Aさんは、60歳以後、老齢基礎年金および老齢厚生年金の繰上げ支給を請求することができます。仮に、Aさんが62歳0カ月で老齢基礎年金および老齢厚生年金の繰上げ支給を請求した場合の減額率は14.4%となります」

② 「国民年金の定額保険料を前納した場合、前納期間に応じて保険料の割引がありますが、国民年金の付加保険料や国民年金基金の掛金については、前納による割引制度はありません」

③ 「小規模企業共済制度の掛金は、その全額を、事業所得の金額の計算上、必要経費に算入することができます」

Ⅰ　資料の「老齢基礎年金の計算式」を用いて、Ａさんが65歳から受給することができる老齢基礎年金の額を計算する。Ａさんは、保険料納付済期間が450月（厚生年金保険の被保険者期間173月＋国民年金の保険料納付済期間277月）あるため、

816,000円×450／480＝765,000円

なお、20歳〜22歳の学生納付特例期間は保険料の納付が猶予されるが、10年以内に追納しなかった場合には、年金額には反映されない。

Ⅱ　資料の「老齢厚生年金の計算式」を用いて、Ａさんが65歳から受給することができる老齢厚生年金の額を求める。

ⅰ）報酬比例部分の額

　Ａさんの厚生年金保険の加入歴は、2007年4月以降なので、

ⓐ　：0

ⓑ　：28万円×5.481／1,000×173＝265,499.64…　円未満を四捨五入して265,500円

∴0＋265,500円＝265,500円

ⅱ）経過的加算額＝1,701円×173月－816,000円×173／480＝173円

ⅲ）加給年金

　Ａさんの厚生年金保険加入歴は20年未満のため、加給年金は加算されない

したがって、ⅰ）〜ⅲ）より、

Ａさんの老齢厚生年金の額は265,500円＋173円＝265,673円となる。

➡ テキストp. 71, 75, 76　解答　①765,000（円）　②265,673（円）　③20（年）

02　解説

Ⅰ　国民年金の第1号被保険者は国民年金の定額保険料に加えて任意で付加保険料（月額400円）を納付することができ、老齢基礎年金に上乗せして「200円×付加保険料納付期間（月数）」の付加年金を受け取ることができる。180月付加保険料を納付した場合の付加年金額は、200円×180＝36,000円である。

Ⅱ　国民年金基金の拠出限度額は月額68,000円で、確定拠出年金の個人型年金に加入している場合はその掛金と合わせて68,000円が拠出限度額となる。

Ⅲ　小規模企業共済制度の毎月の掛金は1,000円から70,000円の範囲内（500円単位）で選択できる。小規模企業共済制度の掛金は税法上、全額を小規模企業共済等掛金控除として、課税対象となる所得から控除できる。

➡ テキストp.72, 101　**解答**　①ニ　②ヘ　③ヌ　④ト

03　解説

① 適切。老齢基礎年金および老齢厚生年金を繰上げ支給した場合の減額率は、「0.4％×繰上げ請求月から65歳になる月の前月までの月数」で求められる。62歳0カ月で繰上げ支給を請求した場合の「65歳になる月の前月までの月数」は36カ月なので、0.4％×36＝14.4％　である。

② 不適切。付加保険料や国民年金基金の掛金を前納すると、前納する期間によって一定額の割引を受けられる。付加保険料は国民年金保険料と同じで最大で2年分、国民年金基金の掛金は1年分を前納できる。

③ 不適切。小規模企業共済制度の掛金は、契約者自身の収入の中から払い込むので、事業上の損金または必要経費には算入できない。掛金は、全額が小規模企業共済等掛金控除の対象となる。

➡ テキストp.69, 70, 76, 101　**解答**　①○　②×　③×

次の設例に基づいて、下記の各問(04 〜 06)に答えなさい。

2023年9月／個人・改

《設例》

　X株式会社(以下、「X社」という)に勤務するAさん(48歳)は、会社員の妻Bさん(49歳)および大学生の長女Cさん(19歳)との3人暮らしである。Aさんは、大学卒業後、X社に入社し、現在に至るまで同社に勤務しており、継続雇用制度を利用して65歳まで働く予定である。

　Aさんは、最近、公的年金制度について理解したいと考えており、また、確定拠出年金の個人型年金にも興味を持っている。そこで、Aさんは、ファイナンシャル・プランナーのMさんに相談することにした。

〈Aさんとその家族に関する資料〉

(1)Aさん(1975年12月10日生まれ・48歳・会社員)

　　・公的年金加入歴：　下図のとおり(65歳までの見込みを含む)

　　・全国健康保険協会管掌健康保険、雇用保険に加入している。

　　・X社が実施している確定給付企業年金の加入者である。

20歳　　　　　　22歳		65歳
国民年金 保険料納付済期間 (28月)	厚生年金保険	
	被保険者期間 (60月)	被保険者期間 (452月)
	2003年3月以前の 平均標準報酬月額25万円	2003年4月以後の 平均標準報酬額42万円

(2)妻Bさん(1975年3月20日生まれ・49歳・会社員)

　　・公的年金加入歴：　20歳から22歳の大学生であった期間(25月)は国民年金の第1号被保険者として保険料を納付し、22歳から現在に至るまでの期間(329月)は厚生年金保険に加入している。また、65歳になるまでの間、厚生年金保険の被保険者として勤務する見込みである。

　　・全国健康保険協会管掌健康保険、雇用保険に加入している。

　　・勤務先は確定拠出年金の企業型年金および他の企業年金を実施していない。

(3)長女Cさん(2004年11月15日生まれ・19歳・大学生)

　　・Aさんが加入する全国健康保険協会管掌健康保険の被扶養者である。

※妻Bさんおよび長女Cさんは、現在および将来においても、Aさんと同居し、Aさんと生計維持関係にあるものとする。

※家族全員、現在および将来においても、公的年金制度における障害等級に該当する障害の状態にないものとする。

※上記以外の条件は考慮せず、各問に従うこと。

04 **A** ☐☐

Aさんが、原則として65歳から受給することができる公的年金制度からの老齢給付について、次の①、②を求め、記入しなさい（計算過程の記載は不要）。計算にあたっては、《設例》の〈Aさんとその家族に関する資料〉および下記の〈資料〉に基づくこと。なお、年金額は2024年度価額に基づいて計算し、年金額の端数処理は 円未満を四捨五入すること。

① 老齢基礎年金の年金額
② 老齢厚生年金の年金額

〈資料〉

○老齢基礎年金の計算式（4分の1免除月数、4分の3免除月数は省略）

$$816{,}000円 \times \frac{保険料納付済月数 + 保険料半額免除月数 \times \frac{\Box}{\Box} + 保険料全額免除月数 \times \frac{\Box}{\Box}}{480}$$

○老齢厚生年金の計算式（本来水準の額）

ⅰ）報酬比例部分の額（円未満四捨五入）＝ⓐ＋ⓑ

　ⓐ　2003年3月以前の期間分

$$平均標準報酬月額 \times \frac{7.125}{1{,}000} \times 2003年3月以前の被保険者期間の月数$$

　ⓑ　2003年4月以後の期間分

$$平均標準報酬額 \times \frac{5.481}{1{,}000} \times 2003年4月以後の被保険者期間の月数$$

ⅱ）経過的加算額（円未満四捨五入）＝1,701円×被保険者期間の月数

$$-816{,}000円 \times \frac{1961年4月以後で20歳以上60歳未満の厚生年金保険の被保険者期間の月数}{480}$$

ⅲ）加給年金額＝408,100円（要件を満たしている場合のみ加算すること）

Mさんは、Aさんに対して、確定拠出年金の個人型年金(以下、「個人型年金」という)について説明した。Mさんが説明した以下の文章の空欄①～④に入る最も適切な語句または数値を、下記の〈語句群〉のなかから選び、その記号を記入しなさい。

Ⅰ 「Aさんおよび妻Bさんは、老後の年金収入を増やす方法として、個人型年金に加入することができます。個人型年金は、加入者の指図により掛金を運用し、その運用結果に基づく給付を受け取る制度であり、拠出できる掛金の限度額は、Aさんの場合は年額144,000円、妻Bさんの場合は年額(①)円です。加入者が拠出した掛金は、その全額を所得税の(②)として総所得金額等から控除することができます」

Ⅱ 「Aさんが60歳から個人型年金の老齢給付金を受給するためには、通算加入者等期間が(③)年以上なければなりません。なお、Aさんの通算加入者等期間が(③)年以上である場合、老齢給付金の受給開始時期を、60歳から(④)歳 になるまでの間で選択することができます」

〈語句群〉
イ. 5　　ロ. 10　　ハ. 20　　ニ. 75　　ホ. 80　　ヘ. 85
ト. 240,000　　チ. 276,000　　リ. 816,000　　ヌ. 社会保険料控除
ル. 小規模企業共済等掛金控除　　ヲ. 生命保険料控除

Mさんは、Aさんに対して、公的年金制度等についてアドバイスをした。Mさんがアドバイスした次の記述①～③について、適切なものには○印を、不適切なものには×印を記入しなさい。

① 「Aさんが希望すれば、66歳以後、老齢基礎年金および老齢厚生年金の繰下げ支給の申出をすることができます。仮に、Aさんが70歳で老齢基礎年金の繰下げ支給の申出をした場合、当該年金額の増額率は24%となります」

② 「長女Cさんが、2024年11月以降の大学生である期間について国民年金の学生納付特例の適用を受ける場合、長女Cさん本人に係る所得要件はありますが、Aさんおよび妻Bさんに係る所得要件はありません」

③ 「Aさんが確定拠出年金の個人型年金の加入後に死亡した場合において、個人別管理資産があるときは、Aさんの遺族は所定の手続により死亡一時金を受け取ることができます。Aさんの遺族が受け取る死亡一時金は、所得税と相続税のいずれの課税対象にもなりません」

04　解説

① 資料の「老齢基礎年金の計算式」を用いて計算する。計算の際には、20歳から60歳までの間に、第一号被保険者として保険料を納付した期間以外に、厚生年金の被保険者として保険料を支払った期間等も保険料納付済み期間としてカウントする。

したがって　816,000円×480 ／ 480＝816,000円　となる。

② 報酬比例部分の計算

250,000円×7.125 ／ 1000×60＋420,000円×5.481 ／ 1000×452＝1,147,388円

経過的加算額

1,701円×480月－816,000円×452 ／ 480＝48,080円

加給年金は、配偶者が年上なので支給されない。したがって、

老齢厚生年金の額は1,147,388円＋48,080円＝1,195,468円

➡ テキストp.71, 75, 76　**解答**　①816,000（円）　②1,195,468（円）

05　解説

① 企業型の確定拠出年金がない企業に勤務する第二号被保険者の個人型（iDeCo）の拠出限度額は、年額276,000円である。

② 個人が拠出した掛金は、全額が小規模企業共済等掛金控除として所得控除される。

③ 老齢給付を60歳から受け取るためには、通算加入者等期間が10年以上なくてはいけない。

④ 老齢給付は最短で60歳から受け取ることができ、75歳までの間で選択することができる。

➡ テキストp.66, 69, 70, 99, 100　**解答**　①チ　②ル　③ロ　④二

06　解説

① **不適切**。老齢年金を繰り下げると、1月あたり0.7％増額されるので、70歳まで繰り下げすると、増額率は0.7％×60月＝42％となる。

② **適切**。大学生である期間について国民年金の学生納付特例の適用を受ける場合、本人に係る所得要件はあるが、親の所得要件はない。

③ **不適切**。確定拠出年金の死亡一時金は、原則として、相続税の課税対象となる。ただし、死亡後3年を超えて支給が確定した場合は、受け取った人の一時所得となる。

➡ テキストp.68, 70　**解答**　①×　②○　③×

次の設例に基づいて、下記の各問(07 ～ 09)に答えなさい。

2020年9月／生保・改

《設例》

　X株式会社(以下、「X社」という)に勤務するAさんは、最近、老後の生活資金の準備を始めたいと考えており、その前提として、将来どのくらいの年金額を受給することができるのか、知りたいと思うようになった。

　また、Aさんは、X社が実施している確定拠出年金の企業型年金(以下、「企業型年金」という)に加入しており、老後の収入を増やすために、企業型年金加入者掛金の拠出(以下、「マッチング拠出」という)の利用を検討している。

　そこで、Aさんは、ファイナンシャル・プランナーのMさんに相談することにした。

〈Aさん夫妻に関する資料〉

(1)Aさん(1968年7月12日生まれ・56歳・会社員)
　　・公的年金加入歴：　下図のとおり(65歳でX社を退職するまでの見込みを含む)。
　　　　　　　　　　　　20歳から大学生であった期間(33月)は国民年金に任意加入していない。
　　・全国健康保険協会管掌健康保険、雇用保険に加入中。

20歳　　　　22歳		65歳
国民年金 未加入期間 33月	厚生年金保険	
	144月	363月

　　　　　　　　　2003年3月以前の　　　　2003年4月以後の
　　　　　　　　　平均標準報酬月額25万円　平均標準報酬額40万円

(2)妻Bさん(1972年10月21日生まれ・51歳・専業主婦)
　　・公的年金加入歴：　18歳からAさんと結婚するまでの11年間(132月)は、厚生年金保険に加入。結婚後は、国民年金に第3号被保険者として加入している。
　　・全国健康保険協会管掌健康保険の被扶養者である。
　※妻Bさんは、現在および将来においても、Aさんと同居し、Aさんと生計維持関係にあるものとする。
　※AさんおよびBさんは、現在および将来においても、公的年金制度における障害等級に該当する障害の状態にないものとする。
　※上記以外の条件は考慮せず、各問に従うこと。

07　A　□□

はじめに、Mさんは、Aさんに対して、Aさんが受給することができる公的年金制度からの老齢給付について説明した。《設例》の〈Aさん夫妻に関する資料〉および下記の〈資料〉に基づき、次の①、②を求めなさい。なお、年金額は2024年度価額に基づいて計算し、年金額の端数処理は円未満を四捨五入すること。

① 原則として、Aさんが65歳から受給することができる老齢基礎年金の年金額
② 原則として、Aさんが65歳から受給することができる老齢厚生年金の年金額

〈資料〉

○老齢基礎年金の計算式（4分の1免除月数、4分の3免除月数は省略）

$$816{,}000円 \times \cfrac{保険料納付済月数 + 保険料半額免除月数 \times \cfrac{\square}{\square} + 保険料全額免除月数 \times \cfrac{\square}{\square}}{480}$$

○老齢厚生年金の計算式（本来水準の額）

ⅰ）報酬比例部分の額（円未満四捨五入）＝ⓐ＋ⓑ

ⓐ 2003年3月以前の期間分

$$平均標準報酬月額 \times \frac{7.125}{1{,}000} \times 2003年3月以前の被保険者期間の月数$$

ⓑ 2003年4月以後の期間分

$$平均標準報酬額 \times \frac{5.481}{1{,}000} \times 2003年4月以後の被保険者期間の月数$$

ⅱ）経過的加算額（円未満四捨五入）＝1,701円×被保険者期間の月数

$$-816{,}000円 \times \frac{1961年4月以後で20歳以上60歳未満の厚生年金保険の被保険者期間の月数}{480}$$

ⅲ）加給年金額＝408,100円（要件を満たしている場合のみ加算すること）

次に、Mさんは、Aさんに対して、老齢基礎年金の繰下げ支給について説明した。
Mさんが説明した次の記述①〜③について、適切なものには○印を、不適切なもの
には×印を記入しなさい。

① 「老齢基礎年金の支給開始年齢は原則として65歳ですが、Aさんが66歳に達する前に老
　齢基礎年金の請求をしない場合、原則として、老齢基礎年金の繰下げ支給の申出をす
　ることができます」

② 「老齢基礎年金の繰下げ支給の申出を行った場合、繰り下げた月数に応じて年金額が増
　額されます。仮に、Aさんが70歳0カ月で老齢基礎年金の繰下げ支給の申出を行った
　場合、年金の増額率は42％となります」

③ 「老齢基礎年金の繰下げ支給の申出は、老齢厚生年金の繰下げ支給の申出と同時に行わ
　なければならず、どちらか一方のみを繰り下げることはできません」

最後に、Mさんは、Aさんに対して、企業型年金について説明した。Mさんが説明
した次の記述①〜③について、適切なものには○印を、不適切なものには×印を記
入しなさい。

① 「マッチング拠出により、Aさんが拠出することのできる掛金の額は、事業主掛金の額
　にかかわらず、拠出限度額からAさんに係る事業主掛金の額を差し引いた額となりま
　す」

② 「マッチング拠出により、Aさんが拠出する掛金は、その2分の1相当額が小規模企業
　共済等掛金控除として所得控除の対象となります」

③ 「企業型年金は、将来の年金受取額が企業の指図に基づく運用実績により左右される年
　金制度であり、年金受取総額は最低保証されています」

07 **解説**

① 原則として、Ａさんが65歳から受給することのできる老齢基礎年金の年金額を〈資料〉の式に当てはめて計算する。Ａさんの60歳までの保険料納付済月数は、447月である。したがって、816,000円×447／480＝759,900円　となる。

② 原則として、Ａさんが65歳から受給することができる老齢厚生年金の年金額を〈資料〉の式に当てはめて計算する。

ⅰ）報酬比例部分の額

　ⓐ　2003年3月以前の期間分

　　　25万円×7.125／1,000×144＝256,500円

　ⓑ　2003年4月以後の期間分

　　　40万円×5.481／1,000×363＝795,841.2

　　　円未満を四捨五入して、795,841円

　ⓐ＋ⓑ＝1,052,341円

ⅱ）経過的加算額

　65歳以後の老齢厚生年金には定額部分と老齢基礎年金相当額との差額である経過的加算額が加算される。Ａさんの厚生年金の被保険者期間の月数は507月であるが、生年月日に応じた上限月数は480月なので、480月とする。また、20歳以上60歳未満の厚生年金保険の被保険者期間の月数は447月である。したがって、

　1,701円×480月－816,000円×447／480＝56,580円

ⅲ）加給年金額

　加給年金は、厚生年金保険の被保険者期間が20年以上ある人が、65歳到達時点（または定額部分支給開始年齢に到達した時点）で、その人に生計を維持されている65歳未満の配偶者または子がいると老齢厚生年金に既定額が加算される制度である。Ａさんは厚生年金の被保険者期間が20年以上あり、Ａさんが65歳から年金を受給するときに、妻Ｂさんは60歳なので加給年金額408,100円の加算が受けられる。

　したがって、ⅰ）～ⅲ）を合計して1,517,021円が、Ａさんが65歳から受給できる老齢厚生年金の額となる。

➡ テキストp.71, 75, 76　解答　①759,900円　②1,517,021円

① 適切。老齢基礎年金の支給開始年齢は原則として65歳であるが、66歳に達する前に老齢基礎年金の請求をしない場合、原則として、老齢基礎年金の繰下げ支給の申出をすることができる。

② 適切。老齢基礎年金の繰下げ支給の申出を行った場合、繰り下げた月数に応じて年金額が増額される。**繰下げ受給の場合、「繰り下げた月数×0.7%」の額が加算される**ので、Aさんが70歳0カ月で老齢基礎年金の繰下げ支給の申出を行った場合には、年金の増額率は42%（60カ月×0.7%）となる。

③ 不適切。老齢基礎年金、老齢厚生年金の繰下げ支給の申出は同時に行う必要はなく、どちらか一方のみを繰り下げることもできる。

 テキストp.70, 76, 77 　解答　①○　②○　③×

① 不適切。マッチング拠出により、従業員が拠出することのできる掛金の額は、**事業主掛金**と**同額**まで、かつ合計で拠出限度額までである。

② 不適切。マッチング拠出により、Aさんが拠出する掛金は、その全額が小規模企業共済等掛金控除として所得控除の対象となる。

③ 不適切。企業型年金は、将来の年金受取額が従業員の指図に基づく運用実績により左右される年金制度であり、年金受取総額に最低保証はない。

テキストp.98-100 　解答　①×　②×　③×

実技試験 次の設例に基づいて、下記の各問(10～12)に答えなさい。

2022年5月／生保・改

《設例》

Aさん(48歳)は、X株式会社を2021年8月末日に退職し、個人事業主として独立した。独立して約3年が経過した現在、収入は安定している。Aさんは、公的年金制度を理解したうえで、老後の収入を増やすことのできる各種制度を利用したいと考えている。

そこで、Aさんは、懇意にしているファイナンシャル・プランナーのMさんに相談することにした。

〈Aさんとその家族に関する資料〉

(1)Aさん(個人事業主)

　　・1975年8月11日生まれ(48歳)

　　・公的年金加入歴：　下図のとおり(60歳までの見込みを含む)

20歳	22歳		46歳	65歳
国民年金 未納期間 32月	厚生年金保険被保険者期間			国民年金 保険料納付済期間 167月
	60月	221月		

2003年3月以前の
平均標準報酬月額28万円

2003年4月以後の
平均標準報酬額40万円

(2)妻Bさん(会社員)

　　・1974年10月29日生まれ(49歳)

　　・公的年金加入歴：　20歳から22歳の大学生であった期間(30月)は国民年金の第1号被保険者として保険料を納付し、22歳から現在に至るまでの期間(325月)は厚生年金保険に加入している。妻Bさんは、65歳になるまで厚生年金保険の被保険者として勤務する見込みである。

※妻Bさんは、現在および将来においても、Aさんと同居し、Aさんと生計維持関係にあるものとする。

※家族全員、現在および将来においても、公的年金制度における障害等級に該当する障害の状態にないものとする。

※上記以外の条件は考慮せず、各問に従うこと。

Mさんは、Aさんに対して、Aさんが65歳以後に受給することができる公的年金制度からの老齢給付について説明した。《設例》の〈Aさんとその家族に関する資料〉および下記の〈資料〉に基づき、次の①、②を求め、記入しなさい（計算過程の記載は不要）。なお、年金額は2024年度価額に基づいて計算し、年金額の端数処理は円未満を四捨五入すること。

① 原則として、Aさんが65歳から受給することができる老齢基礎年金の年金額
② 原則として、Aさんが65歳から受給することができる老齢厚生年金の年金額

〈資料〉

○老齢基礎年金の計算式（4分の1免除月数、4分の3免除月数は省略）

$$816,000円 \times \frac{保険料納付済月数 + 保険料半額免除月数 \times \frac{□}{□} + 保険料全額免除月数 \times \frac{□}{□}}{480}$$

○老齢厚生年金の計算式（本来水準の額）

ⅰ）報酬比例部分の額（円未満四捨五入）＝ⓐ＋ⓑ

　ⓐ　2003年3月以前の期間分

$$平均標準報酬月額 \times \frac{7.125}{1,000} \times 2003年3月以前の被保険者期間の月数$$

　ⓑ　2003年4月以後の期間分

$$平均標準報酬額 \times \frac{5.481}{1,000} \times 2003年4月以後の被保険者期間の月数$$

ⅱ）経過的加算額（円未満四捨五入）＝1,701円 × 被保険者期間の月数

$$-816,000円 \times \frac{1961年4月以後で20歳以上60歳未満の厚生年金保険の被保険者期間の月数}{480}$$

ⅲ）加給年金額＝408,100円（要件を満たしている場合のみ加算すること）

11　B　□□

Mさんは、Aさんに対して、国民年金基金について説明した。Mさんが説明した以下の文章の空欄①～③に入る最も適切な語句または数値を、下記の〈語句群〉のなかから選び、記入しなさい。

「国民年金基金は、老齢基礎年金に上乗せする年金を支給する任意加入の年金制度です。加入は口数制となっており、1口目は保証期間のある（　①　）年金A型、保証期間のない（　①　）年金B型の2種類のなかから選択します。掛金の額は、加入者が選択した給付の型や口数、加入時の年齢等で決まり、掛金の拠出限度額は月額（　②　）円となります。なお、（　③　）に加入している場合は、その掛金と合わせて月額（　②　）円が上限となります」

〈語句群〉

イ．23,000　ロ．68,000　ハ．70,000　ニ．有期　ホ．確定　ヘ．終身

ト．小規模企業共済制度　チ．確定拠出年金の個人型年金

リ．中小企業退職金共済制度

12　B　□□

Mさんは、Aさんに対して、老後の収入を増やすことができる各種制度について説明した。Mさんが説明した次の記述①～③について、適切なものには○印を、不適切なものには×印を記入しなさい。

① 「国民年金の付加保険料を納付することで、老後の年金収入を増やすことができます。仮に、Aさんが付加保険料を120月納付し、65歳から老齢基礎年金を受け取る場合、老齢基礎年金の額に付加年金として48,000円が上乗せされます」

② 「国民年金基金の1口目の給付には、国民年金の付加年金相当が含まれているため、Aさんが国民年金基金に加入した場合、国民年金の付加保険料を納付することはできません」

③ 「小規模企業共済制度は、個人事業主が廃業等した場合に必要となる資金を準備しておくための共済制度です。Aさんが支払った掛金は、その全額を、事業所得の金額の計算上、必要経費に算入することができます」

10 解説

① 資料の「老齢基礎年金の計算式」を用いて計算する。計算の際には、20歳から60歳までの間に、第一号被保険者として保険料を納付した期間以外に、厚生年金の被保険者として保険料を支払った期間等も保険料納付済み期間としてカウントする。国民年金未納期間はカウントしない。

したがって　816,000円×（60＋221＋167）／480＝761,600円

② 報酬比例部分の計算

280,000円×7.125/1000×60＋400,000円×5.481/1000×221＝604,220.4 … 円未満を四捨五入して604,220円となる。

経過的加算額

1,701円×（60＋221）－816,000×（60＋221）／480＝281円

加給年金は、配偶者が年上なので支給されない。したがって、

老齢厚生年金の額は604,220円＋281円＝604,501円

➡ テキストp.71, 75, 76　**解答**　①761,600（円）　②604,501（円）

11 解説

① 国民年金基金の1口目は必ず終身年金の中から選ぶ。

② 国民年金基金の拠出限度額は月額68,000円である。

③ 国民年金基金は、確定拠出年金の個人型（iDeCo）と併用できるが、両方合わせて月額68,000円が上限額となる。

➡ テキストp.101　**解答**　①ヘ　②ロ　③チ

12 解説

① 不適切。付加年金の額は「200円×付加保険料納付月数」となるので、付加保険料納付月数が120月である場合は、付加年金の額は200円×120月＝24,000円である。

② 適切。国民年金基金に加入した場合は、国民年金の付加保険料は納付することができない。

③ 不適切。個人が拠出した小規模企業共済の掛金は、小規模企業共済等掛金として、全額所得控除の対象となる。

➡ テキストp.72, 101　**解答**　①×　②○　③×

実技試験 下記の各問(13 〜 15)に答えなさい。

2021年1月／資産・改

〈浜松家の家族データ〉

氏名	続柄	生年月日	備考
浜松　賢人	本人	1992年6月14日	会社員
未来	妻	1992年10月9日	パートタイマー
菜々	長女	2021年7月22日	
竜太郎	長男	2024年4月18日	

〈浜松家のキャッシュフロー表〉 （単位：万円）

経過年数			基準年	1年	2年	3年	4年
西暦(年)			2024	2025	2026	2027	2028
家族構成／年齢	浜松　賢人	本人	32歳	33歳	34歳	35歳	36歳
	未来	妻	32歳	33歳	34歳	35歳	36歳
	菜々	長女	3歳	4歳	5歳	6歳	7歳
	竜太郎	長男	0歳	1歳	2歳	3歳	4歳
ライフイベント				菜々幼稚園入園	住宅購入		菜々小学校入学竜太郎幼稚園入園
		変動率					
収入	給与収入(夫)	1%	468				
	給与収入(妻)	0%	80	80	80	80	80
	収入合計	—	548				
支出	基本生活費	1%	204				(ア)
	住居費	—	102	102	168	168	168
	教育費	—	35	40	40	40	60
	保険料	—	48	40	40	40	40
	一時的支出	—			1,000		
	その他支出	1%	30	30	31	31	31
	支出合計	—	419	418	1,487	489	
年間収支		—		129	135	▲930	73	56
金融資産残高		1%			171	(イ)	

※年齢および金融資産残高は各年12月31日現在のものとし、2024年を基準年とする。
※給与収入は可処分所得で記載している。
※記載されている数値は正しいものとする。
※問題作成の都合上、一部を空欄としている。

13　A　☐☐

浜松家のキャッシュフロー表の空欄（ア）に入る数値を計算しなさい。なお、計算過程においては端数処理をせず計算し、計算結果については万円未満を四捨五入すること。

14　A　☐☐

浜松家のキャッシュフロー表の空欄（イ）に入る数値を計算しなさい。なお、計算過程においては端数処理をせず計算し、計算結果については万円未満を四捨五入すること。

15　A　☐☐

キャッシュフロー表を作成するうえでは、収入や支出などの変動率、金融資産の運用利回りの予測が重要である。運用利回り等の変動に影響を与える要因についての次の記述のうち、最も不適切なものはどれか。

1. 為替が円安になると、輸入物価を押し上げる要因となり得る。
2. 公的年金の老齢給付におけるマクロ経済スライドにおいて、給付水準の調整に用いられるのは物価の変動のみである。
3. 消費者物価指数の算出では、消費税率が引き上げられて消費者の支払価格が増大すれば、消費者物価指数を押し上げることになる。
4. 変動金利型住宅ローンの適用金利は、短期プライムレートを基準にする金融機関が主流である。

13 解説

基準年の基本生活費は204万円で変動率は1%なので、4年後の基本生活費は、

$204万円 \times (1 + 0.01)^4 = 212.28 \cdots$

万円未満を四捨五入して、212万円となる。

➡ テキストp.18, 19　解答　212(万円)

14 解説

その年の金融資産残高は、「前年の金融資産残高×(1+運用利率)+その年の年間収支」で求める。したがって、2026年の金融資産残高は171万円、2027年の年間収支は73万円なので、

2027年の金融資産残高＝$171万円 \times (1 + 0.01) + 73万円 = 245.71 \cdots$

万円未満を四捨五入して、246万円となる。

➡ テキストp.18, 19　解答　246(万円)

15 解説

2. 公的年金の老齢給付におけるマクロ経済スライドは、賃金・物価による改定率を調整して、緩やかに年金の給付水準を調整するしくみである。賃金・物価による改定率がプラスの場合には、さらに、現役の被保険者の減少と平均余命の伸びに応じて算出した「スライド調整率」を差し引くことによって、年金の給付水準が調整される。

➡ テキストp.71, 209, 211　解答　2

キャッシュフロー表中の「金融資産残高」を求める穴埋め問題は頻出だニャ！

＝おさらいするニャ

キャッシュフロー表でよく使う計算式

- a年後の収入または支出額＝現在の金額×(1+変動率)^a
- 金融資産残高＝前年の金融資産残高×(1+運用利率)±年間収支

〈給与所得者の場合〉

可処分所得＝年収−(税金*＋社会保険料**)

＊所得税、住民税
＊＊厚生年金保険料、健康保険料、介護保険料、雇用保険料

次の設例に基づいて、下記の各問(16 ～ 18)に答えなさい。

16　A　□□ 2023年1月／資産

ファイナンシャル・プランナー(以下「FP」という)は、ファイナンシャル・プランニング業務を行ううえで関連業法等を順守することが重要である。FPの行為に関する次の(ア)～(エ)の記述について、適切なものには○、不適切なものには×を記入しなさい。

(ア)　生命保険募集人・保険仲立人の登録を受けていないFPが、顧客が持参したパンフレットの変額個人年金保険について商品説明を行った。

(イ)　弁護士資格を有していないFP(遺言者や公証人と利害関係はない成年者)が、顧客から依頼されて公正証書遺言の証人となり、顧客から適正な報酬を受け取った。

(ウ)　税理士資格を有していないFPが、参加費有料の相続対策セミナーを開催し、仮定の事例に基づく一般的な相続税対策について解説した。

(エ)　投資助言・代理業の登録を受けていないFPが、顧客の相談を有償で受け、顧客自身が持参した投資信託の運用報告書の内容を確認し、この投資信託の価値等の分析に基づいて、解約するよう助言した。

16　解説

(ア)**適切**。生命保険募集人または保険仲立人の登録を受けていなくても、顧客が持参したパンフレットの商品説明を行うだけであれば問題はない。ただし、勧誘はしてはいけない。

(イ)**適切**。公正証書遺言の証人は、弁護士である必要はない。**遺言者や公証人と利害関係のない成年者**であれば、だれでもよい。

(ウ)**適切**。税理士資格を有していないFPであっても、仮定の事例に基づく**一般的な相続税対策**についてのセミナーで解説するのは、業法違反とはならない。

(エ)**不適切**。投資助言・代理業の登録を受けていないFPは、**有償・無償にかかわらず**、投資の助言をすることはできない。

➡ テキストp.15 　解答　ア○　イ○　ウ○　エ×

17 **A** ☐☐ 2022年9月／資産・改

正人さんは、2024年8月から病気(私傷病)療養のため休業したことから、健康保険から支給される傷病手当金についてFPの浜松さんに相談をした。正人さんの休業に関する状況は下記〈資料〉のとおりである。〈資料〉に基づき、正人さんに支給される傷病手当金に関する次の記述の(ア)～(ウ)に入る適切な語句を語群の中から選び、その番号のみを記入しなさい。なお、正人さんは、全国健康保険協会管掌健康保険(協会けんぽ)の被保険者である。また、記載のない条件については一切考慮しないこと。

〈資料〉

[正人さんの8月の出勤状況]

3日	4日	5日	6日	7日	8日	9日	10日	11日
(土)	(日)	(月)	(火)	(水)	(木)	(金)	(土)	(日)
休業	休業	出勤	休業	出勤	休業	休業	休業	休業

▲
休業開始日

※上記の休業した日については、労務不能と認められている。

・正人さんへの傷病手当金は、(ア)より支給が開始される。

・正人さんへ支給される1日当たりの傷病手当金の額は、次の算式で計算される。

　[支給開始日の以前12ヵ月間の各標準報酬月額を平均した額]÷30日×(イ)

・傷病手当金が支給される期間は、支給を開始した日から通算して、最長で(ウ)である。

〈語群〉

1. 8月8日	2. 8月9日	3. 8月11日
4. 1/2	5. 2/3	6. 3/4
7. 1年間	8. 1年6ヵ月	9. 2年間

17 **解説**

ア　傷病手当金は、業務上の病気やケガで、連続して3日以上休業した場合、休業4日目から支払われる。

イ　傷病手当金の1日当たりの額は、「支給開始日の以前12ヵ月間の各標準報酬月額を平均した額」×2/3である。

ウ　傷病手当金は、支給を開始した日から通算して最長1年6ヵ月支払われる。

➡ テキストp.40　**解答** **ア3 イ5 ウ8**

耕治さん(37歳)は、現在の勤務先を2024年1月に自己都合退職した場合に受給することができる雇用保険の基本手当についてFPの吉田さんに質問をした。雇用保険の基本手当に関する次の記述の空欄（　ア　）〜（　ウ　）にあてはまる適切な語句を語群の中から選び、その番号のみを記入しなさい。なお、個別延長給付等の記載のない事項については一切考慮しないものとする。

〈資料〉

［耕治さんのデータ］
・現在の勤務先に22歳から勤務し、継続して雇用保険に加入しており、基本手当の受給要件はすべて満たしているものとする。
・これまでに雇用保険の給付を受けたことはない。

［基本手当の所定給付日数(抜粋)］
○一般受給資格者

離職時の満年齢＼算定基礎期間	1年以上10年未満	10年以上20年未満	20年以上
全年齢	90日	120日	150日

○特定受給資格者および一部の特定理由離職者

離職時の満年齢＼算定基礎期間	1年未満	1年以上5年未満	5年以上10年未満	10年以上20年未満	20年以上
30歳未満	90日	90日	120日	180日	－
30歳以上35歳未満	90日	120日	180日	210日	240日
35歳以上45歳未満	90日	150日	180日	240日	270日

・基本手当を受給する場合、離職後、住所地を管轄する公共職業安定所(ハローワーク)において求職の申込みをしたうえで、勤務先から受領した（　ア　）を提出しなければならない。
・耕治さんが受給することができる基本手当の所定給付日数は（　イ　）であり、求職の申込みをした日から7日間の待期期間および原則として（　ウ　）の給付制限期間を経て支給が開始される。

〈語群〉
1．離職票　2．雇用保険被保険者証　3．離職証明書　4．120日　5．210日
6．240日　7．1ヵ月　8．2ヵ月　9．3ヵ月

18　解説

・基本手当を受給する際は、離職後に、住所地を管轄する公共職業安定所(ハローワーク)で求職の申込みをしたうえで、勤務先から受領した離職票を提出しなければならない。

・耕治さんは、これまで雇用保険の給付を受けたことはなく、勤続15年で自己都合退職するので、受給することができる基本手当の所定給付日数は120日である。また、求職の申込みをした日から7日間の待期期間があり、原則として2ヵ月の給付制限期間を経て支給が開始される。

➡ テキストp.46, 47　解答　ア1　イ4　ウ8

《設例》

　会社員のAさん(59歳)は、専業主婦である妻Bさん(57歳)との2人暮らしである。2人の子は既に結婚し、それぞれの家族と暮らしている。Aさんは、現在加入している定期保険特約付終身保険を、医療保障が充実したプランに見直したいと考えている。また、公的医療保険制度(Aさんは全国健康保険協会管掌健康保険に加入)についても理解しておきたいと考えている。先日、Aさんが生命保険会社の営業担当者に保障の見直しの相談をしたところ、Aさんは終身医療保険の提案を受けた。

　そこで、Aさんは、ファイナンシャル・プランナーのMさんに相談することにした。

〈Aさんが提案を受けた終身医療保険に関する資料〉

　保険の種類：5年ごと配当付終身医療保険

　月払保険料：8,000円(保険料払込期間：95歳満了)

　契約者(＝保険料負担者)・被保険者：Aさん

　死亡給付金受取人：妻Bさん

保障内容	保障金額	保険期間
入院給付金(注1)	入院1回当たり 10万円	終身
手術給付金	手術1回当たり 10万円	終身
死亡給付金(注2)	10万円	終身
先進医療特約	先進医療の技術費用と同額	10年

(注1)1日以上の1回の入院(30日ごと)につき10万円が支払われる。30日以内に再び入院した場合は、支払われない。

(注2)保険料払込満了後に死亡した場合に支払われる。

〈Aさんが現在加入している定期保険特約付終身保険〉

　契約年月日：2000年4月1日

　月払保険料(口座振替)：27,437円(65歳払込満了)

　契約者(＝保険料負担者)・被保険者：Aさん

　死亡保険金受取人：妻Bさん

主契約および特約の内容	保障金額	保険期間
終身保険	200万円	終身
定期保険特約	2,000万円	10年
特定疾病保障定期保険特約	300万円	10年
傷害特約	500万円	10年
入院特約	1日目から日額5,000円	10年

※上記以外の条件は考慮せず、各問に従うこと。

01 **A** ☐☐

はじめに、Mさんは、Aさんに対して、必要保障額と現在加入している定期保険特約付終身保険の保障金額について説明した。Mさんが説明した以下の文章の空欄①～③に入る最も適切な数値を記入しなさい。なお、空欄①の金額がマイナスになる場合は、金額の前に「▲」を記載し、マイナスであることを示すこと。

「医療保障を充実させる前に、現時点での必要保障額を算出し、準備すべき死亡保障の額を把握しましょう。下記〈条件〉を参考にすれば、Aさんが現時点で死亡した場合の必要保障額は（　①　）万円となります。

Aさんが現時点で死亡（不慮の事故や所定の感染症以外）した場合、定期保険特約付終身保険から妻Bさんに支払われる死亡保険金額は（　②　）万円となります。他方、Aさんが不慮の事故で180日以内に死亡した場合の死亡保険金額は（　③　）万円となります。

死亡整理資金等の一時的に必要となる金額を生命保険でどの程度確保するか、保険金額の減額や払済終身保険への変更等、解約以外の選択肢も含めて検討することをお勧めします」

〈条件〉

> 1．現在の毎月の日常生活費は35万円であり、Aさん死亡後の妻Bさんの生活費は、現在の日常生活費の50%とする。
>
> 2．現時点の妻Bさんの年齢における平均余命は、32年とする。
>
> 3．Aさんの死亡整理資金（葬儀費用等）・緊急予備資金は、500万円とする。
>
> 4．死亡退職金見込額とその他金融資産の合計額は、2,000万円とする。
>
> 5．Aさん死亡後に妻Bさんが受け取る公的年金等の総額は、5,500万円とする。
>
> 6．現在加入している生命保険の死亡保険金額は考慮しなくてよい。

02 **A** □□

次に、Mさんは、Aさんに対して、公的医療保険制度について説明した。Mさんが説明した次の記述①〜③について、適切なものには○印を、不適切なものには×印を記入しなさい。

① 「Aさんが病気などで医師の診察を受けた場合、医療費の一部負担金の割合は、原則3割となります。ただし、高額療養費制度により、一医療機関の窓口で支払う同一月内の一部負担金を、所定の自己負担限度額までとすることができます」

② 「高額療養費制度における自己負担限度額は、年齢および所得状況等に応じて決められています。同じ所得金額であっても、65歳未満の者と65歳以上70歳未満の者とで自己負担限度額の計算の区分は異なります」

③ 「Aさんが定年退職により健康保険の被保険者資格を喪失した場合、一定期間、任意継続被保険者として加入することができます。任意継続被保険者となった場合は、原則として、在職中と同様の給付を受けられますが、高額療養費の支給は受けられません」

03 **A** □□

最後に、Mさんは、Aさんに対して、Aさんが現在加入している生命保険の見直しの方法やAさんが提案を受けた終身医療保険の特徴等についてアドバイスした。Mさんがアドバイスした次の記述①〜③について、適切なものには○印を、不適切なものには×印を記入しなさい。

① 「現在加入している定期保険特約付終身保険を払済終身保険に変更した場合、付加されている特定疾病保障定期保険特約は消滅します。そのため、特定疾病などの重度の疾病に備える保障をどのように確保するか、検討事項の1つとなります」

② 「先進医療特約は、療養を受けた時点ではなく、当該特約に加入した時点で先進医療と定められていれば支払対象となります。一部の先進医療については費用が高額となるケースもありますので、先進医療特約の付加をご検討ください」

③ 「保険会社各社は、入院給付金や手術給付金が定額で受け取れるタイプの医療保険や通院保障が手厚いものなど、最近の医療事情に合わせて、さまざまなタイプの医療保険を取り扱っています。保障内容や保障範囲をしっかりと確認したうえで、加入を検討されることをお勧めします」

01 解説

① 必要死亡保障額は、遺族に必要な生活費の総額（支出総額）から遺族の収入総額を差し引いて求める。Aさんの子は既に結婚して家族と暮らしているので、Aさんの死亡後に確保すべきなのは、妻Bさんの生活費と死亡整理資金等である。

〈遺族に必要な生活費の総額〉
　　・日常生活費　35万円×12ヵ月×50％×32年＝6,720万円
　　・死亡整理資金・緊急予備資金　500万円
　　これらを合計して、6,720万円＋500万円＝7,220万円

〈遺族の収入総額〉
　　・死亡退職金見込額・その他金融資産の合計額　2,000万円
　　・Aさん死亡後に妻Bさんが受け取る公的年金等の総額　5,500万円
　　これらを合計して、2,000万円＋5,500万円＝7,500万円

〈必要保障額〉
　　7,220万円－7,500万円＝▲280万円

② Aさんが現時点で死亡（不慮の事故や所定の感染症以外）した場合に、定期保険特約付終身保険から妻Bさんに支払われる死亡保険金額は
終身保険200万円＋定期保険特約2,000万円＋特定疾病保障定期保険特約300万円＝2,500万円　である。
特定疾病保障定期保険特約は、特定疾病による保険金を受け取らずに死亡した場合には、死亡時に死亡保険金が支払われる。

③ Aさんが現時点で不慮の事故で180日以内に死亡した場合に、定期保険特約付終身保険から妻Bさんに支払われる死亡保険金額は
終身保険200万円＋定期保険特約2,000万円＋特定疾病保障定期保険特約300万円＋傷害特約500万円＝3,000万円
である。

➡ テキストp.157-160

解答　①▲280（万円）　②2,500（万円）　③3,000（万円）

保険証券を読みとれる
ようにしておこう！

① 適切。健康保険制度からは、日常生活（業務災害以外）の病気やケガについて、療養の給付が受けられ、医療機関の窓口で払う自己負担分はかかった医療費の原則3割となる。また、同一月に同一の医療機関の医療費の自己負担額が一定額を超えた場合、超えた分について高額療養費が支給される。

② 不適切。高額療養費制度の自己負担限度額は、70歳未満か70歳以上かで異なり、さらにそれぞれ所得状況によって計算の区分が異なる。

③ 不適切。会社員等が退職により健康保険の被保険者資格を喪失した場合には、退職後2年間、任意継続被保険者として健康保険制度に引き続き加入することができる。任意継続被保険者の給付は在職中とほぼ同様で高額療養費の支給も受けられる。ただし、傷病手当金・出産手当金は、任意継続被保険者には支給されない。

➡ テキストp.40, 41, 43　解答　①○　②×　③×

① 適切。払済保険は、保険料の払込みを中止して、保険期間を変えず、その時点での解約返戻金をもとに、元の契約と同じ種類の一時払いの保険（または養老保険）に変更する方法。払済保険に変更すると、付加していた特約は消滅する。

② 不適切。先進医療特約は、療養を受けた時点で厚生労働大臣が承認する先進医療に該当する治療を受けた場合に給付金が支払われる。

③ 適切。保険会社・保険商品によって、医療保険の保障内容には違いがあるため、商品内容を確認・理解して加入を検討することが大切である。

➡ テキストp.148, 155, 157　解答　①○　②×　③○

次の設例に基づいて、下記の各問(04 ～ 06)に答えなさい。

2023年9月／生保・改

《設例》

　会社員のAさん(35歳)は、会社員の妻Bさん(32歳)および長男Cさん(0歳)との3人で、賃貸マンションで暮らしている。Aさんが、長男Cさんの誕生を機に、生命保険の新規加入を検討していたところ、生命保険会社の営業担当者から下記の生命保険の提案を受けた。そこで、Aさんは、その提案内容についてファイナンシャル・プランナーのMさんに相談することにした。

　Mさんは、死亡保障の検討にあたって、必要保障額を正しく把握する必要があると考え、Aさんから必要な情報をヒアリングした。現時点でAさんが死亡した場合の必要保障額を下記の〈算式〉を基に試算した結果、その額は3,000万円であった。

〈算式〉

> 必要保障額＝遺族に必要な生活資金等の支出の総額－遺族の収入見込金額

〈Aさんが提案を受けた生命保険に関する資料〉

保険の種類　　　　　　　　：5年ごと配当付特約組立型総合保険(注1)

月払保険料　　　　　　　　：13,800円

保険料払込期間(更新限度)　：90歳満了

契約者(＝保険料負担者)・被保険者：Aさん

死亡保険金受取人　　　　　：妻Bさん

指定代理請求人　　　　　　：妻Bさん

特約の内容	保障金額	保険期間
終身保険特約	100万円	終身
定期保険特約	1,000万円	10年
収入保障特約(注2)	年額60万円×65歳まで	10年
三大疾病一時金特約(注3)	200万円	10年
総合医療特約(180日型)	1日目から日額10,000円	10年
先進医療特約	先進医療の技術費用と同額	10年
指定代理請求特約	—	—
リビング・ニーズ特約	—	—

(注1) 複数の特約を組み合わせて加入することができる保険

(注2) 最低支払保証期間は5年(最低5回保証)。年金支払期間は、1年刻みで設定することができる。

(注3) がん(悪性新生物)と診断確定された場合、または急性心筋梗塞・脳卒中で所定の状態に該当した場合に一時金が支払われる(死亡保険金の支払はない)。

※上記以外の条件は考慮せず、各問に従うこと。

Mさんは、Aさんに対して、下記の〈前提〉においてAさんが死亡した場合、妻Bさんが受給することができる公的年金制度からの遺族給付について説明した。Mさんが説明した以下の文章の空欄①～④に入る最も適切な語句または数値を、下記の〈語句群〉のなかから選び、記入しなさい。

〈前提〉
・妻Bさんは、遺族基礎年金および遺族厚生年金の受給権を取得する。
・妻Bさんおよび長男Cさんは、現在および将来においても、公的年金制度における障害等級に該当する障害の状態にないものとする。

「現時点においてAさんが死亡した場合、妻Bさんに対して遺族基礎年金および遺族厚生年金が支給されます。遺族基礎年金を受けられる遺族の範囲は、死亡した者によって生計を維持されていた『子のある配偶者』または『子』です。『子』とは、原則として、18歳到達年度の末日までの間にあり、かつ、現に婚姻していない子等を指します。妻Bさんが受け取る遺族基礎年金の額は、『子』が1人のため、（　①　）円（2024年度価額）になります。

遺族厚生年金の額は、原則として、Aさんの厚生年金保険の被保険者記録を基礎として計算した老齢厚生年金の報酬比例部分の額の（　②　）相当額になります。ただし、その計算の基礎となる被保険者期間の月数が（　③　）月に満たない場合、（　③　）月とみなして年金額が計算されます。

また、長男Cさんについて18歳到達年度の末日が終了し、妻Bさんの有する遺族基礎年金の受給権が消滅したときは、妻Bさんが65歳に達するまでの間、妻Bさんに支給される遺族厚生年金の額に（　④　）が加算されます」

┌─〈語句群〉
│ イ．240　ロ．300　ハ．480　ニ．871,200　ホ．1,050,800　ヘ．1,590,000
│ ト．3分の2　チ．4分の3　リ．5分の4
│ ヌ．振替加算　ル．中高齢寡婦加算　ヲ．経過的寡婦加算

05 **A** □□

Mさんは、Aさんに対して、Aさんが提案を受けている生命保険の保障内容等について説明した。Mさんが説明した次の記述①〜③について、適切なものには○印を、不適切なものには×印を記入しなさい。

① 「妻Bさんが収入保障特約から受け取る年金受取総額は、Aさんが40歳（年金支払期間満了となる65歳まで25年0カ月）で死亡した場合は、1,500万円となり、Aさんが62歳（年金支払期間満了となる65歳まで3年0カ月）で死亡した場合は、300万円となります」

② 「Aさんが死亡した場合、妻Bさんが収入保障特約から毎年受け取る年金は、所得税額の計算上、非課税となりますので、その全額を遺族の生活費や教育資金に活用することができます」

③ 「先進医療特約では、契約日時点で先進医療と定められていれば給付の対象となります。一部の先進医療については費用が高額となるケースもありますので、先進医療特約の付加をご検討ください」

06 **B** □□

Mさんは、Aさんに対して、生命保険の見直しについてアドバイスをした。Mさんがアドバイスした次の記述①〜③について、適切なものには○印を、不適切なものには×印を記入しなさい。

① 「必要保障額は、通常、子どもの成長とともに逓減していきますので、保険期間の経過とともに年金受取総額が逓減していく収入保障特約を付加することは検討に値します。年金支払期間は、妻Bさんや長男Cさんの年齢など、ご家族の状況に合わせてご検討ください」

② 「Aさんが将来、住宅ローン（団体信用生命保険に加入）を利用して自宅を購入した場合、必要保障額の計算上、住宅ローンの残債務を遺族に必要な生活資金等の支出の総額に含める必要がありますので、必要保障額は増加します。自宅を購入した際は、改めて生命保険の見直しをすることをお勧めします」

③ 「妻Bさんが死亡あるいはケガや病気で働けなくなった場合、世帯収入が減少するだけでなく、それまで夫婦が行ってきた家事や育児等を、少なからず家事代行業者等に頼ることも考えられます。Aさんの保障内容と同時に、妻Bさんの保障内容も検討する必要があると思います」

04　解説

① 遺族基礎年金＝816,000円（2024年度価格）＋子の加算額で計算する。

子の加算額は、第2子までは一人当たり234,800円、第3子以降は一人当たり78,300円の加算となる。よって、816,000円＋234,800円＝1,050,800円となる。

② 遺族厚生年金の額は、原則として、亡くなった人の厚生年金保険の被保険者記録を基礎として計算した老齢厚生年金の報酬比例部分の4分の3相当額である。

③ 厚生年金保険の被保険者が死亡した場合に支給される遺族厚生年金の額は、その計算上、300月に満たない場合は300月とみなして計算する。

④ 中高齢寡婦加算は、夫死亡時に40歳以上65歳未満の子のない妻に対して、妻が65歳に達するまで支給される。また、40歳に達した当時、子がいるため遺族基礎年金を受けていた妻が、遺族基礎年金を受けられなくなった場合にも、妻が65歳に達するまで支給される。

➡ テキストp.86, 88　**解答**　①ホ　②チ　③ロ　④ル

05　解説

① 適切。収入保障特約の年金額は、年額60万円なので期間満了までの25年であれば、年金受取総額は「年額60万円×25年＝1,500万円」となり、期間満了まで5年以内ならば「年額60万円×5年＝300万円」となるので正しい。

② 不適切。収入保障特約から毎年受け取る年金は、2年目以降、雑所得として所得税・住民税の課税対象となる。

③ 不適切。先進医療特約では、契約日時点ではなく、療養を受けた時点で先進医療と認められていれば給付の対象となる。

➡ テキストp.157　**解答**　①○　②×　③×

06　解説

① 適切。必要保障額は子どもの成長とともに逓減していくので、保険期間の経過とともに年金受取総額が逓減していく収入保障保険（特約）は、検討に値する。

② 不適切。団体信用生命保険に加入して住宅ローンを組んだ場合、債務者が死亡した場合、債務はゼロになるので、必要保障額に住宅ローンの残債務は含める必要がない。

③ 適切。妻が働いていて家計に寄与している場合はもちろん、そうでない場合も妻の死亡やケガにより出費が増えることが想定される場合は、妻の保障も検討する必要がある。

➡ テキストp.29, 128　**解答**　①○　②×　③○

次の設例に基づいて、下記の各問(07 ～ 09)に答えなさい。

2024年1月／生保

《設例》

Aさん(45歳)は、X株式会社(以下、「X社」という)の創業社長である。X社は、現在、Aさん自身の退職金準備を目的とした生命保険に加入している。

先日、Aさんは、生命保険会社の営業担当者であるファイナンシャル・プランナーのMさんから、事業保障資金の確保を目的として、下記の〈資料〉の生命保険の提案を受けた。

〈資料〉Aさんが提案を受けた生命保険に関する資料

保険の種類：無配当特定疾病保障定期保険(特約付加なし)

契約者(＝保険料負担者)	：X社
被保険者	：Aさん
死亡保険金受取人	：X社
死亡・高度障害・特定疾病保険金額	：5,000万円
保険期間・保険料払込期間	：98歳満了
年払保険料	：180万円
最高解約返戻率	：83％

※死亡・所定の高度障害状態に該当した場合に加え、がん(悪性新生物)と診断確定された場合、または急性心筋梗塞・脳卒中で所定の状態に該当した場合に保険金が契約者に支払われる。

※所定の範囲内で、契約者貸付制度を利用することができる。

※上記以外の条件は考慮せず、各問に従うこと。

※上記以外の条件は考慮せず、各問に従うこと。

07 **A** ☐☐

仮に、将来X社がAさんに役員退職金5,000万円を支給した場合、Aさんが受け取る役員退職金について、次の①、②を求め、記入しなさい。〈答〉は万円単位とすること。なお、Aさんの役員在任期間(勤続年数)を26年2ヵ月とし、これ以外に退職手当等の収入はなく、障害者になったことが退職の直接の原因ではないものとする。

① 退職所得控除額

② 退職所得の金額

Mさんは、Aさんに対して、〈資料〉の生命保険について説明した。Mさんが説明した次の記述①〜③について、適切なものには○印を、不適切なものには×印を記入しなさい。

① 「X社が受け取る特定疾病保険金は、Aさんががん等の治療で不在の間、事業を継続させるための資金として活用することができます」

② 「X社が特定疾病保険金を受け取った場合、法人税法上、当該保険金は非課税所得となりますので、益金に計上する必要はありません」

③ 「保険期間中にX社に緊急の資金需要が発生し、契約者貸付制度を利用する場合、当該制度により借り入れることができる金額は、利用時点での既払込保険料相当額が限度となります」

Mさんは、Aさんに対して、〈資料〉の生命保険の支払保険料の経理処理について説明した。Mさんが説明した以下の文章の空欄①〜④に入る最も適切な数値を、下記の〈数値群〉のなかから選び、その記号を記入しなさい。

「法人を契約者(＝保険料負担者)および死亡保険金受取人とし、役員または従業員を被保険者とする保険期間が3年以上の定期保険で、最高解約返戻率が（　①　）％を超えるものの支払保険料の経理処理については、最高解約返戻率が『（　①　）％超70％以下』『70％超（　②　）％以下』『（　②　）％超』となる場合の3つの区分に応じて取り扱います。

〈資料〉の定期保険の最高解約返戻率は『70％超（　②　）％以下』であるため、保険期間開始日から保険期間の（　③　）割に相当する期間を経過する日までは、当期分支払保険料の（　④　）％相当額を前払保険料として資産に計上し、残額は損金の額に算入します。

（　③　）割に相当する期間経過後は、当期分支払保険料の全額を損金の額に算入するとともに、資産に計上した金額については、保険期間の7.5割に相当する期間経過後から保険期間終了日までにおいて均等に取り崩し、損金の額に算入します」

〈数値群〉

イ. 4　　ロ. 5　　ハ. 6　　ニ. 30　　ホ. 40　　ヘ. 50　　ト. 60　　チ. 75
リ. 85　　ヌ. 90　　ル. 105

07 **解説**

① 退職所得控除額を計算する際は、**1年未満の勤続年数は切り上げる**。したがって、Aさんの勤続年数は26年2ヵ月なので、27年として計算する。

退職所得控除：800万円＋70万円×（27年－20年）＝1,290万円

② ①の退職所得控除額を用いて、退職所得の金額を計算する。

退職所得：（5,000万円－1,290万円）×1/2＝1,855万円

➡ テキストp.317 **解答** ①1,290（万円） ②1,855（万円）

08 **解説**

① 適切。
  ・特定疾病保障定期保険は、保険期間内にがん・急性心筋梗塞・脳卒中になり、一定の条件を満たした場合に保険金が受け取れる保険である。
  ・Aさんが保険の対象となるがん等にかかった場合には、X社が特定疾病保険金を受け取ることになるので、Aさんががん等の治療で不在の間、事業を継続させるための資金として活用することができる。

② 不適切。X社が特定疾病保険金を受け取った場合には、全額を雑収入として益金に計上する。

③ 不適切。契約者貸付制度で借入できる金額は解約返戻金の一定範囲内で、保険種類・契約状況に応じて契約ごとに利用限度が定められている。

➡ テキストp.150, 158, 176, 177 **解答** ①○ ②× ③×

09 **解説**

・法人を契約者（＝保険料負担者）および死亡保険金受取人とし、役員または従業員を被保険者とする定期保険の保険料の経理処理は、契約ごとの最高解約返戻率に応じて保険料の損金算入割合や資産計上の期間が決まる。

・保険期間が3年以上の定期保険は、最高解約返戻率が50％を超えるものの支払保険料の経理処理については、最高解約返戻率が「**50％超70％以下**」「**70％超85％以下**」「**85％超**」となる場合の**3つの区分**に応じて取り扱う。

・〈資料〉の定期保険の最高解約返戻率は83％で、「70％超85％以下」であるため、保険期間開始日から保険期間の4割に相当する期間を経過する日までは、当期分支払保険料の60％相当額を前払保険料として資産に計上し、残額は損金の額に算入します。4割に相当する期間経過後は、当期分支払保険料の全額を損金の額に算入するとともに、資産に計上した金額については、保険期間の7.5割に相当する期間経過後から保険期間終了日までにおいて均等に取り崩し、損金の額に算入する。

➡ テキストp.175 **解答** ①ヘ ②リ ③イ ④ト

下記の各問(10 ～ 15)に答えなさい。

10 **A** □□ 2020年9月／資産・改

中井洋子さん(52歳)が保険契約者(保険料負担者)および被保険者として加入している生命保険(下記〈資料〉参照)の保障内容に関する次の記述の空欄(ア)～(ウ)にあてはまる数値を記入しなさい。なお、保険契約は有効に継続し、かつ特約は自動更新しているものとし、洋子さんはこれまでに〈資料〉の保険から、保険金・給付金を一度も受け取っていないものとする。また、各々の記述はそれぞれ独立した問題であり、相互に影響を与えないものとする。

〈資料／保険証券1〉

無配当定期保険特約付終身保険　　　　　　　　　保険証券記号番号△×－××××

保険契約者	中井　洋子　様	保険契約者印
被保険者	中井　洋子　様 1972年7月27日生 　　　　　女性	中井（印）
受取人	死亡保険金 中井　亜子　様(子)	受取割合 10割

◇契約日
　2003年6月1日
◇主契約の保険期間
　終身
◇主契約の保険料払込期間
　25年間
◇特約の保険期間
　10年
　(80歳まで自動更新)

◇ご契約内容

終身保険金額(主契約保険金額)	200万円
定期保険特約保険金額	2,800万円
特定疾病保障特約保険金額	500万円
傷害特約保険金額	500万円
災害入院特約　　　　入院5日目から　日額　5,000円	
疾病入院特約　　　　入院5日目から　日額　5,000円	

※約款所定の手術を受けた場合、手術の種類に応じて入院
　給付金日額の10倍・20倍・40倍の手術給付金を支払います。
生活習慣病入院特約　　入院5日目から　日額　5,000円

※入院給付金の1入院当たりの限度日数は120日、通算限度日数は1,095日です。

◇お払い込みいただく合計保険料

　毎回△△,△△△円

　[保険料払込方式]
　　月払い

230

〈資料／保険証券2〉

終身ガン保険		
保険契約者	中井　洋子　様	保険契約者印
被保険者	中井　洋子　様 1972年7月27日生 　　　　　　　女性	中井
受取人	給付金　被保険者　様 死亡給付金 中井　亜子　様(子)	受取割合 10割

保険証券記号番号○○-○○○○○

◇契約日
　2002年7月1日
◇主契約の保険期間
　終身
◇主契約の保険料払込期間
　終身

◇ご契約内容

ガン診断給付金	初めてガンと診断されたとき	200万円
ガン入院給付金	1日目から日額	1万円
ガン通院給付金	1日目から日額	5,000円
ガン死亡給付金	ガンによる死亡	20万円
死亡給付金	ガン以外による死亡	10万円

◇お払い込みいただく合計保険料

毎回×,×××円

[保険料払込方式]
月払い

・洋子さんが現時点で、糖尿病で12日間入院した場合(手術は受けていない)、保険会社から支払われる保険金・給付金の合計は(ア)万円である。

・洋子さんが現時点で、初めてガン(悪性新生物)と診断され、治療のため26日間入院し、その間に約款所定の手術(給付倍率20倍)を1回受けた場合、保険会社から支払われる保険金・給付金の合計は(イ)万円である。

・洋子さんが現時点で、交通事故で死亡(入院・手術なし)した場合、保険会社から支払われる保険金・給付金の合計は(ウ)万円である。

ア　糖尿病で12日間入院した場合には、無配当定期保険特約付終身保険の疾病入院特約と生活習慣病入院特約から給付金が支払われ、それぞれ給付金は5日目から支払われるので8日分の給付金が受け取れる。したがって、

　　・疾病入院特約　　　　：5,000円×8日＝40,000円

　　・生活習慣病入院特約：5,000円×8日＝40,000円

　これらより、合計80,000円の給付金が受け取れる。

イ　初めてガン（悪性新生物）と診断され、治療のため26日間入院し、その間に約款所定の手術（給付倍率20倍）を1回受けた場合には、無配当定期保険特約付終身保険からは、特定疾病保障特約、疾病入院特約、生活習慣病特約から保険金・給付金が受け取れる。

　　・特定疾病保障特約　　　500万円

　　・疾病入院特約　　　　　5,000円×22日＝11万円

　　・手術給付金　　　　　　5,000円×20倍＝10万円

　　・生活習慣病特約　　　　5,000円×22日＝11万円

　さらに、ガン保険からは、ガン診断給付金とガン入院特約から給付金が受け取れる。

　　・ガン診断給付金　　　　200万円

　　・ガン入院給付金　　　　　1万円×26日＝26万円

　これらを合計すると、受け取れる保険金・給付金の合計は758万円である。

ウ　交通事故で死亡（入院・手術なし）した場合、無配当定期保険特約付終身保険からは、終身保険、定期保険特約、特定疾病保障特約、傷害特約から保険金が受け取れ、ガン保険からはガン以外による死亡に対する死亡給付金が支払われる。特定疾病保障特約は、特定疾病による保険金を受け取らずに死亡した場合には、死亡時に死亡保険金が支払われる。

　　終身保険（200万円）＋定期保険特約（2,800万円）＋特定疾病保障特約（500万円）＋傷害特約（500万円）＋死亡給付金（10万円）＝4,010万円

➡ テキストp.159, 160　解答　ア8（万円）　イ758（万円）　ウ4,010（万円）

11 **B** ☐☐ 2023年9月／資産

下記〈資料〉の養老保険のハーフタックスプラン（福利厚生プラン）に関する次の（ア）～（エ）の記述について、適切なものには○を、不適切なものには×を記入しなさい。なお、当該法人の 役員・従業員の大部分は法人の同族関係者ではない。

〈資料〉

保険の種類	養老保険
契約者（保険料負担者）および満期保険金受取人	株式会社YC
被保険者	役員・従業員
死亡保険金受取人	被保険者の遺族

（ア） 部課長等の役職者のみを被保険者とする役職による加入基準を設けた場合、職種等に応じた合理的な基準により、普遍的に設けられた格差であると認められる。

（イ） 原則として役員・従業員全員を被保険者とする普遍的加入でなければ、株式会社YCが支払った 保険料の2分の1を福利厚生費として損金の額に算入することができない。

（ウ） 養老保険に入院特約等を付加した場合、株式会社YCが支払った養老保険部分の保険料の2分の1を福利厚生費として損金の額に算入することができない。

（エ） 死亡保険金が被保険者の遺族に支払われた場合、株式会社YCは当該契約に係る資産計上額を取り崩し、同額を損金の額に算入する

11 **解説**

（ア）**不適切**。ハーフタックスプランの適用を受けるためには、役員・従業員が普遍的に加入する必要があり、部課長等の役職員のみを被保険者とすることは認められない。

（イ）**適切**。原則として役員・従業員全員を被保険者とする普遍的加入でなければ、保険料の2分の1を福利厚生費として損金の額に算入することができない。

（ウ）**不適切**。特約の有無に関係なく、養老保険部分の保険料の2分の1を福利厚生費として損金の額に算入することができる。

（エ）**適切**。死亡保険金が被保険者の遺族に支払われた場合、法人は当該養老保険にかかる資産計上額を取り崩す。資産計上額を取り崩した場合、法人が受け取ったお金との差額が益金または損金となるが、法人はお金を受け取っていないので、取り崩した資産計上額の全額が雑損失として損金算入される。

➡ テキストp.174, 177 解答 ア× イ○ ウ× エ○

下記〈資料〉を基に、桑原さんの自宅に係る年間の地震保険料として、正しいものはどれか。桑原さんの自宅は愛媛県にあるイ構造のマンションで、火災保険の保険金額は1,000万円である。なお、地震保険の保険金額は、2024年1月1日現在の火災保険の保険金額に基づく契約可能な最大額であり、地震保険料の割引制度は考慮しないこととする。

〈資料：年間保険料例(地震保険金額100万円当たり、割引適用なしの場合)〉

建物の所在地（都道府県）	建物の構造区分	
	イ構造※	ロ構造※
北海道・青森県・岩手県・秋田県・山形県・栃木県・群馬県・新潟県・富山県・石川県・福井県・長野県・岐阜県・滋賀県・京都府・兵庫県・奈良県・鳥取県・島根県・岡山県・広島県・山口県・福岡県・佐賀県・長崎県・熊本県・大分県・鹿児島県	730円	1,120円
宮城県・福島県・山梨県・愛知県・三重県・大阪府・和歌山県・香川県・愛媛県・宮崎県・沖縄県	1,160円	1,950円
茨城県・徳島県・高知県	2,300円	4,110円
埼玉県	2,650円	
千葉県・東京都・神奈川県・静岡県	2,750円	

※イ構造：主として鉄骨・コンクリート造の建物、ロ構造：主として木造の建物

1. 5,800円
2. 9,750円
3. 11,600円
4. 19,500円

12 **解説**

桑原さんの自宅は、愛媛県で、イ構造のマンションなので、表から100万円当たりの保険料は1,160円。地震保険は、火災保険の保険金額の30～50％での契約となるので、最大の50％で契約すると地震保険は500万円となる。したがって「1,160円×5倍＝5,800円」となる。

➡ テキストp.187 解答 1

地震保険の特徴は
しっかり押さえておくニャ！
(→p.63)

13 **A** □□ 2023年5月／資産

自動車損害賠償責任保険に関する次の記述のうち、最も不適切なものはどれか。なお、加害車両が複数の場合については考慮しないものとする。

1. 原動機付自転車を除くすべての自動車に加入が義務付けられている。
2. 交通事故の被害者が保険会社に保険金を請求することができる。
3. 死亡による損害に対する保険金の支払限度額は、被害者1人につき3,000万円である。
4. 被保険者が被保険自動車を運転中に、ハンドル操作を誤って路上で遊んでいた自分の子にケガをさせた場合、補償の対象となる。

13 **解説**

1. 不適切。原動機付自転車も、自賠責保険の加入は義務付けられている。
2. 適切。交通事故の被害者は、保険会社に保険金を直接請求することができる。
3. 適切。死亡による損害に対する保険金の支払限度額は、被害者1人につき3,000万円である。後遺障害による障害は1人につき最高4,000万円である。
4. 適切。自賠責保険では、運行供用者でない家族も補償の対象となる。

➡ テキストp.188 **解答** 1

川野さん(43歳)が自身を記名被保険者として契約している自動車保険の下記〈資料〉の契約
更新案内に関する次の(ア)～(エ)の記述について、適切なものには○、不適切なものには
×を記入しなさい。なお、〈資料〉に記載のない特約については考慮しないものとする。

〈資料〉

	前年同等プラン	おすすめプランA	おすすめプランB
保険料(月払い)	×,×××円	×,×××円	×,×××円
運転者年齢条件	35歳以上補償	35歳以上補償	年齢条件なし
運転者限定の有無	家族限定	限定なし	限定なし
対人賠償保険 （1名につき）	無制限	無制限	無制限
対物賠償保険	無制限	無制限	無制限
人身傷害保険 （1名につき）	付帯なし	3,000万円	5,000万円
車両保険	エコノミー型 （車対車＋A） 保険金額：130万円 免責金額 1回目の事故　　0円 2回目の事故　10万円	一般型 保険金額：130万円 免責金額 1回目の事故　　0円 2回目の事故　10万円	一般型 保険金額：130万円 免責金額 1回目の事故　　0円 2回目の事故　10万円
その他の特約	－	弁護士特約	弁護士特約 ファミリーバイク特約

(ア) どのプランでも、川野さんが被保険自動車を運転中の事故により負傷した場合、川
野さんの過失割合にかかわらず、ケガの治療費の補償を受けることができる。

(イ) 前年同等プランでは、被保険自動車が盗難による損害を受けた場合、補償の対象と
なる。

(ウ) おすすめプランAでは、川野さんの友人(33歳)が被保険自動車を運転中に対人事故
を起こした場合、補償の対象とならない。

(エ) おすすめプランBでは、川野さんが所有する原動機付自転車を運転中に対物事故を
起こした場合、補償の対象となる。

14　解説

(ア)**不適切**。運転者の過失割合にかかわらずケガの治療費の補償を受けるためには、人身傷害保険に加入する必要があるが、前年同等プランには人身傷害保険はついていない。

(イ)**適切**。車両保険の補償範囲を「車対車＋A」とすれば、相手が確認できる他人の車との衝突や接触事故による事故のほか、火災や盗難などの偶然の事故も補償される。

(ウ)**不適切**。運転者年齢条件が適用されるのは、記名被保険者と記名被保険者の妻、および同居している親族だけなので、別居の親族や友人には適用されない。

(エ)**適切**。ファミリーバイク特約は、原動機付自転車の運転中における対人事故や対物事故を補償してくれる。

➡ テキストp.189　解答　ア×　イ○　ウ×　エ○

FPの安西さんは相談者の井上さんが契約している生命保険の保険料支払いができなかった場合の流れについて説明を求められた。FPの安西さんが説明した下記の記述の空欄（ア）〜（エ）にあてはまる語句の組み合わせとして、適切なものはどれか。なお、記載のない事項については一切考慮しないこととする。

〈井上さんが契約している保険契約〉

保険種類	解約返戻金の有無
個人年金保険A	あり
定期保険B	なし

FPの安西さんの説明

・「個人年金保険A、定期保険Bともに払込期日までに保険料の払込みができなかった場合でも（　ア　）期間内に保険料を支払えば、保険契約を継続させることができます。」

・「個人年金保険Aは（　ア　）期間内に保険料が払えなかった場合でも、（　イ　）によって解約返戻金の範囲内で保険会社が保険料を立て替えることにより契約は継続します。」

・「定期保険Bは（　ア　）期間内に保険料の払込みがない場合、保険契約は（　ウ　）します。ただし（　ウ　）した場合でも保険会社が定める期間内に（　エ　）の手続きを取り、保険会社の承諾を得て未払いの保険料と利息を払い込めば、契約を有効に戻すことができます。」

---

1. （ア）払込猶予　　（イ）自動振替貸付　　（ウ）失効　　（エ）復活
2. （ア）払込待機　　（イ）契約者貸付　　（ウ）消滅　　（エ）復活
3. （ア）払込猶予　　（イ）契約者貸付　　（ウ）消滅　　（エ）更新
4. （ア）払込待機　　（イ）自動振替貸付　　（ウ）失効　　（エ）更新

15　解説

・生命保険商品は、払込期日までに保険料の払込みができなかった場合でも払込猶予期間内に保険料を支払えば、保険契約を継続させることができる。

・将来の年金支払いを目的に利用する個人年金保険は、解約返戻金が貯まっていくタイプの保険商品なので、保険料の払込みができなかった場合には、解約返戻金の範囲内で**自動振替貸付**によって保険料が立て替えられ、保険契約が継続する。

・いわゆる掛捨てタイプの保険である定期保険は、解約返戻金がないかごくわずかなので、払込猶予期間内に保険料の払込みがなければ、保険契約は失効する。ただし、保険契約が失効した場合でも、保険会社が定める期間内に**復活**の手続きを取り、保険会社の承諾を得て未払いの保険料と利息を払い込めば、契約を有効に戻すことができる。

➡ テキストp.146-150　**解答**　1

次の設例に基づいて、下記の各問(01 ～ 03)に答えなさい。

2023年1月／個人

《設例》

　個人で不動産賃貸業を営むAさん(60歳)は、X社債(特定公社債)の購入を検討している。また、Y銀行の米ドル建定期預金の金利の高さに魅力を感じているが、外貨建て取引のリスク等について理解しておきたいと考えている。

　そこで、Aさんは、ファイナンシャル・プランナーのMさんに相談することにした。

〈円建てのX社債(固定利付債)に関する資料〉

　・発行会社：国内の大手企業
　・購入価格：101.8円(額面100円当たり)
　・表面利率：0.80%
　・利払日　：年2回
　・残存期間：4年
　・償還価格：100円
　・格付　　：BBB

〈Y銀行の米ドル建定期預金に関する資料〉

　・預入金額　　：30,000米ドル
　・預入期間　　：1年
　・利率(年率)：1.00%（満期時一括支払)
　・為替予約なし
　・預入時の適用為替レート(TTS・米ドル／円)：132.75円

※上記以外の条件は考慮せず、各問に従うこと。

01 **A** ☐☐

Mさんは、Aさんに対して、X社債について説明した。Mさんが説明した次の記述①～③について、適切なものには○印を、不適切なものには×印を記入しなさい。

① 「一般に、BBB(トリプルビー)格相当以下の格付は、投機的格付と呼ばれています。X社債は、投資適格債に比べて信用力は劣りますが、相対的に高い利回りを期待することができます」

② 「毎年受け取る利子額(税引前)は、X社債の購入価格に表面利率を乗じて得た金額となります。X社債の表面利率は、発行時の金利水準を反映して決定されたものであり、償還時まで変わることはありません」

③ 「X社債の利子は、その支払時に、所得税および復興特別所得税と住民税の合計で20.315％相当額が源泉徴収等されます。X社債のような特定公社債の利子については、申告分離課税の対象となりますが、確定申告不要制度を選択することができます」

02 **A** ☐☐

Mさんは、Aさんに対して、Y銀行の米ドル建定期預金について説明した。Mさんが説明した次の記述①～③について、適切なものには○印を、不適切なものには×印を記入しなさい。

① 「米ドル建定期預金の預入時において、円貨を米ドルに換える際に適用されるTTSは、当該預金の取扱金融機関が独自に決定しており、Y銀行と他の金融機関では異なることがあります」

② 「米ドル建定期預金の魅力は、現時点において、円建ての預金と比べて相対的に金利が高いことにあります。ただし、満期時の為替レートが預入時に比べて円高ドル安に変動した場合、円換算の運用利回りがマイナスになる可能性があります」

③ 「満期時に為替差損が生じた場合、当該損失の金額は、所得税において、不動産所得の金額と損益通算することができます」

03 **A** ☐☐

次の①、②を求めて記入しなさい(計算過程の記載は不要)。なお、計算にあたっては税金等を考慮せず、〈答〉は、％表示の小数点以下第3位を四捨五入し、小数点以下第2位までを解答すること。

① AさんがX社債を《設例》の条件で購入した場合の最終利回り(年率・単利)を求めなさい。

② Aさんが《設例》の条件で円貨を米ドルに換えて米ドル建定期預金に30,000米ドルを預け入れ、満期を迎えた際の円ベースでの運用利回り(年率・単利)を求めなさい。なお、満期時の適用為替レート(TTB・米ドル／円)は、133.00円とする。

① 不適切。一般に、BB（ダブルビー）格相当以下の格付は、投機的格付と呼ばれている。投資適格債に比べて信用力は劣るが、相対的に高い利回りを期待することができる。

② 不適切。毎年受け取る利子額（税引前）は、購入した社債の**額面金額**に表面利率を乗じて得た金額となる。表面利率は、発行時の金利水準を反映して決定されたものであり、償還時まで変わることはない。

③ 適切。特定公社債の利子は、利払いの都度、利子所得として、原則、所得税および復興特別所得税と住民税の合計で 20.315％相当額が源泉徴収等されるとともに、申告分離課税の対象となるが、確定申告不要制度を選択することができる。

 テキストp.263, 268, 289 解答 ①× ②× ③〇

① 適切。円貨を外貨に換える際に適用されるTTSや、外貨を円貨に換える際に適用されるTTBは、各金融機関が独自に決定している。

② 適切。米ドル建定期預金の魅力は、現時点において、円建ての預金と比べて相対的に金利が高いことであるが、満期時の為替レートが預入時に比べて円高ドル安に変動した場合は、円換算の運用利回りがマイナスになる可能性がある。

③ 不適切。為替の差損は、雑所得の対象となるが、雑所得での損失は、他の所得と損益通算できない。

 テキストp.273, 322, 329 解答 ①〇 ②〇 ③×

03 | **解説**

① 債券の最終利回り（％）を求める式は下記のとおりである。

$$最終利回り（％）= \frac{表面利率 + \dfrac{額面（100円）- 買付価格}{残存期間}}{買付価格} \times 100$$

したがって、

$$\frac{0.8 + \dfrac{100 - 101.8}{4}}{101.8} \times 100 = 0.3438\cdots \quad \Rightarrow 0.34（％）$$

② 米ドル建定期預金30,000米ドルを預入時の為替レートで円換算すると、

　　30,000米ドル×132.75ドル＝3,982,500円

　米ドル建定期預金30,000米ドルの満期時の受取金額は、30,300米ドル（30,000米ドル＋30,000米ドル×1％）。この金額を満期時の為替レートで計算すると、

　　30,300ドル×133.00円＝4,029,900円

　円ベースでの運用利回りは、

　　（4,029,900円－3,982,500円）÷3,982,500円×100＝1.19020… ⇒1.19（％）

➡ テキストp.265, 274　**解答** ①0.34（％）　②1.19（％）

次の設例に基づいて、下記の各問(04～06)に答えなさい。

2021年1月／個人・改

《設例》

　会社員のAさん(40歳)は、預貯金を500万円程度保有しているが、上場株式を購入した経験がない。Aさんは、証券会社で新NISA口座を開設し、同じ業種のX社株式またはY社株式(2銘柄とも東京証券取引所プライム市場上場)を同口座で購入したいと考えている。そこで、Aさんは、ファイナンシャル・プランナーのMさんに相談することにした。

〈財務データ〉　　　　　　　　　　　　　　　(単位：百万円)

	X社	Y社
資産の部合計	920,000	720,000
負債の部合計	370,000	480,000
純資産の部合計	550,000	240,000
売上高	910,000	670,000
営業利益	90,000	40,000
経常利益	80,000	30,000
当期純利益	56,000	20,000
配当金総額	20,000	10,000

※純資産の金額と自己資本の金額は同じである。

〈株価データ〉

　　X社：株価1,250円、発行済株式数5億株、1株当たり年間配当金40円

　　Y社：株価1,354円、発行済株式数2億株、1株当たり年間配当金50円

※《設例》および各問において、以下の名称を使用している。

・少額投資非課税制度に係る非課税口座を「新NISA口座」という。

・非課税上場株式等管理契約に係る少額投資非課税制度の非課税管理勘定を「成長投資枠」という。

・非課税累積投資契約に係る少額投資非課税制度の累積投資勘定を「つみたて投資枠」という。

※上記以外の条件は考慮せず、各問に従うこと。

04 **B** □□

《設例》のデータに基づいて算出される次の①、②を求め、記入しなさい。〈答〉は表示単位の小数点以下第3位を四捨五入し、小数点以下第2位までを解答すること。

① X社およびY社のROE
② X社およびY社のPER

05 **A** □□

Mさんは、Aさんに対して、《設例》のデータに基づいて、株式の投資指標等について説明した。Mさんが説明した次の記述①～③について、適切なものには○印を、不適切なものには×印を記入しなさい。

① 「PBRは、株価（時価総額）が企業の純資産（自己資本）と比べて割高であるか、割安であるかを判断するための指標です。PBRが1倍を下回るX社株式およびY社株式は割安と判断できます」
② 「一般に、配当利回りが高いほど、株主に対する利益還元の度合いが高いと考えることができます。Y社株式の配当利回りは50％であり、X社株式の配当利回りを上回ります」
③ 「一般に、自己資本比率が高いほど、経営の安全性が高いと考えられています。自己資本比率はY社よりもX社のほうが高くなっています」

06 **A** □□

Mさんは、Aさんに対して、新NISAを2024年中に利用する場合について説明した。Mさんが説明した次の記述①～③について、適切なものには○印を、不適切なものには×印を記入しなさい。

① 「新NISA口座で上場株式を購入する場合は、成長投資枠を利用してください。つみたて投資枠に受け入れることができる対象商品は、所定の要件を満たす公募株式投資信託やETFですので、上場株式をつみたて投資枠に受け入れることはできません」
② 「成長投資枠とつみたて投資枠は、同一年中において、併用して新規投資等に利用することができませんので、どちらか一方を選択して、利用することになります」
③ 「2024年中に成長投資枠に新規で受け入れることができる非課税投資枠は、年間120万円です」

04　解説

① ROEは、「当期純利益/自己資本（純資産）×100（％）」で求める。

　　X社のROE：56,000百万円/550,000百万円×100％＝10.1818…

　　　　　　　　　小数点以下第3位を四捨五入して10.18％

　　Y社のROE：20,000百万円/240,000百万円×100％＝8.3333…

　　　　　　　　　小数点以下第3位を四捨五入して8.33％

② PERは、「株価/1株当たり純利益（EPS）」で求める。

　　まず、1株当たり純利益（当期純利益/発行済株式数）を求めると

　　　X社の1株当たり純利益：56,000百万円/500百万株（＝5億株）

　　　　　　　　　　　　　　　＝112円

　　　Y社の1株当たり純利益：20,000百万円/200百万株（＝2億株）

　　　　　　　　　　　　　　　＝100円

　したがって、PERは下記のようになる。

　　　X社のPER：1,250円/112円＝11.160…

　　　　　　　　　小数点以下第3位を四捨五入して、11.16倍

　　　Y社のPER：1,354円/100円＝13.54　∴13.54倍

➡ テキストp.257-259

解答	①X社　10.18（％）　Y社　8.33（％）　②X社　11.16（倍）　Y社　13.54（倍）

05 **解説**

① 不適切。PBRは「株価／1株当たり純資産（BPS）」で求める。

まず、1株当たり純資産を求めると

X社の1株当たり純資産：550,000百万円/500百万株（5億株）＝1,100円

Y社の1株当たり純資産：240,000百万円/200百万株（2億株）＝1,200円

したがって、PBRは下記のようになる。

X社のPBR：1,250円/1,100円＝1.136倍　＞1倍

Y社のPBR：1,354円/1,200円＝1.128倍　＞1倍

したがって、X社もY社も、PBRが1倍を上回るので、株式は割高と判断される。

② 不適切。配当利回りは「1株当たり年間配当金/株価×100（％）」で求める。

X社の配当利回り：40円/1,250円×100＝3.2％

Y社の配当利回り：50円/1,354円×100＝3.692％

したがって、Y社株式の配当利回りはX社株式の配当利回りを上回るが、Y社の配当利回りは50％ではないので、不適切である。

③ 適切。自己資本比率が高いほど経営の安全度は高いと考えられる。

自己資本比率＝自己資本（純資産）/総資本（負債および純資産）×100（％）

X社：550,000百万円/（370,000百万円＋550,000百万円）×100＝59.78％

Y社：240,000百万円/（480,000百万円＋240,000百万円）×100＝33.33％

したがって、X社の自己資本比率は59.78％、Y社は33.33％なので、自己資本比率はX社のほうが高い。

➡ テキストp.256-258, 387　**解答**　①× 　②× 　③○

06 **解説**

① 適切。成長投資枠では上場株式も対象となるが、つみたて投資枠では、上場株式は対象外である。

② 不適切。新NISAでは成長投資枠とつみたて投資枠を同時に利用することができる。

③ 不適切。成長投資枠に新規で受け入れることができる非課税投資枠は240万円である。

➡ テキストp.292, 293　**解答**　①○ 　②× 　③×

次の設例に基づいて、下記の各問（07 ～ 09）に答えなさい。

2023年9月／個人・改

《設例》

　会社員のAさん（30歳）は、将来に向けた資産形成のため、株式や投資信託に投資したいと考えているが、これまで投資経験がなく、株式や投資信託の銘柄を選ぶ際の判断材料や留意点について知りたいと思っている。

　そこで、Aさんは、ファイナンシャル・プランナーのMさんに相談することにした。Mさんは、Aさんに対して、X社株式（東京証券取引所上場銘柄）およびY投資信託を例として、株式や投資信託に投資する際の留意点等について説明を行うことにした。

〈X社株式の情報〉

・株価：1,700円

・発行済株式数：5,000万株

・決算期：2024年10月31日（木）（次回の配当の権利確定日に該当する）

〈X社の財務データ〉　　　　　　　　（単位：百万円）

	80期	81期
資産の部合計	102,000	110,000
負債の部合計	23,000	27,000
純資産の部合計	79,000	83,000
売上高	65,000	73,000
営業利益	6,800	7,500
経常利益	6,500	7,000
当期純利益	4,900	5,200
配当金総額	2,400	2,600

※純資産の金額と自己資本の金額は同じである。

〈Y投資信託（公募株式投資信託）に関する資料〉

銘柄名	：エマージング株式ファンド
投資対象地域／資産	：海外／新興国株式
信託期間	：無期限　基準価額：13,500円（1万口当たり）
決算日	：年1回（10月15日）
購入時手数料	：3.3％（税込）
運用管理費用（信託報酬）	：2.068％（税込）
信託財産留保額	：0.3％

※上記以外の条件は考慮せず、各問に従うこと。

07 **A** □□

《設例》の〈X社株式の情報〉および〈X社の財務データ〉に基づいて算出される次の①、②を求めなさい（計算過程の記載は不要）。〈答〉は、表示単位の小数点以下第3位を四捨五入し、小数点以下第2位までを解答すること。

① 81期におけるROE（自己資本は80期と81期の平均を用いる）
② 81期における配当利回り

08 **A** □□

Mさんは、Aさんに対して、X社株式を購入する際の留意点等について説明した。Mさんが説明した次の記述①〜③について、適切なものには○印を、不適切なものには×印を記入しなさい。

① 「X社株式のPERは15倍を下回っています。一般に、PERが低い銘柄ほど株価は割安とされていますが、X社株式に投資する際は、他の投資指標とあわせて同業他社の数値と比較するなど、多角的な視点で検討することが望まれます」
② 「仮に、Aさんが特定口座（源泉徴収あり）において、X社株式を株価1,700円で300株購入して同年中に株価1,750円で全株売却した場合、その他の取引や手数料等を考慮しなければ、売却益1万5,000円に対して20.315％相当額が源泉徴収等されます」
③ 「上場株式の配当を受け取るためには、普通取引の場合、権利確定日の2営業日前までに株式を買い付け、権利確定日まで売却せずに保有する必要があります。仮に、Aさんが2024年10月29日（火）にX社株式を普通取引により買い付け、翌営業日の30日（水）に売却した場合、X社株式の次回の配当を受け取ることはできません」

09 **A** □□

Mさんは、Aさんに対して、Y投資信託を購入する際の留意点等について説明した。Mさんが説明した次の記述①〜③について、適切なものには○印を、不適切なものには×印を記入しなさい。

① 「運用管理費用（信託報酬）は、投資信託を保有する投資家が負担する費用です。一般に、アクティブ型投資信託は、パッシブ型投資信託よりも運用管理費用（信託報酬）が高い傾向があります」
② 「ドルコスト平均法は、価格が変動する商品を定期的に一定口数購入する方法であり、定期的に一定額購入する方法よりも平均購入単価を引き下げる効果が期待できます」
③ 「仮に、Y投資信託から収益分配金が支払われ、分配後の基準価額がAさんの個別元本を上回っていた場合、当該分配金はすべて元本払戻金（特別分配金）となります」

① 「ROE(%)＝当期純利益÷自己資本×100」なので、

5,200百万円÷｛(79,000百万円＋83,000百万円)÷2｝×100＝6.419…%≒6.42%

② 1株当たり配当金＝2,600百万円÷5,000万株＝52円

「配当利回り(%)＝1株当たり年間配当金÷株価×100」なので、

52円÷1,700円×100＝3.058…%≒3.06%

➡ テキストp.257, 259 **解答** ①6.42(%)②3.06(%)

① 不適切。1株当たり純利益＝5,200百万円÷5,000万株＝104円

「PER＝株価÷1株当たり当期純利益」なので、X社のPERは、

1,700円÷104円＝16.346…約16.3倍となり、15倍を上回っている。

② 適切。売却益は(1,750円－1,700円)×300株＝15,000円。源泉徴収ありの特定口座内で生じた株式等の譲渡益は、20.315%の税金が源泉徴収される。

③ 不適切。文章の前半部分は正しい。権利確定日が10月31日である場合、権利付き最終日が10月29日、権利落ち日が10月30日となる。したがって2024年10月29日(火)に買い注文が約定し、10月30日に売り注文が約定すれば配当金を受け取ることができる。

➡ テキストp.252, 257, 258, 291 **解答** ①× ②○ ③×

① 適切。運用管理費用(信託報酬)は、投資信託を保有する投資家が負担する費用。一般に、アクティブ型投資信託は、パッシブ型投資信託よりも、調査費用などの経費が掛かるため運用管理費用(信託報酬)が高い傾向にある。

② 不適切。ドルコスト平均法は、価格が変動する商品を定期的に一定金額ずつ購入する方法である。

③ 不適切。投資信託から収益分配金が支払われ、分配後の基準価額が個別元本を上回っていた場合、支払われた分配金はすべて普通分配金となる。

➡ テキストp.248, 252, 294 **解答** ①○ ②× ③×

実技試験 下記の各問（10 〜 15）に答えなさい。

10 **A** ☐☐ 2024年1月／資産

下記〈資料〉の債券を取得日から5年後に売却した場合における所有期間利回り（単利・年率）を計算しなさい。なお、手数料や税金等については考慮しないものとし、計算結果については小数点以下第4位を切り捨てること。

〈資料〉

表面利率：年0.8％
額面：100万円
購入価格：額面100円につき98.00円
売却価格：額面100円につき98.85円
所有期間：5年

10 **解説**

債券の所有期間利回り（％）を求める式は下記のとおりである。

$$所有期間利回り（％）= \frac{表面利率 + \dfrac{売却価格 - 購入価格}{所有期間}}{購入価格} \times 100$$

したがって、

$$\frac{0.8 + \dfrac{98.85 - 98.00}{5}}{98.00} \times 100 = 0.9897\cdots \Rightarrow 0.989（％）$$

➡ テキストp.265　**解答** 0.989（％）

個人向け国債(変動10年)に関する下表の空欄(ア)〜(エ)にあてはまる適切な語句または数値を語群の中から選び、その番号のみを記入しなさい。なお、同じ番号を何度選んでもよいこととする。

利払い	＊＊＊ごと
金利の見直し	(ア)ごと
金利設定方法	基準金利×(イ)
金利の下限	(ウ)%(年率)
購入単価	1万円以上1万円単位
中途換金	原則として、発行から(エ)経過すれば可能 ただし、直前2回分の各利子(税引前)相当額×0.79685が差し引かれる
発行月(発行頻度)	毎月(年12回)

※問題作成の都合上、一部を「＊＊＊」にしてある。

〈語群〉
1．半年　　2．1年　　3．2年　　4．3年　　5．0.03
6．0.05　　7．0.33　　8．0.5　　9．0.55　　10．0.66

11　解説

・金利の見直しは半年ごとである。

・個人向け国債(変動10年)の金利の設定方法は、基準金利×0.66である。

・金利の下限は0.05%である。

・原則として、発行から1年経過すれば換金可能である。

➡ テキストp.269　解答　ア1　イ10　ウ6　エ2

12 **B** ☐ ☐ 2023年9月／資産・改

馬場さんは、特定口座で保有しているHG投資信託（追加型国内公募株式投資信託）の収益分配金を2024年6月に受け取った。HG投資信託の運用状況が下記〈資料〉のとおりである場合、次の記述の空欄（ア）、（イ）にあてはまる語句の組み合わせとして、最も適切なものはどれか。

〈資料〉

[馬場さんが特定口座で保有するHG投資信託の収益分配金受取時の状況]
収益分配前の個別元本：14,300円
収益分配前の基準価額：13,800円
収益分配金：200円
収益分配後の基準価額：13,600円

・馬場さんが保有するHG投資信託の収益分配後の個別元本は、（ア）である。
・馬場さんが特定口座で受け取った分配金には、所得税・住民税が課税（イ）。

1．（ア）13,600円　　（イ）される
2．（ア）14,100円　　（イ）される
3．（ア）13,600円　　（イ）されない
4．（ア）14,100円　　（イ）されない

12 **解説**

（ア）分配落ち後の基準価額が、分配落ち前の基準額を下回っている場合、収益分配金は全額、特別分配金（元本払戻金）となる。
　　収益分配後の個別元本＝収益分配前の個別元本－特別分配金なので
　　　14,300円－200円＝14,100円となる。

（イ）特別分配金（元本払戻金）は、非課税である。

 テキストp.294 **解答** 4

2024年5月16日、QZ株式会社（以下「QZ社」という）は、QA株式会社（以下「QA社」という）を吸収合併した。下記〈資料〉は、井川さんが同一の特定口座内で行ったQA社とQZ社の株式取引等に係る明細である。井川さんが2024年9月9日に売却したQZ社の1,000株について、譲渡所得の取得費の計算の基礎となる1株当たりの取得価額として、正しいものはどれか。なお、計算結果について円未満の端数が生じる場合は切り捨てること。

〈資料〉

取引日等	取引種類等	銘柄	株数（株）	約定単価（円）
2022年9月16日	買付	QA社	3,000	2,520
2023年11月2日	買付	QA社	2,000	3,060
2024年5月16日	会社合併 比率 QA社：QZ社 1：1.2	－	－	－
2024年9月9日	売却	QZ社	1,000	2,650

※売買手数料および消費税については考慮しないこととする。
※その他の記載のない条件については一切考慮しないこととする。

1. 2,280円
2. 2,520円
3. 2,650円
4. 2,736円

13 │ **解説**

QA社の株式の平均取得単価は

(2,520円×3,000株+3,060円×2,000株)÷(3,000株+2,000株)=2,736円

QA社とQZ社が合併し、QA社の株式がQZ社の株式に変わった際の合併比率は「1：1.2」なので、取得単価は2,736円÷1.2＝2,280円　　となる。

解答 ： 1

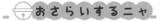

1株当たりの取得価額の求め方

同一銘柄の株式等を2回以上にわたって購入し、その株式等の一部を売却した場合の1株当たりの取得価額は、総平均法に準ずる方法によって求めた1株当たりの価額をもとに計算する。

「1株当たりの取得価額＝購入価額の総額÷購入株数の総数」

取引年月	取引内容	株数（株）	単価（円）	購入価額（円）	売却代金（円）
○1年5月	購入	5,000	700	3,500,000	
○1年9月	購入	6,000	750	4,500,000	
○1年10月	売却	3,000	850		2,550,000
○2年4月	購入	5,000	700	3,500,000	

※計算の便宜上、委託手数料等はないものとする。

○1年10月に売却した場合

1株当たりの取得価額

＝ (3,500,000円＋4,500,000円)÷(5,000株＋6,000株)＝727.27…

売却時までの
購入価額の総額

売却時までの
購入株数の総数

→727円

篤志さんは下記〈資料〉のKM銀行の外貨定期預金キャンペーンに関心を持っている。この外貨定期預金について、満期時の外貨ベースの元利合計額を円転した金額として、正しいものはどれか。

〈資料〉

	預入額	10,000米ドル
・預入額	10,000米ドル
・預入期間	1ヵ月
・預金金利	6.0%（年率）
・為替レート	（1米ドル）

	TTS	TTM(仲値)	TTB
満期時	112.00円	111.00円	110.00円

※利息の計算に際しては、預入期間は日割りではなく月単位で計算すること。
※為替差益・為替差損に対する税金については考慮しないこと。
※利息に対しては、米ドル建ての利息額の20%（復興特別所得税は考慮しない）相当額が所得税・住民税として源泉徴収されるものとすること。
※計算過程において、小数点以下の端数が発生した場合は、小数点以下第3位を四捨五入すること。

1. 1,152,800円
2. 1,124,480円
3. 1,105,500円
4. 1,104,400円

14 **解説**

満期時の米ドルベースの資産額は

10,000米ドル×｛1 + 0.06×1/12×（1 − 0.2）｝= 10,040米ドル

円転するには「TTB」を使うので、円転額は

10,040米ドル×110.00円 = 1,104,400円　となる。

➡ テキストp.273, 274　解答　4

15 **B** ☐☐ 2023年9月／資産

下記〈証券口座の概要〉に関する次の記述のうち、最も適切なものはどれか。

〈証券口座の概要〉

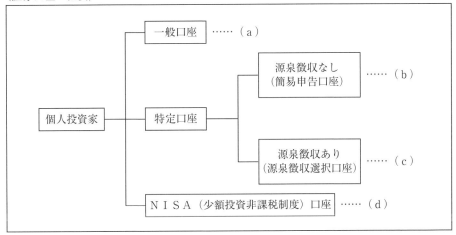

1. 金融商品取引業者等は、（a）のみを選択している個人投資家に対して、その口座内での1年間の取引をまとめて取引報告書を交付しなければならない。
2. 年初の売却で（b）を選択した場合、同年中の2度目以降の売却の際に（c）に変更できない。
3. （c）を選択した場合、ほかの金融商品取引業者等に開設している特定口座における損益と通算することはできない。
4. （d）の非課税投資枠を超えた取引は、（a）で取引しなければならない。

15 解説

1. **不適切**。一般口座での取引については、投資家自身が1年間の売買損益を計算する必要があり、金融商品取引業者等には、1年間の取引をまとめて取引報告書を交付する義務はない。
2. **適切**。特定口座で、売却代金、利子や配当などの受取があった場合、その年はそれ以降、源泉徴収のあり、なしを変更することはできない。
3. **不適切**。源泉徴収ありを選択しても、自分で確定申告することで通算することはできる。
4. **不適切**。NISA口座の非課税投資枠を超えた取引は、一般口座または特定口座で取引する。

 テキストp.291-293 解答 2

次の設例に基づいて、下記の各問(01 〜 03)に答えなさい。

2020年1月／個人・改

《設例》

　会社員のAさんは、妻Bさん、長女Cさんおよび二女Dさんとの4人家族である。Aさんは、2024年11月に取得価額6,000万円で新築マンションを取得(契約締結)し、同月中に入居した。住宅購入の頭金には、自己資金1,000万円と2024年10月にAさんの父親から住宅取得資金として贈与を受けた2,000万円を充当し、残りの3,000万円は銀行の住宅ローンを利用した。

〈Aさんとその家族に関する資料〉

　Aさん　　　(43歳)：会社員

　妻Bさん　(43歳)：専業主婦。2024年中に、パートタイマーとして
　　　　　　　　　　　給与収入80万円を得ている。

　長女Cさん(19歳)：大学生。2024年中の収入はない。

　二女Dさん(17歳)：高校生。2024年中の収入はない。

〈Aさんの2024年分の収入に関する資料〉

　給与収入の金額：920万円

〈Aさんが取得した新築マンションに関する資料〉

　取得価額　　：6,000万円

　土地　　　　：45㎡(敷地利用権の割合相当の面積)

　建物　　　　：95㎡(専有部分の床面積)

　資金調達方法：自己資金1,000万円、

　　　　　　　　父親からの資金援助の額2,000万円

　　　　　　　　銀行からの借入金3,000万円

　　　　　　　　(2024年12月末の借入金残高2,980万円、返済期間25年)

　留意点　　　：当該マンションの取得は、特別特定取得(消費税10％)に該当する。

　　　　　　　　当該マンションは、認定長期優良住宅に該当する。

※家族は、Aさんと同居し、生計を一にしている。

※Aさんとその家族は、いずれも障害者および特別障害者には該当しない。

※Aさんとその家族の年齢は、いずれも2024年12月31日現在のものである。

※上記以外の条件は考慮せず、各問に従うこと。

01 **B** ☐☐

住宅借入金等特別控除(以下、「本控除」という)に関する以下の文章の空欄①～②に入る最も適切な数値を、下記の〈数値群〉のなかから選び、その記号を記入しなさい。

　「住宅ローンを利用して自己の居住用住宅を取得等(特別特定取得に該当)し、2024年中に居住した場合、所定の要件を満たせば、居住の用に供した年分以後(①)年間、本控除の適用を受けることができます。住宅借入金等特別控除の額は、原則として『住宅ローンの年末残高×所定の割合(控除率)』になります。

　住宅ローンの年末残高には限度額が設けられていますが、住宅の取得等が特別特定取得に該当し、当該住宅が認定長期優良住宅に該当するA家の年末残高の限度額は(②)万円です。なお、本控除の適用を受けるための要件には、『取得した住宅の床面積は50㎡以上であること(合計所得金額が1,000万円以下の場合は40㎡以上)』『住宅ローンの返済期間が10年以上であること』などが挙げられます」

　┌〈数値群〉
　│ イ. 11　ロ. 12　ハ. 13　ニ. 15　ホ. 16　ヘ. 3,000　ト. 3,500　チ. 4,500　リ. 5,000

02 **B** ☐☐

Aさんの新築マンションの購入に関する次の記述①～③について、適切なものには○印を、不適切なものには×印を記入しなさい。

① 「父親からの資金援助について、直系尊属から住宅取得等資金の贈与を受けた場合の贈与税の非課税の特例の適用を受けると、贈与税は課されません」
② 「住宅借入金等特別控除の額が所得税額から控除しきれない場合は、その残額のうち、一定額を限度として、翌年度分の住民税額から控除することができます」
③ 「転勤等のやむを得ない事由によりAさんが単身赴任で転居した場合、妻Bさんが引き続きマンションに居住していたとしても、単身赴任後は住宅借入金等特別控除の適用を受けることができません」

Aさんの2024年分の所得税額を計算した下記の表の空欄①〜④に入る最も適切な数値を求めなさい。なお、問題の性質上、明らかにできない部分は「□□□」で示してある。

(a)	総所得金額		（　①　）円
		社会保険料控除	□□□円
		生命保険料控除	□□□円
		地震保険料控除	□□□円
		配偶者控除	（　②　）円
		扶養控除	（　③　）円
		基礎控除	480,000円
(b)	所得控除の額の合計額		3,250,000円
(c)	課税総所得金額（(a)−(b)）		□□□円
(d)	算出税額（(c)に対する所得税額）		□□□円
(e)	税額控除（住宅借入金等特別控除）		（　④　）円
(f)	差引所得税額		□□□円
(g)	復興特別所得税額		□□□円
(h)	所得税および復興特別所得税の額		□□□円

〈資料〉給与所得控除額

給与等の収入金額		給与所得控除額
	1,800,000円以下	収入金額×40%−100,000円 550,000円に満たない場合には、550,000円
1,800,000円超	3,600,000円以下	収入金額×30%＋80,000円
3,600,000円超	6,600,000円以下	収入金額×20%＋440,000円
6,600,000円超	8,500,000円以下	収入金額×10%＋1,100,000円
8,500,000円超		1,950,000円（上限）

〈資料〉配偶者控除の金額

居住者の合計所得金額		一般の控除対象配偶者	老人控除対象配偶者
	900万円以下	38万円	48万円
900万円超	950万円以下	26万円	32万円
950万円超	1,000万円以下	13万円	16万円

01　解説

① 要件を満たして2024年中に居住する場合には、居住しはじめた年分以後13年間、住宅借入金等特別控除が受けられる。

② 控除の対象となる住宅が認定長期優良住宅に該当する場合の年末残高の限度額は4,500万円であるが、二女Dさんが17歳でAさんは「子育て特例対象個人」に該当するため、年末残高の限度額は5,000万円となる。なお、適用を受けるための床面積要件は50㎡以上であるが、合計所得金額が1,000万円以下の者については、40㎡以上50㎡未満も対象となる。

➡ テキストp.347, 348　解答　①ハ　②リ

─── おさらいするニャ ───

住宅借入金等特別控除

居住年	控除率	借入限度額および控除期間			
		新築住宅・買取再販住宅			
		一般住宅	認定住宅	ZEH水準省エネ住宅	省エネ基準適合住宅
2024年〜2025年に居住	0.7%	2,000万円* 10年	4,500万円 (5,000万円) 13年	3,500万円 (4,500万円) 13年	3,000万円 (4,000万円) 13年

＊2024年末までに建築確認を受けたもの
※（　　）内は子育て特例対象個人（夫婦のどちらかが40歳未満または19歳未満の扶養親族を有する者）に該当する場合
※中古住宅に居住した場合の借入限度額は一般住宅が2,000万円、その他認定住宅等は3,000万円、控除期間は一律10年

02 **解説**

① **不適切**。直系尊属からの**住宅取得等資金贈与の特例**の適用を受けると、省エネ等住宅の場合は1,000万円、それ以外の住宅の場合は500万円までの贈与であれば課税されない。父親からの贈与は2,000万円なので、1,000万円を超える部分は贈与税の課税対象となる。

② **適切**。**住宅借入金等特別控除**の額が所得税額から控除しきれない場合は、その残額のうち、一定額を限度に翌年度分の住民税額から控除することができる。

③ **不適切**。Aさんが転勤等のやむを得ない事由で単身赴任で転居した場合でも、その住宅の取得等の日から6ヵ月以内にその住宅に妻Bさんが入居して引き続き住み続けていて、単身赴任後はAさんが共にその住宅に居住することと認められる状況であれば、**住宅借入金等特別控除**の適用を受けることができる。

➡ テキストp.348, 490 　解答　①× 　②○ 　③×

03 **解説**

① Aさんの2024年分の収入は給与収入のみで920万円。〈資料〉から、給与収入が920万円の場合の給与所得控除額は195万円なので、給与所得は　920万円－195万円＝725万円
また、Aさんは**給与収入が850万円超で23歳未満の扶養親族**がいるため、**所得金額調整控除**が適用できる。
　　所得金額調整控除額：（920万円－850万円）×10％＝7万円
したがって、総所得金額は725万円－7万円＝718万円である。

② 妻Bさんの2024年の給与収入は80万円なので、給与所得控除額は80万円×40％－10万円＝22万円＜55万円　∴55万円
したがって、給与所得は80万円－55万円＝25万円＜48万円
したがって、妻Bさんは一般の控除対象配偶者に該当するので、配偶者控除額は38万円である。

③ 長女Cさんは19歳で、特定扶養親族に該当するので控除額は63万円
二女Dさんは17歳で、一般扶養親族に該当するので控除額は38万円
これらを合計して、扶養控除額は101万円である。

④ 住宅ローンの年末残高は2,980万円なので、控除額は2,980万円×0.7％＝208,600円である。

➡ テキストp.315-317, 336, 337, 347, 348

解答　①7,180,000（円）　②380,000（円）　③1,010,000（円）　④208,600（円）

次の設例に基づいて、下記の各問(04〜06)に答えなさい。

2023年9月／個人・改

《設例》

　X株式会社(以下、「X社」という)に勤務する会社員のAさん(60歳)は、妻Bさん(53歳)および長女Cさん(21歳)との3人暮らしである。Aさんは、2024年8月に定年を迎え、X社から退職金の支給を受けたが、X社の継続雇用制度を利用して、引き続き同社に勤務している。なお、下記の〈Aさんの2024年分の収入等に関する資料〉において、不動産所得の金額の前の「▲」は赤字であることを表している。

〈Aさんとその家族に関する資料〉

　Aさん　　　(60歳)：会社員

　妻Bさん　　(53歳)：パートタイマー。2024年中に給与収入90万円を得ている。

　長女Cさん　(21歳)：大学生。2024年中の収入はない。

〈Aさんの2024年分の収入等に関する資料〉

(1)給与収入の金額　　：900万円

(2)不動産所得の金額：▲40万円(白色申告)

　　※損失の金額40万円のうち、当該不動産所得を生ずべき土地の取得に係る負債の利子の額10万円を含む。

(3)一時払変額個人年金保険(10年確定年金)の解約返戻金

　　契約年月　　　　　　　　　　：2015年7月

　　契約者(＝保険料負担者)・被保険者　：Aさん

　　死亡給付金受取人　　　　　　：妻Bさん

　　解約返戻金額　　　　　　　　：500万円

　　正味払込保険料　　　　　　　：430万円

(4)X社から支給を受けた退職金の額：2,450万円

・定年を迎えるまでの勤続期間は36年5カ月である。

・「退職所得の受給に関する申告書」を提出している。

※妻Bさんおよび長女Cさんは、Aさんと同居し、生計を一にしている。

※Aさんとその家族は、いずれも障害者および特別障害者には該当しない。

※Aさんとその家族の年齢は、いずれも2024年12月31日現在のものである。

※上記以外の条件は考慮せず、各問に従うこと。

04 ■ A □□

Aさんが X社から受け取った退職金に係る退職所得の金額を計算した下記の計算式の空欄①〜④に入る最も適切な数値を、解答用紙に記入しなさい。なお、Aさんは、これ以外に退職手当等の収入はないものとする。また、問題の性質上、明らかにできない部分は「□□□」で示してある。

〈退職所得控除額〉

800万円 +（　①　）万円 ×｛（　②　）年 − 20年｝=（　③　）万円

〈退職所得の金額〉

（2,450万円 −（　③　）万円）× □□□ =（　④　）万円

05 ■ A □□

Aさんの2024年分の所得税の課税に関する次の記述①〜③について、適切なものには○印を、不適切なものには×印を記入しなさい。

① 「Aさんは不動産所得の金額に損失が生じているため、確定申告をすることによって、純損失の繰越控除の適用を受けることができます」
② 「Aさんが長女Cさんの国民年金保険料を支払った場合、その支払った保険料はAさんの社会保険料控除の対象となります」
③ 「Aさんが適用を受けることができる配偶者控除および扶養控除の額は、それぞれ 38万円です」

06 ■ A □□

Aさんの2024年分の所得金額について、次の①、②を求め、記入しなさい（計算過程の記載は不要）。なお、①の計算上、Aさんが所得金額調整控除の適用対象者に該当している場合、所得金額調整控除額を控除すること。また、〈答〉は万円単位 とすること。

① 総所得金額に算入される給与所得の金額
② 総所得金額

〈資料〉給与所得控除額

給与収入金額		給与所得控除額	
万円超	万円以下		（55万円に満たない場合は、55万円）
〜	180	収入金額 × 40% − 10万円	
180 〜	360	収入金額 × 30% + 8万円	
360 〜	660	収入金額 × 20% + 44万円	
660 〜	850	収入金額 × 10% + 110万円	
850 〜		195万円	

04 **解説**

・退職所得控除額は、勤続が20年を超える場合は、「800万円＋70万円×(勤続年数－20年)」で計算する。

・退職所得控除額の計算の際、勤続年数に**1年未満の端数**がある場合は**切上げ**となるので、勤続年数は37年となる。

・退職所得控除額：800万円＋70万円×(37年－20年)＝1,990万円

・退職所得：(2,450万円－1,990万円)×1/2＝230万円

➡ テキストp.317

解答 ①70(万円) ②37(年) ③1,990(万円) ④230(万円)

05 **解説**

① **不適切**。純損失の繰越控除は、損益通算をしても、なお引ききれない金額を、翌年以降の所得と通算する制度である。本問では、損益通算となる金額が、給与所得の額以下なので、純損失の繰越控除はない。

② **適切**。社会保険料控除は、本人の分だけでなく、生計を一にする配偶者や親族のために支払った分も控除の対象となる。

③ **不適切**。配偶者の給与所得は「90万円－55万円＝35万円」なので、合計所得金額が48万円以下となり、配偶者控除の対象となる。配偶者控除の額は、納税者の合計所得金額が900万円以下、配偶者の年齢が70歳未満の場合は、38万円である。

長女Cさんに係る扶養控除の額は、Cさんが21歳で、特定扶養親族(19歳以上23歳未満)に該当するので63万円である。

➡ テキストp.330, 336, 337, 340 解答 ①× ②○ ③×

06 **解説**

① 給与所得控除額は195万円だが、23歳未満の扶養親族を有する場合は、所得金額調整控除の適用を受けることができる。所得金額調整控除の額は「(給与等の収入金額－850万円)×10%」なので、(900万円－850万円)×10%＝5万円

給与所得の額：900万円－195万円－5万円＝700万円

② 給与所得の額は、全額総所得金額に算入される。

不動産所得の赤字40万円のうち、土地取得のための借入金利子相当額10万円を除くと30万円が損益通算の対象となる。

一時所得は「総収入金額－その収入を得るために支出した金額－特別控除額(最高50万円)」なので、500万円－430万円－50万円＝20万円となる。その1/2の10万円が総所得金額に算入される。

退職所得は、**分離課税**となるので、総所得金額には算入されない。

よって、総所得金額＝700万円－30万円＋10万円＝680万円となる。

➡ テキストp.313, 316-318, 321 解答 ①700(万円) ②680(万円)

《設例》

　個人事業主であるＡさんは、開業後直ちに青色申告承認申請書と青色事業専従者給与に関する届出書を所轄税務署長に対して提出している青色申告者である。

〈Ａさんとその家族に関する資料〉

　　Ａさん　　（60歳）：個人事業主（青色申告者）

　　妻Ｂさん（56歳）：Ａさんが営む事業に専ら従事している。青色事業専従者として、
　　　　　　　　　　　　2024年中に100万円の給与を受け取っている。

　　母Ｃさん（81歳）：2024年中の収入は、公的年金の老齢給付のみであり、その収入金
　　　　　　　　　　　　額は60万円である。

〈Ａさんの2024年分の収入等に関する資料〉

（１）事業所得の金額　　　　　　　　　　　：500万円（青色申告特別控除後）

（２）個人年金保険に係る確定年金の年金額：100万円（必要経費は80万円）

（３）養老保険（平準払）の満期保険金

　　契約年月　　　　　　　　　　　　　　：1994年2月

　　契約者（＝保険料負担者）・被保険者　：Ａさん

　　死亡保険金受取人　　　　　　　　　　：妻Ｂさん

　　満期保険金受取人　　　　　　　　　　：Ａさん

　　満期保険金額　　　　　　　　　　　　：440万円

　　正味払込保険料　　　　　　　　　　　：360万円

※妻Ｂさんおよび母Ｃさんは、Ａさんと同居し、生計を一にしている。

※Ａさんとその家族は、いずれも障害者および特別障害者には該当しない。

※Ａさんとその家族の年齢は、いずれも2024年12月31日現在のものである。

※上記以外の条件は考慮せず、各問に従うこと。

07 **A** □□

所得税における青色申告制度に関する以下の文章の空欄①〜④に入る最も適切な語句または数値を、下記の〈語句群〉のなかから選び、その記号を記入しなさい。

Ⅰ 「事業所得の金額の計算上、青色申告特別控除として最高（　①　）万円を控除することができます。（　①　）万円の青色申告特別控除の適用を受けるためには、事業所得に係る取引を正規の簿記の原則に従い記帳し、その記帳に基づいて作成した貸借対照表、損益計算書その他の計算明細書を添付した確定申告書を法定申告期限内に提出することに加えて、e-Taxによる申告（電子申告）または電子帳簿保存を行う必要があります。なお、確定申告書を法定申告期限後に提出した場合、青色申告特別控除額は最高（　②　）万円となります」

Ⅱ 「青色申告者が受けられる税務上の特典として、青色申告特別控除のほかに、青色事業専従者給与の必要経費算入、純損失の（　③　）年間の繰越控除、純損失の繰戻還付、棚卸資産の評価について（　④　）を選択できることなどが挙げられます」

〈語句群〉
イ．3　　　　ロ．5　　　　ハ．7　　　　ニ．10
ホ．38　　　ヘ．55　　　ト．65
チ．低価法　リ．原価法　ヌ．定額法

08 **A** □□

Aさんの2024年分の所得税の課税等に関する次の記述①〜③について、適切なものには○印を、不適切なものには×印を記入しなさい。

① 「妻Bさんは、青色事業専従者として給与の支払を受けていますので、妻Bさんの合計所得金額の多寡にかかわらず、控除対象配偶者には該当せず、Aさんは配偶者控除の適用を受けることはできません」

② 「Aさんは母Cさんに係る扶養控除の適用を受けることができます。母Cさんに係る扶養控除の額は58万円です」

③ 「契約者（＝保険料負担者）および死亡保険金受取人をAさん、被保険者を妻Bさんとする定期保険（10年更新）に加入した場合、Aさんが支払う保険料は、事業所得の金額の計算上、必要経費として認められます」

Aさんの2024年分の所得税の算出税額を計算した下記の表の空欄①〜③に入る最も適切な数値を求めなさい。なお、問題の性質上、明らかにできない部分は「□□□」で示してある。

(a)	総所得金額		（ ① ）円
		社会保険料控除	□□□円
		生命保険料控除	□□□円
		地震保険料控除	□□□円
		扶養控除	□□□円
		基礎控除	（ ② ）円
(b)	所得控除の額の合計額		2,000,000円
(c)	課税総所得金額（(a)−(b)）		□□□円
(d)	算出税額（(c)に対する所得税額）		（ ③ ）円

〈資料〉所得税の速算表

課税総所得金額			税率	控除額
万円超		万円以下		
	〜	195	5%	—
195	〜	330	10%	9万7,500円
330	〜	695	20%	42万7,500円
695	〜	900	23%	63万6,000円
900	〜	1,800	33%	153万6,000円
1,800	〜	4,000	40%	279万6,000円
4,000	〜		45%	479万6,000円

07 解説

① 事業所得の金額の計算上、**青色申告特別控除**として**最高65万円**を控除することができる。

② 確定申告書を法定申告期限後に提出した場合、青色申告特別控除額は最高10万円となる。

③ 青色申告者が受けられる税務上の特典として、青色申告特別控除のほかに、青色事業専従者給与の必要経費算入、純損失の**3年間の繰越控除**、純損失の繰戻還付がある。

④ その他、青色申告者が受けられる税務上の特典として、**棚卸資産の評価について低価法**を選択できることなどがある。低価法とは、棚卸資産の時価と、その棚卸資産を購入した際の帳簿価額を比べて、低いほうを評価額とする方法である。

➡ テキストp.359, 360　解答　①ト　②ニ　③イ　④チ

08 解説

① 適切。青色事業専従者として給与の支払を受けている場合は、合計所得金額の多寡にかかわらず、控除対象配偶者には該当しないので、Aさんは配偶者控除の適用を受けることはできない。

② 適切。生計を一にする同居の70歳以上の親で、合計所得金額が48万円以下ならば、Aさんは58万円の扶養控除の適用が受けられる。

③ 不適切。事業所得の計算上、支払った生命保険の保険料が必要経費になることはない。生命保険料控除の対象にはなる。

➡ テキストp.314, 336, 337　解答　①○　②○　③×

09 解説

① 事業所得の金額500万円は、全額総所得金額に算入される。個人年金保険の年金は、雑所得となり「100万円−必要経費80万円＝20万円」が総所得金額に算入される。養老保険の満期保険金は、一時所得となり、「440万円−360万円−50万円＝30万円」。その1/2が総所得金額に算入される。

よって、総所得金額は「500万円＋20万円＋15万円＝535万円」となる。

② 合計所得金額が2,400万円以下の人は、**48万円**の基礎控除が受けられる。

③ 課税総所得金額は「5,350,000円−2,000,000円＝3,350,000円」で、算出税額は「3,350,000円×20%−427,500円＝242,500円」となる。

➡ テキストp.314, 321, 322, 327, 335

解答　①5,350,000（円）　②480,000（円）　③242,500（円）

次の設例に基づいて、下記の各問(10 〜 12)に答えなさい。

2023年9月／生保・改

《設例》

　Aさんは、妻Bさんおよび長男Cさんとの3人家族である。Aさんは、個人で不動産賃貸業を営んでいる。また、Aさんは、2024年中に、終身保険の解約返戻金および一時払変額個人年金保険(10年確定年金)の解約返戻金を受け取っている。

〈Aさんとその家族に関する資料〉

　　Aさん　　　(50歳)：個人事業主(青色申告者)

　　妻Bさん　　(48歳)：会社員。2024年分の給与収入は600万円である。

　　長男Cさん　(21歳)：大学生。2024年中の収入はない。

〈Aさんの2024年分の収入等に関する資料〉

（1）不動産所得の金額　　　　　　　：900万円(青色申告特別控除後)

（2）上場株式の譲渡損失の金額　　　：20万円

（証券会社を通じて譲渡したものである）

（3）終身保険の解約返戻金

契約年月　　　　　　　　　　　：2005年8月

契約者(＝保険料負担者)・被保険者：Aさん

死亡保険金受取人　　　　　　　：妻Bさん

　　解約返戻金額　　　　　　　　：460万円

正味払込保険料　　　　　　　　：500万円

（4）一時払変額個人年金保険(10年確定年金)の解約返戻金

契約年月　　　　　　　　　　　：2015年6月

契約者(＝保険料負担者)・被保険者：Aさん

死亡保険金受取人　　　　　　　：妻Bさん

解約返戻金額　　　　　　　　　：600万円

正味払込保険料　　　　　　　　：500万円

※妻Bさんおよび長男Cさんは、Aさんと同居し、生計を一にしている。

※Aさんとその家族は、いずれも障害者および特別障害者には該当しない。

※Aさんとその家族の年齢は、いずれも2024年12月31日現在のものである。

※上記以外の条件は考慮せず、各問に従うこと。

10　**A**　□□

不動産所得に係る青色申告制度に関する以下の文章の空欄①～④に入る最も適切な数値を、下記の〈数値群〉のなかから選び、その記号を記入しなさい。なお、問題の性質上、明らかにできない部分は「□□□」で示してある。

Ⅰ　「不動産の貸付が事業的規模に該当する場合、不動産所得の金額の計算上、青色申告特別控除として最高（　①　）万円を控除することができます。（　①　）万円の青色申告特別控除の適用を受けるためには、不動産所得に係る取引を正規の簿記の原則に従い記帳し、その記帳に基づいて作成した貸借対照表、損益計算書その他の計算明細書を添付した確定申告書を法定申告期限内に提出することに加えて、e-Taxによる申告（電子申告）または電子帳簿保存を行う必要があります。なお、不動産の貸付が事業的規模でない場合、青色申告特別控除額は最高（　②　）万円です」

Ⅱ　「不動産所得の金額の計算上、不動産の貸付が事業的規模に該当するか否かについては、社会通念上、事業と称するに至る程度の規模かどうかにより実質的に判断しますが、形式基準によれば、独立した家屋の貸付についてはおおむね（　③　）棟以上、アパート等については貸与することができる独立した室数がおおむね□□□以上であれば、特に反証のない限り、事業的規模として取り扱われます」

Ⅲ　「青色申告者が受けられる税務上の特典として、青色申告特別控除のほかに、純損失の（　④　）年間の繰越控除、純損失の繰戻還付などが挙げられます」

───〈数値群〉───
イ. 1　ロ. 2　ハ. 3　ニ. 5　ホ. 7　ヘ. 10　ト. 26　チ. 38　リ. 55　ヌ. 65

11　**A**　□□

Aさんの2024年分の所得税の課税等に関する次の記述①～③について、適切なものには○印を、不適切なものには×印を記入しなさい。

①「上場株式の譲渡損失の金額は、不動産所得の金額や一時所得の金額と損益通算することができます」

②「Aさんが長男Cさんの国民年金保険料を支払った場合、その支払った保険料は、Aさんの社会保険料控除の対象となります」

③「Aさんが適用を受けることができる長男Cさんに係る扶養控除の額は、38万円です」

Aさんの2024年分の所得税の算出税額を計算した下記の表の空欄①〜③に入る最も適切な数値を求めなさい。なお、問題の性質上、明らかにできない部分は「□□□」で示してある。

(a)総所得金額		（　①　）円
	社会保険料控除	□□□円
	生命保険料控除	□□□円
	地震保険料控除	□□□円
	扶養控除	□□□円
	基礎控除	（　②　）円
(b)所得控除の額の合計額		□□□円
(c)課税総所得金額((a)−(b))		6,650,000円
(d)算出税額((c)に対する所得税額)		（　③　）円

〈資料〉所得税の速算表

課税総所得金額			税率	控除額
万円超		万円以下		
	〜	195	5％	—
195	〜	330	10％	9万7,500円
330	〜	695	20％	42万7,500円
695	〜	900	23％	63万6,000円
900	〜	1,800	33％	153万6,000円
1,800	〜	4,000	40％	279万6,000円
4,000	〜		45％	479万6,000円

10 解説

① 電子申告要件等を満たした場合、**青色申告特別控除額**は、**最大65万円**となる。

② 不動産の貸付が事業的な規模でない場合は、青色申告特別控除額は、**最大10万円**となる。

③ 不動産所得の金額の計算上、**事業的規模**に該当するか否かは、一般的に**5棟10室**で判定される。

④ 所得税の計算上、純損失の繰越控除は**最大3年間**認められている。

➡ テキストp.359, 360　解答　①ヌ　②ヘ　③ニ　④ハ

11 解説

① **不適切**。上場株式の譲渡損失の金額は、不動産所得や一時所得などの総合課税となる所得とは損益通算することはできない。

② **適切**。社会保険料控除は、本人の分だけでなく、生計を一にする配偶者や親族のために支払った分も控除の対象となる。

③ **不適切**。長男Cさんに係る扶養控除の額は、Cさんが21歳で、**特定扶養親族**（19歳以上23歳未満）に該当するので63万円である。

➡ テキストp.328, 337, 340　解答　①×　②○　③×

12 解説

① 不動産所得の金額は900万円で、全額が総所得金額に算入される。上場株式の譲渡損失の金額は、総所得金額の計算上、損益通算の対象外となる。一時所得の額は（460万円＋600万円）－（500万円＋500万円）－50万円＝10万円であり、その1/2が総所得金額に算入される。よって、総所得金額は900万円＋10万円×1/2＝905万円

② 合計所得金額が2,400万円以下の人は、**48万円**の基礎控除が受けられる。

③ 6,650,000円×20％－427,500円＝902,500円

➡ テキストp.313, 321, 327, 328, 335

解答　①9,050,000（円）　②480,000（円）　③902,500（円）

下記の各問(13 ～ 18)について答えなさい。

13 **A** ☐☐ 2021年1月／資産・改

佐野さん(67歳)の2024年分の収入等は下記のとおりである。佐野さんの2024年分の所得税における総所得金額を計算しなさい。なお、記載のない条件については一切考慮しないこと。

〈収入〉

内容	金額
アルバイト収入	50万円
老齢厚生年金および企業年金	300万円
生命保険の満期保険金(一時金)	50万円

※アルバイト収入は給与所得控除を控除する前の金額である。
※老齢厚生年金および企業年金は公的年金等控除額を控除する前の金額である。
※生命保険は養老保険(保険期間20年、保険契約者および満期保険金受取人は佐野さん)の満期保険金であり、既払込保険料(佐野さんが全額負担している)を控除した後の金額である。なお、契約者配当については考慮しないものとする。

〈公的年金等控除額の速算表〉

納税者区分	公的年金等の収入金額(A)		公的年金等控除額
			公的年金等に係る雑所得以外の所得に係る合計所得金額
			1,000万円以下
65歳未満の者		130万円以下	60万円
	130万円超	410万円以下	(A)×25%＋27.5万円
	410万円超	770万円以下	(A)×15%＋68.5万円
	770万円超	1,000万円以下	(A)×5%＋145.5万円
	1,000万円超		195.5万円
65歳以上の者		330万円以下	110万円
	330万円超	410万円以下	(A)×25%＋27.5万円
	410万円超	770万円以下	(A)×15%＋68.5万円
	770万円超	1,000万円以下	(A)×5%＋145.5万円
	1,000万円超		195.5万円

13 解説

・佐野さんのアルバイト収入は給与所得に分類されるが、**162.5万円**までの給与収入に対する**給与所得控除55万円**よりも給与収入(50万円)が少ないので、給与所得は0円である。

・佐野さんの老齢厚生年金および企業年金は、公的年金等控除の対象となる雑所得に分類される。公的年金等控除の速算表より、公的年金等控除額は110万円なので、雑所得の金額は、300万円－110万円＝190万円である。

・佐野さんの**生命保険の満期保険金**は**一時所得**に分類される。一時所得からは特別控除額を差し引くので、一時所得：50万円－50万円(特別控除額)＝0円である。

・したがって、佐野さんの総所得金額は、給与所得0円＋雑所得190万円＋一時所得0円＝190万円である。

➡ テキストp.315, 316, 321, 322 　解答　190(万円)

株式会社QSの代表取締役の川久保さんが任期満了で退任した場合、同社の役員退職慰労金規程に基づき、川久保さんが受け取ることができる役員退職慰労金の金額を計算しなさい。なお、解答は以下の〈前提条件〉および〈資料〉に基づくものとし、記載のない事項については一切考慮しないものとする。

〈前提条件〉

- ・入社時年齢：45歳
- ・退任時年齢：70歳（役員在任年数25年間）
- ・退任時の最終報酬月額：80万円
- ・入社から退任までの役位は継続して代表取締役

〈資料：株式会社ＱＳの役員退職慰労金規程〉

[役員退職慰労金規程]（抜粋）

第1条（総則）

　この規程は退任した取締役または監査役（以下「役員」という）の役員退職慰労金および弔慰金について定めるものである。

第2条（退任の定義）

　退任の時期は以下の各号に定めるときとする。

　①辞任　②任期満了　③解任　④死亡

第3条（金額の算定）

　役員退職慰労金の算定は、役位別の最終報酬月額に役位ごとの在任期間の年数を乗じ、役位別係数を乗じて算出した額（以下の式）の合計額とする。

> 最終報酬月額×役員在任年数×功績倍率（役位別係数）＝役員退職慰労金

功績倍率（役位別係数）

代表取締役	3.0
専務取締役	2.4
常務取締役	2.2
取締役	2.0
監査役	1.5

－以下省略－

14 **解説**

資料に「最終報酬月額×役員在任年数×功績倍率（役位別係数）＝役員退職慰労金」とあるので、役員退職慰労金の額は、80万円×25年×3.0＝6,000万円となる。

解答　6,000（万円）

15 **A** ☐☐ 2023年1月／資産・改

会社員の山岸さんの2024年分の所得等が下記〈資料〉のとおりである場合、山岸さんが2024年分の所得税の確定申告を行う際に、給与所得と損益通算できる損失に関する次の記述のうち、最も適切なものはどれか。なお、▲が付された所得金額は、その所得に損失が発生していることを意味する。

〈資料〉

所得の種類	所得金額	備　考
給与所得	396万円	
不動産所得	▲100万円	必要経費：700万円 必要経費の中には、土地の取得に要した借入金の利子の額120万円が含まれている。
雑所得	▲10万円	副業について初期投資による経費発生が多かったことによる損失（赤字）
譲渡所得	▲150万円	上場株式の売却による損失

1. 不動産所得▲100万円と損益通算できる。
2. 副業の雑所得▲10万円と損益通算できる。
3. 上場株式の譲渡所得▲150万円と損益通算できる。
4. 損益通算できる損失はない。

15 **解説**

1. **不適切。**不動産所得の計算上生じた損失のうち、土地の取得に要した借入金の利子は**損益通算の対象とならない**ため、不動産所得の損失100万円は損益通算できない。
2. **不適切。**雑所得での損失は、**損益通算の対象とならない**。
3. **不適切。**株式等の売却による損失は、損益通算できない。
4. **適切。**選択肢の中に損益通算できる損失はない。

 テキストp.328　**解答**　4

会社員の榎田さんが2024年中に支払った医療費等が下記〈資料〉のとおりである場合、榎田さんの2024年分の所得税の確定申告における医療費控除の金額として、正しいものはどれか。なお、榎田さんの2024年分の所得は、給与所得610万円のみであるものとし、榎田さんは妻および母と生計を一にしている。また、セルフメディケーション税制（特定一般用医薬品等購入費を支払った場合の医療費控除の特例）については考慮せず、保険金等により補てんされる金額はないものとする。

〈資料〉

支払年月	医療等を 受けた人	医療機関等	内容	支払金額
2024年1月	母	A病院	入院治療（注1）	63,000円
2024年4月	本人	B病院	人間ドック（注2）	47,000円
	妻			57,000円
	本人		通院治療	33,000円
2024年8月	母	C歯科医院	歯科治療（注3）	450,000円

（注1）母は、2023年12月に入院して、2024年1月に退院している。退院の際に支払った金額63,000円のうち30,000円は、2023年12月分の入院代および治療費であった。

（注2）榎田さんは夫婦で人間ドックを受診したが、榎田さんは重大な疾病が発見されたため、引き続き通院をして治療をすることとなった。妻は、人間ドックの結果、異常は発見されなかった。

（注3）虫歯が悪化したため抜歯し、医師の診断により一般的なインプラント治療を受け、現金で支払った。

1. 43,000円
2. 463,000円
3. 493,000円
4. 550,000円

16 ｜ 解説

総所得金額が200万円以上の場合は、「医療費控除額＝実際に支払った医療費の合計額－保険金などで補てんされる金額－10万円」である。入院治療の費用は、支払った年の控除の対象となるので、63,000円が控除の対象となる。また、人間ドックの費用は、榎田さんのように重大な疾病が発見された場合は対象となるので、47,000円が対象となる（人間ドックの費用は重大な疾病が発見されなかった場合は対象外となる）。通院治療の費用33,000円と歯科の治療の費用450,000円も控除の対象となる。

したがって医療費控除の額は、

63,000円＋47,000円＋33,000円＋450,000円－10万円＝493,000円

➡ テキストp.340, 341　解答　3

⬡おさらいするニャ

医療費控除の対象となるもの、ならないものの例

- **対象となるもの**
  診療費、入院費、出産費用、医薬品の購入費、通院費（交通費）
- **対象とならないもの**
  美容整形の費用、人間ドック・健康診断の費用（ただし、重大な病気が見つかった場合を除く）、健康増進・病気予防のためのサプリメント代、自己都合による入院時の個室代（差額ベッド代）、近視や遠視などのために日常生活の必要性に基づき購入されたコンタクトレンズ代・メガネ代＊

＊治療のために必要だとして医師の指示で装用するものは対象となる。

会社員の明石さんが2024年に支払った保険料等は下記のとおりである。この場合の明石さんの2024年分の所得税における社会保険料控除額を計算しなさい。なお、記載のない条件については一切考慮しないこととする。

保険料等の種類	支払金額(年額)(※1)
健康保険料	17万円
介護保険料(※2)	3万円
厚生年金保険料	33万円
雇用保険料	1万円
企業型確定拠出年金の マッチング拠出の掛金	5万円
確定給付企業年金の 加入者拠出掛金	12万円

（※1）いずれも明石さんの給与明細および賞与明細に記載された給与および賞与から控除された保険料等の年額であり、会社負担額を含まない。
（※2）介護保険法の規定による介護保険料である。

17 **解説**

　個人が拠出した「健康保険料、介護保険料、厚生年金保険料、雇用保険料」は、全額社会保険料控除の対象となる。個人が拠出した「確定拠出年金の掛金」は全額小規模企業共済等掛金控除の対象となり、確定給付企業年金の加入者拠出金は、生命保険料控除の対象になる。

　よって、社会保険料控除の額は「17万円＋3万円＋33万円＋1万円＝54万円」となる。

➡ テキストp.100, 340　解答　54(万円)

18 **A** ☐☐ 2023年5月／資産・改

会社員の大津さんは、妻および長男との3人暮らしである。大津さんが2023年中に新築住宅を購入し、同年中に居住を開始した場合等の住宅借入金等特別控除(以下「住宅ローン控除」という)に関する次の(ア)〜(エ)の記述について、適切なものには○、不適切なものには×を記入しなさい。なお、大津さんは、年末調整および住宅ローン控除の適用を受けるための要件をすべて満たしているものとする。

(ア) 2023年分の住宅ローン控除可能額が所得税から控除しきれない場合は、その差額を翌年度の住民税から控除することができるが、その場合、市区町村への住民税の申告が必要である。

(イ) 大津さんが所得税の住宅ローン控除の適用を受ける場合、2023年分は確定申告をする必要があるが、2024年分以降は勤務先における年末調整により適用を受けることができる。

(ウ) 一般的に、住宅ローン控除は、その建物の床面積の内訳が居住用40㎡、店舗部分30㎡の合計70㎡の場合は適用を受けることができない。

(エ) 将来、大津さんが住宅ローンの繰上げ返済を行った結果、すでに返済が完了した期間と繰上げ返済後の返済期間の合計が8年となった場合、繰上げ返済後は住宅ローン控除の適用を受けることができなくなる。

18 **解説**

(ア)不適切。住民税の計算において、住宅ローン控除を受ける場合、確定申告は不要である。

(イ)適切。給与所得者の場合、最初の年は、必ず確定申告をする必要があるが、2年目以降は勤務先の年末調整により適用を受けることができる。

(ウ)不適切。住宅ローン控除を受けるための床面積の要件は、50㎡(合計所得金額が1,000万円以下である場合は40㎡)以上であり、その1/2以上が専ら居住の用に供するものであることである。

(エ)適切。繰り上げ返済により、総返済期間が10年を下回った場合、その年以降住宅ローン控除を受けることはできない。

➡ テキストp.347, 348 　**解答** 　ア× イ○ ウ× エ○

実技試験　次の設例に基づいて、下記の各問(01 ～ 03)に答えなさい。

2023年9月／個人

《設例》

Aさん(55歳)は、5年前に父親の相続(単純承認)により取得した自宅(建物とその敷地である甲土地)および月極駐車場(青空駐車場・乙土地)を所有している。父親が45年前に甲土地とともに購入した建物は老朽化が進んでおり、Aさんは自宅での生活に不便さを感じている。また、所有する月極駐車場では、その一部に空車が続いている。

Aさんは、甲土地(自宅)および乙土地(駐車場)を売却し、同じ地域にマンションを購入して移り住むことを考えているが、相続した甲土地および乙土地を売却することに少し後ろめたさを感じている。先日、Aさんは、不動産会社を通じ、ドラッグストアのX社から「甲土地および乙土地に新規出店させていただけませんか。なお、甲土地および乙土地については、Aさんに建設協力金方式による有効活用をご検討いただきたいと考えています」との提案を受けた。

〈甲土地および乙土地の概要〉

用途地域	：第一種住居地域
指定建蔽率	：60％
指定容積率	：300％
前面道路幅員による容積率の制限	：前面道路幅員×$\frac{4}{10}$
防火規制	：準防火地域

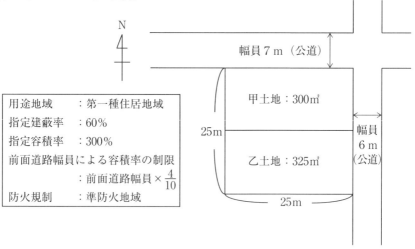

・甲土地、甲土地と乙土地を一体とした土地は、建蔽率の緩和について特定行政庁が指定する角地である。
・指定建蔽率および指定容積率とは、それぞれ都市計画において定められた数値である。
・特定行政庁が都道府県都市計画審議会の議を経て指定する区域ではない。

※上記以外の条件は考慮せず、各問に従うこと。

01 **A** □□
甲土地と乙土地を一体とした土地上に耐火建築物を建築する場合における次の①、②を求めなさい。

　①建蔽率の上限となる建築面積
　②容積率の上限となる延べ面積

02 **B** □□
自宅（建物とその敷地である甲土地）の譲渡および月極駐車場（乙土地）の賃貸借契約に関する次の記述①〜③について、適切なものには○印を、不適切なものには×印を記入しなさい。

① 「Aさんがマンションに転居し、その後、居住していない現在の自宅を譲渡する場合、Aさんが『居住用財産を譲渡した場合の3,000万円の特別控除の特例』の適用を受けるためには、現在の自宅にAさんが居住しなくなった日から3年を経過する日の属する年の12月31日までに譲渡しなければなりません」
② 「『居住用財産を譲渡した場合の長期譲渡所得の課税の特例（軽減税率の特例）』の適用を受けるためには、譲渡した年の1月1日において居住用財産の所有期間が10年を超えていなければなりません。Aさんが現在の自宅を譲渡する場合、譲渡所得の金額の計算上、相続により取得した現在の自宅の取得時期は相続開始日とされるため、当該特例の適用を受けることはできません」
③ 「乙土地に係る月極駐車場の賃貸借契約には、借地借家法が適用されるため、当該契約に中途解約に関する条項がある場合であっても、正当な事由がない場合は、貸主であるAさんから解約を申し入れることができません」

03 **B** □□
建設協力金方式による甲土地と乙土地を一体とした土地の有効活用に関する次の記述①〜③について、適切なものには○印を、不適切なものには×印を記入しなさい。

① 「建設協力金方式は、AさんがX社から建設資金の一部または全部を借り受けて、X社の要望に沿った店舗を建設し、その店舗をX社に賃貸する手法です。借り受けた建設資金は、元本の返済に加え、利子の支払が必要となることがありますが、不動産所得の金額の計算上、返済した元利金は必要経費に算入することができます」
② 「建設協力金方式による土地の有効活用において、建設した店舗に係る固定資産税の納税義務は、Aさんが負うことになります」
③ 「Aさんが建設した店舗をX社に賃貸した後、その賃貸期間中にAさんの相続が開始した場合、相続税額の計算上、店舗は貸家として評価され、甲土地と乙土地を一体とした土地は貸宅地として評価されます」

① 準防火地域に耐火建築物を建てる場合は、建蔽率の上限が10%緩和される。また、特定行政庁が指定する角地に建物を建てる場合も、建蔽率の上限が10%緩和される。よって建蔽率の上限は、60%＋10%＋10%＝80%となる。

したがって、（300㎡＋325㎡）×80%＝500㎡

② 前面道路が2つ以上ある場合は、最も幅の広いものが採用されるので、全面道路は7mである。また前面道路の幅員が12m未満である場合、容積率の上限は指定容積率と前面道路の幅員によって定められている容積率のうち、いずれか小さいほうとなる。

前面道路によって定められている容積率＝7×4/10＝2.8→280%＜指定容積率300%

よって容積率の上限となる延べ面積は、（300㎡＋325㎡）×280%＝1,750㎡

➡️ テキストp.432-434 **解答** ①500（㎡） ②1,750（㎡）

① 適切。居住用財産を譲渡した場合の3,000万円の特別控除の特例の適用を受けるためには、現在の自宅に居住しなくなった日から3年を経過する日の属する年の12月31日までに譲渡しなければならない。

② 不適切。相続や個人からの贈与により取得した資産を売却する場合には、当該資産の取得日は、相続人や贈与者の取得日を引き継ぐ。

③ 不適切。駐車場として利用している土地は、建物の所有を目的としていないので、借地借家法の対象外となる。

➡️ テキストp.418, 459, 460 **解答** ①○ ②× ③×

① 不適切。不動産所得の計算上、返済した利子は必要経費に算入することができるが、元本の額は必要経費に算入することはできない。

② 適切。建設協力金方式の場合、土地と建物の名義は、どちらも土地所有者となるので、土地、建物の固定資産税の納付義務は、土地所有者が負う。

③ 不適切。土地と建物の名義は、どちらも土地所有者なので、建物の賃貸期間中に土地所有者が死亡した場合は、土地は貸家建付地として、建物は貸家として評価される。

➡️ テキストp.467, 475, 476, 543 **解答** ①× ②○ ③×

次の設例に基づいて、下記の各問(04 〜 06)に答えなさい。

2021年1月／個人・改

《設例》

　Aさん(55歳)は、自動車メーカーに勤務する会社員である。2024年10月、M市内の実家(甲土地および建物)で1人暮らしをしていた母親が死亡した。法定相続人は1人息子のAさんのみであり、相続に係る申告・納税等の手続は完了している。

　甲土地(地積：300㎡)は、最寄駅から徒歩5分に位置し、準住居地域に指定されている。周辺では宅地開発が進んでおり、築50年を超える実家の建物は、周りの建物に比べると、いかにも場違いな存在となっている。

　Aさんは、他県に所有する持家に妻と子の3人で暮らしており、実家の売却を検討している。他方、先日、大手ドラッグストアのX社から「甲土地での新規出店を考えています。弊社との間で事業用定期借地権の契約を締結してもらえないでしょうか」との提案があり、Aさんは甲土地の有効活用にも興味を抱くようになった。

〈甲土地の概要〉

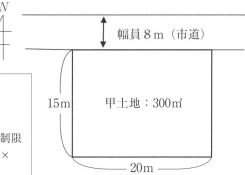

用途地域　　　：準住居地域
指定建蔽率　　：60％
指定容積率　　：200％
前面道路幅員による容積率の制限
　　　　　　　：前面道路幅員×
　　　　　　　　4/10
防火規制　　　：準防火地域

・指定建蔽率および指定容積率とは、それぞれ都市計画において定められた数値である。

・特定行政庁が都道府県都市計画審議会の議を経て指定する区域ではない。

※上記以外の条件は考慮せず、各問に従うこと。

甲土地上に耐火建築物を建築する場合における次の①、②を求め、記入しなさい（計算過程の記載は不要）。

① 建蔽率の上限となる建築面積
② 容積率の上限となる延べ面積

Ｘ社が提案する事業用定期借地権方式に関する次の記述①〜③について、適切なものには○印を、不適切なものには×印を記入しなさい。

① 「事業用定期借地権方式とは、借主であるＸ社が甲土地を契約で一定期間賃借し、Ｘ社が建物を建設する手法です。本方式のメリットとして、土地を手放さずに安定した地代収入を得ることができること、期間満了後は土地が更地となって返還される点などが挙げられます」
② 「事業用定期借地権等は、存続期間が10年以上30年未満の事業用借地権と30年以上50年未満の事業用定期借地権に区別されます。事業用定期借地権等の設定契約は、公正証書により作成しなければなりません」
③ 「Ｘ社が甲土地にドラッグストアの店舗を建設した場合、相続税額の計算上、甲土地は貸家建付地として評価されます。自用地価額１億円、借地権割合60％、借家権割合30％、賃貸割合100％とした場合の甲土地の相続税評価額は8,200万円です」

被相続人の居住用財産（空き家）に係る譲渡所得の特別控除の特例（以下、「本特例」という）に関する次の記述①〜③について、適切なものには○印を、不適切なものには×印を記入しなさい。

① 「本特例の適用を受けるための要件の１つとして、1981（昭和56）年５月31日以前に建築された家屋であることが挙げられます。実家の建物を取り壊して、甲土地を更地にした場合、本特例の適用を受けることはできませんので、本特例の適用を検討しているのであれば、建物は現況の空き家のままにしておいてください」
② 「本特例の適用を受けた場合の特別控除の額は最高3,000万円です。本特例と相続財産を譲渡した場合の取得費の特例（相続税の取得費加算の特例）とは選択適用となりますので、有利なほうを選択するようにしてください」
③ 「本特例の適用を受けるためには、確定申告書に被相続人居住用家屋等確認書を添付する必要があります。当該確認書は実家が所在する地域を管轄する法務局に申請し、交付を受けてください」

04 **解説**

① 甲土地の指定建蔽率は60％であるが、準防火地域に耐火建築物を建てるので、建蔽率が10％緩和され、建蔽率は70％となる。したがって、300㎡×70％＝210㎡　が建蔽率の上限となる建築面積である。

② 前面道路の幅員が12m以下なので、容積率は、指定容積率（200％）か、「前面道路幅員×4/10」の、いずれか小さいほうとなる。

前面道路幅員による容積率は、8×4/10＝320％で、指定容積率（200％）のほうが小さいので、容積率の上限となる延べ面積は、300㎡×200％＝600㎡である。

➡ テキストp.432-434　**解答**　①210（㎡）　②600（㎡）

05 **解説**

① 適切。事業用定期借地権方式とは、借地人が一定期間賃借し、そこに借地人が建物を建設する手法である。土地の持ち主は土地を手放さずに安定した地代収入を得ることができ、期間満了後は原則として借地人が建物を取り壊してから返還する。

② 適切。事業用定期借地権等は、「契約の更新をしない」「存続期間の更新をしない」「建物の買取請求をしない」という３つの特約の扱いについて、契約期間が30年以上50年未満の場合と10年以上30年未満の場合とで異なる。契約期間が30年以上50年未満の場合は、３つの特約を「定めることができる」が、契約期間が10年以上30年未満の場合は３つの特約は自動的に適用される。また、事業用定期借地権等の設定契約は、公正証書により行う。

③ 不適切。甲土地の店舗はAさんの持ち物ではないので、相続税額の計算上、甲土地は「貸宅地」として評価される。したがって、甲土地の評価額は

1億円×（1－60％）＝4,000万円である。

➡ テキストp.420, 475, 476, 543　**解答**　①○　②○　③×

06 **解説**

① 不適切。建物を壊したあとに、その敷地を売却した場合でも、本特例の対象となる。

② 適切。本特例の適用を受けた場合の特別控除額は3,000万円（2024年1月1日以降は、当該不動産を相続または遺贈により取得した相続人の数が3人以上の場合は2,000万円まで）。本特例と相続税の取得費加算の特例は選択適用である。

③ 不適切。被相続人居住用家屋等確認書は、適用を受けようとする家屋が所在する地域を管轄する市区町村から交付を受ける。

➡ テキストp.463　**解答**　①×　②○　③×

次の設例に基づいて、下記の各問(07 〜 09)に答えなさい。

2023年5月／個人

《設例》

　個人事業主のAさん(50歳)は、2年前に父の相続により甲土地(600㎡)を取得している。甲土地は、父の代から月極駐車場として賃貸しているが、収益性は高くない。

　Aさんが甲土地の活用方法について検討していたところ、ハウスメーカーのX社から「甲土地は、最寄駅から徒歩3分の好立地にあり、相応の需要が見込めるため、賃貸マンションの建築を検討してみませんか。Aさんが建築したマンションを弊社に一括賃貸(普通借家契約・マスターリース契約(特定賃貸借契約))していただければ、弊社が入居者の募集・建物管理等を行ったうえで、賃料を保証させていただきます」と提案を受けた。

　Aさんは、自ら賃貸マンションを経営することも考慮したうえで、X社の提案について検討したいと考えている。

〈甲土地の概要〉

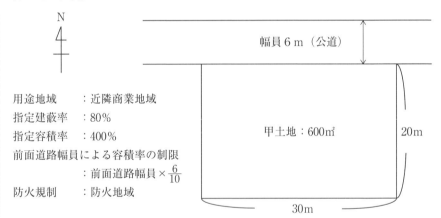

用途地域　　　　：近隣商業地域
指定建蔽率　　　：80%
指定容積率　　　：400%
前面道路幅員による容積率の制限
　　　　　　　　：前面道路幅員×$\frac{6}{10}$
防火規制　　　　：防火地域

幅員6m（公道）

甲土地：600㎡

20m

30m

・指定建蔽率および指定容積率とは、それぞれ都市計画において定められた数値である。

・特定行政庁が都道府県都市計画審議会の議を経て指定する区域ではない。

※上記以外の条件は考慮せず、各問に従うこと。

07 **A** ☐☐
甲土地上に耐火建築物を建築する場合における次の①、②を求め、記入しなさい（計算過程の記載は不要）。

① 建蔽率の上限となる建築面積
② 容積率の上限となる延べ面積

08 **B** ☐☐
Aさんが、甲土地上に賃貸マンションを建築する場合の留意点等に関する次の記述①～③について、適切なものには○印を、不適切なものには×印を記入しなさい。

① 「Aさんが、所有するマンションについて自ら建物の管理や入居者の募集、入居者との賃貸借契約を行う場合には、あらかじめ宅地建物取引業の免許を取得する必要がありますが、マスターリース契約（特定賃貸借契約）に基づき、X社に建物を一括賃貸する場合は、宅地建物取引業の免許は不要です」
② 「AさんがX社と普通借家契約としてマスターリース契約（特定賃貸借契約）を締結し、当該契約において賃料が保証される場合であっても、X社から経済事情の変動等を理由として契約期間中に賃料の減額請求を受ける可能性があります」
③ 「不動産の収益性を測る指標の1つであるNOI利回り（純利回り）は、不動産投資によって得られる賃料等の年間総収入額を総投資額で除して算出されます。この指標では、簡便に不動産の収益性を把握することができますが、不動産投資に伴う諸経費は考慮されていないため、あくまで目安として利用するようにしてください」

09 **B** ☐☐
Aさんが、甲土地上に賃貸マンションを建築する場合の課税に関する次の記述①～③について、適切なものには○印を、不適切なものには×印を記入しなさい。

① 「Aさんが甲土地に賃貸マンションを建築し、不動産取得税および登録免許税を支払った場合、不動産所得の金額の計算上、いずれも必要経費に算入することができます」
② 「Aさんが甲土地に賃貸マンションを建築した場合、相続税額の計算上、甲土地は貸家建付地として評価されます。甲土地の貸家建付地としての価額は、当該マンションの賃貸割合が高いほど、高く評価されます」
③ 「Aさんが甲土地に賃貸マンションを建築した場合、甲土地に係る固定資産税の課税標準を、住宅1戸につき200㎡までの部分（小規模住宅用地）について課税標準となるべき価格の6分の1の額とする特例の適用を受けることができます」

解説

① 建蔽率が80%である防火地域に耐火建築物を建てる場合は、建蔽率の上限が100%となる。よって、建蔽率の上限となる建築面積は、600㎡×100%＝600㎡

② 前面道路の幅員が12m未満である場合、容積率の上限は指定容積率と前面道路の幅員によって定められている容積率のうち、いずれか小さいほうとなる。
前面道路によって定められている容積率＝6×6/10＝3.6→360%＜指定容積率400%
よって容積率の上限となる延べ面積は、600㎡×360%＝2,160㎡

➡ テキストp.432-434　解答　①600（㎡）　②2,160（㎡）

解説

① 不適切。自らが貸主となって所有する不動産の賃貸を行う場合には、マスターリース契約でなくても宅地建物取引業の免許は不要である。

② 適切。普通借家契約としてマスターリース契約（特定賃貸借契約）を締結し、当該契約において賃料が保証される場合であっても、経済事情の変動等を理由として契約期間中に賃料の減額請求を受ける可能性はある。

③ 不適切。NOI利回り（純利回り）は、不動産投資によって得られる年間の純収益の額（収入の総額－支出の総額）を総投資額で除して算出する。

➡ テキストp.409, 470　解答　①×　②○　③×

解説

① 適切。賃貸マンションを建築し、不動産取得税および登録免許税を支払った場合、不動産所得の金額の計算上、いずれも必要経費に算入することができる。

② 不適切。所有している土地に賃貸マンションを建築した場合、相続税額の計算の際は、貸家建付地として評価される。貸家建付地の相続税評価額は、「自用地評価額×（1－借地権割合×借家権割合×賃貸割合）」で計算するので、賃貸割合が高いほど、評価額は低くなる。

③ 適切。マンションの敷地の固定資産税評価額の計算上、小規模住宅用地の特例の適用を受けると「200㎡×戸数」まで課税標準が6分の1になる。

➡ テキストp.454, 467, 543　解答　①○　②×　③○

下記の各問(10 〜 15)について答えなさい。

10 **B** ☐ ☐ 2024年1月／資産

下記〈資料〉は、横川さんが購入を検討している中古マンションのインターネット上の広告（抜粋）である。この広告の内容等に関する次の（ア）〜（エ）の記述について、適切なものには○、不適切なものには×を記入しなさい。

〈資料〉

○○マンション302号室			
販売価格	3,480万円	所在地	◎◎県××市○○町3－1
交通	××線△△駅まで徒歩9分	間取り	3LDK
専有面積	71.66㎡（壁芯）	バルコニー面積	14.28㎡
階／階建て	3階／5階	築年月	1994年6月
総戸数	42戸	構造	鉄筋コンクリート造
管理費	20,200円／月	修繕積立金	15,600円／月
土地権利	所有権	取引形態	売主

（ア）この物件の出入り口から××線△△駅までの道路距離は、720m超800m以下である。

（イ）この物件の専有面積として記載されている面積は、登記簿上の面積と同じである。

（ウ）この物件は専有部分と共用部分により構成されるが、バルコニーは共用部分に当たる。

（エ）この物件を購入する場合、売主である宅地建物取引業者に仲介手数料を支払う必要がない。

（ア）**不適切**。物件から駅などの施設までの徒歩所要時間や道路距離を表示する際には、マンションやアパートの場合は、その起点を「建物の出入り口」からとし、「△△駅まで徒歩○分」は、道路距離80mを徒歩で1分かかるものとして、端数は切り上げて計算する。したがって、物件の出入り口から××線△△駅までの道路距離（直線距離ではなく、道路に沿って計測した距離）は、640m超720m以下である。

（イ）**不適切**。マンションの専有部分の床面積は、広告等では**壁芯面積**で表示されているが、**登記記録**では**内法面積**で表示されている。したがって、登記簿上の面積は、広告の専有面積よりも狭い。

（ウ）**適切**。この物件は専有部分と共用部分により構成されるが、バルコニーは災害時に避難経路としてその部屋の居住者以外も利用するため、共用部分に当たる。

（エ）**適切**。「仲介」とは、当事者同士の間に入って話をまとめることなので、宅地建物取引業者が当事者の片方（売主）である場合は、宅地建物取引業者に仲介手数料を支払う必要がない。

➡ テキストp.409-413, 422　解答　**(ア)**×　**(イ)**×　**(ウ)**○　**(エ)**○

おさらいするニャ

内法面積と壁芯面積

内法面積…壁の内側の面積	壁芯面積…壁の中心線の内側の面積
壁	壁の中心線　壁

11 **B** ☐☐ 2022年1月／資産

井川さんは、相続により取得した土地の有効活用を検討するに当たり、FPの飯田さんに、借地借家法に定める借地権について質問をした。下記の空欄（ア）〜（エ）に入る適切な語句を語群の中から選び、その番号のみを記入しなさい。なお、本問においては、同法第22条の借地権を一般定期借地権といい、第22条から第24条の定期借地権等以外の借地権を普通借地権という。

井川さん：「まず、普通借地権について教えてください。存続期間の定めはありますか。」

飯田さん：「普通借地権の最初の存続期間は（　ア　）ですが、契約でこれより長い期間を定めたときは、その期間とされます。」

井川さん：「地主から契約の更新を拒絶するに当たって、正当事由は必要でしょうか。」

飯田さん：「正当事由は（　イ　）です。」

井川さん：「次に、一般定期借地権の存続期間について教えてください。」

飯田さん：「一般定期借地権の存続期間は（　ウ　）以上です。契約を締結する際は、契約の更新がない旨などの特約を、（　エ　）行わなければなりません。」

〈語群〉

1．10年　　　　2．20年　　　　3．30年　　　　4．50年

5．必要　　　　6．不要

7．地方裁判所等の許可を得て　　　8．公正証書等の書面によって

---

11 **解説**

・普通借地権の存続期間は当初**30年**だが、当事者間の合意があれば、30年以上でも可能である。土地所有者に契約更新を拒む正当な事由がなければ、借地人の希望によって契約が更新される。

・一般の定期借地権は存続期間**50年**以上で用途制限はなく、期間満了で借地関係は終了する。契約は書面で交わすが、必ずしも公正証書である必要はない。

➡ テキストp.418-420　解答 ア3　イ5　ウ4　エ8

借地権の特徴を
覚えておくニャ

倉田さんは、居住している自宅の土地および建物を売却する予定である。売却に係る状況が下記〈資料〉のとおりである場合、所得税における次の記述の空欄（ア）、（イ）にあてはまる数値または語句の組み合わせとして、正しいものはどれか。

〈資料〉

・取得日：2019年1月5日
・売却予定日：2024年6月1日
・取得費：5,500万円
・譲渡価額（合計）：9,800万円
・譲渡費用（合計）：300万円

※居住用財産を譲渡した場合の3,000万円特別控除の特例の適用を受けるものとする。
※所得控除は考慮しないものとする。

倉田さんがこの土地および建物を売却した場合の特別控除後の譲渡所得の金額は（　ア　）万円となり、課税（　イ　）譲渡所得金額として扱われる。

1．（ア）1,000　　（イ）短期
2．（ア）1,300　　（イ）短期
3．（ア）1,000　　（イ）長期
4．（ア）1,300　　（イ）長期

12 **解説**

・譲渡所得の金額は、

　　9,800万円 − 5,500万円 − 300万円 − 3,000万円 ＝ 1,000万円

となる。

・不動産にかかる譲渡所得の長期と短期の判定は、取得日から**売却した日が属する年の1月1日**までの保有期間が**5年**を超えるか否で判定するので、このケースの場合は短期となる。

➡ テキストp.455-459　**解答** 1

13 **A** ☐☐ 2023年9月／資産

建築基準法に従い、下記〈資料〉の土地に耐火建築物を建てる場合、建築面積の最高限度（ア）と延べ面積（床面積の合計）の最高限度（イ）の組み合わせとして、正しいものはどれか。なお、〈資料〉に記載のない条件については一切考慮しないものとする。

〈資料〉

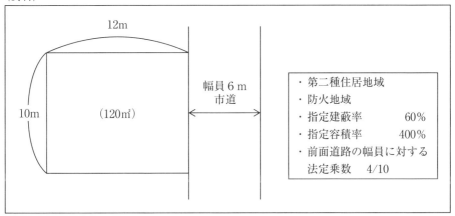

12m
10m
（120㎡）
幅員6m
市道

・第二種住居地域
・防火地域
・指定建蔽率　　　60%
・指定容積率　　　400%
・前面道路の幅員に対する
　法定乗数　　4/10

1．（ア）72㎡　　　（イ）288㎡
2．（ア）72㎡　　　（イ）480㎡
3．（ア）84㎡　　　（イ）288㎡
4．（ア）84㎡　　　（イ）480㎡

13 **解説**

（ア）防火地域に耐火建築物を建てる場合は、建蔽率の上限が10%緩和される。よって、建蔽率の上限は、60% + 10% = 70%となる。

したがって建蔽率の上限となる建築面積は、120㎡ × 70% = 84㎡

（イ）前面道路の幅員が12m未満である場合、容積率の上限は指定容積率と前面道路の幅員によって定められている容積率のうち、いずれか小さいほうとなる。

前面道路によって定められている容積率 = 6 × 4/10 = 2.4→240% < 指定容積率400%

よって容積率の上限となる延べ面積は、120㎡ × 240% = 288㎡

➡ テキストp.432-434 **解答**　　3

不動産取得税に関する次の記述の空欄(ア)〜(エ)にあてはまる語句を語群の中から選び、その番号のみを記入しなさい。

> 不動産取得税は、原則として不動産の所有権を取得した者に対して、その不動産が所在する(ア)が課税するものであるが、相続や(イ)等を原因とする取得の場合は非課税となる。課税標準は、原則として(ウ)である。また、一定の条件を満たした新築住宅(認定長期優良住宅ではない)を取得した場合、課税標準から1戸当たり(エ)を控除することができる。

〈語群〉
1. 市町村　　2. 都道府県　　　　3. 国税局　　4. 贈与　　5. 売買
6. 法人の合併　7. 固定資産税評価額　8. 公示価格　9. 時価
10. 1,000万円　11. 1,200万円　　12. 1,500万円

14 **解説**

(ア)不動産取得税の課税主体は、都道府県である。

(イ)相続や合併等により不動産の所有権が移動した場合には、不動産取得税はかからない。

(ウ)不動産取得税の課税標準は、原則として、固定資産税評価額である。

(エ)一定の条件を満たした新築住宅を取得した場合、課税標準から1戸当たり1,200万円を控除することができる(認定長期優良住宅は1,300万円)。

➡ テキストp.443, 444 　解答　ア2　イ6　ウ7　エ11

15 **B** ☐☐ 2023年5月／資産・改

柴田さんは、保有しているマンションを賃貸している。2023年分の賃貸マンションに係る収入および支出等が下記〈資料〉のとおりである場合、2023年分の所得税に係る不動産所得の金額を計算しなさい。なお、〈資料〉以外の収入および支出等はないものとし、青色申告特別控除は考慮しないこととする。

〈資料：2023年分の賃貸マンションに係る収入および支出等〉

・賃料収入（総収入金額）：180万円
・支出
　銀行へのローン返済金額：140万円（元金80万円、利息60万円）
　管理費等：15万円
　管理業務委託費：9万円
　火災保険料：1万円
　固定資産税：13万円
　修繕費：6万円
・減価償却費：40万円
※支出等のうち必要経費となるものは、すべて2023年分の所得に係る必要経費に該当するものとする。

15 **解説**

不動産所得＝総収入金額−必要経費で計算する。

資料の支出うち、銀行へのローン返済金額の元本の分以外は、すべて必要経費になるので、

必要経費は60万円＋15万円＋9万円＋1万円＋13万円＋6万円＋40万円＝144万円

よって、不動産所得の金額は180万円−144万円＝36万円

➡ テキストp.467　**解答**　36（万円）

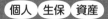

実技試験 次の設例に基づいて、下記の各問(01 ～ 03)に答えなさい。

2021年1月／個人・改

《設例》

　非上場企業であるX株式会社(以下、「X社」という)の代表取締役社長であったAさんは、2024年1月21日(日)に病気により79歳で死亡した。

　Aさんは、自宅に自筆証書遺言を残しており、相続人等は自筆証書遺言の内容に従い、Aさんの財産を下記のとおり取得する予定である。また、妻Bさんは、死亡保険金2,500万円およびX社から死亡退職金5,000万円を受け取っている。

〈Aさんの親族関係図〉

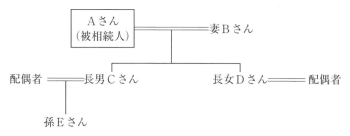

〈各人が取得する相続財産(みなし相続財産を含む)〉

① 妻Bさん(75歳)

　　現金および預貯金………1,000万円

　　自宅(敷地330㎡) ………1,000万円(「小規模宅地等についての相続税の課税価格の計算の特例」適用後の金額)

　　自宅(建物)………………500万円(固定資産税評価額)

　　死亡保険金………………2,500万円(契約者(＝保険料負担者)・被保険者はAさん、死亡保険金受取人は妻Bさん)

　　死亡退職金………………5,000万円

② 長男Cさん(52歳)

　　現金および預貯金………7,000万円

　　X社株式…………………2億1,000万円(相続税評価額)

③ 長女Dさん(50歳)

　　現金および預貯金………2,000万円

④ 孫Eさん(24歳)

　　現金および預貯金………1,000万円

※上記以外の条件は考慮せず、各問に従うこと。

01 **A** □□

Aさんの相続等に関する以下の文章の空欄①～③に入る最も適切な語句または数値を、下記の〈語句群〉のなかから選び、その記号を記入しなさい。

ⅰ）「Aさんの相続が開始し、相続人が自宅に保管されていたAさんの自筆証書遺言を発見した場合、相続人は、遅滞なく、自筆証書遺言を（　①　）に提出して、その検認を請求しなければなりません」

ⅱ）「Aさんが2024年分の所得税および復興特別所得税について確定申告書を提出しなければならない場合に該当するとき、相続人は、原則として、相続の開始があったことを知った日の翌日から（　②　）カ月以内に準確定申告書を提出しなければなりません」

ⅲ）「Aさんに係る相続税の申告書の提出期限は、原則として、2024年（　③　）になります。申告書の提出先は、Aさんの（死亡時の）住所地を所轄する税務署長です」

―〈語句群〉――――――――――――――――――――――――――――――
　イ．3　　　　　ロ．4　　　　　ハ．10　　　　ニ．公証役場
　ホ．家庭裁判所　　　ヘ．法務局　　　　ト．10月23日（水）
　チ．11月21日（木）　リ．12月21日（土）

02 **A** □□

Aさんの相続等に関する次の記述①～③について、適切なものには○印を、不適切なものには×印を記入しなさい。

① 「妻Bさんが受け取った死亡保険金は、みなし相続財産として相続税の課税対象となります。妻Bさんが受け取った死亡保険金2,500万円のうち、相続税の課税価格に算入される金額は500万円となります」

② 「長女Dさんが遺留分に相当する財産を受け取ることができない場合、長女Dさんは、長男Cさんに対して、遺留分侵害額に相当する金銭の支払を請求することができます。遺留分侵害額請求権は、相続の開始があったことを知った時から3カ月以内に行使しない場合、時効により消滅します」

③ 「孫Eさんは、相続税額の2割加算の対象になります」

相続人等は《設例》の記載のとおり、Aさんの財産を取得した。Aさんの相続に係る相続税の総額を計算した下記の表の空欄①〜④に入る最も適切な数値を記入しなさい。なお、問題の性質上、明らかにできない部分は「□□□」で示してある。

	妻Bさんに係る課税価格	（ ① ）万円
	長男Cさんに係る課税価格	2億8,000万円
	長女Dさんに係る課税価格	2,000万円
	孫Eさんに係る課税価格	1,000万円
（a）相続税の課税価格の合計額		□□□万円
	（b）遺産に係る基礎控除額	（ ② ）万円
課税遺産総額（（a）−（b））		□□□万円
	相続税の総額の基となる税額	
	妻Bさん	□□□万円
	長男Cさん	（ ③ ）万円
	長女Dさん	□□□万円
（c）相続税の総額		（ ④ ）万円

〈資料〉相続税の速算表

法定相続分に応ずる取得金額		税率	控除額
万円超	万円以下		
	〜 1,000	10%	—
1,000 〜	3,000	15%	50万円
3,000 〜	5,000	20%	200万円
5,000 〜	10,000	30%	700万円
10,000 〜	20,000	40%	1,700万円
20,000 〜	30,000	45%	2,700万円
30,000 〜	60,000	50%	4,200万円
60,000 〜		55%	7,200万円

300

01 解説

① 相続開始後、自筆証書遺言が発見されたら（法務局に保管されているものは除く）、家庭裁判所に提出して検認を受けなければならない。

② 被相続人の確定申告（準確定申告）は、原則として、相続の開始があったことを知った日の翌日から4カ月以内に行う。

③ 相続税の申告書の提出期限は、原則として、「相続があったことを知った日の翌日から10カ月以内」である。Aさんの相続は1月21日に開始しているので、その翌日から数えて10カ月後の11月21日が提出期限となる。

➡ テキストp.509, 533, 534　解答 ①ホ　②ロ　③チ

02 解説

① 不適切。相続人が受け取った死亡保険金は、みなし相続財産として相続税の課税対象となるが、「500万円×法定相続人の数」までの金額が非課税となる。死亡保険金を受け取った相続人が複数いる場合には、受け取った保険金額に応じて按分することになる。しかし、Aさんの相続の場合、死亡保険金を受け取っているのは妻Bさんだけなので、非課税限度額1,500万円（500万円×3人）全額を受け取った死亡保険金2,500万円から控除することができ、相続税の課税価格に算入される金額は1,000万円となる。

② 不適切。長女Dさんが遺留分に相当する財産を受け取ることができない場合、長女Dさんは、長男Cさんに対して、遺留分侵害額に相当する金銭の支払を請求することができる。この遺留分に関する権利を行使する旨の意思表示をしないときは、相続の開始および遺留分を侵害する贈与または遺贈があったことを知った時から1年または相続開始の時から10年を経過したときに時効によって消滅する。

③ 適切。孫Eさんは、法定相続人ではないので、相続税額の2割加算の対象になる。

➡ テキストp.512, 513, 520, 526　解答 ①×　②×　③○

① 妻Bさんに係る課税価格を求める。妻Bさんは、死亡保険金と死亡退職金を取得しているが、死亡保険金・死亡退職金には非課税限度額(500万円×法定相続人の数)がある。したがって、

　　・死亡保険金：2,500万円－1,500万円(非課税限度額)＝1,000万円
　　・死亡退職金：5,000万円－1,500万円(非課税限度額)＝3,500万円

さらに、その他の相続財産(現金および預貯金1,000万円、自宅敷地1,000万円、自宅(建物)500万円)を合計すると、妻Bさんの課税価格は7,000万円となる。

② 遺産にかかる基礎控除額は、法定相続人が3人(妻Bさん、長男Cさん、長女Dさん)なので、3,000万円+600万円×3(人)＝4,800万円である。

したがって、(a)相続税の課税価格の合計額は3億8,000万円となり、(b)基礎控除額を差し引くと、課税遺産総額((a)－(b))＝3億3,200万円となる。

③ 「相続税の総額の基となる税額」は、法定相続分どおりに相続した場合の各人の相続税額を合計して求める。したがって、長男Cさんの法定相続分(4分の1)は、3億3,200万円×1/4=8,300万円なので、相続税額は、8,300万円×30％－700万円＝1,790万円である。長女Dさんの法定相続分に基づく相続税額は、長男Cさんと同じ1,790万円となる。

また、妻Bさんの法定相続分は3億3,200万円×1/2＝1億6,600万円であり、相続税額は、1億6,600万円×40％－1,700万円＝4,940万円である。

④ 法定相続人3人の法定相続分に基づく相続税額を合計すると、
4,940万円＋1,790万円＋1,790万円＝8,520万円である。

➡ テキストp.519-525

解答　①7,000(万円)　②4,800(万円)　③1,790(万円)　④8,520(万円)

実技試験　次の設例に基づいて、下記の各問(04 ～ 06)に答えなさい。

2023年9月／個人・改

《設例》

　Aさん(71歳)は、父親から相続した先祖代々の土地を活用し、不動産賃貸業(個人事業)を営んでいる。Aさんの不動産収入は年間4,000万円程度であり、所得税の負担が大きいと感じている。そのため、X社を設立したうえで、賃貸不動産をX社に売却するなど、不動産賃貸業の法人化を検討している。

　Aさんは、現在、妻Bさん(67歳)および長男Cさん(38歳)と自宅で同居している。長男Cさんは、地元の中小企業に勤務する傍ら、Aさんの不動産賃貸業を手伝っている。二男Dさん(36歳)は、県外の企業に勤務しており、実家に戻る予定はない。

　Aさんは、不動産賃貸業を長男Cさんに引き継がせたいと思っているが、大半の財産を長男Cさんに相続させた場合、長男Cさんと二男Dさんとの間で争いが生じるのではないかと不安を感じている。

〈Aさんの推定相続人〉

　妻Bさん　　：専業主婦。Aさんと自宅で同居している。

　長男Cさん：会社員。Aさん夫妻と同居している。

　二男Dさん：会社員。妻と子と一緒にマンション(持家)に住んでいる。

〈Aさんの主な所有財産(相続税評価額)〉

　1. 現預金　　　　　：1億6,000万円

　2. 自宅

　　　①敷地(200㎡)：　　6,000万円

　　　②建物　　　　：　　1,000万円

　3. 賃貸マンション甲

　　　①敷地(300㎡)：　　9,000万円

　　　②建物(築30年)：　2,800万円

　4. 賃貸マンション乙

　　　①敷地(400㎡)：1億2,000万円

　　　②建物(築25年)：　3,200万円

　　　合計　　　　　：　　5億円

※自宅および賃貸マンション甲、乙の土地は「小規模宅地等についての相続税の課税価格の計算の特例」適用前の金額である。

※上記以外の条件は考慮せず、各問に従うこと。

不動産賃貸業の法人化に関する次の記述①～③について、適切なものには○印を、不適切なものには×印を記入しなさい。

① 「AさんからX社に移転される不動産賃貸業に係る所得には、法人税が課されることになります。X社の資本金の額が1億円以下であって一定の中小法人に該当する場合は、所得金額のうち年1,000万円以下の部分に軽減税率が適用されるなど、法人化によって不動産賃貸業に係る所得に対する税負担が軽減される可能性があります」

② 「法人化に際して賃貸マンションの土地や建物をAさんからX社に譲渡する場合は、Aさんの譲渡所得に課される所得税や住民税の金額だけでなく、X社が支払うことになる土地や建物に係る不動産取得税、登録免許税等の金額についても事前に把握し、検討しておくことをお勧めします」

③ 「法人化により、Aさんだけでなく、長男CさんがX社の役員となって役員報酬を得ることで、所得の分散を図ることができます」

05 **A** ☐☐

現時点（2024年9月10日）において、Aさんの相続が開始した場合における相続税の総額を試算した下記の表の空欄①〜③に入る最も適切な数値を求めなさい。なお、課税遺産総額（相続税の課税価格の合計額－遺産に係る基礎控除額）は4億円とし、問題の性質上、明らかにできない部分は「☐☐☐」で示してある。

（a）相続税の課税価格の合計額		☐☐☐万円
	（b）遺産に係る基礎控除額	（ ① ）万円
課税遺産総額（(a)－(b)）		4億円
	相続税の総額の基となる税額	
	妻Bさん	☐☐☐万円
	長男Cさん	（ ② ）万円
	二男Dさん	☐☐☐万円
（c）相続税の総額		（ ③ ）万円

〈資料〉相続税の速算表（一部抜粋）

法定相続分に応ずる取得金額			税率	控除額
万円超	〜	万円以下		
	〜	1,000	10%	—
1,000	〜	3,000	15%	50万円
3,000	〜	5,000	20%	200万円
5,000	〜	10,000	30%	700万円
10,000	〜	20,000	40%	1,700万円
20,000	〜	30,000	45%	2,700万円
30,000	〜	60,000	50%	4,200万円

Aさんの相続等に関する以下の文章の空欄①〜④に入る最も適切な数値を、下記の〈数値群〉のなかから選び、その記号を記入しなさい。

Ⅰ 「遺言により賃貸マンション等の相続財産の大半を長男Cさんに相続させた場合、二男Dさんの遺留分を侵害する可能性があります。仮に、遺留分を算定するための財産の価額が5億円である場合、二男Dさんの遺留分の金額は（ ① ）万円となります」

Ⅱ 「妻Bさんが自宅の敷地および建物を相続により取得し、自宅の敷地の全部について、『小規模宅地等についての相続税の課税価格の計算の特例』の適用を受けた場合、当該敷地（相続税評価額：6,000万円）について、相続税の課税価格に算入すべき価額を（ ② ）万円とすることができます。なお、自宅の敷地について優先して本特例の適用を受けた場合、賃貸マンションの敷地のうち、貸付事業用宅地等として適用を受けることができる面積は所定の算式により調整しなければなりません」

Ⅲ 「相続税の申告書は、原則として、相続の開始があったことを知った日の翌日から（ ③ ）カ月以内に、Aさんの死亡時の住所地を所轄する税務署長に提出しなければなりません。相続税の申告期限までに遺産分割協議が調わなかった場合、相続税の申告時において、未分割の財産に対して『配偶者に対する相続税額の軽減』や『小規模宅地等についての相続税の課税価格の計算の特例』の適用を受けることができないというデメリットが生じます。その場合、相続税の申告の際に『申告期限後（ ④ ）年以内の分割見込書』を税務署に提出し、申告期限後（ ④ ）年以内に遺産分割協議が成立すれば、それらの特例の適用を受けるため、分割後4カ月以内に更正の請求を行うことができます」

〈数値群〉

イ. 2	ロ. 3	ハ. 4	ニ. 6	ホ. 10	ヘ. 12
ト. 1,200	チ. 3,000	リ. 4,800	ヌ. 6,000	ル. 6,250	ヲ. 12,500

04 **解説**

① **不適切**。**法人税の軽減税率**が図れるのは、所得金額のうち**年800万円以下の部分**だけである。

② **適切**。法人化に際して賃貸マンションの土地や建物を個人から会社に譲渡する場合は、土地、建物所有者の売却による譲渡所得に課される所得税や住民税の金額だけでなく、会社が支払うことになる土地や建物に係る不動産取得税、登録免許税等の金額についても事前に把握し、検討しておくことが重要である。

③ **適切**。法人化することより、土地、建物の所有者だけなく、家族等が会社の役員となって役員報酬を得ることで、所得の分散を図ることができる。

➡ テキストp.378, 384, 442 **解答** ①× ②○ ③○

05 **解説**

① 相続税の基礎控除額は、「3,000万円＋600万円×法定相続人」で計算する。
よって、3,000万円＋600万円×3人＝4,800万円

② 長男Cさんの法定相続分に対応する取得金額は、4億円×1/4＝1億円
これに対応する相続税額は、1億円×30％－700万円＝2,300万円

③ 妻の法定相続分に対応する取得金額は、4億円×1/2＝2億円
これに対応する相続税額は、2億円×40％－1,700万円＝6,300万円
また、二男Dさんの法定相続分に対応する取得金額は、長男Cさんと同じく2,300万円なので、相続税の総額は、6,300万円＋2,300万円＋2,300万円＝10,900万円となる。

➡ テキストp.523-525

解答 ①4,800（万円） ②2,300（万円） ③10,900（万円）

06 **解説**

① 遺留分の割合は、相続人が直系尊属のみである場合を除き、遺留分算定基礎財産の1/2である。また、各相続人のそれぞれの遺留分は、遺留分を遺留分権利者が法定相続分通りに按分した割合となる。よって二男Dさんの遺留分の割合は、1/2×1/4＝1/8となる。したがって、二男Dさんの遺留分の金額は、5億円×1/8＝6,250万円となる。

② **自宅の敷地**について、小規模宅地の特例の適用を受けた場合、**330㎡を限度として**評価が**80％減額**される。

③ 相続税の**申告期限**は、相続の開始を知った日の翌日から**10ヵ月以内**である。

④ 相続税の申告期限までに分割できていない財産は、相続税の申告書または更生の請求書に「申告期限後3年以内の分割見込書」を添付した上で、申告期限から3年以内に分割したときは、「配偶者に対する相続税額の軽減」や「小規模宅地等についての相続税の課税価格の計算の特例」の適用を受けることができる。

➡ テキストp.512, 513, 533, 544-546 **解答** ①ル ②ト ③ホ ④ロ

《設例》

独身であるAさん(55歳)は、首都圏にあるX市の賃貸マンションに住んでいる。2024年4月2日、故郷Y市の自宅(実家)で1人暮らしをしていた父Dさんが死亡し、同日中に相続人全員がその相続開始の事実を知った。

父Dさんの相続に係る相続人は、Aさん、弟Bさん(52歳)および妹Cさん(50歳)の3人である。Aさんは、弟Bさんおよび妹Cさんと相談して、遺産分割を行う予定であるが、遺産分割の方法や相続税の申告等、わからないことが多い。

なお、Aさん、弟Bさんおよび妹Cさんは、自宅を所有していないが、Y市に戻る予定がないため、自宅(実家)については、売却を検討している。

〈Aさんの親族関係図〉

〈父Dさんの主な相続財産(相続税評価額)〉

1．預貯金　　　　　　　　　：2,000万円

2．自宅(実家)

　　①敷地(410㎡)　　　　：5,000万円(注)

　　②建物(1979年築)　　　：200万円

3．賃貸アパート(現在、全室賃貸中)

　　①敷地(300㎡)　　　　：4,000万円(注)

　　②建物(6室)　　　　　：2,500万円

4．死亡保険金　　　　　　　：2,000万円

　　(契約者(＝保険料負担者)・被保険者：父Dさん、死亡保険金受取人：弟Bさん)

(注)「小規模宅地等についての相続税の課税価格の計算の特例」適用前の金額

※上記以外の条件は考慮せず、各問に従うこと。

07 **A** ☐☐

父Dさんの相続等に関する以下の文章の空欄①〜④に入る最も適切な数値を記入しなさい。

Ⅰ 「賃貸アパートを経営していた父Dさんが2024年分の所得税について確定申告書を提出しなければならない場合に該当するとき、相続人は、原則として、相続の開始があったことを知った日の翌日から（ ① ）カ月以内に準確定申告書を提出しなければなりません」

Ⅱ 「相続税の申告書の提出期限は、原則として、相続の開始があったことを知った日の翌日から（ ② ）カ月以内です。申告書の提出先は、父Dさんの死亡時の住所地を所轄する税務署長になります」

Ⅲ 「弟Bさんが受け取る死亡保険金(2,000万円)のうち、相続税の課税価格に算入される金額は、（ ③ ）万円となります」

Ⅳ 「自宅(実家)の敷地および建物をAさんが取得し、『被相続人の居住用財産(空き家)に係る譲渡所得の特別控除の特例』の適用を受けた場合、譲渡所得の金額の計算上、最高（ ④ ）万円の特別控除の適用を受けることができます」

08 **B** ☐☐

「小規模宅地等についての相続税の課税価格の計算の特例」(以下、「本特例」という)に関する次の記述①〜③について、適切なものには○印を、不適切なものには×印を記入しなさい。

① 「Aさんが自宅(実家)の敷地を相続し、特定居住用宅地等として本特例の適用を受けた場合、その敷地の400㎡までを限度面積として、評価額の80％相当額を減額した金額を、相続税の課税価格に算入すべき価額とすることができます」

② 「Aさんが自宅(実家)の敷地を相続し、当該敷地を相続税の申告期限前に売却した場合であっても、本特例の適用を受けることができます」

③ 「自宅(実家)の敷地と賃貸アパートの敷地について、本特例の適用を受けようとする場合、適用対象面積の調整はせず、それぞれの宅地等の適用対象の限度面積まで適用を受けることができます」

父Dさんの相続における相続税の総額を試算した下記の表の空欄①～③に入る最も適切な数値を求めなさい。なお、相続税の課税価格の合計額は1億5,000万円とし、問題の性質上、明らかにできない部分は「□□□」で示してある。

（a）相続税の課税価格の合計額		1億5,000万円
	（b）遺産に係る基礎控除額	（　①　）万円
課税遺産総額（(a)−(b)）		□□□万円
	相続税の総額の基となる税額	
	Aさん	（　②　）万円
	弟Bさん	□□□万円
	妹Cさん	□□□万円
（c）相続税の総額		（　③　）万円

〈資料〉相続税の速算表（一部抜粋）

法定相続分に応ずる取得金額			税率	控除額
万円超		万円以下		
	～	1,000	10%	―
1,000	～	3,000	15%	50万円
3,000	～	5,000	20%	200万円
5,000	～	10,000	30%	700万円
10,000	～	20,000	40%	1,700万円

07 **解説**

① 年の中途で死亡した納税者(被相続人)が確定申告義務者である場合に、被相続人の代わりに相続人が行う確定申告を「**準確定申告**」という。準確定申告は、原則として相続の開始があったことを知った日の翌日から **4ヵ月以内**に行う必要がある。

② 相続税の申告書は、相続の開始があったことを知った日の翌日から **10ヵ月以内**に、被相続人の死亡時の住所地を管轄する税務署長に提出する。

③ 死亡保険金の非課税限度額は「**500万円×法定相続人の数**」で求める。法定相続人はAさん・弟Bさん・妹Cさんの3人なので「500万円×3人＝1,500万円」が非課税限度額である。

　相続税の課税価格に算入するのは、死亡保険金2,000万円から非課税限度額を控除した「2,000万円－1,500万円＝500万円」となる。

④ 「被相続人の居住用財産(空き家)に係る譲渡所得の特別控除の特例」とは、相続や遺贈によって取得した被相続人の居住用財産のうち、取得後空き家になっていたものを一定期間内に譲渡した場合に、その譲渡所得の金額から**最高3,000万円**(2024年1月1日以降は、取得した相続人の数が3人以上の場合は2,000万円まで)を控除できる特例である。

➡ テキストp.463, 520, 533, 534

解答 ①4(ヵ月) ②10(ヵ月) ③500(万円) ④3,000(万円)

08 **解説**

① **不適切**。Aさんが**特定居住用宅地等**として本特例の適用を受けられる場合には、その敷地の**330㎡**までを限度面積として、評価額の**80%相当額**を減額した金額を、相続税の課税価格に算入すべき価額にできる。

② **不適切**。Aさんは、配偶者でなく、同居もしていなかったので、本特例の適用を受ける条件の1つとして、相続開始から申告期限まで当該敷地を保有していることが必要である。

③ **不適切**。本特例では、貸付事業用宅地等とそれ以外の宅地がある場合、以下の式により適用限度面積の調整が行われる。

$$\text{特定事業用宅地等の面積} \times \frac{200㎡}{400㎡} + \text{特定居住用宅地等の面積} \times \frac{200㎡}{330㎡} + \text{貸付事業用宅地等の面積} \leq 200㎡$$

➡ テキストp.544-546 **解答** ①× ②× ③×

① 遺産に係る**基礎控除額**は「**3,000万円＋600万円×法定相続人の数**」で計算する。〈親族関係図〉より、法定相続人はAさん・弟Bさん・妹Cさんの3人なので、

　　基礎控除額：3,000万円＋600万円×3人＝4,800万円

② **課税遺産総額**は「**相続税の課税価格の合計額－基礎控除額**」で計算する。

　　課税遺産総額：1億5,000万円－4,800万円＝1億200万円

　法定相続人であるAさん・弟Bさん・妹Cさんの3人の法定相続分は、1/3ずつなので、課税遺産総額1億200万円を法定相続分で各人に分配すると、

　　Aさん　　：1億200万円×1/3＝3,400万円

　　弟Bさん：1億200万円×1/3＝3,400万円

　　妹Cさん：1億200万円×1/3＝3,400万円　となる。

　次に速算表を利用して、各人ごとの相続税額を算出すると、

　　Aさん　　：3,400万円×20％－200万円＝480万円

　　弟Bさん：3,400万円×20％－200万円＝480万円

　　妹Cさん：3,400万円×20％－200万円＝480万円　となる。

③ 全員の算出税額を合算した金額が相続税の総額となる。

　　課税遺産総額：480万円＋480万円＋480万円＝1,440万円

➡ テキストp.523-525 　**解答**　①4,800（万円）　②480（万円）　③1,440（万円）

実技試験 次の設例に基づいて、下記の各問(10 〜 12)に答えなさい。

2023年9月／生保・改

《設例》

　X株式会社(非上場会社・製造業、以下、「X社」という)の代表取締役社長であるAさん(68歳)は、自宅で妻Bさん(67歳)、長男Cさん(42歳)家族と同居している。二男Dさん(40歳)は、他県に所在する戸建て住宅(持家)で暮らしている。

　Aさんは、妻Bさんに自宅および相応の現預金等を相続させ、X社の専務取締役である長男CさんにAさんが100%所有するX社株式とX社本社敷地・建物を承継する予定であり、遺言書を作成しておきたいと考えている。

〈Aさんの親族関係図〉

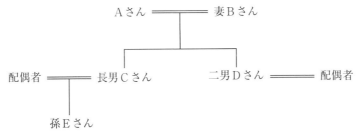

〈Aさんの主な所有財産(相続税評価額、下記の生命保険を除く)〉

現預金等	：	1億3,000万円
X社株式	：	2億5,000万円
自宅敷地(350㎡)	：	5,000万円(注)
自宅建物	：	2,000万円
X社本社敷地(500㎡)	：	8,000万円(注)
X社本社建物	：	4,000万円

(注)「小規模宅地等についての相続税の課税価格の計算の特例」適用前の金額

〈Aさんが加入している一時払終身保険の内容〉

契約者(＝保険料負担者)・被保険者：Aさん

死亡保険金受取人　　　　　：妻Bさん

死亡保険金額　　　　　　　：2,000万円

※上記以外の条件は考慮せず、各問に従うこと。

遺言に関する次の記述①～③について、適切なものには○印を、不適切なものには×印を記入しなさい。

① 「自筆証書遺言は、その遺言の全文および財産目録をパソコンで作成し、日付および氏名を自書して押印することで作成することができます」

② 「自筆証書遺言は、所定の手続により、法務局（遺言書保管所）に保管することができます。法務局に保管された自筆証書遺言は、遺言者の相続開始時に、家庭裁判所の検認が不要となります」

③ 「公正証書遺言は、証人2人以上の立会いのもと、遺言者が遺言の趣旨を公証人に口授し、公証人がこれを筆記して作成しますが、推定相続人が証人になることはできません」

Aさんの相続に関する以下の文章の空欄①～④に入る最も適切な語句を、下記の〈語句群〉のなかから選び、その記号を記入しなさい。

Ⅰ 「遺言により、自宅および現預金等を妻Bさん、X社関連の資産を長男Cさんに相続させた場合、二男Dさんの遺留分を侵害するおそれがあります。仮に、遺留分を算定するための財産の価額が6億円の場合、二男Dさんの遺留分の金額は、（　①　）となります」

Ⅱ 「長男CさんがX社本社敷地を相続により取得し、当該敷地について、特定同族会社事業用宅地等として『小規模宅地等についての相続税の課税価格の計算の特例』の適用を受けた場合、当該敷地（相続税評価額8,000万円）について、相続税の課税価格に算入すべき価額を（　②　）とすることができます。なお、自宅敷地とX社本社敷地について、『小規模宅地等についての相続税の課税価格の計算の特例』の適用を受けようとする場合、（　③　）」

Ⅲ 「Aさんが加入している一時払終身保険の死亡保険金は、みなし相続財産として相続税の課税対象となります。Aさんの相続開始後、妻Bさんが受け取る死亡保険金2,000万円のうち、相続税の課税価格に算入される金額は、（　④　）となります」

―〈語句群〉―――
イ．200万円　　ロ．500万円　　ハ．800万円　　ニ．1,600万円　　ホ．2,880万円
ヘ．4,800万円　ト．5,000万円　チ．7,500万円　リ．1億5,000万円
ヌ．適用対象面積は所定の算式により調整され、完全併用はできません
ル．それぞれの宅地の適用対象の限度面積まで適用を受けることができます

12　Ａ　□□

現時点（2024年9月10日）において、Aさんの相続が開始した場合における相続税の総額を試算した下記の表の空欄①～③に入る最も適切な数値を求めなさい。なお、相続税の課税価格の合計額は5億円とし、問題の性質上、明らかにできない部分は「□□□」で示してある。

（a）相続税の課税価格の合計額		5億円
	（b）遺産に係る基礎控除額	（　①　）万円
課税遺産総額（（a）-（b））		4億円
	相続税の総額の基となる税額	
	妻Bさん	□□□万円
	長男Cさん	（　②　）万円
	二男Dさん	□□□万円
（c）相続税の総額		（　③　）万円

〈資料〉相続税の速算表

法定相続分に応ずる取得金額		税率	控除額
万円超	万円以下		
〜	1,000	10%	—
1,000 〜	3,000	15%	50万円
3,000 〜	5,000	20%	200万円
5,000 〜	10,000	30%	700万円
10,000 〜	20,000	40%	1,700万円
20,000 〜	30,000	45%	2,700万円
30,000 〜	60,000	50%	4,200万円
60,000 〜		55%	7,200万円

① 不適切。自筆証書遺言は、財産目録以外はすべて自筆で作成しなくてはいけない。

② 適切。自筆証書遺言は、基本的には検認が必要だが、所定の手続により、法務局（遺言書保管所）に保管された自筆証書遺言は、内容の改ざん等の恐れがないため、家庭裁判所の検認が不要となる。

③ 適切。未成年者、推定相続人、受遺者、推定相続人や受遺者の配偶者や直系血族、公証人の配偶者・4親等以内の親族・書記・使用人は証人になることができない。

➡ テキストp.509　解答 ①×　②○　③○

① 遺留分の割合は、相続人が直系尊属のみである場合を除き、遺留分算定基礎財産の1/2である。また、各相続人のそれぞれの遺留分は、遺留分を遺留分権利者が法定相続分通りに按分した割合となる。よって二男Dさんの遺留分の割合は、$1/2 \times 1/4 = 1/8$である。したがって、二男Dさんの遺留分の金額は、6億円×1/8＝7,500万円となる。

② X社の敷地は、特定同族会社事業用宅地として400㎡まで80%減額となるので、相続税の課税価格に算入すべき金額は8,000万円×400㎡/500㎡×（1−80%）＋8,000万円×100㎡/500㎡＝2,880万円となる。

③ 特定居住用宅地と特定同族会社事業用宅地等は、調整することなく、それぞれの宅地の適用対象の限度面積まで適用を受けることができる。

④ 死亡保険金の非課税限度額は、「500万円×法定相続人の数」で計算する。よって、課税価格に算入される死亡保険金の金額は、2,000万円−（500万円×3）＝500万円となる。

➡ テキストp.512, 513, 520, 544, 545　解答 ①チ　②ホ　③ル　④ロ

① 相続税の基礎控除額は、「3,000万円＋600万円×法定相続人」で計算する。
よって、3,000万円＋600万円×3人＝4,800万円

② 課税遺産総額は、5億円−4,800万円＝4億5,200万円。よって長男Cさんの法定相続分に対応する取得金額は、4億5,200万円×1/4＝11,300万円
これに対応する相続税額は、11,300万円×40%−1,700万円＝2,820万円

③ 妻の法定相続分に対応する取得金額は、4億5,200万円×1/2＝22,600万円
これに対応する相続税額は、22,600万円×45%−2,700万円＝7,470万円
また、二男Dさんの法定相続分に対応する取得金額は、長男Cさんと同じく2,820万円なので、相続税の総額は、7,470万円＋2,820万円＋2,820万円＝13,110万円となる。

➡ テキストp.523-525

解答 ①4,800（万円）　②2,820（万円）　③13,110（万円）

実技試験 下記の各問(13～18)に答えなさい。

13 **B** □□ 2024年1月／資産

住吉さんは、FPの宮本さんに配偶者居住権について質問をした。配偶者居住権に関する次の記述の空欄(ア)～(エ)にあてはまる語句の組み合わせとして、最も適切なものはどれか。なお、記載のない事項については、配偶者居住権の要件を満たしているものとする。

・配偶者居住権は、遺贈により、配偶者に取得させること(ア)。また、配偶者居住権を有する者が死亡した場合、配偶者居住権は、その者の相続に係る相続財産と(イ)。

・配偶者居住権の存続期間は、原則として(ウ)までとされ、配偶者居住権を取得した者はその建物の所有者に対して、配偶者居住権の設定の登記を請求すること(エ)。

1．(ア)ができる 　　(イ)なる 　　　　(ウ)相続開始時から6ヵ月後 　(エ)はできない
2．(ア)ができる 　　(イ)ならない 　　(ウ)配偶者の死亡時 　　　　　(エ)ができる
3．(ア)はできない 　(イ)なる 　　　　(ウ)配偶者の死亡時 　　　　　(エ)はできない
4．(ア)はできない 　(イ)ならない 　　(ウ)相続開始時から6ヵ月後 　(エ)ができる

13 **解説**

・配偶者居住権は、配偶者が被相続人の財産であった建物に相続開始時に居住していた場合に、一定の条件を満たしていた場合に、原則として、その居住していた建物を無償で使用・収益する権利である。

・被相続人の遺言や、相続人間の話し合い(遺産分割協議)等によって、配偶者居住権を取得することができる。また、遺言で配偶者に配偶者居住権を遺贈することで、配偶者居住権を設定することができる。

・配偶者居住権の存続期間は、原則として配偶者の死亡時までとされ、配偶者居住権が消滅したときは、居住建物の返還をしなければならない。

・配偶者居住権を取得した者はその建物の所有者に対して、配偶者居住権の設定の登記を請求することができる。

➡ テキストp.508　**解答** 2

浅見純一さん(39歳)は、父(71歳)と叔父(66歳)から下記〈資料〉の贈与を受けた。純一さんの2024年分の贈与税額を計算しなさい。なお、父からの贈与については、2023年から相続時精算課税制度の適用を受けている。

〈資料〉

［2023年中の贈与］
・父から贈与を受けた金銭の額 ：1,200万円
［2024年中の贈与］
・父から贈与を受けた金銭の額 ：1,500万円
・叔父から贈与を受けた金銭の額：900万円

※2023年中および2024年中に上記以外の贈与はないものとする。
※上記の贈与は、住宅取得等資金や結婚・子育てに係る資金の贈与ではない。

〈贈与税の速算表〉
(イ)18歳以上の者が直系尊属から贈与を受けた財産の場合(特例贈与財産、特例税率)

基礎控除後の課税価格		税率	控除額
	200万円 以下	10%	―
200万円 超	400万円 以下	15%	10万円
400万円 超	600万円 以下	20%	30万円
600万円 超	1,000万円 以下	30%	90万円
1,000万円 超	1,500万円 以下	40%	190万円
1,500万円 超	3,000万円 以下	45%	265万円
3,000万円 超	4,500万円 以下	50%	415万円
4,500万円 超		55%	640万円

（ロ）上記（イ）以外の場合（一般贈与財産、一般税率）

基礎控除後の課税価格		税率	控除額
	200万円 以下	10%	―
200万円 超	300万円 以下	15%	10万円
300万円 超	400万円 以下	20%	25万円
400万円 超	600万円 以下	30%	65万円
600万円 超	1,000万円 以下	40%	125万円
1,000万円 超	1,500万円 以下	45%	175万円
1,500万円 超	3,000万円 以下	50%	250万円
3,000万円 超		55%	400万円

14　解説

2024年に使える相続時精算課税制度の特別控除は、

　2,500万円 − 1,200万円 = 1,300万円

よって、父からの贈与にかかる贈与税額は、特別控除額を控除後の金額に一律20％の税率を掛けて求めるので

　（1,500万円 − 1,300万円）× 20% = 40万円

また、叔父からの贈与にかかる贈与税額は、一般税率を適用するので

　（900万円 − 110万円）× 40% − 125万円 = 191万円

合計すると、40万円 + 191万円 = 231万円

なお、2024年1月1日以降に相続時精算課税制度を選択していて贈与を行った場合、年間110万円以内の贈与であれば申告不要で贈与税・相続税もかからない。

➡ テキストp.486-488　**解答**　2,310,000（円）

馬場さんは、FPで税理士でもある藤原さんに、相続税において相続財産から控除できる債務等に関する質問をした。下記の空欄（ア）～（エ）に入る適切な語句を語群の中から選び、その番号のみを記入しなさい。なお、同じ番号を何度選んでもよいこととする。

馬場さん　：「相続税を計算するとき、被相続人の債務は、相続財産から控除できると聞きました。亡くなった父の医療費が未払いになっているのですが、相続財産から控除することはできますか。」

藤原さん　：「被相続人に係る未払い医療費は、相続財産から控除することが（　ア　）。」

馬場さん　：「父が生前に購入した墓地の代金が未払いのままです。こちらはどうですか。」

藤原さん　：「被相続人が生前に購入した墓地の未払い代金は、相続財産から控除することが（　イ　）。」

馬場さん　：「父はアパート経営をしていました。父が預かっていた、将来返金することになる敷金を相続財産から控除できますか。」

藤原さん　：「（　ウ　）。」

馬場さん　：「葬式に関する費用について、控除できるものはありますか。」

藤原さん　：「例えば（　エ　）は、葬式費用として相続財産から控除することができます。」

〈語群〉

1. できます　　　　　　　　　2. できません
3. 四十九日の法要のための費用　4. 通夜のための費用
5. 香典返戻のための費用

15 **解説**

ア 相続税を計算するとき、被相続人の債務は、相続財産から控除できる。債務として控除できるものとしては、**借入金、未払いの医療費、未払いの税金**などがある。

イ 墓地や墓石の未払金は控除できない。

ウ 将来、返金することになる敷金を預かっていた場合は、控除できる。

エ **通夜**や**本葬**にかかった費用は葬式費用として**控除できる**が、四十九日等の法要にかかった費用は控除できない。

➡ テキストp.521 　解答 　ア1 　イ2 　ウ1 　エ4

🍥 おさらいするニャ

債務控除の具体例

	控除できるもの	控除できないもの
債務	・借入金 ・未払いの医療費 ・未払いの税金（所得税・住民税・固定資産税など）	・墓地や墓石の未払金 ・保証債務 ・遺言執行費用 ・税理士への相続税申告費用
葬式費用	・通夜や本葬にかかった費用 ・宗教者への謝礼 ・遺体の捜索・運搬費用	・香典返しにかかった費用 ・法事にかかった費用

下記〈親族関係図〉の場合において、民法の規定に基づく法定相続分に関する次の記述の空欄（ア）～（ウ）にあてはまる適切な語句または数値を語群の中から選び、その番号のみを記入しなさい。なお、同じ番号を何度選んでもよいこととする。

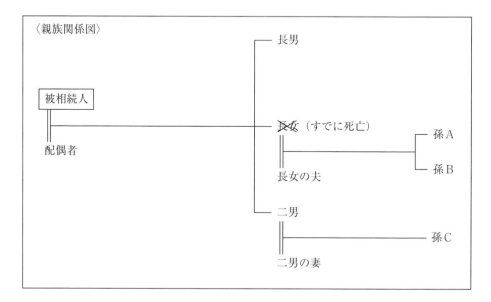

[相続人の法定相続分]
- 被相続人の配偶者の法定相続分は（　ア　）である。
- 被相続人の二男の法定相続分は（　イ　）である。
- 被相続人の孫Aの法定相続分は（　ウ　）である。

〈語群〉
1．ゼロ　　2．1/2　　3．1/3　　4．1/4　　5．6/1　　6．1/8
7．1/12　　8．1/18　　9．2/3

16 解説

（ア）相続人が、配偶者相続人と、第1順位の血族相続人との組み合わせである場合は、配偶者の法定相続分は2分の1となる。

（イ）血族相続人の法定相続分は、2分の1であり、各相続人の法定相続分は、これを人数で按分したものとなる。代襲相続があった場合は、まず、代襲相続がなかったものとして考えるので、二男の法定相続分は1/2÷3＝1/6となる。

（ウ）代襲相続人の法定相続分は、被代襲相続人の法定相続分と等しいが、代襲相続人が複数いる場合には、各代襲相続人の法定相続分は、被代襲相続人の本来の相続分を人数で按分したものとなる。したがって、孫Aの法定相続分は、1/6÷2＝1/12となる。

➡ テキストp.498, 500 解答 ア2 イ5 ウ7

おさらいするニャ

相続順位と法定相続分

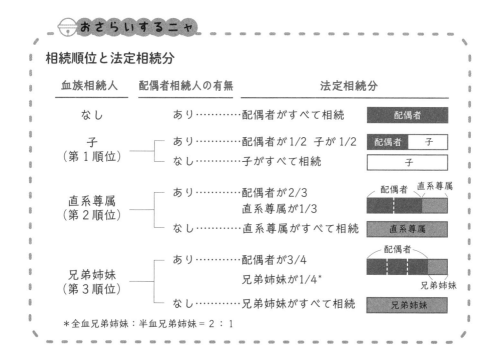

血族相続人	配偶者相続人の有無	法定相続分
なし	あり…………	配偶者がすべて相続
子 （第1順位）	あり…………	配偶者が1/2 子が1/2
	なし…………	子がすべて相続
直系尊属 （第2順位）	あり…………	配偶者が2/3 直系尊属が1/3
	なし…………	直系尊属がすべて相続
兄弟姉妹 （第3順位）	あり…………	配偶者が3/4 兄弟姉妹が1/4*
	なし…………	兄弟姉妹がすべて相続

＊全血兄弟姉妹：半血兄弟姉妹＝2：1

323

下記の相続事例(2024年8月9日相続開始)における各人の相続税の課税価格の組み合わせとして、正しいものはどれか。なお、記載のない条件については一切考慮しないこととする。

〈課税価格の合計額を算出するための財産等の相続税評価額〉

マンション(建物および建物敷地権):3,500万円

現預金:1,000万円

死亡保険金:1,500万円

死亡退職金:2,000万円

債務および葬式費用:400万円

〈親族関係図〉

被相続人 ─ 配偶者
長男
長女

※マンションの評価額は、「小規模宅地等の特例」適用後の金額であり、死亡保険金および死亡退職金は、非課税限度額控除前の金額である。

※マンションは配偶者が相続する。

※現預金は、長男および長女が2分の1ずつ受け取っている。

※死亡保険金は、配偶者、長男、長女がそれぞれ3分の1ずつ受け取っている。

※死亡退職金は、配偶者が受け取っている。

※相続開始前3年以内に被相続人からの贈与により財産を取得した相続人はおらず、相続時精算課税制度を選択した相続人もいない。また相続を放棄した者もいない。

※債務および葬式費用は、すべて被相続人の 配偶者が負担している。

---

1. 配偶者:3,600万円　　長男:500万円　　長女:500万円
2. 配偶者:3,600万円　　長男:1,000万円　　長女:1,000万円
3. 配偶者:5,100万円　　長男:500万円　　長女:500万円
4. 配偶者:5,100万円　　長男:1,000万円　　長女:1,000万円

17　解説

死亡保険金と死亡退職金は、それぞれ「500万円×法定相続人の数」まで非課税となるので、死亡保険金の額は「1,500万円－1500万円＝0」となる。また、死亡退職金の額は「2,000万円－1,500万円＝500万円」が課税価格に算入される。

したがって配偶者の課税価格は、マンション3,500万円＋死亡退職金500万円－債務控除400万円＝3,600万円となる。また、長男と長女の課税価格は、それぞれ現預金1,000万円×1/2＝500万円となる。

➡ テキストp.520, 521　解答　1

〜おさらいするニャ〜

死亡保険金*と死亡退職金の非課税限度額

非課税限度額＝500万円×法定相続人の数**

　*契約者（保険料負担者）かつ被保険者が被相続人で、受取人が相続人である保険契約。
**相続放棄があった場合でも、その放棄した人も人数に含める。養子は被相続人に実子がいない場合には2人まで、いる場合は1人まで「法定相続人の数」に算入できる。特別養子、代襲相続人である普通養子は実子として扱う。

下記〈資料〉の土地に係る路線価方式による普通借地権の相続税評価額の計算式として、正しいものはどれか。

〈資料〉

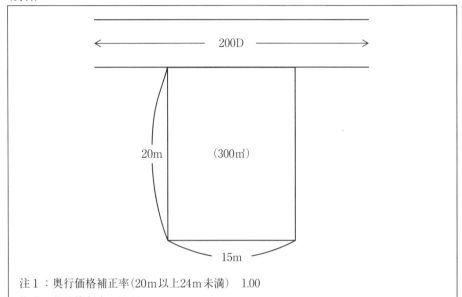

注1：奥行価格補正率（20m以上24m未満）　1.00
注2：借地権割合　60％
注3：借家権割合　30％
注4：その他の記載のない条件は一切考慮しないこと。

1．200千円×1.00×300㎡
2．200千円×1.00×300㎡×60％
3．200千円×1.00×300㎡×（1－60％）
4．200千円×1.00×300㎡×（1－60％×30％×100％）

18 **解説**

自用地の相続税評価額（**自用地評価額**）は「路線価×各種補正率×地積」で求める。

また、**普通借地権の相続税評価額**は、「自用地評価額×借地権割合」で求める。

よって、200千円×1.00×300㎡×60％　が正しい。

➡ テキストp.542, 543　解答　**2**

予想模試

「予想模試」は、本番の試験と同じ問題数で構成されています。本試験をイメージし、時間配分を意識しながら取り組んでみましょう。間違えた問題は解説を読んでよく復習し、再度解いてみてください。解答用紙は巻末に掲載しています。解答・解説集は別冊になっていますので、採点と弱点の補強のためにご活用ください。

予想模試

学科試験

120分

【問題1】 ファイナンシャル・プランナーの顧客に対する行為に関する次の記述のうち、職業倫理や関連法規に照らし、最も不適切なものはどれか。

1. 金融商品取引業の登録を受けていないファイナンシャル・プランナーが、資産運用を検討している顧客に対し、新NISA制度の仕組みを説明した。
2. 社会保険労務士資格を有しないファイナンシャル・プランナーが、老齢基礎年金に関する相談に来た顧客に対し、老齢基礎年金の受給資格や請求方法について一般的な説明を行った。
3. 司法書士資格を有しないファイナンシャル・プランナーが、住宅ローンを完済した顧客の抵当権抹消登記に関し、申請書類を作成して登記申請を代行した。
4. 税理士資格を有しないファイナンシャル・プランナーが、給与所得者である顧客に対し、確定申告をする必要がある場合の要件について一般的な説明を行った。

【問題2】 ファイナンシャル・プランナーが、ライフプランニングに当たって作成する一般的な各種の表に関する次の記述のうち、最も適切なものはどれか。

1. ライフイベントごとの予算額は現在価値で見積もり、キャッシュフロー表にはその現在価値の金額を計上する。
2. 医療費控除が受けられる場合、ライフプランニング上の可処分所得は、年間の収入金額から社会保険料、所得税、住民税および医療費控除額を差し引いた金額を計上する。
3. キャッシュフロー表の作成において、収入および支出項目の変動率や金融資産の運用利率は、作成時点の見通しで設定する。
4. 個人の資産や負債の状況を表すバランスシートの作成において、株式等の金融資産や不動産の価額は購入時の価額で計上する。

【問題3】 公的医療保険に関する次の記述のうち、最も適切なものはどれか。

1. 個人事業主や農林漁業者などが被保険者となる国民健康保険は、国が保険者として運営している。
2. 健康保険の適用事業所に常時使用される70歳未満の者は、原則として、全国健康保険協会管掌健康保険(協会けんぽ)または健康保険組合管掌健康保険のいずれかに加入する。
3. 退職により健康保険の被保険者資格を喪失した者は、所定の要件を満たすことにより、最長で3年間は健康保険の任意継続被保険者となることができる。
4. 健康保険や国民健康保険の被保険者が同月内に同一の医療機関等で支払った医療費の一部負担金等の額が、その者に係る自己負担限度額を超えた場合、その超えた部分の額は、所定の手続きにより、高額療養費として支給される。

【問題4】 労働者災害補償保険(以下「労災保険」という)や雇用保険に関する次の記述のうち、最も不適切なものはどれか。

1. 労災保険の適用を受ける労働者には、雇用形態がアルバイトやパートタイマーであるものも含まれる。

2. 業務上の疾病の療養により労働することができないために賃金を受けられない場合、賃金を受けない日の第1日目から休業補償給付が支給される。

3. 雇用保険料のうち、失業等給付の保険料は、被保険者の賃金総額に事業の種類に応じた雇用保険料率を乗じて得た額を事業主と被保険者で負担する。

4. 雇用保険の受給手当の受給期間は、原則として、離職の日の翌日から起算して1年である。

【問題5】 国民年金に関する次の記述のうち、最も不適切なものはどれか。

1. 日本国内に住所を有する20歳以上60歳未満の自営業者、農林漁業者、学生、無職などの者は、日本国籍の有無は問わず、第1号被保険者となる。

2. 第1号被保険者で障害基礎年金を受給している者や生活保護法による生活扶助を受けている者は、国民年金保険料の法定免除の対象となる。

3. 遺族基礎年金を受給することができる遺族は、国民年金の被保険者等の死亡の当時、その者によって生計を維持し、かつ、所定の要件を満たす「子のある配偶者」または「子」である。

4. 国民年金の第1号被保険者としての保険料納付済期間(保険料免除期間を含む)が10年以上ある夫の死亡の当時、夫によって生計を維持し、夫との婚姻関係が10年以上継続した60歳の妻は、65歳から生涯にわたって寡婦年金の受給権が発生する。

【問題6】 厚生年金保険に関する次の記述のうち、最も適切なものはどれか。

1. 厚生年金保険の適用事業所に常時使用される者のうち、65歳以上の者は、厚生年金保険の被保険者とならない。

2. 育児休業等をしている被保険者に係る厚生年金保険の保険料は、所定の手続きによって被保険者負担分・事業主負担分ともに免除される。

3. 65歳からの老齢厚生年金が支給されるためには、老齢基礎年金の受給資格期間を満たし、厚生年金保険の被保険者期間が1年以上あることが必要である。

4. 遺族厚生年金の額は、原則として、死亡した者の厚生年金保険の被保険者記録を基に計算した老齢厚生年金の報酬比例部分の3分の2相当額である。

【問題7】 公的年金の併給調整等に関する次の記述のうち、最も不適切なものはどれか。

1. 遺族厚生年金の受給権者が65歳以降に老齢基礎年金の受給権を取得した場合、遺族厚生年金と老齢基礎年金は併給される。

2. 障害基礎年金の受給権者が65歳以降に老齢厚生年金の受給権を取得した場合、障害基礎年金と老齢厚生年金は併給される。

3. 障害厚生年金の受給権者が雇用保険の基本手当の支給を受けている間、障害厚生年金は支給停止となる。

4. 特別支給の老齢厚生年金の受給権者が雇用保険の基本手当の支給を受けている間、特別支給の老齢厚生年金は支給停止となる。

【問題8】 確定拠出年金に関する次の記述のうち、最も不適切なものはどれか。

1. 個人型年金に加入する場合、国民年金の第1号被保険者（自営業者等）が、国民年金の付加保険料を納付している場合、その者の個人年金の掛金は月額68,000円から当該保険料の額を控除した額の範囲内（千円単位）となる。

2. 企業型年金加入者掛金（マッチング拠出により加入者が拠出する掛金）は、その全額が小規模企業共済等掛金控除の対象となる。

3. 個人別管理資産の運用期間中に発生する利息や収益分配金等の運用収益は課税されない。

4. 老齢給付金を60歳から受給するためには、60歳時点で確定拠出年金の通算加入者等期間が20年以上なければならない。

【問題9】 中小企業退職金共済制度（以下、「中退共」という）や小規模企業共済および国民年金基金に関する次の記述のうち、最も不適切なものはどれか。

1. 事業主と生計を一にする同居の親族は、使用従属関係等が認められることにより、従業員として中退共に加入することができる。

2. 中退共の加入企業が中小企業者でなくなった場合は、中退共の解約手当金相当額を、所定の要件のもとに、確定給付型企業年金制度や確定拠出年金制度（企業型年金）に移管することができる。

3. 商業・サービス業（宿泊業、娯楽業を除く）において、常時使用する従業員の数が20人以下の個人事業主は、小規模企業共済に加入することができる。

4. 日本国内に住所を有する60歳以上65歳未満の国民年金の任意加入被保険者は、国民年金基金に加入することができる。

【問題10】　下記〈X社の貸借対照表の抜粋〉に関する次の記述のうち、最も不適切なものはどれか。なお、記載のない事項に関しては考慮しないものとする。

〈X社の貸借対照表の抜粋〉　　　　　　　　　　　　　　　　　　（単位：百万円）

項目	金額	項目	金額
（資産の部）		（負債の部）	
流動資産	500	流動負債	200
現金および預金	100	買掛金	100
売掛金	60	短期借入金	60
商品	340	未払い法人税等	40
―以下省略―	～	―以下省略―	～
資産合計	1,200	負債・純資産合計	1,200

1．流動資産のうち、「現金および預金」「売掛金」「商品」などの換金しやすい資産を当座資産という。

2．負債の部において、1年以内に返済しなければならないものは流動負債となり、返済期間が1年を超えるものは固定負債となる。

3．X社の当座比率は、「160/200×100（％）」で計算される。

4．X社の流動比率は、「500/200×100（％）」で計算される。

【問題11】　生命保険契約に関する次の記述のうち、最も適切なものはどれか。

1．保険法では、生命保険契約の当事者以外の者を被保険者とする死亡保険契約は、当該被保険者の同意がなくても、その効力を生じるとしている。

2．保険会社では、保険種類ごとに契約の内容を一定にした生命保険約款を作成し、内閣総理大臣の認可を受けて、多数の保険契約者が公平な条件で契約できるようにしている。

3．保険契約者または被保険者になる者は、生命保険契約の締結に際し、保険会社から告知を求められた事項以外に保険事故の発生の可能性に関する重要な事項があれば、その者が自発的に判断して事実の告知をしなければならない。

4．保険業法上、保険期間が1年以内の保険契約の申込みをした者は、契約の申込日から一般的に8日以内であれば、書面により申込みの撤回をすることができる。

【問題12】 生命保険の一般的な商品性に関する次の記述のうち、最も不適切なものはどれか。

1. こども（学資）保険は、保険料払込期間中に契約者が死亡し、保険料の払込みが免除となった場合であっても、契約は有効に継続し、祝金や満期保険金を受け取ることができる。

2. 収入保障保険の保険金を一時金で受け取る場合の受取額は、年金形式で受け取る場合の受取総額よりも少なくなる。

3. 低解約返戻金型終身保険を保険料払込終了後に解約した場合、低解約返戻金型ではないほかの契約条件が同じ通常の終身保険よりも低い解約返戻金額が支払われる。

4. 養老保険の被保険者が保険期間満了まで生存した場合、死亡・高度障害保険金と同額の満期保険金が支払われる。

【問題13】 個人年金保険の一般的な商品性に関する次の記述のうち、最も不適切なものはどれか。

1. 確定年金では、年金支払い開始後10年、15年など契約時に定めた期間中は、被保険者の生死にかかわらず年金を受け取ることができる。

2. 変額個人年金保険では、積立金の運用成果によって将来の年金額や解約返戻金などが変動する。

3. 外貨建て個人年金保険では、円換算特約を付加した場合、受け取る年金額は為替の変動による影響を受けない。

4. 保証期間付終身年金保険では、保証期間中に被保険者（＝年金受取人）が死亡した場合は、被保険者の相続人が継続して保証期間満了まで年金を受け取ることができる。

【問題14】 契約者（＝保険料負担者）を企業とする総合福祉団体定期保険の一般的な商品性に関する次の記述のうち、最も適切なものはどれか。

1. 総合福祉団体定期保険の保険期間は、1年から5年の範囲内で被保険者ごとに設定することができる。

2. 総合福祉団体定期保険は、従業員の死亡退職金や弔慰金を準備するために利用する保険であり、役員を被保険者とすることはできない。

3. ヒューマン・ヴァリュー特約を付加することによって、被保険者が不慮の事故により身体に障害を負った場合の治療費や入院費が保障される。

4. 企業が負担した総合福祉団体定期保険の保険料は、全額損金に算入できる。

【問題15】　生命保険の税金に関する次の記述のうち、最も不適切なものはどれか。なお、いずれも契約者(=保険料負担者)、保険金受取人、年金受取人は個人であるものとする。

1．被保険者本人が受け取った三大疾病保険金、介護保険金などの生前給付保険金は非課税である。

2．身体の傷害、もしくは疾病を原因とする入院により、医療保険の被保険者が受け取った入院給付金は非課税である。

3．契約者が契約日から9年経過した一時払養老保険契約を解約して受け取った解約返戻金は、金融類似商品として、既払込保険料と解約返戻金との差益に対して、一律20.315％の源泉分離課税となる。

4．契約者の死亡により、相続人が相続により取得した生命保険契約に関する権利の価額は、解約返戻金相当額で評価される。

【問題16】　住宅建物と収容家財を補償の対象とする火災保険および地震保険に関する次の記述のうち、最も適切なものはどれか。

1．専用住宅を対象とする火災保険の保険料を決定する要素の1つである建物の構造級別には、「M構造」「T構造」「H構造」の3種類の区分がある。

2．ガス爆発により住宅建物が損害を被った場合には、火災保険の保険金支払いの対象とはならない。

3．地震保険は、火災保険の加入と同時に付帯する必要があり、火災保険の保険期間の中途では付帯することはできない。

4．地震保険では、保険対象となる建物または家財の損害の程度が「全損」「大半損」「小半損」の3区分のいずれかに該当した場合に、保険金が支払われる。

【問題17】　任意加入の自動車保険の一般的な商品性に関する次の記述のうち、最も適切なものはどれか。

1．対人賠償保険では、被保険者が被保険自動車の運転中の事故により同居している自分の親にケガを負わせた場合には、補償の対象とならない。

2．車両保険では、地震による津波によって損害を受けた場合、保険金支払いの対象となる。

3．人身傷害保険では、被保険者が被保険自動車の運転中に単独事故を起こして後遺障害を負った場合は、補償の対象とならない。

4．ノンフリート等級別料率制度は、契約者の前契約の有無や事故歴に応じて1等級から18等級に区分し、等級ごとに保険料の割増・割引を行う制度である。

【問題18】 傷害保険の一般的な商品性に関する次の記述のうち、最も不適切なものはどれか。なお、特約は付帯していないものとする。

1. 普通傷害保険では、熱中症により治療を受けた場合は、保険金支払いの対象とならない。
2. 家族傷害保険は、事故発生時における所定の範囲の親族が被保険者であり、保険契約締結後に誕生した子も被保険者となる。
3. 国内傷害保険では、旅行中に発生した地震、噴火、またはこれらによる津波によるケガは補償の対象とならない。
4. 海外旅行(傷害)保険では、旅行の行程にある日本国内の移動中の事故によるケガについては補償の対象とならない。

【問題19】 第三分野の保険等の一般的な商品性に関する次の記述のうち、最も不適切なものはどれか。

1. 医療保険では、退院後に入院給付金を受け取り、その退院日の翌日から180日以内に前回と同一の疾病により再入院した場合、入院給付金支払日数は前回の入院日数と合算され、1入院当たりの給付日数制限の適用を受ける。
2. 先進医療特約の対象となる先進医療の種類は、約款に記載されており、契約後に変更されることはない。
3. ガン保険は、一般的に責任開始までに3ヵ月または90日の免責期間を設定しており、その期間中に被保険者がガンと診断確定された場合、保険金・給付金は支払われない。
4. 所得補償保険では、ケガや病気によって就業不能となった場合、入院中だけでなく医師の指示による自宅療養中も補償の対象となる。

【問題20】 損害保険を活用した事業活動のリスク管理に関する次の記述のうち、最も不適切なものはどれか。

1. 食品製造販売業を営む企業が、調理販売した惣菜が原因で食中毒が発生した場合に備えて、生産物賠償責任保険(PL保険)を契約した。
2. 飲食店を営む企業が、火災・爆発等の災害による営業の休止または阻害による利益の減少等に備えて、火災保険を契約した。
3. 製造業を営む企業が、従業員の業務中の事故によるケガに備えて、労働者災害補償保険(政府労災保険)の上乗せ補償を目的に、労働災害総合保険を契約した。
4. 設備工事業を営む企業が、従業員がマンションの外壁の工事中に誤って工具を落として通行中の歩行者にケガを負わせた場合に備えて、請負業者賠償責任保険を契約した。

【問題21】 国内の景気や物価の動向を示す各種指標等に関する次の項目のうち、最も不適切なものはどれか。

1. 国内総生産(GDP)には、名目値と実質値があり、物価の動向によっては名目値が上昇していても実質値は下落することがある。
2. 景気動向指数において、家計消費支出は、遅行系列に分類される。
3. 消費者物価指数は、全国の世帯が購入する家計に係る財およびサービスの価格等を総合した物価の変動を時系列的に測定する統計で、日銀が作成・公表している。
4. マネーストック統計は、景気、物価の動向やその先行きを判断するための1つの統計として、日本銀行が作成・公表している。

【問題22】 株式投資信託の一般的な運用手法に関する次の記述のうち、最も不適切なものはどれか。

1. 企業の成長性を重視し、将来の売上高や利益の成長性が市場平均よりも高いと見込まれる銘柄に投資する手法は、グロース投資と呼ばれる。
2. ベンチマークを上回る運用成果を目指す手法は、パッシブ運用と呼ばれる。
3. 経済環境などマクロ的な視点から、国別や業種別などの配分比率を決定し、組み入れる銘柄を選定する手法は、トップダウン・アプローチと呼ばれる。
4. 株価が現在の資産価値や利益水準などから割安と評価される銘柄に投資する手法は、バリュー投資と呼ばれる。

【問題23】 一般的な固定利付債券(個人向け国債を除く)に関する次の記述のうち、最も適切なものはどれか。

1. 利率と償還日が同じであれば、信用度が高い(債務不履行リスクが低い)債券のほうが最終利回りは高い。
2. 償還日前に売却した場合には、売却価格が額面価格を下回ることはない。
3. 他の条件が同一であれば、表面利率が低いほど、利回りの変動に対する価格の変動幅は大きい。
4. 一般に、市場金利が上昇すると、債券価格は上昇し、市場金利が低下すると債券価格は下落する。

【問題24】 表面利率0.5％、発行価格が額面100円当たり99円、償還年限が10年の固定
利付債券を購入し、3年間保有して額面100円当たり100円50銭で売却した。
この場合の所有期間利回りとして、正しいものはどれか。なお、手数料、経過利
子、税金等については考慮しないものとし、解答は表示単位の小数点以下第3位
を四捨五入するものとする。

1．0.67％
2．0.83％
3．0.91％
4．1.01％

【問題25】 株式の投資指標に関する次の記述のうち、最も不適切なものはどれか。
1．同規模・同一業種の銘柄間においては、一般に、PERの低い銘柄が割安と考えられる。
2．同規模・同一業種の銘柄間においては、一般に、PBRの低い銘柄が割安と考えられる。
3．配当性向は、純利益のうちの配当金として支払った割合で、利益をどれくらい株主に
還元しているかを示す指標である。
4．ROEは、企業の総資本に対する当期純利益の割合を示す指標である。

【問題26】 個人が国内の金融機関を通じて行う外貨建て金融商品の取引等に関する次の記
述のうち、最も不適切なものはどれか。
1．国内の証券取引所に上場している外国株式を国内委託取引により売買した場合の受渡
日は、その売買の約定日から起算して3営業日目となる。
2．外貨預金の預入時に為替先物予約を締結した場合、満期時に生じた為替差益は、源泉
分離課税の対象となる。
3．米ドル建て債券ファンド（為替ヘッジなし）を保有しているときに、米ドルに対する円
の為替レートが円安に変動することは、当該ファンドの円換算の投資利回りの下落要
因になる。
4．豪ドル建て個人年金保険の死亡給付金や年金を円貨で受け取る場合、豪ドルと円の為
替レートの変動によっては、死亡給付金額や年金総額が当初の払込保険料相当額を下
回ることがある。

【問題27】 下記〈資料〉に基づくファンドAとファンドBの過去５年間の運用パフォーマンスの比較評価に関する次の記述の空欄（ア）、（イ）にあてはまる語句の組み合わせとして、最も適切なものはどれか。なお、計算上端数が出た場合は、小数点以下第２位を四捨五入するものとする。

〈資料〉ファンドAとファンドBの過去５年間の運用実績に関する情報

	実質収益率の平均値	実質収益率の標準偏差
ファンドA	10％	3 ％
ファンドB	6 ％	2.5％

> ポートフォリオの運用パフォーマンスの評価には、シャープレシオを尺度とするものがある。シャープレシオは、ポートフォリオの超過収益率を標準偏差で除して算出される。
> 無リスク金利を1.0％として、〈資料〉の数値によりファンドのAのシャープレシオの値を算出すると（ ア ）となる。同様に算出したファンドBのシャープレシオの値により、両ファンドの運用パフォーマンスを比較すると、過去５年間は（ イ ）の方が効率的な運用であったと判断される。

1．（ア）3.0 　　　　（イ）ファンドA
2．（ア）3.0 　　　　（イ）ファンドB
3．（ア）3.3 　　　　（イ）ファンドA
4．（ア）3.3 　　　　（イ）ファンドB

【問題28】 新NISAに関する次の記述のうち、最も適切なものはどれか。なお、本問においては、非課税口座に係る特定非課税管理口座により投資収益が非課税になる口座を「成長投資枠」、特定累積投資勘定により投資収益が非課税となる口座を「つみたて投資枠」という。

1．非課税保有限度額の1,800万円は、つみたて投資枠もしくは成長投資枠のどちらか一方のみの利用でも構わない。
2．成長投資枠を通じて購入した上場株式を売却することにより生じた損失は、一般口座や特定口座で保有する他の上場株式等の配当金等や売却益と通算することはできない。
3．成長投資枠での金融商品の購入は、積立で行うことはできない。
4．つみたて投資枠の対象商品は、一定の条件を満たす投資信託、上場株式、ETFである。

【問題29】　わが国における個人による金融商品取引に係るセーフティネットに関する次の
　　　　　　記述のうち、最も不適切なものはどれか。

1．銀行に預け入れた決済用預金は、預入金額にかかわらず、その全額が預金保険制度に
　　よる保護の対象となる。

2．財形貯蓄制度により国内銀行に預けられている預金は、預金保険制度による保護の対
　　象外である。

3．証券会社が破綻して、預かり資産の一部または全部が返還されない事態が発生した場
　　合、日本投資者保護基金により、一般顧客1人当たり1,000万円を上限として顧客資産
　　が補償される。

4．生命保険会社が破綻した場合、生命保険契約者保護機構により、破綻時点における補
　　償対象契約の責任準備金等の90％（高利率契約を除く）までが補償される。

【問題30】　金融商品の取引に係る各種法令に関する次の記述のうち、最も不適切なものは
　　　　　　どれか。なお、本問においては、「金融サービスの提供及び利用環境の整備等に
　　　　　　関する法律」を金融サービス提供法といい、「犯罪による収益の移転防止に関する
　　　　　　法律」を犯罪収益移転防止法という。

1．顧客（特定顧客を除く）が金融商品販売業者等に対して、金融サービス提供法に基づき、
　　重要事項の説明義務違反による損害の賠償を請求する場合、その損害額については、
　　当該顧客が立証しなければならない。

2．金融サービス提供法では、金融商品販売業者等が顧客に金融商品を販売するための勧
　　誘をするときには、原則として、あらかじめ勧誘方針を定めて公表しなければならな
　　いとされている。

3．事業者が消費者に対して重要事項について事実と異なることを告げ、消費者がその内
　　容を事実と誤認して消費者契約の申込みを行った場合、消費者は、消費者契約法に基
　　づき、当該申込みを取り消すことができる。

4．犯罪収益移転防止法では、顧客等が代理人を通じて所定の取引をする場合、銀行等の
　　特定事業者は、顧客等および代理人双方の本人特定事項の確認を行わなければならな
　　いとされている。

【問題31】　次のうち、所得税における非課税所得に該当しないものはどれか。

1．会社員である給与所得者が会社から受け取った月額15万円（通常の通勤の経路および
　　方法での定期代相当額）の通勤手当

2．勤め先を退職し、就職活動中の者が受け取る雇用保険の失業等給付

3．年金受給者が受け取った老齢基礎年金

4．交通事故の被害者が受け取った損害賠償金

【問題32】 所得税の各種所得に関する次の記述のうち、最も不適切なものはどれか。

1. 預貯金の利子を受け取ったことによる所得は、利子所得である。
2. 賃貸していた土地および建物を売却したことによる所得は、不動産所得である。
3. 会社員が勤務先から無利息で金銭を借り入れたことによる経済的利益は給与所得である。
4. 事業の用に供していた営業車両を売却したことによる所得は譲渡所得である。

【問題33】 Aさんの2024年分の所得の金額が下記のとおりであった場合の所得税における総所得金額として、最も適切なものはどれか。なお、▲が付された所得の金額は、その所得に損失が発生していることを意味するものとする。

不動産所得の金額	▲90万円 （不動産所得を生ずべき土地の取得に要した負債の利子の額20万円を含む）
事業所得の金額	300万円
雑所得の金額	▲10万円

1. 200万円
2. 210万円
3. 220万円
4. 230万円

【問題34】 所得税における医療費控除に関する次の記述のうち、最も不適切なものはどれか。なお、「特定一般用医薬品等購入費を支払った場合の医療費控除の特例」は考慮しないものとする。

1. 各年において、医療費控除として控除することができる額の上限は200万円である。
2. 医療費の補てんとして受け取った保険金は、その補てんの対象となった医療費の金額を限度として、支払った医療費の金額から差し引かれる。
3. 医療費控除の対象となる医療費の金額は、その年中に支払った金額であり、治療を受けたが未払いとなっている金額は対象とならない。
4. 出産費用は医療費控除の対象とならない。

【問題35】 次のうち、所得税における税額控除として適切なものはどれか。

1．配当控除
2．雑損控除
3．医療費控除
4．生命保険料控除

【問題36】 2024年分の所得税における住宅借入金等特別控除（以下「住宅ローン控除」という）に関する次の記述のうち、最も不適切なものはどれか。なお、2024年6月に住宅ローンを利用して家屋を取得したものとする。

1．住宅ローン控除の適用を受けようとする者のその年分の合計所得金額は、3,000万円以下でなければならない。
2．住宅用家屋とともにその敷地である土地を取得した場合には、その土地の取得に係る借入金額は、住宅ローン控除の対象となる借入金額に含めることができる。
3．中古の住宅を取得した場合であっても、取得した日以前一定期間内に建築されたものや、一定の耐震基準に適合するものであれば、住宅ローン控除の適用の対象となる。
4．住宅ローン控除の適用を受けていた者が、住宅ローンの一部繰上返済を行い、借入金の償還期間が当初の借入の日から10年未満となった場合には、その年以降住宅ローン控除の適用対象とはならない。

【問題37】 法人が損金経理により処理した次の費用等のうち、法人税の各事業年度の所得の金額の計算上、損金の額に算入されるものとして最も適切なものはどれか。

1．業務中の従業員による駐車違反に対して科せられた交通反則金
2．法人住民税の本税
3．減価償却費として損金経理した金額のうち、償却限度額に達するまでの金額
4．事業税を延滞したことにより支払った延滞金

【問題38】 消費税の課税事業者が国内で事業として行った次の取引のうち、消費税の課税対象とされるものとして最も適切なものはどれか。

1．有価証券の譲渡
2．居住の用に供する建物の譲渡
3．居住用建物の貸付け（貸付期間1年）
4．利子を対価とする金銭の貸付け

【問題39】 会社と役員間の取引に係る所得税・法人税に関する次の記述のうち、最も不適切なものはどれか。

1. 会社が役員に対して金銭を無利息で貸付けした場合には、役員に対して本来の利息相当額について所得税が課税される。
2. 役員が会社の所有する社宅に無償で居住している場合の賃貸料に相当する金額については、原則として役員に対して所得税が課税される。
3. 役員の所有する土地を会社が適正な時価よりも低い価額で取得した場合、その譲渡価額が適正な時価の2分の1以上で時価未満であるときは、原則として、時価により譲渡所得の金額が計算される。
4. 会社の所有する土地を適切な時価よりも低い価額で役員に譲渡した場合は、その適正な時価と譲渡価額との差額はその役員への給与として取り扱われる。

【問題40】 決算書の分析に関する次の記述のうち、最も不適切なものはどれか。

1. 総資本回転率は、企業活動に投下された資本の運用効率・利用度合いを示すもので、数値が高いほど良好といえる。
2. 自己資本比率(株主資本比率)は、総資産に対する自己資本(株主資本)の割合を示したものであり、一般に、この数値が高いほうが財務の健全性が高いといわれる。
3. 当座比率は、その企業の短期の負債に対する支払能力を評価するための指標であり、一般に、この数値は高いほうが望ましいとされる。
4. 損益がゼロになる売上高を損益分岐点売上高といい、「固定費×限界利益率」で求められる。

【問題41】 不動産の価格に関する次の記述のうち、最も適切なものはどれか。

1. 地価公示の公示価格は、毎年4月1日を価格判定の基準日としている。
2. 都道府県地価調査の基準地の標準価格は、毎年1月1日を価格判定の基準日としている。
3. 相続税路線価は、地価公示の公示価格の60%を価格水準の目安として設定されている。
4. 固定資産税評価額は、原則として3年ごとの基準年度において評価替えが行われる。

【問題42】 宅地建物取引業法に関する次の記述のうち、最も不適切なものはどれか。

1. アパートを所有する者が、そのアパートの賃貸を自ら業として行う場合には、宅地建物取引業法の免許が必要である。

2. 専任媒介契約を締結した宅地建物取引業者は、契約の相手方を探索するため、当該契約の目的物である宅地・建物の情報を契約日から7日以内に指定流通機構に登録しなければならない。

3. 宅地建物取引士が宅地建物取引業法第35条に規定する重要事項の説明をするときは、説明の相手方に対し、宅地建物取引士証を提示しなければならない。

4. 宅地建物取引業者が自ら売主となり、宅地建物取引業者でない買主と宅地の売買契約を締結する場合、売買代金の2割を超える手付けを受領してはならない。

【問題43】 民法に基づく不動産の売買契約に関する次の記述のうち、最も適切なものはどれか。

1. 買主が売主に解約手付を交付し、さらに売買代金の一部を支払った場合、売主は、受領した売買代金を返還し、かつ、解約手付の倍額を償還すれば、売買契約を解除することができる。

2. 買主に債務の履行遅滞が生じた場合、売主は、履行の催告をすることなく直ちに契約を解除することができる。

3. 未成年者(既婚者を除く)が法定代理人の同意を得ずに不動産の売買契約を締結した場合、原則として、その法定代理人だけでなく、未成年者本人も、当該売買契約を取り消すことはできる。

4. 共有となっている建物について自己が有している持分を第三者に譲渡するときは、他の共有者全員の同意を得なければならない。

【問題44】 借地借家法等に関する次の記述のうち、最も適切なものはどれか。なお、本問においては、同法第22条から24条の定期借地権等以外の借地権を普通借地権といい、借地借家法における定期建物賃貸借契約を定期借家契約という。

1. 普通借家契約では、賃貸人と賃借人の合意により、賃貸借期間を1年未満とした場合でも、賃貸借期間は1年とみなされる。

2. 普通借地権の設定当初の存続期間は、借地権者と借地権設定者との合意にかかわらず、30年を超えて定めることはできない。

3. 定期借家契約では、賃借人に造作買取請求権を放棄させる旨の特約は無効となる。

4. 建物の譲渡により建物譲渡特約付借地権が消滅した場合において、当該建物の使用を継続する賃借人が借地権設定者に対して請求をしたときには、賃借人と借地権設定者との間で期間の定めのない建物の賃貸借がされたものとみなされる。

【問題45】 都市計画法に関する次の記述のうち、最も適切なものはどれか。

1. 都市計画区域は、都市計画にすべての区域区分(市街化区域・市街化調整区域)が定められている。

2. 市街化区域については用途地域を定め、市街化調整区域については原則として用途地域を定めないものとされている。

3. 土地区画整理事業の施行として行う開発行為には、都道府県知事等の許可が必要となる。

4. 開発許可を受けた開発区域内の土地に当該開発許可に係る予定建築物を建築する場合は、その規模にかかわらず、建築基準法上の建築確認は不要である。

【問題46】 都市計画区域および準都市計画区域内における建築基準法の規定に関する次の記述のうち、最も不適切なものはどれか。

1. 建築物の敷地が、容積率の制限の異なる2つの地域にわたる場合は、それぞれの容積率を加重平均して求められる容積率が適用される。

2. 建築基準法第42条第2項により道路境界線とみなされる線と道路との間の敷地部分(セットバック部分)は、建築物を建築することができないが、建蔽率、容積率を算定する際の敷地面積には算入することができる。

3. 日影規制(日影による中高層の建築物の高さの制限)は、原則として商業地域・工業地域・工業専用地域は適用対象外である。

4. 防火地域に耐火建築物を建築する場合には、建蔽率の制限について緩和措置を受けることができる。

【問題47】 建物の区分所有等に関する法律に関する次の記述のうち、最も不適切なものはどれか。

1. 共用部分に対する各区分所有者の共有持分は、規約で別段の定めをしない限り、各共有者が有する専有部分の床面積の割合による。

2. 区分所有者は、敷地利用権が数人で有する所有権その他の権利である場合、規約に別段の定めがない限り、敷地利用権を専有部分と分離して処分することができない。

3. 区分所有者以外の専有部分の占有者は、建物またはその敷地もしくは附属施設の使用方法について、区分所有者が規約または集会の決議に基づいて負う義務と同一の義務を負う。

4. 区分所有建物の建替えは、区分所有者および議決権の各4分の3以上の賛成による集会の決議によらなければならない。

【問題48】 個人が土地建物等を譲渡したことによる、譲渡所得に係る所得税の取扱いに関する次の記述のうち、最も不適切なものはどれか。

1. 譲渡所得の金額の計算上、貸家を譲渡するために借家人に支払った立退料は、譲渡費用に含まれる。

2. 譲渡所得の金額の計算上、取得費が不明の場合には、譲渡収入金額の5％相当額を取得費とすることができる。

3. 土地の譲渡に係る所得については、その土地を譲渡した日における所有期間が5年以下の場合には短期譲渡所得に区分され、5年を超える場合には長期譲渡所得に区分される。

4. 相続（限定承認に係るものを除く）により取得した土地を譲渡した場合において、その土地の所有期間を判定する際の取得の日は、原則として被相続人が取得した日とされる。

【問題49】 土地の有効活用の手法の一般的な特徴についてまとめた下表の空欄（ア）～（ウ）に当てはまる語句の組合せとして、最も適切なものはどれか。

有効活用の手法	土地の所有名義 （有効活用後）	建物の所有名義	本人の建設資金負担の 要否
事業受託方式	本人	本人	あり
建設協力金方式	（ ア ）	本人	なし（全部または一部）
等価交換方式	本人・ デベロッパー	本人・ デベロッパー	（ ウ ）
定期借地権方式	本人	（ イ ）	なし

1. （ア）本人　　　　　　（イ）デベロッパー　　　（ウ）なし
2. （ア）デベロッパー　　（イ）本人　　　　　　　（ウ）あり
3. （ア）借地人　　　　　（イ）借地人　　　　　　（ウ）あり
4. （ア）本人　　　　　　（イ）借地人　　　　　　（ウ）なし

【問題50】　不動産の投資判断の手法等に関する次の記述のうち、最も不適切なものはどれか。

1. NOI利回り（純利回り）は、収益から諸経費を控除して求める利回りで、年間賃料収入から実質費用を差し引いた純収益を投資額で割って算出する。実質費用には、減価償却費や借入金の利息は含めない。

2. IRR法（内部収益率法）による投資判断においては、内部収益率が投資家の期待収益率を上回っている場合、その投資は有利であると判定することができる。

3. NPV法（正味現在価値法）による投資判断においては、投資不動産から得られる収益の現在価値の合計額が投資額の現在価値の合計額を上回っている場合、その投資は有効であると判断することができる。

4. 借入金併用型の不動産投資において、レバレッジ効果が働いて自己資金に対する収益率の向上が期待できるのは、総投下資本に対する収益率が借入金の金利を下回っている場合である。

【問題51】　贈与に関する次の記述のうち、最も不適切なものはどれか。

1. 贈与者が目的物の欠陥や不具合等の存在を知っていたが、これを受贈者に告げなかった場合でも、贈与者は損害賠償責任を負うことはない。

2. 口頭での贈与契約の場合、当事者双方は、その履行が終わっていない部分についてはその契約を解除することができる。

3. 贈与は書面によらないものであっても、当事者の一方が自己の財産を無償で相手方に与える意思を表示し、相手方が受諾することによって、その効力を生ずる。

4. 負担付贈与では、受贈者がその負担である義務を履行しない場合においては、贈与者が相当の期間を定めてその履行の催告をし、その期間内に履行がないときは、贈与者は、当該贈与契約の解除をすることができる。

【問題52】　贈与税の非課税財産に関する記述のうち、最も適切なものはどれか。

1. 死因贈与により取得した財産は、遺贈により取得した財産と同様、贈与税の課税対象となる。

2. 扶養義務者から生活費という名目で受け取った金銭であれば、これを投資目的の株式の購入代金に充当した場合にも、その金銭は贈与税の課税対象にはならない。

3. 離婚による財産分与として取得した財産は、その価額が婚姻中の夫婦の協力によって得た財産の額等を考慮して社会通念上相当な範囲内である場合、原則として、贈与税の課税対象とならない。

4. 個人が法人からの贈与により取得した財産は、贈与税の課税対象となる。

【問題53】 贈与税に関する次の記述のうち、最も不適切なものはどれか。

1. 暦年課税による贈与税額の計算上、贈与税の税率は、贈与税の課税価格に応じた超過累進税率である。

2. 贈与税の配偶者控除の適用を受ける場合、その対象となる財産については、不動産であれば居住用や事業用などの用途の別は問わない。

3. 母からの住宅取得資金の贈与について「直系尊属から住宅取得等資金の贈与を受けた場合の贈与税の非課税」の適用を受けた場合でも、母からの子育て資金の贈与について「直系尊属から結婚・子育て資金の一括贈与を受けた場合の贈与税の非課税」の適用を併用して受けられる。

4. 相続時精算課税を選択した場合、特定贈与者ごとの贈与税の特別控除額は、2,500万円である。

【問題54】 民法における相続人等に関する次の記述のうち、最も不適切なものはどれか。

1. 相続開始時に胎児であった者は、すでに生まれたものとみなされ、相続権が認められる。

2. 父母の一方のみを同じくする兄弟姉妹の相続分は、父母の双方を同じくする兄弟姉妹の相続分の2分の1となる。

3. 相続の欠格によって相続権を失った場合、その者に直系卑属がいれば、その直系卑属が代襲相続人となる。

4. 被相続人の長男が相続の放棄をした場合、長男の子が代襲して相続人となる。

【問題55】 民法上の遺言および遺言書に関する次の記述のうち、最も不適切なものはどれか。

1. 自筆証書による遺言書は、原則、遺言者による全文、日付、氏名の自書および押印が必要であるが、「財産目録」についてはワープロやパソコンの作成も認められている。

2. 公正証書による遺言は、証人2人以上の立会いが必要であり、推定相続人はその証人になることができない。

3. 遺言による遺産分割方法の指定や遺贈により相続人の遺留分が侵害された場合、その遺言は無効である。

4. 遺言者はいつでも遺言の方式に従って、遺言の全部または一部を撤回することができる。

【問題56】 相続税の課税財産等に関する次の記述のうち、最も不適切なものはどれか。

1．被相続人がその相続開始時に有していた事業上の売掛金は、相続税の課税対象となる。

2．2024年に相続により財産を取得した者が、相続開始前3年以内に当該相続の被相続人から暦年課税による贈与により取得した財産は、相続税の課税対象となる。

3．2024年に相続または遺贈により財産を取得しなかった被相続人の孫(代襲相続人でも養子でもない)が、その相続開始前3年以内に被相続人から暦年課税による贈与により取得した財産は、相続税の課税対象となる。

4．相続の放棄をした者が、契約者(＝保険料負担者)および被保険者を被相続人とする生命保険契約に基づいて受け取った死亡保険金も、相続税の課税対象となる。

【問題57】 相続税における宅地および宅地の上に存する権利(定期借地権等を除く)の評価に関する次の記述のうち、最も適切なものはどれか。なお、評価の対象となる宅地は、借地権の取引慣行のある地域にあるものとする。

1．宅地の評価方法には、路線価方式と倍率方式とがあり、それぞれの評価において用いる路線価および倍率は、いずれも路線価図によって公表されている。

2．宅地の価額は、その宅地が登記上は2筆の宅地であっても、一体として利用している場合は、その2筆の宅地全体を一画地として評価する。

3．アスファルト舗装した青空貸駐車場の用に供している土地の価額は、貸宅地としての価額により評価する。

4．貸家建付借地権の価額は、「(自用地評価額×借地権割合)－(自用地評価額×借地権割合×賃貸割合)」の算式により計算した金額により評価する。

【問題58】 Aさんは、下記の甲宅地および甲宅地上の家屋（自宅）を所有していたが、Aさんの死亡により配偶者Bさんが甲宅地および自宅を相続により取得した。Aさんの相続に係る相続税の計算上、「小規模宅地等の課税価格の計算の特例」の適用を受けた場合の甲宅地の相続税の課税価格に算入する金額として、最も適切なものはどれか。なお、その金額が最も少なくなるように計算すること。

〈甲宅地の概要〉

面積	：400㎡
自用地評価額	：60,000千円

1. $60,000千円 - 60,000千円 \times \dfrac{200㎡}{400㎡} \times 50\% = 45,000千円$

2. $60,000千円 - 60,000千円 \times \dfrac{300㎡}{400㎡} \times 50\% = 37,500千円$

3. $60,000千円 - 60,000千円 \times \dfrac{330㎡}{400㎡} \times 80\% = 20,400千円$

4. $60,000千円 - 60,000千円 \times \dfrac{400㎡}{400㎡} \times 80\% = 12,000千円$

【問題59】 遺産分割や遺産分割対策に関する次の一般的な記述のうち、最も不適切なものはどれか。

1. 財産の大半が不動産である場合、不動産の一部を売却し、現金化しておくことは、遺産分割対策として有効な方法の1つである。

2. 遺言による相続分の指定がない場合、法定相続分に従って遺産の分割をしなければならない。

3. 換価分割において、共同相続人が相続によって取得した財産の全部または一部を換価し、その換価代金を分割した場合、各相続人が取得した換価代金には所得税が課される場合がある。

4. 代償分割により特定の財産（遺産）を取得した相続人から他の相続人に交付された代償財産が不動産や株式の場合、その不動産や株式を交付した相続人には、譲渡所得として所得税が課される。

【問題60】　相続税の納税資金対策に関する次の記述のうち、最も不適切なものはどれか。

1．オーナー経営者への退職慰労金の支給は、自社株式の評価を引き下げる効果が期待できることに加え、相続時における納税資金の確保にもつながる。

2．オーナー経営者が逓増定期保険（契約者および死亡保険金受取人を法人、被保険者をオーナー経営者とする）に加入することにより、勇退時の退職慰労金の原資を準備することができる。

3．納付すべき相続税額について、金銭一括納付が困難な場合には、相続税の全部または一部を分割して納付する延納が認められているが、相続税額が20万円を超えなければ延納することはできない。

4．納付すべき相続税額について、延納によっても金銭で納付することを困難とする事由がある場合には物納が認められているが、物納に充てることができる財産の種類には申請順位があり、第1順位には国債、地方債、不動産、上場株式などが挙げられる。

予想模試

実技試験①

（個人資産相談業務）
金財

90分

試験問題については、特に指示のない限り、2024年4月現在施行の法令等に基づいて、解答してください（復興特別法人税・復興特別所得税・個人住民税の均等割加算も考慮するものとします）。なお、東日本大震災の被災者等に対する各種特例等については考慮しないものとします。

【第1問】 次の設例に基づいて、下記の各問(《問1》～《問3》)に答えなさい。

《設例》

　　会社員のAさん(59歳)は、妻Bさん(52歳)との2人暮らしである。Aさんは、大学卒業後から現在に至るまで、X社に勤務している。Aさんは、2024年8月にX社を満60歳で定年退職する予定であり、その後は再就職せずに、趣味を楽しみながら生活したいと考えている。そこで、Aさんは、退職後の社会保険制度について詳しく知りたいと考え、ファイナンシャル・プランナーのMさんに相談することにした。

　　Aさんおよび妻Bさんに関する資料は、以下のとおりである。

〈Aさんおよび妻Bさんに関する資料〉

(1)Aさん(会社員)

　　生年月日：1964年8月15日

　　厚生年金保険、全国健康保険協会管掌健康保険、雇用保険に加入中である。

［公的年金の加入歴(見込みを含む)］

1984年8月　　　1987年4月		2024年8月
国民年金 任意未加入期間 32月	厚生年金保険 被保険者期間 448月	
20歳　　　　　　　22歳		60歳

　　　2003年3月以前の平均標準報酬月額　26万円(192月)

　　　2003年4月以後の平均標準報酬額　36万円(256月)

(2)妻Bさん(会社員)

　　生年月日：1971年9月3日

　　厚生年金保険、全国健康保険協会管掌健康保険、雇用保険に加入中である。

［公的年金の加入歴(見込みを含む)］

1991年9月　1994年4月	1995年4月	2013年9月	2031年9月
国民年金 任意未加入期間 31月	厚生年金保険 被保険者期間 12月	国民年金 第3号被保険者期間 221月	厚生年金保険 被保険者期間 216月
20歳　　　　22歳	23歳	42歳	60歳

※妻Bさんは、現在および将来においても、Aさんと同居し、生計維持関係にあるものとする。

※Aさんおよび妻Bさんは、現在および将来においても、公的年金制度における障害等級に該当する障害の状態にないものとする。

※上記以外の条件は考慮せず、各問に従うこと。

《問1》 Aさんが、60歳でX社を退職し、その後再就職しない場合に、原則として65歳から受給することのできる老齢厚生年金の年金額（2024年度価額）を計算した次の空欄①、②に入る最も適切な数値を解答用紙に記入しなさい。また、空欄③に入る語句を、解答用紙の「される/されない」のいずれかから選び、適切なものをマルで囲みなさい。

計算にあたっては、《設例》および下記の〈資料〉を利用すること。なお、問題の性質上、明らかにできない部分は「□□□」で示してある。

1. 報酬比例部分の額 （円未満四捨五入）
   （ ① ）円
2. 経過的加算額 （円未満四捨五入）
   （ ② ）円
3. 基本年金額 （上記「1＋2」の額）
   □□□円
4. 加給年金額（解答用紙の「される/されない」のいずれかをマルで囲むこと）
   Aさんの場合、加給年金額は加算（ ③ ）。
5. 老齢厚生年金の年金額
   □□□円

〈資料〉

老齢厚生年金の計算式

ⅰ）報酬比例部分の額＝a＋b

　a 2003年3月以前の期間分

　　　平均標準報酬月額 $\times \dfrac{7.125}{1{,}000} \times$ 2003年3月以前の被保険者期間の月数

　b 2003年4月以後の期間分

　　　平均標準報酬額 $\times \dfrac{5.481}{1{,}000} \times$ 2003年4月以後の被保険者期間の月数

ⅱ）経過的加算額＝1,701円×被保険者期間の月数－816,000円

　　　$\times \dfrac{\text{1961年4月以後で20歳以上60歳未満の厚生年金保険の被保険者期間の月数}}{480}$

ⅲ）加給年金額＝408,100円（要件を満たしている場合のみ加算すること）

《問2》 Mさんは、Aさんに対して、退職後の社会保険について説明した。Mさんが説明した以下の文章の空欄①〜③に入る適切な語句を、下記の〈語句群〉のイ〜リのなかから選び、その記号を解答用紙に記入しなさい。

「退職後の公的医療保険の加入方法には3つの選択肢がありますが、Aさんの場合は、退職後の再就職は予定されていないので、会社員である妻Bさんが被保険者である健康保険の被扶養者になることが考えられます。被扶養者には保険料の負担はありません。ただし、60歳以上の被扶養者には年収（ ① ）、かつ被保険者の年収の（ ② ）という収入の条件があります。

奥様の被扶養者になることが難しければ、その他の退職後の公的医療保険の選択肢としては、退職時の健康保険に任意継続被保険者として加入する方法があり、その場合は退職日の翌日から（ ③ ）以内に任意継続被保険者の資格取得手続きを行う必要があります。Aさんが任意継続被保険者として健康保険に加入できる期間は最長で2年で、この期間の保険料は全額自己負担となります。健康保険に加入できない場合には、国民健康保険の被保険者になることもできます」

┌─〈語句群〉─────────────────────────────
│
│ イ．103万円未満   ロ．130万円未満   ハ．180万円未満
│ ニ．3分の1未満   ホ．2分の1未満   ヘ．3分の2未満
│ ト．10日   チ．14日   リ．20日
│
└──────────────────────────────────────

《問3》 Aさんは、X社から支給される予定の退職金のうち、1,200万円を活用して老後資金を準備したいと考えている。そこで、Mさんは、諸係数早見表を用いてシミュレーションを行った。下記の係数を用いて、次の空欄①、②に入る最も適切な数値を解答用紙に記入しなさい。なお、答はそれぞれ円未満を四捨五入して円単位とし、税金や手数料等は考慮しないものとする。また、問題の性質上、明らかにできない部分は「□□□」で示してある。

〈利率（年率）1％〉の諸係数早見表〉

期間	終価係数	現価係数	年金終価係数	減債基金係数	年金現価係数	資本回収係数
10年	1.1046	0.9053	10.4622	0.0956	9.4713	0.1056

1．元金1,200万円を、利率（年率）1％で10年間複利運用する場合、10年後の元利合計金額はいくらか。

1,200万円 × □□□ ＝ □□□円 ⇒ （ ① ）円

2．上記1で求めた金額（万円未満を四捨五入した後の金額）を、利率（年率）1％で複利運用しながら、10年間にわたって毎年一定額を取り崩す場合、毎年の取崩し金額（上限）はいくらか。

（ ① ）円 × □□□ ＝ □□□円 ⇒ （ ② ）円

【第2問】 次の設例に基づいて、下記の各問(《問4》~《問6》)に答えなさい。

《設例》

会社員のAさん(46歳)は、妻Bさん(44歳)および長男Cさん(18歳)との3人家族である。Aさんは、長男Cさんが株式投資に興味を持ち始めたことを知り、長男Cさんと一緒に株式投資の方法について理解したいと考えている。

そこで、Aさんは、長男Cさんと一緒に、ファイナンシャル・プランナーのMさんに相談することにした。Mさんは、Aさんと長男Cさんに対して、同業種のX社株式およびY社株式(東京証券取引所上場銘柄)を例として、株式投資の方法等について説明を行うことにした。

〈X社およびY社の財務データ〉　　　　　　　　　　（単位：百万円）

	X社	Y社
資産の部合計	73,000	54,000
負債の部合計	30,000	25,000
純資産の部合計	43,000	29,000
売上高	108,000	55,000
営業利益	13,000	2,400
経常利益	14,000	2,200
当期純利益	11,000	2,300
配当金総額	3,200	420

※純資産の金額と自己資本の金額は同じである。

〈X社株式およびY社株式の情報〉
X社：株価1,600円、発行済株式数2,100万株、1株当たり年間配当金20円
Y社：株価1,200円、発行済株式数8,000万株、1株当たり年間配当金40円

※X社およびY社の決算期はともに2024年9月30日（月）であり、同日が次回の配当の権利確定日に該当する。
※上記以外の条件は考慮せず、各問に従うこと。

《問4》 Mさんは、日本の証券市場や株式取引のルール等について説明した。Mさんが説明した次の記述①〜④について、適切なものには○印を、不適切なものには×印を解答用紙に記入しなさい。

① 「東京証券取引所では、2022年4月から、従前の『市場第一部』『市場第二部』『マザーズ』『ジャスダック』の4つの市場区分が変更され、『プレミア』『メイン』『ネクスト』の3市場に再編されました」

② 「取引所における株式の売買注文では、価格優先および時間優先の原則にしたがって処理され、また、指値注文は成行注文に優先されて処理されます」

③ 「X社株式の次回の配当を受け取るためには、普通取引の場合、権利確定日の2営業日前である2024年9月26日(木)までに買付けを行い、権利確定日に株主として株主名簿に記載される必要があります」

《問5》 《設例》のデータに基づいて算出される次の①、②を求めなさい。解答にあたっては、表示単位の小数点以下第3位を四捨五入し、小数点以下第2位までを解答すること。

① X社株式のPER

② Y社株式のPBR

《問6》 Mさんは、《設例》のデータに基づいて、株式の投資指標等について説明した。Mさんが説明した次の記述①〜③について、適切なものには○印を、不適切なものには×印を解答用紙に記入しなさい。

① 「一般に、自己資本比率が高いほど、経営の安全性が高いと考えられます。自己資本比率は、Y社のほうがX社よりも高くなっています」

② 「株主の利益還元の大きさに着目した指標として配当性向があります。配当性向は、X社のほうがY社よりも高くなっています」

③ 「株式投資において、PERやPBR等が低い銘柄などの、企業の業績や財務内容等からみて株価が割安と判断される銘柄に投資する方法は、一般にバリュー投資と呼ばれます」

【第3問】 次の設例に基づいて、下記の各問(《問7》~《問9》)に答えなさい。

《設例》

会社員のAさん(60歳)は、妻Bさん(55歳)、長男Cさん(25歳)および父Dさん(84歳)との4人暮らしである。Aさんは、2024年5月末に、それまで38年2ヵ月勤務していたX社を退職し、その後再就職はしておらず、今後も再就職をする予定はない。

Aさんおよびその家族に関する資料は以下のとおりである。

〈Aさんの家族構成〉
- ・Aさん　　　　：38年2ヵ月勤務していたX社を2024年5月末に退職した。
- ・妻Bさん　　　：パートタイマー。2024年の給与収入は60万円。
- ・長男Cさん　　：会社員。2024年中に給与収入400万円を得ている。
- ・父Dさん　　　：2024年中に公的年金等の収入120万円を得ている。

〈Aさんの2024年分の収入等に関する資料〉
- ・X社からの給与収入の額(1~5月分)　　　：300万円(給与所得の金額202万円)
- ・X社から支給を受けた退職金の額　　　：3,000万円
  - ※Aさんは、退職金の支給を受ける際に、X社に対して「退職所得の受給に関する申告書」を提出している。
- ・賃貸アパートの不動産所得に係る損失の金額：75万円
  - ※上記の損失の金額には、不動産所得を生ずべき土地等を取得するために要した負債の利子の額に相当する部分の金額15万円が含まれている。

※Aさんは、青色申告の承認を受けていないものとする。
※妻Bさん、長男Cさんおよび父Dさんは、Aさんと同居し、生計を一にしている。
※家族は、いずれも障害者および特別障害者に該当しない。
※家族の年齢はいずれも2024年12月31日現在のものである。

※上記以外の条件は考慮せず、各問に従うこと。

《問7》　AさんがX社から受け取った退職金に係る退職所得の金額を求める次の〈計算手順〉の空欄①～④に入る最も適切な数値を解答用紙に記入しなさい。なお、障害者になったことがAさんの退職の直接の原因ではないものとする。また、問題の性質上、明らかにできない部分は「□□□」で示してある。

〈計算手順〉

1．退職所得控除額

　（　①　）万円＋（　②　）万円×｛（　③　）年－20年｝＝□□□万円

2．退職所得の金額

　（3,000万円－□□□万円）×□□□＝（　④　）万円

《問8》　Aさんおよびその家族の2024年分の所得税に関する次の記述①～③について、適切なものには〇印を、不適切なものには×印を解答用紙に記入しなさい。

① Aさんの2024年分の所得税の計算において、賃貸アパートの経営による不動産所得に係る損失の金額75万円は、その全額が損益通算の対象となる。

② Aさんは父Dさんについて扶養控除の適用を受けることができ、その扶養控除額は48万円である。

③ 妻Bさんが負担すべき国民年金の保険料を長男Cさんが支払った場合、その保険料は長男Cさんの所得の金額の計算上、社会保険料控除の対象とすることができる。

《問9》　Aさんの退職金に係る所得税の課税関係および所得控除等に関する以下の文章の空欄①～③に入る最も適切な語句を、下記の〈語句群〉のイ～トのなかから選び、その記号を解答用紙に記入しなさい。

ⅰ）AさんがX社から支給を受けた退職金は、退職所得として（　①　）の対象となる。Aさんのように退職金の支払を受けるときまでに「退職所得の受給に関する申告書」を提出し、正規の所得税および復興特別所得税の源泉徴収が行われた者は、原則としてその退職所得について所得税および復興特別所得税の確定申告をする必要はない。

ⅱ）Aさんは、妻Bさんについて（　②　）控除の適用を受けることができる。

ⅲ）父Dさんは、（　③　）に該当するため、Aさんは、父Dさんについて扶養控除の適用を受けることができる。

┌─〈語句群〉───────────────────────
│　イ．総合課税　　　　ロ．分離課税　　　　ハ．一般の控除対象扶養親族
│　ニ．特定扶養親族　　ホ．老人扶養親族　　ヘ．配偶者　　　　ト．配偶者特別
└──────────────────────────────

【第４問】 次の設例に基づいて、下記の各問（《問10》〜《問12》）に答えなさい。

《設例》

　　Aさん（72歳）は、12年前に父から相続した甲土地上の賃貸アパートを経営しているが、建物が老朽化してきた。また、高齢になり管理も大変になってきている。そこで、建て替えて管理等を不動産業者に委託してアパート経営を継続するか、売却（更地または建物付き）するかを検討中である。
　　甲土地の概要は以下のとおりである。

〈甲土地の概要〉

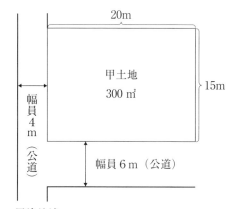

・用途地域　　　　　　　　　　　　　：近隣商業地域
・指定建蔽率　　　　　　　　　　　　：80％
・指定容積率　　　　　　　　　　　　：300％
・前面道路幅員による容積率の制限　　：前面道路幅員×6/10
・防火規制　　　　　　　　　　　　　：防火地域

※甲土地は、建蔽率の緩和について、特定行政庁が指定する角地である。
※指定建蔽率および指定容積率は、それぞれ都市計画において定められた数値である。
※甲土地は、特定行政庁が都道府県都市計画審議会の議を経て指定する区域ではない。

※上記以外の条件は考慮せず、各問に従うこと。

《問10》 甲土地上に賃貸アパートを建て替える場合の建築基準法上の規制に関する以下の文章の空欄①〜③に入る最も適切な語句または数値を、下記の〈語句群〉のイ〜チのなかから選び、その記号を解答用紙に記入しなさい。

ⅰ) 防火地域内においては、原則として、地階を含む階数が（　①　）以上または延べ面積が100㎡を超える建築物は耐火建築物としなければならないとされており、準防火地域内においては、原則として、地階を除く階数が4以上または延べ面積が（　②　）を超える建築物は耐火建築物としなければならないとされている。

ⅱ) 建て替える賃貸アパートの最大延べ面積は、（　③　）㎡である。

〈語句群〉

イ. 2	ロ. 3	ハ. 4	ニ.500㎡
ホ.900㎡	ヘ. 1,000㎡	ト.1,080㎡	チ.1,500㎡

《問11》 Aさんが建て替えまたは売却を検討している賃貸アパートに関する次の記述①〜③について、適切なものには〇印を、不適切なものには×印を解答用紙に記入しなさい。

① Aさんが、賃借人の同意なく賃貸アパートを第三者に譲渡した場合、原則として、その譲渡は無効になる。

② 賃貸人からの普通借家契約の更新拒絶は、正当な事由があると認められる場合でなければすることができない。

③ Aさんが、建て替えた賃貸アパートの貸借の媒介を宅地建物取引業者に委託する場合、その媒介に関して支払う報酬額の上限は、借主・貸主分を合わせて、賃料の2ヵ月分に相当する額＋消費税となる。

《問12》　Aさんは、賃借人からの明渡しが完了したことにより、2024年中にアパートを取り壊し、甲土地を更地にして売却することにした。この場合における所得税、復興特別所得税および住民税の合計額を、下記の〈甲土地を更地で売却する場合の資料〉を基に算出した〈計算の手順〉の空欄①～④に入る最も適切な数値を解答用紙に記入しなさい。なお、記載のない事項等は考慮しないものとする。

〈甲土地を更地で売却する場合の資料〉
・譲渡価額は8,000万円である。
・甲土地は12年前に父から相続したもので、土地の取得価額は不明である。
・Aさんが支払った費用は次のとおりである。
　　立退き料　　　　　　　　　　　　　：300万円
　　建物の取壊し費用　　　　　　　　　：500万円
　　土地の売買媒介(仲介)手数料　　　　：200万円

〈計算の手順〉
　1．土地の概算取得費　　　　　　　　：（　①　）円
　2．譲渡費用　　　　　　　　　　　　：（　②　）円
　3．譲渡益　　　　　　　　　　　　　：（　③　）円
　4．税額(所得税、復興特別所得税および住民税の合計額)
　　　　　　　　　　　　　　　　　　　：（　④　）円

【第5問】 次の設例に基づいて、下記の各問（《問13》〜《問15》）に答えなさい。

《設例》

　Aさんは、2024年4月15日に病気により65歳で死亡した。Aさんには妻Bさん（63歳）との間に生まれた長男Cさん（35歳）、二男Dさん（33歳）、長女Eさん（31歳）の3人の子がいる。Aさん夫妻は長男Cさんの家族と同居をしていた。また長女Eさんは大学時代に留学費用を出してもらい、2022年に住宅取得資金も贈与してもらっているので、相続を放棄する予定である。

　なお、Aさんは、遺言を作成していなかったため、遺産分割について相続人で協議を行う必要がある。

　Aさんの親族関係図は以下のとおりである。

〈Aさんの親族関係図〉

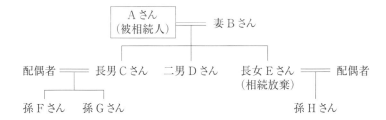

〈Aさんが生前に行った贈与の内容〉

ⅰ）妻Bさんに対して、2023年2月に自宅の敷地の持分4分の1および自宅の持分4分の1を贈与し、妻Bさんはこの贈与について贈与税の配偶者控除の適用を受けた。

ⅱ）二男Dさんに対して、2021年6月に「直系尊属から結婚・子育て資金の一括贈与を受けた場合の贈与税の非課税の特例」の適用を受けて、現金500万円を一括贈与した。なお、Aさんの死亡日までに、非課税拠出額からの支出はない。

ⅲ）長女Eさんに対して、2022年4月に「直系尊属からの住宅取得等資金の贈与を受けた場合の贈与税の非課税の特例」の適用を受けて、現金500万円を一括贈与した。

※上記以外の条件は考慮せず、各問に従うこと。

《問13》 相続開始後の手続等に関する以下の文章の空欄①～③に入る最も適切な語句を、下記の〈語句群〉のイ～チのなかから選び、その記号を解答用紙に記入しなさい。

ⅰ）被相続人の財産は、相続開始と同時に共同相続人の共有状態となるため、財産の取得者を確定させるためには、遺産分割を行うことになる。遺産分割にあたり、遺言書がない場合、協議分割をすることになるが、協議分割を成立させるためには、共同相続人の全員の参加と合意が必要である。この合意が成立しないために協議分割を行えない場合、共同相続人は（　①　）に対して申立てを行い、（　①　）の調停・審判による遺産分割を行うことになる。

ⅱ）長女Eさんが相続を放棄する場合には、自己のために相続の開始があったことを知ったときから原則として（　②　）以内に（　①　）にその旨を申述しなければならない。この場合、長女Eさんの子である孫Hさんは代襲相続人と（　③　）。

```
┌─〈語句群〉──────────────────────────────
│ イ．法務局        ロ．家庭裁判所      ハ．簡易裁判所
│ ニ．3ヵ月         ホ．4ヵ月          ヘ．6ヵ月
│ ト．なる          チ．ならない
```

《問14》 Aさんの相続に関する次の記述①～③について、適切なものには○印を、不適切なものには×印を解答用紙に記入しなさい。

① 妻BさんがAさんの財産を取得した場合、「贈与税の配偶者控除」の適用を受けて取得した自宅の敷地および建物については、相続開始前3年以内の贈与に該当するので、その受贈財産のすべてが相続税の課税価格に加算される。

② 二男DさんがAさんから贈与を受けた結婚・子育て資金について、Aさんの死亡日における非課税拠出額の残額は、Aさんの相続に係る相続税の課税価格に加算される。

③ 長女EさんがAさんから贈与を受けた住宅取得資金については、相続開始前3年以内の贈与に該当するので、その受贈財産のすべてが相続税の課税価格に加算される。

《問15》 Aさんの相続における課税遺産総額（「課税価格の合計額－遺産に係る基礎控除額」）が2億4,000万円であった場合の相続税の総額を計算した下記の表の空欄①〜④に入る最も適切な数値を求めなさい。なお、長女Eさんは所定の手続により、Aさんの相続を放棄するものとする。なお、問題の性質上、明らかにできない部分は「□□□」で示してある。計算途中の万円未満の数字は、切り捨てて計算すること。

課税価格の合計額		□□□万円
	遺産に係る基礎控除額	（ ① ）万円
課税遺産総額		2億4,000万円
	相続税の総額の基となる税額	
	妻Bさん	（ ② ）万円
	長男Cさん	（ ③ ）万円
	⋮	⋮
相続税の総額		（ ④ ）万円

〈資料〉相続税の速算表（一部抜粋）

法定相続分に応ずる取得金額		税率	控除額
	1,000万円以下	10%	－
1,000万円超	3,000万円以下	15%	50万円
3,000万円超	5,000万円以下	20%	200万円
5,000万円超	1億円以下	30%	700万円
1億円超	2億円以下	40%	1,700万円
2億円超	3億円以下	45%	2,700万円

予想模試
実技試験②

（生保顧客資産相談業務）
金財

90分

【第１問】　次の設例に基づいて、下記の各問（《問１》～《問３》）に答えなさい。

《設例》

　　Aさん（48歳）は、大学卒業後に入社した出版社を退職後、38歳のときにフリーライ
　ターとして個人事務所を立ち上げた。Aさんは取引先からの評価も高く、安定した収
　入を確保してきたが、40代も半ばを過ぎ、老後資金の準備を考えるようになった。
　　そこで、Aさんは知人であるファイナンシャル・プランナーのMさんに相談するこ
　とにした。Aさん夫婦に関する資料は、以下のとおりである。

〈Aさん夫婦に関する資料〉
（1）Aさん（48歳）
　　・1976年6月13日生まれ
　　・公的年金加入歴：下図のとおり（60歳までの見込みを含む）

1996年6月　1999年4月　　　　　　　　　　　　　　2015年4月

| 国民年金保険料未納期間（34月） | 厚生年金保険被保険者期間（192月） | | 国民年金保険料納付済期間（254月） |
| | 2003年3月以前（48月）の平均標準報酬月額25万円 | 2003年4月以後（144月）の平均標準報酬額35万円 | |

20歳　　　　　　　　22歳　　　　　　　　　　　　　　38歳　　　　　　60歳

（2）妻Bさん（46歳）
　　・1978年10月12日生まれ
　　・月7万円程度のパート収入あり
　　・公的年金加入歴：20歳から29歳までの10年間（120ヵ月）は厚生年金保険に加入。
　　　体調を崩して退職し、その後Aさんが独立するまでは国民年金に第3号被保険者
　　　として加入した。Aさんの独立後は、国民年金に第1号被保険者として加入して
　　　いる。保険料の免除期間や未納期間はない。

※妻Bさんは、現在および将来においても、Aさんと同居し、生計維持関係にあるものとする。
※Aさんおよび妻Bさんは、現在および将来においても、公的年金制度における障害等級に該当する障
　害の状態にないものとする。
※上記以外の条件は考慮せず、各問に従うこと。

《問1》　はじめに、Mさんは、Aさんに対して、Aさんが受給することのできる公的年金制度からの老齢給付について説明した。Mさんが説明した以下の文章の空欄①〜③に入る最も適切な数値を、解答用紙に記入しなさい。なお、年金額は2024年度価額に基づいて計算し、年金額の端数処理は円未満を四捨五入すること。

「Aさんが65歳に達すると、老齢基礎年金および老齢厚生年金の受給権が発生します。Aさんが65歳から受給することのできる老齢基礎年金の額は（　①　）円（2024年度価額）です。

老齢厚生年金は、老齢基礎年金の受給要件を満たし、（　②　）以上の厚生年金の被保険者期間のある方が受給できます。Aさんが65歳から受給することのできる老齢厚生年金の額は（　③　）円となります」

〈資料〉

○老齢基礎年金の計算式（4分の1免除月数、4分の3免除月数は省略）

$$816{,}000円 \times \frac{保険料納付済月数 + 保険料半額免除月数 \times \frac{\bigcirc}{\Box} + 保険料全額免除月数 \times \frac{\triangle}{\Box}}{480月}$$

○老齢厚生年金の計算式（本来水準の額）

ⅰ）報酬比例部分の額（円未満四捨五入）＝ⓐ＋ⓑ

　　ⓐ2003年3月以前の期間分

　　　平均標準報酬月額 $\times \dfrac{7.125}{1{,}000} \times$ 2003年3月以前の被保険者期間の月数

　　ⓑ2003年4月以後の期間分

　　　平均標準報酬額 $\times \dfrac{5.481}{1{,}000} \times$ 2003年4月以後の被保険者期間の月数

ⅱ）経過的加算額（円未満四捨五入）＝1,701円×被保険者期間の月数－816,000円

　　　$\times \dfrac{1961年4月以後で20歳以上60歳未満の厚生年金保険の被保険者期間の月数}{480}$

ⅲ）加給年金額＝408,100円

《問2》　次に、Mさんは、Aさんに対して、老後の年金収入を増やす各種制度について説明した。Mさんが説明した以下の文章の空欄①～④に入る最も適切な数値を、下記の〈数値群〉のイ～ヲのなかから選び、その記号を解答用紙に記入しなさい。

「個人事業主になると、厚生年金や退職金等がないため、会社員に比べて自助努力が必要です。Aさんが加入することのできる制度には、以下のようなものがあります。

ⅰ）『個人型確定拠出年金』

個人型確定拠出年金は、将来の年金受取額が加入者の指図に基づく運用実績によって左右される年金制度です。Aさんが個人型確定拠出年金に拠出できる掛金の限度額は、月額（　①　）円になります。

ⅱ）『国民年金基金』

国民年金基金は、国民年金の第1号被保険者の老齢基礎年金に上乗せする年金を支給する任意加入の年金制度です。国民年金基金への加入は口数制となっており、1口目は、保証期間のある終身年金A型、保証期間のない終身年金B型の2つから選択します。2口目以降は、終身年金のA型・B型および確定年金のⅠ型・Ⅱ型・Ⅲ型・Ⅳ型・Ⅴ型の7種類から選択することができます。国民年金基金の老齢年金は終身年金（A型・B型）の場合、原則（　②　）歳から支給が開始されます。

ⅲ）『小規模企業共済制度』

小規模企業共済制度は、個人事業主または会社等の役員が、廃業や退職をした場合に必要となる資金を準備しておくための共済制度です。常時使用する従業員が（　③　）人（商業・サービス業では5人）以下の個人事業主または会社等の役員の方が加入対象となります。毎月の掛金は1,000円から（　④　）円の範囲内で500円刻みで選択できます。共済金（死亡事由以外）の受取方法には『一括受取り』『分割受取り』『一括受取り・分割受取りの併用』があり、税法上、一括で受け取る共済金（死亡事由以外）は退職所得として課税されます」

┌─〈数値群〉────────────────────────────────
│　イ．55,000　　　ロ．65,000　　　ハ．67,600　　　ニ．67,000
│
│　ホ．68,000　　　ヘ．70,000　　　ト．55　　　　　チ．60
│
│　リ．65　　　　　ヌ．10　　　　　ル．20　　　　　ヲ．30
└────────────────────────────────────

《問3》 次に、Mさんは、Aさんに対して、Aさん夫婦の老後の年金収入について説明した。Mさんが説明した次の記述①〜③について、適切なものには○印を、不適切なものには×印を解答用紙に記入しなさい。

① 「Aさんは、60歳以上65歳未満の間に、国民年金に任意加入して国民年金の保険料を納付することにより、65歳からの老齢基礎年金の年金額を増額させることができます」

② 「妻Bさんが国民年金の第3号被保険者であった期間は、合算対象期間として老齢基礎年金の受給資格期間に算入されますが、老齢基礎年金の年金額には反映されません」

③ 「妻Bさんが65歳から老齢基礎年金を受給する場合、老齢基礎年金の額に振替加算額が加算されます」

【第2問】 次の設例に基づいて、下記の各問(《問4》~《問6》)に答えなさい。

《設例》

会社員のAさん(37歳)は、専業主婦の妻Bさん(35歳)および長男Cさん(2歳)との3人家族である。Aさんは、先日、生命保険会社の営業担当者であるファイナンシャル・プランナーのMさんから生命保険の加入を勧められた。

Aさんが提案を受けている生命保険に関する資料等は、以下のとおりである。

〈提案を受けている生命保険に関する資料〉
保険の種類:定期保険特約付終身保険(65歳払込満了)
月払保険料(集団扱い):18,000円
契約者(=保険料負担者)・被保険者:Aさん/死亡保険金受取人:妻Bさん

主契約および特約の内容	保障金額	保険期間
終身保険	100万円	終身
定期保険特約	600万円	10年
収入保障特約(注)	年額60万円×65歳まで	10年
特定疾病保障定期保険特約	300万円	10年
総合医療特約(180日型)	1日目から日額5,000円	10年
先進医療特約	先進医療の技術費用と同額	10年

(注) 最低支払保証期間は5年 (最低5回保証)

※そのほかに、リビング・ニーズ特約、指定代理請求特約を付加している。
※妻Bさんおよび長男Cさんは現在および将来においても、公的年金制度における障害等級に該当する障害の状態にないものとする。
※上記以外の条件は考慮せず、各問に従うこと。

《問4》　はじめにMさんは、Aさんに対して、Aさんが死亡した場合、妻Bさんが受給することができる公的年金制度からの遺族給付について説明した。Mさんが説明した次の記述①～③について、適切なものには〇印を、不適切なものには×印を解答用紙に記入しなさい。

① 現時点においてAさんが死亡した場合、妻Bさんは遺族基礎年金を受給できます。妻Bさんが受け取る遺族基礎年金の額は、「子」が1人のため、1,050,800円（2024年度価額）になります。

② 現時点においてAさんが死亡した場合、妻Bさんは遺族厚生年金を受給できます。遺族厚生年金の額は、Aさんの厚生年金保険の被保険者記録を基礎として計算した老齢厚生年金の報酬比例部分の金額の3分の2相当額となります。

③ 長男Cさんが「子」の年齢要件を満たさなくなり妻Bさんの有する遺族基礎年金の受給権が消滅したときは、妻Bさんが60歳に達するまでの間、妻Bさんに支給される遺族厚生年金の額に中高齢寡婦加算が加算されます。

《問5》　次にMさんは、Aさんに対して、提案を受けている生命保険の内容について説明した。Mさんが説明した次の記述①～③について、適切なものには〇印を、不適切なものには×印を解答用紙に記入しなさい。

① 「遺族に必要な資金額の補てんとして、一時的に大きな金額が必要になる葬儀費用や教育費等には終身保険や定期保険特約の一時金を充て、継続的に必要になる遺族の生活費は収入保障特約の年金額を充てるという考え方があります。必要保障額の逓減に合わせて、保険料の支払額を抑制しつつ、過不足のない適正額の死亡保障を準備することをお勧めします」

② 「特定疾病保障定期保険特約は、ガン・急性心筋梗塞・脳卒中にかかり、また一定期間所定の状態が続いた場合に、特定疾病保険金が支払われる保険です。保険金を受け取った後も保険は継続し、死亡時には死亡保険金が支払われます」

③ 「先進医療の治療を受けた場合、通常の治療と共通する診察料、投薬料などは公的医療保険が適用されますが、先進医療の技術料は全額自己負担となるので、先進医療特約の付加をお勧めします。療養を受けた時点において厚生労働大臣が承認する先進医療に該当する治療が、先進医療特約の給付対象となります」

《問6》 最後に、Mさんは、Aさんに対して、提案を受けている生命保険に係る課税関係について説明した。Mさんが説明した以下の文章の空欄①～④に入る最も適切な語句または数値を、下記の〈語句群〉のイ～ヌのなかから選び、その記号を解答用紙に記入しなさい。

「Aさんがこの保険に加入された場合、生命保険料控除が適用できます。控除額の上限は、所得税で（　①　）円、住民税で（　②　）円です。

Aさんが死亡した場合、収入保障特約から受け取る年金額について、当該年金受給権が『定期金に関する権利の評価』に基づき評価されて相続税の課税対象となります。なお、当該年金受給権は、『500万円×法定相続人の数』に係る非課税金額の規定の適用を受けることが（　③　）。

Aさんが死亡した場合、妻Bさんが収入保障特約から毎年受け取る年金は、（　④　）として課税の対象になります。具体的には、課税部分と非課税部分に振り分けた上で、課税部分の所得金額についてのみ課税されます」

〈語句群〉

イ．28,000	ロ．35,000	ハ．40,000	ニ．45,000
ホ．50,000	ヘ．できます	ト．できません	チ．一時所得
リ．雑所得	ヌ．利子所得		

【第3問】 次の設例に基づいて、下記の各問（《問7》~《問9》）に答えなさい。

《設例》

　　Aさん(45歳)は、X株式会社(以下「X社」という)の創業社長である。Aさんは、先日、生命保険会社の営業担当者から、下記の〈資料1〉および〈資料2〉の生命保険の提案を受けた。

　　そこで、Aさんは、ファイナンシャル・プランナーのMさんに相談することにした。

〈資料1〉

保険の種類	:	無配当低解約返戻金型終身保険(特約付加なし)
契約者：(＝保険料負担者)	:	X社
被保険者	:	Aさん
死亡保険金受取人	:	X社
死亡保険金額	:	4,000万円
保険料払込期間	:	65歳満了
年払保険料	:	160万円
65歳までの払込保険料累計額①	:	3,200万円
65歳満了時の解約返戻金額②	:	3,300万円(低解約返戻金期間満了直後)
受取率(②÷①)	:	103.1％（小数点第2位以下切捨て）

※解約返戻金額の80％の範囲内で、契約者貸付制度を利用することができる。

〈資料2〉

保険の種類	:	無配当総合医療保険
契約者：(＝保険料負担者)	:	X社
被保険者	:	Aさん
給付金受取人	:	X社
入院給付金(日額)	:	1万5,000円
保険期間・保険料払込期間	:	10年(自動更新タイプ)
年払保険料	:	12万円

※入院中に公的医療保険制度の手術料の算定対象となる所定の手術を受けた場合は入院日額の20倍、所定の外来手術を受けた場合は入院日額の5倍が手術給付金として支払われる。

※上記以外の条件は考慮せず、各問に従うこと。

《問7》 仮に、Aさんが役員在任期間32年1ヵ月でX社を退任し、X社が役員退職金として5,000万円を支給した場合、Aさんが受け取る役員退職金に係る退職所得の金額を計算した下記の計算式の空欄①〜③に入る最も適切な数値を解答用紙に記入しなさい。なお、Aさんは、これ以外に退職手当等の収入はなく、障害者になったことが退職の直接の原因ではないものとする。また、問題の性質上、明らかにできない部分は「□□□」「△△△」で示してある。

〈退職所得控除額〉

800万円 + □□□万円 × ((①) 年 − 20年) = (②) 万円

〈退職所得の金額〉

(5,000万円 − (②) 万円) × △△△ = (③) 万円

《問8》 Mさんは、Aさんに対して、《設例》の〈資料1〉の終身保険について説明した。Mさんが説明した次の記述①〜④について、適切なものには〇印を、不適切なものには×印を解答用紙に記入しなさい。

① 「当該生命保険は、低解約返戻金型ではない終身保険に比べて、全期間の解約返戻金の額が低く設定されているため、割安な保険料となっています。解約すると元本割れする可能性が高いので、解約は想定せずに死亡保障を確保するために利用し、継続的な支払いが可能な保険料であるかをご確認ください」

② 「当該生命保険の支払保険料は、その全額を資産に計上します。仮に、保険料払込期間満了時にAさんが死亡した場合、X社は、それまで資産計上していた保険料積立金3,200万円を取り崩し、死亡保険金4,000万円とその差額800万円を雑収入として経理処理します」

③ 「X社が保険期間中に緊急に資金を必要とした場合には、契約者貸付制度を利用することにより、当該生命保険契約を解約することなく、資金を調達することができます。契約者貸付金を受け取った際は、借入金として負債に計上します」

④ 「Aさんが勇退する際に、契約者をAさん、死亡保険金受取人をAさんの相続人に名義変更することで、当該保険契約を役員退職金の一部または全部として支給することができます」

《問9》 Mさんは、Aさんに対して、《設例》の〈資料2〉の医療保険について説明した。M
さんが説明した次の記述①～③について、適切なものには〇印を、不適切なものには×印
を解答用紙に記入しなさい。

① 「当該医療保険の支払保険料は、その全額を損金の額に算入することができます」

② 「Aさんが入院し、X社が入院給付金を受け取った場合、当該給付金をAさんへの見舞
　金の原資として活用することができます」

③ 「Aさんが手術を受け、X社が手術給付金を受け取った場合、法人税法上、当該給付金
　は非課税所得となり、益金には計上する必要はありません」

【第４問】 次の設例に基づいて、下記の各問（《問10》～《問12》）に答えなさい。

《設例》

　　個人事業主のAさんは、妻Bさん、長男Cさんおよび二男Dさんとの４人家族である。
　　Aさんとその家族に関する資料および2024年分の収入等に関する資料は、以下のとおりである。

〈Aさんとその家族に関する資料〉

Aさん（50歳）	：個人事業主（青色申告者）
妻Bさん（48歳）	：Aさんが営む事業に専ら従事している。青色事業専従者として、2024年中に180万円の給与を受け取っている。
長男Cさん（19歳）	：大学生。2024年中にアルバイトとして給与収入50万円を得ている。
二男Dさん（15歳）	：中学生。2024年中の収入はない。

〈Aさんの2024年分の収入等に関する資料〉
(1) 事業所得の額　　　　　　　　　　　　　：1,200万円（青色申告特別控除後）
(2) 一時払変額個人年金保険（10年確定年金）の解約返戻金

契約年月	：2018年３月
契約者（＝保険料負担者）・被保険者	：Aさん
死亡保険金受取人	：妻Bさん
解約返戻金	：1,150万円
一時払保険料	：1,000万円

(3) 一時払終身保険の解約返戻金

契約年月	：2022年６月
契約者（＝保険料負担者）・被保険者	：Aさん
死亡保険金受取人	：妻Bさん
解約返戻金	：970万円
一時払保険料	：1,000万円

※妻Bさん、長男Cさんおよび二男Dさんは、Aさんと同居し、生計を一にしている。
※Aさんとその家族は、いずれも障害者および特別障害者には該当しない。
※Aさんとその家族の年齢は、いずれも2024年12月31日現在のものである。
※上記以外の条件は考慮せず、各問に従うこと。

《問10》 所得税における青色申告制度に関する以下の文章の空欄①〜④に入る最も適切な数値を、下記の〈数値群〉のイ〜ヌのなかから選び、その記号を解答用紙に記入しなさい。

　事業所得に係る取引を正規の簿記の原則に従って記帳し、その記帳に基づいて作成した貸借対照表、損益計算書その他の計算明細書を添付した確定申告書を法定申告期限内に電子申告により提出した場合、事業所得の金額の計算上、青色申告特別控除として最高（　①　）万円を控除することができる。なお、確定申告書を法定申告期限後に提出した場合、青色申告特別控除額は最高（　②　）万円となる。青色申告者は帳簿書類等を原則として（　③　）年間は保存しておかなければならない。

　また、青色申告者が受けられる税務上の特典として、青色申告特別控除のほかに、青色事業専従者給与の必要経費算入、純損失の（　④　）年間の繰越控除などが挙げられる。

┌─〈数値群〉──────────────────────────────────┐
　イ．3　　　　　ロ．5　　　　　ハ．7　　　　　ニ．10　　　　　ホ．20
　ヘ．30　　　　ト．55　　　　チ．60　　　　リ．65　　　　ヌ．70
└───────────────────────────────────────┘

《問11》 Aさんの2024年分の所得税の課税に関する次の記述①〜③について、適切なものには〇印を、不適切なものには×印を解答用紙に記入しなさい。

① 「Aさんが受け取った一時払変額個人年金保険と一時払終身保険の解約返戻金は、一時所得の収入金額として総合課税の対象となります」

② 「長男Cさんは特定扶養親族に該当するので長男Cさんに係る扶養控除の額は63万円、二男Dさんは一般扶養親族に該当するので二男Dさんに係る扶養控除の額は38万円になります」

③ 「妻Bさんは、青色事業専従者としての給与収入が180万円あるので控除対象配偶者には該当しませんが、仮に給与収入が100万円であれば、配偶者控除の適用を受けることができます」

《問12》 Aさんの2024年分の所得税の算出税額を計算した下記の表の空欄①〜③に入る最も適切な数値を求めなさい。なお、問題の性質上、明らかにできない部分は「□□□」で示してある。

(a) 総所得金額	事業所得の金額	12,000,000円
	一時所得の金額	□□□円
		(①)円
(b) 所得控除の額の合計額	社会保険料控除	□□□円
	生命保険料控除	□□□円
	扶養控除	(②)円
	基礎控除	480,000円
		3,000,000円
(c) 課税総所得金額((a)−(b))		□□□円
(d) 算出税額((c)に対する所得税額)		(③)円

〈資料〉所得税の速算表

課税総所得金額		税率	控除額
万円超	万円以下		
	〜 195	5 %	—
195 〜	330	10%	9万7,500円
330 〜	695	20%	42万7,500円
695 〜	900	23%	63万6,000円
900 〜	1,800	33%	153万6,000円
1,800 〜	4,000	40%	279万6,000円
4,000 〜		45%	479万6,000円

【第5問】 次の設例に基づいて、下記の各問（《問13》～《問15》）に答えなさい。

《設例》

　非上場の同族会社であるX株式会社（以下、「X社」という）の代表取締役社長であるAさんは、2024年5月5日に病気により69歳で死亡した。Aさんが保有していたX社株式（発行済株式総数のすべて）は、後継者である長男Cさんが相続により取得する予定だが、二男Dさんが長男Cさんの相続分が多すぎて不公平だと難色を示している。Aさんの親族関係図等は、以下のとおりである。なお、二男Dさんは他県で就職し、生活している。長女Eさんは、Aさんの相続開始前に死亡している。

〈親族関係図〉

〈各人が取得する予定の相続財産（みなし相続財産を含む）〉

①妻Bさん

現金および預貯金 ：2,000万円

死亡保険金 ：3,000万円（契約者（＝保険料負担者）・被保険者はAさん、死亡保険金受取人は妻Bさん）

自宅（敷地400㎡） ：1,000万円（「小規模宅地等についての相続税の課税価格の計算の特例」適用後）

自宅（建物） ：900万円（固定資産税評価額）

死亡退職金 ：5,000万円

②長男Cさん

現金および預貯金 ：5,000万円

X社株式 ：1億円（相続税評価額）

※相続税におけるX社株式の評価上の規模区分は「大会社」であり、特定の評価会社には該当しない。

③二男Dさん

現金および預貯金 ：5,000万円

④孫Hさん

現金および預貯金 ：2,000万円

※上記以外の条件は考慮せず、各問に従うこと。

《問13》 Aさんの相続等に関する以下の文章の空欄①〜④に入る最も適切な語句または数値を、下記の〈語句群〉のイ〜ヲのなかから選び、その記号を解答用紙に記入しなさい。

ⅰ）小規模宅地等についての相続税の課税価格の計算の特例

「妻Bさんが相続により取得した自宅の敷地は、『特定居住用宅地等』に該当し、その敷地のうち（　①　）㎡までの部分について、通常の価額から（　②　）％相当額を減額した金額を、相続税の課税価格に算入すべき価額とすることができます」

ⅱ）死亡保険金

「妻Bさんが受け取った死亡保険金(3,000万円)は、みなし相続財産として相続税の課税対象になります。妻Bさんが受け取った死亡保険金のうち、相続税の課税価格に算入される金額は（　③　）万円です」

ⅲ）X社株式

「X社株式の相続税評価額は、原則として類似業種比準方式により評価されます。類似業種比準価額は、類似業種の株価ならびに1株当たりの配当金額、1株当たりの（　④　）、1株当たりの純資産価額の3つの比準要素をもとに計算されます」

┌─〈語句群〉────────────────────────────
│ イ．200　　　ロ．330　　　ハ．400　　　ニ．30
│ ホ．50　　　ヘ．80　　　ト．500　　　チ．1,000
│ リ．1,500　　ヌ．2,000　　ル．利益金額　　ヲ．売上金額
└──────────────────────────────────

《問14》 Aさんの相続等に関する次の記述①～③について、適切なものには○印を、不適切なものには×印を解答用紙に記入しなさい。

① 「Aさんが2024年分の所得税について確定申告書を提出しなければならない者である場合、相続人は、原則として、相続開始のあったことを知った日の翌日から3ヵ月以内に準確定申告書を提出しなければなりません」

② 「孫Hさんが取得した財産は、相続税額の2割加算の対象となります」

③ 「万一、相続税の申告期限までに遺産分割協議が調わなかった場合、『配偶者に対する相続税額の軽減』『小規模宅地等についての相続税の課税価格の計算の特例』の適用は受けられなくなります。相続税の申告期限までには必ず意見を調整して、遺産分割協議を終わらせてください」

《問15》 設例の予定どおりに遺産分割協議が成立した場合の、Aさんの相続に係る相続税の総額を計算した下記の表の空欄①～③に入る最も適切な数値を求めなさい。なお、問題の性質上、明らかにできない部分は「□□□」で示してある。なお、計算途中の万円未満の数字は切り捨てて計算すること。

	妻Bさんに係る課税価格	（ ① ）万円
	長男Cさんに係る課税価格	□□□万円
	二男Dさんに係る課税価格	5,000万円
	孫Hさんに係る課税価格	2,000万円
（a） 相続税の課税価格の合計額		□□□万円
	（b）遺産に係る基礎控除額	（ ② ）万円
課税遺産総額 （a－b）		□□□万円
	相続税の総額の基となる税額	
	妻Bさん	□□□万円
	長男Cさん	□□□万円
	二男Dさん	□□□万円
	孫Hさん	□□□万円
（c） 相続税の総額		（ ③ ）万円

〈資料〉相続税の速算表(一部抜粋)

法定相続分に応ずる取得金額			税率	控除額
万円超		万円以下		
	～	1,000	10%	―
1,000	～	3,000	15%	50万円
3,000	～	5,000	20%	200万円
5,000	～	10,000	30%	700万円
10,000	～	20,000	40%	1,700万円
20,000	～	30,000	45%	2,700万円

予想模試

実技試験③

（資産設計提案業務）
日本FP協会

90分

試験問題については、特に指示のない限り、2024年4月現在施行の法令等に基づいて、解答してください（復興特別法人税・復興特別所得税・個人住民税の均等割加算も考慮するものとします）。なお、東日本大震災の被災者等に対する各種特例等については考慮しないものとします。

【第1問】　下記の(問1)、(問2)について解答しなさい。

問1　ファイナンシャル・プランニング・プロセスに従い、次の(ア)～(カ)を6つのステップの順番に並べ替えたとき、その中で3番目(ステップ3)となるものとして、最も適切なものはどれか。その記号を解答欄に記入しなさい。

(ア) 顧客の目標達成のための提案書を作成し、顧客に提示して説明を行う。

(イ) 顧客のキャッシュフロー表などを作成し、財政状況の予測等を行う。

(ウ) 面談やヒアリングシートにより顧客のデータを収集し、顧客や家族の情報、財政的な情報等を確認する。

(エ) 顧客にファイナンシャル・プランニングで行うサービス内容や報酬体系などを説明する。

(オ) 顧客が実際に行う金融商品購入等の実行支援を行う。

(カ) 顧客の家族構成などの環境の変化に応じて、定期的に見直しを行う。

問2　ファイナンシャル・プランナー(以下、「FP」という)が、ファイナンシャル・プランニング業務を行うには「関連業法」を順守することが重要である。FPの行為に関する次の(ア)～(エ)の記述について、適切なものには○、不適切にものには×を解答欄に記入しなさい。

(ア) 生命保険募集人の登録をしていないFPが、顧客に変額終身年金の一般的な仕組みについて説明した。

(イ) 宅地建物取引業の免許を受けていないFPが、顧客から依頼され、顧客が保有する賃貸マンションの賃貸の媒介を行い、仲介手数料を受け取った。

(ウ) 税理士資格を有していないFPが、相続対策を検討している顧客に対し、有償で相続税・贈与税についての一般的な説明をした。

(エ) 社会保険労務士資格を有していないFPが、顧客が持参した「ねんきん定期便」等を基に公的年金の受給見込み額を計算した。

【第2問】 下記の(問3)～(問6)について解答しなさい。

問3 下記〈資料〉に関する次の記述の空欄(ア)、(イ)にあてはまる語句の組み合わせとして、正しいものはどれか。

〈資料〉

	SA株式会社	SB株式会社
株価(円)	2,500	3,300
1株当たり年間配当金(円)	45	50
1株当たり純資産(円)	1,500	2,100
1株当たり利益(円)	110	1500
単元(株)	1,000	100

・SA株式会社とSB株式会社をPBR(株価純資産倍率)で比較する場合、
（ ア ）株式会社の方が割高と言える。
・SA株式会社とSB株式会社の配当利回りを比較すると（ イ ）株式会社の方が高い。

1．（ア)SA （イ)SA
2．（ア)SA （イ)SB
3．（ア)SB （イ)SA
4．（ア)SB （イ)SB

問4 下記は、新NISAのつみたて投資枠の概要を示した表である。下表の空欄(ア)～(ウ)に入る適切な語句を語群の中から選び、その番号のみを解答欄に記入しなさい。同じ語句を何度選んでもよいこととする。

対象となる金融商品	一定の株式投資信託、（ ア ）
非課税投資枠	新規投資額で毎年（ イ ）が上限
非課税期間	無期限
口座開設	1人1口座
金融機関の変更	（ ウ ）

〈語群〉
1．上場株式
2．上場株式投資信託(ETF)
3．J-REIT(不動産投資信託)
4．40万円
5．120万円
6．240万円
7．できない
8．1年単位で可能
9．3年単位で可能

問5　下記〈資料〉に関する次の記述の空欄(ア)、(イ)にあてはまる語句の組み合わせとして、正しいものはどれか。

〈資料〉

	A社	B社
株価	3,200円	15,600円
1株当たり利益	180円	800円
1株当たり純資産	1,200円	6,500円
1株当たり年間配当金	100円	200円

・A社とB社の株価を、PER(株価収益率)で比較した場合、(　ア　)株式のほうが割安といえる。
・A社とB社の株式の配当利回りを比較した場合、(　イ　)株式のほうが高い。

1．(ア)A社　　　(イ)B社
2．(ア)B社　　　(イ)A社
3．(ア)A社　　　(イ)A社
4．(ア)B社　　　(イ)B社

問6　下記〈資料〉の債券を発行日から1年後に額面100万円分取得し、その後、償還期限まで保有した場合の最終利回り(単利・年率)を計算しなさい。なお手数料や税金等については考慮しないものとし、計算結果については小数点以下第4位を切り捨てること。

〈資料〉

表面利率	：年1.4%
額面	：100万円
償還期間	：5年
買付価格	：額面100円につき101.00円
発行価格	：額面100円につき100.00円
償還までの残存年数	：4年

【第3問】　下記の(問7)～(問10)について解答しなさい。

問7　下記〈資料〉は、藤原さんが購入を検討している中古マンションのインターネット上の広告(抜粋)である。この広告の内容等に関する次の(ア)～(エ)の記述について、適切なものには○、不適切なものには×を解答欄に記入しなさい。

〈資料〉

メゾンド○○　303号室			
所在地	神奈川県○○市○町2丁目3番	間取り	3LDK
交通	△△線○○駅まで徒歩5分	総戸数	56戸
用途地域	準住居地域・第二種住居地域	築年月	2012年8月
価格	3,290万円	敷地の権利関係	所有権
専有面積	75.38㎡（壁芯）	管理費	13,000円／月
バルコニー	10.73㎡	修繕積立金	5,200円／月
構造	RC構造	現況	空室
所在階・階層	3階／9階建て	取引態様	媒介

（ア）この物件から△△線○○駅までの道路距離は、320m超400m以下である。

（イ）この物件の専有面積(75.38㎡)には、バルコニー面積が含まれている。

（ウ）この物件を購入した場合、藤原さんは管理組合の構成員となるかどうか選択できる。

（エ）この物件を購入した場合、通常、宅地建物取引業者に媒介業務に係る報酬(仲介手数料)を支払う。

問8　建築基準法に従い、下記〈資料〉の土地に耐火建築物を建てる場合、建築面積の最高限度（ア）と、延べ面積（床面積の合計）の最高限度（イ）の組み合わせとして、正しいものはどれか。なお、〈資料〉に記載のない条件については一切考慮しないこと。

〈資料〉

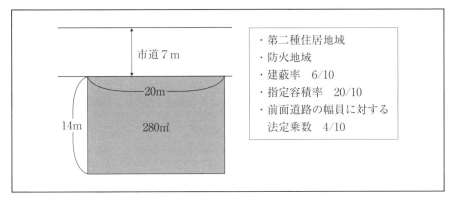

・第二種住居地域
・防火地域
・建蔽率　6/10
・指定容積率　20/10
・前面道路の幅員に対する
　法定乗数　4/10

市道7m

20m

14m　　280㎡

1．（ア）168㎡　（イ）560㎡
2．（ア）196㎡　（イ）784㎡
3．（ア）168㎡　（イ）784㎡
4．（ア）196㎡　（イ）560㎡

問9　下記〈資料〉に基づき、山田さんが土地（居住用ではない）を、佐藤さんに譲渡した場合の譲渡所得にかかる所得税および住民税の合計額を計算しなさい。なお、〈資料〉に記載のない条件や復興特別所得税は考慮しないものとし、解答に当たっては、解答用紙に記載されている単位に従うこと。

〈資料〉

・取得の日：2019年9月15日
・譲渡の日：2024年10月10日
・課税譲渡所得金額：1,800万円
【土地建物の譲渡所得に係る税率】

	所得税	住民税
課税長期譲渡所得	15%	5%
課税短期譲渡所得	30%	9%

問10　下記〈資料〉は、小池さんが購入を検討している投資用マンションの概要である。この物件の実質利回り（年率）として、正しいものはどれか。なお〈資料〉に記載のない事項については一切考慮しないものとし、計算結果については小数点以下第3位を四捨五入すること。

〈資料〉

・購入費用総額	：2,800万円（消費税と仲介手数料等取得費用を含む金額）
・想定される賃料（月額）	：109,800円
・運営コスト（月額）	：管理費等　15,000円 管理委託業務費　月額賃料の5％
・想定される固定資産税（年額）	：85,000円

1．3.52%

2．3.83%

3．4.40%

4．4.71%

【第4問】 下記の(問11)～(問14)について解答しなさい。

問11　加藤明さん(48歳)が保険契約者(保険料負担者)および被保険者として加入している生命保険(下記〈資料〉参照)の保障内容に関する次の記述の空欄(ア)～(ウ)にあてはまる数値を解答欄に記入しなさい。なお、保険契約は有効に継続し、かつ特約は自動更新しているものとし、明さんはこれまでに〈資料〉の保険から保険金・給付金を一度も受け取っていないものとする。また、各々の記述はそれぞれ独立した問題であり、相互に影響を与えないものとする。

〈資料：保険証券1〉

保険証券記号番号 ○○○△△××		定期保険特約付終身保険		
保険契約者	加藤　明　様		保険契約者印	◇契約日(保険期間の始期) 2012年8月1日
被保険者	加藤　明　様 1976年6月25日生　男性		加藤	◇主契約の保険期間 終身
受取人	(死亡給付金) 加藤　佳那　様　(妻)	受取割合 10割		◇主契約の保険料払込期間 60歳払込満了 ◇特約の保険期間 10年(80歳まで自動更新)

◆ご契約内容

終身保険金額(主契約保険金額)		200万円
定期保険特約保険金額		1,500万円
三大疾病保障定期保険特約保険金額		300万円
傷害特約保険金額		500万円
災害入院特約	入院5日目から	日額5,000円
疾病入院特約	入院5日目から	日額5,000円
※約款所定の手術を受けた場合、手術の種類に応じて入院給付金日額の10倍・20倍・40倍の手術給付金を支払います。		
成人病入院特約	入院5日目から	日額5,000円
リビング・ニーズ特約		

＊入院給付金の1入院当たりの限度日数は120日、通算限度日数は1,095日です。

◆お払込みいただく合計保険料

毎回　△△△△△円

［保険料払込方法］
月払い

保険種類　終身ガン保険
保険証券記号番号　（○○○）　△△△△

保険契約者	加藤　明　様	保険契約者印	◇契約日 2005年10月19日
被保険者	加藤　明　様 1976年6月25日生　男性	加藤	◇主契約の保険期間 　終身
受取人	給付金　被保険様 死亡給付金　加藤　佳那　様（妻）	受取割合 10割	◇主契約の保険料払込期間 　終身

◆ご契約内容

ガン診断給付金	初めてガンと診断されたとき	100万円
ガン入院給付金	1日目から	日額1万円
ガン手術給付金	1回につき	30万円
ガン死亡給付金	ガンによる死亡	30万円
死亡給付金	ガン以外による死亡	10万円

◆お払込みいただく合計保険料

毎回　△△△△△円

［保険料払込方法］
　月払い

明さんが現時点(48歳)で、

・交通事故で即死した場合、保険会社から支払われる保険金・給付金の合計は（　ア　）万円である。

・テニスで転び、骨折して8日間入院し、給付倍率10倍の手術を1回受けた場合、保険会社から支払われる保険金・給付金の合計は（　イ　）万円である。

・初めて胃ガン(悪性新生物)と診断され、治療のため20日間入院し、給付倍率40倍の手術を1回受けた場合、保険会社から支払われる保険金・給付金の合計は（　ウ　）万円である。

問12 山口香さんが2024年中に支払った生命保険の保険料は下記〈資料〉のとおりである。この場合の香さんの2024年分の所得税の計算における生命保険料控除の金額として正しいものはどれか。なお、下記〈資料〉の保険について、これまでに契約変更は行われていないものとする。

〈資料〉

［終身保険（無配当）］		［個人年金保険（税制適格特約付）］	
契約日	：2016年6月17日	契約日	：2014年10月1日
保険契約者	：山口香	保険契約者	：山口香
被保険者	：山口香	被保険者	：山口香
死亡保険金受取人	：山口啓二（夫）	年金受取人	：山口香
2024年の年間支払保険料		2024年の年間支払保険料	
	：144,000円		：180,000円
		2024年の配当金	：なし

【参考：所得税の生命保険料控除額の速算表】
〈2012年1月1日以降に締結した保険契約（新契約）等に係る控除額〉
［一般生命保険料控除、介護医療保険料控除および個人年金保険料控除］

年間の支払保険料の合計		控除額
	20,000円以下	支払金額
20,000円超	40,000円以下	支払金額×1/2＋10,000円
40,000円超	80,000円以下	支払金額×1/4＋20,000円
80,000円超		40,000円

1．40,000円   3．90,000円

2．80,000円   4．100,000円

問13 山根登さんと克己さんの親子が加入している終身保険（下記〈資料〉参照）に関する次の（ア）～（ウ）の記述について、正しいものには○、誤っているものには×を解答欄に記入しなさい。

〈資料：終身保険の契約形態〉

保険契約者（保険料負担者）	：山根　克己（子）
被保険者	：山根　登　（父）
死亡保険金受取人	：山根　克己（子）

※克己さんが支払う保険料は、父親である登さんから生前贈与を受けている資金から充当している。

（ア）登さんが死亡して克己さんが受け取る死亡保険金は、一時所得として所得税・住民税の課税対象となる。

（イ）克己さんが死亡して登さんに契約者変更をした場合、支払保険料相当額が相続税の課税対象となる。

（ウ）毎年支払う保険料については、登さんが所得税の生命保険料控除を受けることができる。

問14 次の（ア）～（エ）の事例のうち、損害保険の保険金の支払い対象となるものには○、支払い対象とならないものには×を解答欄に記入しなさい。なお、いずれの保険も特約は付帯していないものとする。

	事例	対象となる保険の種類
（ア）	ジョギング中に心臓発作を起こし、入院した	普通傷害保険
（イ）	車庫入れをしているとき、誘導している父親に誤って車が接触し、負傷させた	自動車保険の対人賠償保険
（ウ）	アルバイト中に店の商品を落としてしまい、店主に修理費用を請求された	個人賠償責任保険
（エ）	海外旅行中に食べた料理が原因で、細菌性食中毒を発症し、旅行中に入院した	海外旅行傷害保険

【第5問】 下記の(問15)〜(問17)について解答しなさい。

問15 吉田勝さんは、2024年5月末に32年2ヵ月勤務したXA株式会社を退職し、退職一時金2,100万円を受け取った。この退職一時金に係る退職所得の金額として、正しいものはどれか。なお吉田さんは、「退職所得の受給に関する申告書」を適正に提出している。また、吉田さんは、勤務先の役員ではなく、退職は障害者になったことに起因するものではない。

1. 195万円
2. 230万円
3. 390万円
4. 360万円

問16 会社員の武井雅人さんの2024年分の所得等は、下記〈資料〉のとおりである。武井さんが2024年分の所得税の確定申告を行う際に、給与所得と損益通算できる損失に関する次の記述のうち、正しいものはどれか。

〈資料〉

所得の種類	収入	所得	備 考
給与	500万円	346万円	給与所得控除額：154万円
不動産	400万円	▲60万円	必要経費：460万円 ※必要経費の中には土地の取得に要した借入金の利子40万円が含まれている。
譲渡	300万円	▲50万円	株式を譲渡したもの。 ※上場株式の取得費：350万円
一時	280万円	▲20万円	養老保険を解約したもの。 ※払込保険料総額：300万円

1. 不動産所得▲20万円が給与所得と損益通算できる。
2. 不動産所得▲60万円と譲渡所得▲50万円が給与所得と損益通算できる。
3. 不動産所得▲20万円と譲渡所得▲50万円が給与所得と損益通算できる。
4. 不動産所得▲20万円と一時所得▲20万円が給与所得と損益通算できる。

問17　山口さんには生計を一にする妻と大学生の長女がいる。山口さんが、2024年中に支払った医療等に係る医療費控除に関する次の(ア)〜(エ)の記述について、正しいものには○、誤っているものには×を解答欄に記入しなさい。

(ア) 山口さんの長女が美容のために歯科矯正を行った場合の費用は、医療費控除の対象となる。

(イ) 山口さんが、趣味のテニスで足を骨折し、歩行が困難であったためタクシーで病院に移動した場合のタクシー代は、医療費控除の対象となる。

(ウ) 山口さんが一般的な近視を矯正するために眼鏡を購入した費用は、医療費控除の対象となる。

(エ) 山口さんは、人間ドックの結果、重大な疾病が発見され、そのまま治療のために入院をした。その場合の人間ドックの費用は、医療費控除の対象となる。

【第6問】 下記の(問18)〜(問21)について解答しなさい。

問18 下記の〈親族関係図〉の場合において、民法の規定に基づく法定相続分に関する次の記述の空欄(ア)〜(ウ)に入る適切な語句または数値を語群の中から選び、解答欄に記入しなさい。なお、同じ語句または数値を何度選んでもよいこととする。

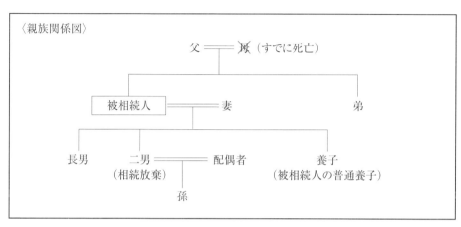

［各人の法定相続分］
・ 被相続人の妻の法定相続分は（　ア　）
・ 被相続人の養子の法定相続分は（　イ　）
・ 被相続人の孫の法定相続分は（　ウ　）

〈語群〉
| なし | 1/2 | 1/3 | 1/4 | 1/6 |
| 1/8 | 2/3 | 3/4 | 3/8 | |

問19　下記〈資料〉の宅地（貸家建付地）にかかる路線価方式による相続税評価額として正しいものはどれか。

〈資料〉

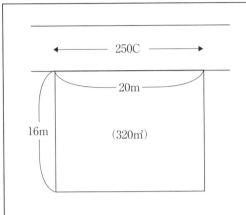

［借地権割合］

記号	借地権割合
A	90%
B	80%
C	70%
D	60%
E	50%
F	40%
G	30%

注1：奥行価格補正率　16m以上20m未満　1.00
注2：借家権割合　30%
注3：この宅地に宅地所有者の所有する賃貸アパートが建っており、現在満室（すべて賃貸中）となっている。
注4：その他の記載のない条件は一切考慮しないものとする。

1．2,400万円
2．5,600万円
3．6,320万円
4．8,000万円

問20　下記の相続事例(2024年10月15日相続開始)における相続税の課税価格の
合計額として、正しいものはどれか。

〈課税価格の合計額を算出するための財産等の相続税評価額〉

土地	：7,000万円
	（小規模宅地等の評価減特例適用後：1,500万円）
建物	：2,000万円
現預金	：2,500万円
死亡保険金	：2,000万円（生命保険金等の非課税限度額控除前）
債務および葬式費用	：500万円

〈相続関係図〉

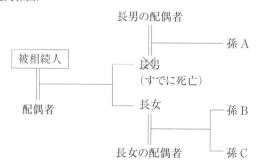

※小規模宅地等の評価減特例の適用対象となる要件はすべて満たしており、その適用を受けるもの
　とする。
※死亡保険金はすべて被相続人の配偶者が受け取っている。
※すべての相続人は、相続により財産を取得している。
※債務および葬式費用は被相続人の配偶者がすべて負担している。
※相続開始前3年以内に被相続人からの贈与により財産を取得した相続人はおらず、相続時精算課
　税制度を選択した相続人もいない。また、相続を放棄した者もいない。

1．6,000万円

2．7,500万円

3．11,500万円

4．13,000万円

問21　大石遥さん(42歳)は、父(72歳)と母(68歳)から下記〈資料〉の贈与を受けた。遥さんの2024年分の贈与税額として、正しいものはどれか。なお、父からの贈与については、2023年から相続時精算課税制度の適用を受けている(適用要件は満たしている)。

〈資料〉

［2024年中の贈与］
　・父から贈与を受けた金銭の額：1,200万円
　・母から贈与を受けた金銭の額：500万円
［2023年中の贈与］
　・父から贈与を受けた金銭の額：1,500万円
※2023年中および2024年中に上記以外の贈与はないものとする。

〈贈与税の速算表〉

(イ)18歳以上の者が直系尊属から贈与を受けた財産の場合

課税価格(基礎控除後)		税率	控除額
	200万円以下	10%	-
200万円超	400万円以下	15%	10万円
400万円超	600万円以下	20%	30万円
600万円超	1,000万円以下	30%	90万円
1,000万円超	1,500万円以下	40%	190万円
1,500万円超	3,000万円以下	45%	265万円
3,000万円超	4,500万円以下	50%	415万円
4,500万円超		55%	640万円

(ロ)上記(イ)以外の場合

課税価格(基礎控除後)		税率	控除額
	200万円以下	10%	-
200万円超	300万円以下	15%	10万円
300万円超	400万円以下	20%	25万円
400万円超	600万円以下	30%	65万円
600万円超	1,000万円以下	40%	125万円
1,000万円超	1,500万円以下	45%	175万円
1,500万円超	3,000万円以下	50%	250万円
3,000万円超		55%	400万円

1．685,000円　　　3．930,000円

2．665,000円　　　4．1,100,000円

【第7問】 下記の(問22)～(問24)について解答しなさい。

〈吉田家の家族データ〉

氏名	続柄	生年月日	備考
吉田　勝也	本人	1982年5月12日	会社員
由美	妻	1986年6月19日	専業主婦
琢磨	長男	2014年8月23日	
景子	長女	2017年11月10日	

〈吉田家のキャッシュフロー表〉　　　　　　　　　　　　　　　　　　　（単位：万円）

経過年数			基準年	1年	2年	3年
西暦（年）			2024	2025	2026	2027
家族構成/年齢	吉田　勝也	本人	42	43	44	45
	由美	妻	38	39	40	41
	琢磨	長男	10	11	12	13
	景子	長女	7	8	9	10
ライフイベント		変動率	景子小学校入学		車の買換え	琢磨中学校入学
収入	給与収入（夫）	1%	（ア）			
	収入合計	—			462	467
支出	基本生活費	2%	204			（イ）
	住居費	—	122	122	122	122
	教育費	—	40	40	40	70
	保険料	—	30	30	30	30
	一時的支出	—			150	
	その他支出	1%	15	15	15	15
	支出合計	—	411	415	570	
年間収支		—				
金融資産残高		1%	480	527	（ウ）	

※年齢および金融資産残高は各年12月31日現在のものとし、2024年を基準年とする。
※給与収入は手取り額で記載している。
※記載されている数値は正しいものとする。
※問題作成の都合上、一部空欄にしてある。

予想模試

実技試験（資産設計提案業務）

405

問22　吉田家のキャッシュフロー表の空欄(ア)は、勝也さんの可処分所得である。下表のデータに基づいて、空欄(ア)に入る数値を計算しなさい。なお2024年における勝也さんの収入は給与収入のみである。また、解答に当たっては、解答用紙に記されている単位(万円)に従うこと。

2024年分の勝也さんの給与収入(額面)　　　580万円

2024年に勝也さんの給与から天引きされた支出の年間合計金額					
厚生年金保険料	53万円	健康保険料	33万円	雇用保険料	2万円
所得税	14万円	住民税	25万円	財形貯蓄	24万円
社内預金	6万円	従業員持株会	4万円		

問23　吉田家のキャッシュフロー表の空欄(イ)に入る数値を計算しなさい。なお、計算に当たっては、キャッシュフロー表中に記載の整数を使用し、計算結果については万円未満を四捨五入すること。また、解答に当たっては、解答用紙に記載されている単位(万円)に従うこと。

問24　吉田家のキャッシュフロー表の空欄(ウ)に入る数値を計算しなさい。なお、計算に当たっては、キャッシュフロー表中に記載の整数を使用し、計算結果については万円未満を四捨五入すること。また、解答に当たっては、解答用紙に記載されている単位(万円)に従うこと。

【第8問】 下記の(問25)～(問27)について解答しなさい。

《設例》

下記の係数早見表を乗算で使用し、各問について計算しなさい。なお、税金は一切考慮しないこととし、解答に当たっては、解答用紙に記載されている単位に従うこと。

[係数早見表(年利1.0%)]

	終価係数	現価係数	減債基金係数	資本回収係数	年金終価係数	年金現価係数
1 年	1.010	0.990	1.000	1.010	1.000	0.990
2 年	1.020	0.980	0.498	0.508	2.010	1.970
3 年	1.030	0.971	0.330	0.340	3.030	2.941
4 年	1.041	0.961	0.246	0.256	4.060	3.902
5 年	1.051	0.952	0.196	0.206	5.101	4.853
6 年	1.062	0.942	0.163	0.173	6.152	5.795
7 年	1.072	0.933	0.139	0.149	7.214	6.728
8 年	1.083	0.924	0.121	0.131	8.286	7.652
9 年	1.094	0.914	0.107	0.117	9.369	8.566
10年	1.105	0.905	0.096	0.106	10.462	9.471
15年	1.161	0.861	0.062	0.072	16.097	13.865
20年	1.220	0.820	0.045	0.055	22.019	18.046
25年	1.282	0.780	0.035	0.045	28.243	22.023
30年	1.348	0.742	0.029	0.039	34.785	25.808

※記載されている数値は正しいものとする。

問25　山田さんは、住宅購入資金として2,500万円を借り入れることを考えている。25年間、年利1.0％で毎年年末に元利均等返済をする場合、毎年の返済額はいくらになるか。

問26　小川さんは、老後の公的年金収入の補完として、毎年年末に80万円を受け取りたいと考えている。受取期間を20年間とし、年利1.0％で複利運用する場合、受取開始年の初めにいくらの資金があればよいか。

問27　伊藤さんは、住宅購入の頭金として、10年後に800万円準備したいと考えている。10年間、年利1.0％で複利運用する場合、現在いくらの資金があればよいか。

【第9問】 下記の(問28)～(問34)について解答しなさい。

《設例》

杉山正幸さんは、民間企業に勤務する会社員である。正幸さんと妻の優香さんは、今後の資産形成や家計の見直しなどについて、FPの金澤さんに相談をした。なお、下記のデータはいずれも2024年1月1日現在のものである。

[家族構成]

氏 名	続柄	生年月日	年齢	職業等
杉山　正幸	本人	1988年7月30日	35歳	会社員(正社員)
優香	妻	1989年6月21日	34歳	会社員(正社員)
さくら	長女	2019年9月5日	4歳	保育園児

[収入金額(2023年)]
- 正幸さん：給与収入470万円(手取り額)。給与収入以外の収入はない。
- 優香さん：給与収入330万円(手取り額)。給与収入以外の収入はない。

[自宅]
- 賃貸マンションに居住しており、家賃は月額11万円(管理費込み)である。
- マイホームとして販売価格3,735万円(うち消費税175万円)の新築マンションを2024年8月に購入する予定である。

[金融資産(時価)]
- 正幸さん名義
  - 銀行預金(普通預金)　　　　　　　　　　：120万円
  - 銀行預金(定期預金)　　　　　　　　　　：200万円
  - 財形住宅貯蓄(保険型)　　　　　　　　　：350万円
- 優香さん名義
  - 銀行預金(普通預金)　　　　　　　　　　：50万円
  - 銀行預金(定期預金)　　　　　　　　　　：200万円
  - 財形住宅貯蓄(期日指定定期)　　　　　　：100万円

[負債]
- 正幸さんと優香さんに負債はない。

［保険］
定期保険A： 保険金額3,000万円。保険契約者（保険料負担者）および被保険者は正幸さんである。
医療保険B： 入院給付金日額5,000円。保険契約者（保険料負担者）および被保険者は優香さんであり、先進医療特約が付帯されている。

問28　杉山さん夫婦が〈設例〉のマンションを購入する場合の販売価格のうち、土地（敷地の共有持分）の価格を計算しなさい。なお、消費税の税率は10％とし、計算結果については万円未満を四捨五入すること。また、解答に当たっては、解答用紙に記載されている単位に従うこと。

問29　杉山さん夫妻はマンション購入に当たり、夫婦での借入れを検討している。夫婦が住宅ローンを借りる場合の主な組み方について、FPの金澤さんがまとめた下表における優香さんの住宅借入金等特別控除（以下「住宅ローン控除」という）の適用について、空欄（ア）〜（ウ）にあてはまる語句の組み合わせとして、最も適切なものはどれか。なお、借入方法以外の住宅ローン控除の適用要件はすべて満たしていることとする。

| | | 収入合算 | | ペアローン |
		連帯債務	連帯保証	
借入人等	正幸さん	借入人	借入人	借入人
	優香さん	連帯債務者	連帯保証人	借入人
住宅ローン控除	正幸さん	受けられる	受けられる	受けられる
	優香さん	（　ア　）	（　イ　）	（　ウ　）

1．（ア）受けられない　　（イ）受けられない　　（ウ）受けられる
2．（ア）受けられない　　（イ）受けられる　　　（ウ）受けられない
3．（ア）受けられる　　　（イ）受けられない　　（ウ）受けられる
4．（ア）受けられる　　　（イ）受けられる　　　（ウ）受けられない

問30　正幸さんは、最近よく耳にする新NISAの成長投資枠について、FPの金澤さんに質問した。金澤さんが金融商品について説明する際に使用した下表の空欄（ア）〜（ウ）にあてはまる語句の組み合わせとして、最も適切なものはどれか。

	公社債投資信託	株式投資信託	ETF	J−REIT
成長投資枠による非課税の対象	（　ア　）	対象になる	対象になる	対象になる
上場・非上場	非上場	非上場	（　イ　）	証券取引所に上場
指値注文	できない	できない	できる	（　ウ　）

1．（ア）　対象になる　　　　　（イ）非上場　　　　　　　（ウ）できない
2．（ア）　対象になる　　　　　（イ）証券取引所に上場　　（ウ）できる
3．（ア）　対象にならない　　　（イ）証券取引所に上場　　（ウ）できる
4．（ア）　対象にならない　　　（イ）非上場　　　　　　　（ウ）できない

問31　正幸さんは、下記〈資料〉のPJ銀行の外貨定期預金キャンペーンに関心を持っている。この外貨定期預金について、満期時の外貨ベースの元利合計額を円転した金額として、正しいものはどれか。

〈資料〉

・預入額　　　10,000オーストラリアドル
・預入期間　　6ヵ月
・預金金利　　3％（年率）
・為替レート（1オーストラリアドル）
※預入時と満期時の為替レートは同一とする。

	TTS	TTM（中値）	TTB
預入時および満期時	88円	86円	84円

注1：利息の計算に際しては、預入期間は日割りではなく月単位で計算すること。
注2：為替差益・為替差損に対する税金については考慮しないこと。
注3：利息に対しては、オーストラリアドル建ての利息の20％（復興特別所得税は考慮しない）相当額が所得税・住民税として源泉徴収されるものとすること。

1．850,080円
2．852,600円
3．860,160円
4．890,560円

問32　現在、加入している保険の保険金等が支払われた場合の課税に関する次の(ア)〜
(ウ)の記述について、適切なものには○、不適切なものには×を解答欄に記入しなさい。

(ア)正幸さんが死亡し、優香さんが受け取る定期保険Aの死亡保険金は、一時所得の課
　　税対象となる。
(イ)正幸さんが高度障害状態になったことにより受け取る定期保険Aの高度障害保険金
　　は、所得税の課税対象となる。
(ウ)優香さんの入院給付金を、正幸さんが受け取った場合は、一時所得となる。

問33　正幸さんは、労働者災害補償保険(以下「労災保険」という)の保険給付について、
FPの金澤さんに質問した。労災保険の療養(補償)給付に関する次の(ア)〜(ウ)の記述に
ついて、適切なものには○、不適切なものには×を解答欄に記入しなさい。なお、給付の
要件はすべて満たしているものとする。

(ア)療養補償給付として受ける「療養の給付」は、労災病院や労災指定医療機関および指
　　定薬局等において行われる。
(イ)療養補償給付は、「療養の給付」を原則としており、この「療養の給付」を受ける被災
　　労働者は、その費用の2割を負担する。
(ウ)正幸さんが通勤途上の災害によるケガのために療養を必要とする場合については、
　　原則として労災からは保険の給付は行われない。

問34　優香さんは、仮に正幸さんが2024年11月に36歳で在職中に死亡した場合の公的年金の遺族給付について、FPの金澤さんに質問をした。優香さんが65歳になるまでに受給できる遺族年金に関する次の（ア）〜（ウ）の記述について、適切なものには○、不適切なものには×を解答欄に記入しなさい。なお、正幸さんは大学卒業後の22歳から死亡時まで継続して厚生年金保険に加入しているものとし、このほかに公的年金加入期間はないものとする。また、家族に障害者に該当する者はなく、記載以外の遺族給付の受給要件はすべて満たしているものとする。

（ア）遺族基礎年金は、さくらさんが18歳に達した日以後の最初の3月31日を終了するまで支給される。
（イ）正幸さんの死亡時点において、優香さんは遺族基礎年金、遺族厚生年金、中高齢寡婦加算の支給を同時に受けることができる。
（ウ）遺族厚生年金の額（中高齢寡婦加算は除く）は、正幸さんの厚生年金保険の被保険者期間（短期要件に該当するため240月とみなして計算される）に基づく報酬比例部分の年金額の4分の3に相当する額である。

【第10問】　下記の(問35)〜(問40)について解答しなさい。

《設例》

国内の上場企業に勤務する白鳥孝明さんは、今後の生活のことなどに関してFPで税理士でもある渡邊さんに相談をした。なお、下記のデータはいずれも2024年4月1日現在のものである。

Ⅰ　家族構成(同居家族)

氏名	続柄	生年月日	年齢	備考
白鳥　孝明	本人	1965年7月31日	58歳	会社員
直子	妻	1968年8月4日	55歳	会社員
啓介	長男	1997年12月10日	26歳	会社員
節子	母	1941年9月25日	82歳	無職

Ⅱ　白鳥家の親族関係図

Ⅲ　白鳥家(孝明さんと直子さん)の財産の状況

〈資料1：保有資産(時価)〉　　　　　　　　　　　　(単位：万円)

	孝明さん	直子さん
金融資産		
預貯金等	2,500	800
株式	120	0
投資信託	100	250
生命保険(解約返戻金相当額)	〈資料3〉を参照	〈資料3〉を参照
不動産		
土地(自宅敷地)	3,200	800
建物(自宅)	960	240
その他(動産等)	200	0

注1：土地(自宅敷地)および建物(自宅)は共有で、孝明さんの持分が5分の4、直子さんの持分が5分の1である。

〈資料2：負債残高〉

住宅ローン：320万円(債務者は孝明さん。団体信用生命保険付き)

〈資料3：生命保険等〉 (単位：万円)

保険種類	保険契約者	被保険者	死亡保険金受取人	死亡保険金額	解約返戻金相当額	保険期間
定期保険特約付終身保険A						
(終身保険部分)	孝明	孝明	直子	300	120	終身
(定期保険部分)	孝明	孝明	直子	1,700	—	2027年まで
終身保険B	孝明	直子	孝明	500	250	終身
医療保険C	孝明	孝明	—	—	—	終身
医療保険D	直子	直子	—	—	—	終身

注2：解約返戻金相当額は、2024年4月1日時点で解約した場合の金額である。
注3：終身保険Bの保険料は一時払い方式であり、2024年中に保険料の払込みはない。
注4：医療保険CとDは、医療保障のみの保険であり、死亡保険金は支払われない。
注5：すべての契約について保険契約者が保険料を負担している。
注6：契約者配当および契約者貸付については考慮しないこと。

※上記以外の情報については、各設問において特に指示のない限り一切考慮しないこと。また復興特別所得税については考慮しないこと。

問35　FPの渡邊さんは、まず2024年4月1日時点における白鳥家(孝明さんと直子さん)のバランスシート分析を行うことにした。下表の空欄(ア)に入る数値を計算しなさい。

〈白鳥家(孝明さんと直子さん)のバランスシート〉　　　　　　(単位：万円)

[資産]		[負債]	
金融資産		住宅ローン	×××
預貯金等	×××	負債合計	×××
株式	×××		
投資信託	×××		
生命保険(解約返戻金相当額)	×××	[純資産]	(ア)
不動産			
土地(自宅敷地)	×××		
建物(自宅)	×××		
その他(動産等)	×××		
資産合計	×××	負債・純資産合計	×××

問36　孝明さんの母の節子さんは、財産の一部を孫の啓介さんに遺贈するために自筆証書遺言を作成することを検討している。これに関するFPの渡邊さんの次の説明の空欄(ア)、(イ)に入る適切な数値を語群の中から選び、解答欄に記入しなさい。なお、相続の放棄はないものとする。

「康彦さん、孝明さん、華子さんの法定相続分は、それぞれ1/3ですが、遺言を作成することにより法定相続人以外の人にも財産を残すことができます。この場合、法定相続人の遺留分を侵害しないように注意する必要があります。法定相続人の遺留分の割合を合計すると(ア)になります。
遺留分を侵害した場合には、遺留分権利者は遺留分侵害額を請求することで、遺留分の額に達するまで取り戻すことができますが、相続の開始または遺留分を侵害する贈与・遺贈があったことを知ったときから(イ)以内(知らなかった場合は、相続開始の時から10年以内)に行使しなければ消滅します」

〈語群〉

1/2　　1/3　　1/4　　1/6　　1年　　2年　　5年

問37　下記〈資料〉は、孝明さんおよび直子さんのPH銀行（日本国内にある普通銀行）における金融資産残高である。仮に2024年10月にPH銀行が破綻した場合、孝明さんと直子さんがPH銀行に保有している下記の金融資産のうち、預金保険制度により保護される金額の合計額を計算しなさい。なお、孝明さんと直子さんには、PH銀行からの借入はない。また、解答に当たっては、預金利息については考慮しないものとし、解答用紙に記載されている単位に従うこと。

〈資料〉

［孝明さん］

　普通預金：80万円（決済用預金ではない）

　定期預金：750万円

　外貨預金：350万円

［直子さん］

　普通預金：70万円（決済用預金ではない）

　定期預金：250万円

問38 孝明さんの母である節子さんが2024年中に受け取った公的年金および個人年金は下記〈資料〉のとおりである。節子さんが確定申告すべき2024年分の所得税における雑所得の金額として、最も適切なものはどれか。なお、節子さんには、雑所得のほかに確定申告すべき不動産所得が150万円ある。

〈資料：公的年金および個人年金の明細〉

	年金額(収入金額)	源泉徴収された税額
老齢基礎年金	75万円	なし
遺族厚生年金	146万円	なし
個人年金(注)	120万円	40,840円

(注) 必要経費となる個人年金保険料は、80万円である。

〈公的年金等控除額(一部抜粋)〉

受給者区分	公的年金等の収入額(A)		公的年金等控除額
65歳以上の者		330万円以下	110万円
	330万円超 410万円以下		(A)×25％＋27万5,000円
	410万円超 770万円以下		(A)×15％＋68万5,000円
	770万円超 1,000万円以下		(A)×5％＋145万5,000円
	1,000万円超		195万5,000円

1．359,160円

2．400,000円

3．1,369,160円

4．2,310,000円

問39 孝明さんは、定年退職後すぐに再就職しない場合の公的医療保険について、FPの渡邊さんに質問した。国民健康保険および全国健康保険協会管掌健康保険(協会けんぽ)の任意継続被保険者に係る保険料に関する次の(ア)～(エ)の記述について、適切なものには○、不適切なものには×を解答欄に記入しなさい。

(ア) 国民健康保険の保険料(税)は、全国一律である。

(イ) 国民健康保険の保険料(税)は、世帯単位で徴収される。

(ウ) 協会けんぽの任意継続被保険者の保険料は、全額自己負担である。

(エ) 協会けんぽの任意継続被保険者の保険料は、被扶養者の人数に応じて異なる。

問40　孝明さんは、母の節子さんが体調を崩すことが多くなったため、医療費や介護費用についてFPの渡邊さんに相談をした。渡邊さんが後期高齢者医療制度および介護保険制度の自己負担割合等について説明する際に使用した下表の空欄(ア)〜(エ)に関する次の記述のうち、最も不適切なものはどれか。

	後期高齢者医療制度	介護保険制度
自己負担割合 （原則）	現役並みの所得者：（　ア　） 一定以上の所得者：2割 上記以外の者：1割	（　イ　）以上の現役並み所得者：3割 （　イ　）以上の一定以上所得者：2割 上記以外の者：1割
高額負担を 軽減する制度	高額療養費：（　ウ　）の医療費の自己負担額（保険適用分）が一定の上限額を超えるとき ※入院時の食事代等は対象外	高額介護サービス費：（　ウ　）の介護サービスの利用者負担額（保険適用分）が一定の上限額を超えるとき ※住宅改修費等は対象外
	高額医療・高額介護合算制度：同一世帯内で、（　エ　）における後期高齢者医療の自己負担額と介護保険の利用者負担額の合算額（保険適用分）が、一定の上限額および支給基準額の合計額を超えるとき ※高額療養費等が支給される場合は、その額を差し引いた額が対象	

1．空欄(ア)にあてはまる語句は、「医療費の3割」である。
2．空欄(イ)にあてはまる語句は、「60歳」である。
3．空欄(ウ)にあてはまる語句は、「1ヵ月（同一月）」である。
4．空欄(エ)にあてはまる語句は、「1年」である。

■予想模試　解答用紙　学科試験

問題番号	解答番号				問題番号	解答番号				問題番号	解答番号				問題番号	解答番号			
1	①	②	③	④	16	①	②	③	④	31	①	②	③	④	46	①	②	③	④
2	①	②	③	④	17	①	②	③	④	32	①	②	③	④	47	①	②	③	④
3	①	②	③	④	18	①	②	③	④	33	①	②	③	④	48	①	②	③	④
4	①	②	③	④	19	①	②	③	④	34	①	②	③	④	49	①	②	③	④
5	①	②	③	④	20	①	②	③	④	35	①	②	③	④	50	①	②	③	④
6	①	②	③	④	21	①	②	③	④	36	①	②	③	④	51	①	②	③	④
7	①	②	③	④	22	①	②	③	④	37	①	②	③	④	52	①	②	③	④
8	①	②	③	④	23	①	②	③	④	38	①	②	③	④	53	①	②	③	④
9	①	②	③	④	24	①	②	③	④	39	①	②	③	④	54	①	②	③	④
10	①	②	③	④	25	①	②	③	④	40	①	②	③	④	55	①	②	③	④
11	①	②	③	④	26	①	②	③	④	41	①	②	③	④	56	①	②	③	④
12	①	②	③	④	27	①	②	③	④	42	①	②	③	④	57	①	②	③	④
13	①	②	③	④	28	①	②	③	④	43	①	②	③	④	58	①	②	③	④
14	①	②	③	④	29	①	②	③	④	44	①	②	③	④	59	①	②	③	④
15	①	②	③	④	30	①	②	③	④	45	①	②	③	④	60	①	②	③	④

■予想模試　解答用紙　実技試験（個人資産相談業務）

【第1問】

《問1》　①＿＿＿＿＿（円）　②＿＿＿＿＿（円）　③される・されない＿＿＿

《問2》　①＿＿＿＿　②＿＿＿＿　③＿＿＿＿

《問3》　①＿＿＿＿＿（円）　②＿＿＿＿＿（円）

【第2問】

《問4》　①＿＿＿＿　②＿＿＿＿　③＿＿＿＿

《問5》　①＿＿＿＿＿（倍）　②＿＿＿＿＿（倍）

《問6》　①＿＿＿＿　②＿＿＿＿　③＿＿＿＿

【第3問】

《問7》　①＿＿＿＿＿（万円）　②＿＿＿＿＿（万円）　③＿＿＿＿＿（年）　④＿＿＿＿＿（万円）

《問8》　①＿＿＿＿　②＿＿＿＿　③＿＿＿＿

《問9》　①＿＿＿＿　②＿＿＿＿　③＿＿＿＿

【第4問】

《問10》　①＿＿＿＿　②＿＿＿＿　③＿＿＿＿

《問11》　①＿＿＿＿　②＿＿＿＿　③＿＿＿＿

《問12》　①＿＿＿＿＿（円）　②＿＿＿＿＿（円）

　　　　　③＿＿＿＿＿（円）　④＿＿＿＿＿（円）

【第5問】

《問13》　①＿＿＿＿　②＿＿＿＿　③＿＿＿＿

《問14》　①＿＿＿＿　②＿＿＿＿　③＿＿＿＿

《問15》　①＿＿＿＿＿（万円）　②＿＿＿＿＿（万円）　③＿＿＿＿＿（万円）　④＿＿＿＿＿（万円）

【第1問】

《問1》　①　　　　　　　（円）　②　　　　　③　　　　　　　（円）

《問2》　①　　　　　②　　　　　③　　　　　④

《問3》　①　　　　　②　　　　　③

【第2問】

《問4》　①　　　　　②　　　　　③

《問5》　①　　　　　②　　　　　③

《問6》　①　　　　　②　　　　　③　　　　　④

【第3問】

《問7》　①　　　　　（年）　②　　　　　（万円）　③　　　　　（万円）

《問8》　①　　　　　②　　　　　③　　　　　④

《問9》　①　　　　　②　　　　　③

【第4問】

《問10》　①　　　　　②　　　　　③　　　　　④

《問11》　①　　　　　②　　　　　③

《問12》　①　　　　　　（円）　②　　　　　　（円）　③　　　　　　（円）

【第5問】

《問13》　①　　　　　②　　　　　③　　　　　④

《問14》　①　　　　　②　　　　　③

《問15》　①　　　　　（万円）　②　　　　　（万円）　③　　　　　（万円）

■予想模試　解答用紙　実技試験（資産設計提案業務）

【第1問】
《問1》 _____

《問2》

（ア）　　（イ）　　（ウ）　　（エ）

【第2問】
《問3》 _____

《問4》　（ア）　　（イ）　　（ウ）

《問5》 _____

《問6》 _____（％）

【第3問】
《問7》

（ア）　　（イ）　　（ウ）　　（エ）

《問8》 _____

《問9》 _____（万円）

《問10》 _____

【第4問】
《問11》　（ア）_____（万円）

　　　　　（イ）_____（万円）

　　　　　（ウ）_____（万円）

《問12》 _____

《問13》　（ア）　　（イ）　　（ウ）

《問14》

（ア）　　（イ）　　（ウ）　　（エ）

【第5問】
《問15》 _____

《問16》 _____

《問17》

（ア）　　（イ）　　（ウ）　　（エ）

【第6問】
《問18》

（ア）　　（イ）　　（ウ）

《問19》 _____

《問20》 _____

《問21》 _____

【第7問】
《問22》 _____（万円）

《問23》 _____（万円）

《問24》 _____（万円）

【第8問】
《問25》 _____（円）

《問26》 _____（円）

《問27》 _____（円）

【第9問】
《問28》 _____（万円）

《問29》 _____

《問30》 _____

《問31》 _____

《問32》　（ア）　　（イ）　　（ウ）

《問33》　（ア）　　（イ）　　（ウ）

《問34》　（ア）　　（イ）　　（ウ）

【第10問】
《問35》 _____（万円）

《問36》　（ア）_____（イ）_____

《問37》 _____（万円）

《問38》 _____

《問39》

（ア）　　（イ）　　（ウ）　　（エ）

《問40》 _____

🐾 執筆・監修　安藤　絵理
　　　　　　　1級ファイナンシャル・プランニング技能士（CFP®）、DCプランナー・金融広報アドバイザー。個人のコンサルティングを行う傍ら、金融機関研修講師、FP養成講座講師、セミナー講師、ＴＶやラジオ出演、雑誌の執筆など幅広く活動を行う。

🐾 校　　閲　　　大林　香世（安藤絵理FP事務所）

🐾 イラスト　　　あらいぴろよ

🐾 カバーデザイン　喜來　詩織（エントツ）

●法改正・正誤等の情報につきましては、下記「ユーキャンの本」ウェブサイト内
「追補（法改正・正誤）」をご覧ください。
　https://www.u-can.co.jp/book/information
●本書の内容についてお気づきの点は
・「ユーキャンの本」ウェブサイト内「よくあるご質問」をご参照ください。
　https://www.u-can.co.jp/book/faq
・郵送・FAXでのお問い合わせをご希望の方は、書名・発行年月日・お客様のお名前・
　ご住所・FAX番号をお書き添えの上、下記までご連絡ください。
　【郵送】〒169-8682　東京都新宿北郵便局 郵便私書箱第2005号
　　　　　ユーキャン学び出版　FP技能士2級資格書籍編集部
　【FAX】03-3378-2232
◎より詳しい解説や解答方法についてのお問い合わせ、他社の書籍の記載内容等に関しては
　回答いたしかねます。
●お電話でのお問い合わせ・質問指導は行っておりません。

'24～'25年版　ユーキャンのFP2級・AFP　でるとこ攻略問題集

2016年 5 月31日　初　版　第 1 刷発行	編　者	ユーキャンFP技能士試験研究会
2017年 5 月26日　第 2 版　第 1 刷発行	発行者	品川泰一
2018年 5 月24日　第 3 版　第 1 刷発行	発行所	株式会社 ユーキャン 学び出版
2019年 5 月25日　第 4 版　第 1 刷発行		〒151-0053
2020年 5 月22日　第 5 版　第 1 刷発行		東京都渋谷区代々木1-11-1
2021年 5 月21日　第 6 版　第 1 刷発行		Tel 03-3378-1400
2022年 5 月20日　第 7 版　第 1 刷発行	ＤＴＰ	有限会社 中央制作社
2023年 5 月24日　第 8 版　第 1 刷発行	発売元	株式会社 自由国民社
2024年 5 月24日　第 9 版　第 1 刷発行		〒171-0033
		東京都豊島区高田3-10-11
		Tel 03-6233-0781（営業部）

印刷・製本　カワセ印刷株式会社

解答・解説

最終確認
だニャ！

学科試験　解答・解説

【問題1】　解答3

1. **適切**。金融商品取引業者でなくとも、新NISA制度の一般的な説明を行うことは問題ない。
2. **適切**。社会保険労務士資格を有しないファイナンシャル・プランナーであっても、老齢基礎年金の受給資格や請求方法について一般的な説明を行うことは問題ない。
3. **不適切**。司法書士資格を有しないファイナンシャル・プランナーは、登記申請を代行することはできない。
4. **適切**。税理士資格を有しないファイナンシャル・プランナーが、確定申告をする必要がある場合の要件について一般的な説明を行うことは問題ない。

【問題2】　解答3

1. **不適切**。ライフイベントごとの予算額は現在価値で見積もるが、キャッシュフロー表には変動率をかけて将来価値の金額を計上する。
2. **不適切**。医療費控除が受けられる場合であっても、ライフプランニング上の可処分所得は、年間の収入金額から社会保険料、所得税、住民税を差し引いた金額を計上する。
3. **適切**。キャッシュフロー表の作成において、収入および支出項目の変動率や金融資産の運用利率は、作成時点の見通しで設定する。
4. **不適切**。個人の資産や負債の状況を表すバランスシートの作成において、株式等の金融資産や不動産の価額は作成時点の時価で計上する。

【問題3】　解答4

1. **不適切**。個人事業主や農林漁業者などが被保険者となる国民健康保険は、市区町村もしくは国民健康保険組合が保険者として運営している。
2. **不適切**。健康保険の適用事業所に常時使用される75歳未満の者は、原則として、全国健康保険協会管掌健康保険（協会けんぽ）または健康保険組合管掌健康保険のいずれかに加入する。
3. **不適切**。退職により健康保険の被保険者資格を喪失した者は、所定の要件を満たすことにより、最長で2年間は健康保険の任意継続被保険者となることができる。
4. **適切**。健康保険や国民健康保険の被保険者が同月内に同一の医療機関等で支払った医療費の一部負担金等の額が、その者に係る自己負担限度額を超えた場合、その超えた部分の額は、所定の手続きにより、高額療養費として支給される。事前に保険者から所得区分の認定証を発行してもらっておけば、医療機関の窓口での支払いを負担の上限額までに留めることもできる。

【問題4】　解答2

1. **適切**。1人でも労働者を使用する事業所は強制的に加入が義務付けられており、すべての労働者（パートタイマー、アルバイト、外国人を含む）が対象となる。

2．**不適切**。業務上の疾病の療養により労働することができないために賃金を受けられない場合、賃金を受けない日の第4日目から休業補償給付が支給される。

3．**適切**。雇用保険料のうち、失業等給付の保険料は、被保険者の賃金総額に事業の種類に応じた雇用保険料率を乗じて得た額を事業主と被保険者で負担する。業種によって、保険料率や被保険者負担率は異なる。

4．**適切**。雇用保険の受給手当の受給期間は、原則として、離職の日の翌日から起算して1年である。出産、育児等で就業できない場合はさらに最大3年間受給延長が可能である。

【問題5】 解答4

1．**適切**。日本国内に住所を有する20歳以上60歳未満の自営業者、農林漁業者、学生、無職などの者は、第1号被保険者となる。国籍要件はない。

2．**適切**。第1号被保険者で障害基礎年金を受給している者や生活保護法による生活扶助を受けている者は、国民年金保険料の法定免除の対象となる。

3．**適切**。遺族基礎年金を受給することができる遺族は、国民年金の被保険者等の死亡の当時、その者によって生計を維持し、かつ、所定の要件を満たす「子のある配偶者」または「子」である。子の人数によって加算がある。

4．**不適切**。国民年金の第1号被保険者としての保険料納付済期間（保険料免除期間を含む）が10年以上ある夫の死亡の当時、夫によって生計を維持し、夫との婚姻関係が10年以上継続した60歳の妻は、60歳から65歳まで、寡婦年金の受給権が発生する。

【問題6】 解答2

1．**不適切**。厚生年金保険の適用事業所に常時使用される70歳未満の者は、原則として、厚生年金保険の被保険者となる。

2．**適切**。育児休業等をしている被保険者に係る厚生年金保険の保険料は、所定の手続きによって被保険者負担分・事業主負担分ともに免除される。

3．**不適切**。65歳からの老齢厚生年金が支給されるためには、老齢基礎年金の受給資格期間を満たし、厚生年金保険の被保険者期間が1ヵ月以上あることが必要である。

4．**不適切**。遺族厚生年金の額は、原則として、死亡した者の厚生年金保険の被保険者記録を基に計算した老齢厚生年金の報酬比例部分の4分の3相当額である。

【問題7】 解答3

1．**適切**。遺族厚生年金の受給権者が65歳以降に老齢基礎年金の受給権を取得した場合、遺族厚生年金と老齢基礎年金は併給される。

2．**適切**。障害基礎年金の受給権者が65歳以降に老齢厚生年金の受給権を取得した場合、障害基礎年金と老齢厚生年金は併給される。

3．**不適切**。障害厚生年金の受給権者が雇用保険の基本手当の支給を受けている間も障害厚生年金は支給される。遺族年金、障害年金は雇用保険の基本手当と併給される。

4．**適切**。特別支給の老齢厚生年金の受給権者が雇用保険の基本手当の支給を受けている

間、特別支給の老齢厚生年金は支給停止となる。

【問題8】 解答4

1. **適切**。個人型年金に加入する場合、国民年金の第1号被保険者(自営業者等)が、国民年金の付加保険料を納付している場合、その者の個人年金の掛金は月額68,000円から当該保険料(400円)の額を控除した額の範囲内(千円単位)となるので、67,000円が上限となる。

2. **適切**。企業型年金加入者掛金(マッチング拠出により加入者が拠出する掛金)は、その全額が小規模企業共済等掛金控除の対象となる。

3. **適切**。個人別管理資産の運用期間中に発生する利息や収益分配金等の運用収益は課税されない。

4. **不適切**。老齢給付金を60歳から受給するためには、60歳時点で確定拠出年金の通算加入者等期間が10年以上なければならない。

【問題9】 解答3

1. **適切**。原則として、事業主とその配偶者は中退共には加入できないが、事業主と生計を一にする同居の親族は、使用従属関係等が認められることにより、従業員として中退共に加入することができる。

2. **適切**。中退共の加入企業が中小企業者でなくなった場合は、中退共の解約手当金相当額を、所定の要件のもとに、確定給付型企業年金制度や確定拠出年金制度(企業型年金)に移管することができる。

3. **不適切**。建設業・製造業等の場合、常時使用する従業員の数が20人以下の個人事業主は小規模企業共済に加入することができるが、商業・サービス業(宿泊業・娯楽業を除く)においては常時使用する従業員の数が5人以下の場合に、個人事業主は小規模企業共済に加入することができる。

4. **適切**。日本国内に住所を有する60歳以上65歳未満の国民年金の任意加入被保険者は、国民年金基金に加入することができる。

【問題10】 解答1

1. **不適切**。流動資産のうち、「現金および預金」「売掛金」などの換金しやすい資産を当座資産という。「商品」は、換金しやすくはないので、当座資産には含まない。

2. **適切**。負債の部において、1年以内に返済しなければならないものは流動負債となり、返済期間が1年を超えるものは固定負債となる。

3. **適切**。当座比率は、「当座資産/流動負債×100(%)」で計算される。

4. **適切**。流動比率は、「流動資産/流動負債×100(%)」で計算される。

【問題11】 解答2

1. **不適切**。保険法では、生命保険契約の当事者以外の者を被保険者とする死亡保険契約は、当該被保険者の同意が必要である。

2. **適切**。保険会社では、保険種類ごとに契約の内容を一定にした生命保険約款を作成し、内閣総理大臣の認可を受けて、多数の保険契約者が公平な条件で契約できるようにしている。

3. **不適切**。保険契約者または被保険者になる者は、生命保険契約の締結に際し、保険会社から求められた事項には告知する必要があるが、それ以外の項目については告知する必要はない。

4. **不適切**。保険期間が１年以内の保険契約や、自賠責保険などの強制保険、法人が契約者である場合などは、クーリングオフの適用外である。

【問題12】 解答3

1. **適切**。こども（学資）保険は、保険料払込期間中に契約者が死亡した場合には、保険料の払込みが免除されるが、契約は有効に継続し、祝金や満期保険金を受け取ることができる。

2. **適切**。収入保障保険の保険金を一時金で受け取る場合の受取額は、年金形式で受け取る場合の受取総額よりも少なくなる。

3. **不適切**。低解約返戻金型終身保険を保険料払込終了前に解約した場合には、低解約返戻金型ではないほかの契約条件が同じ通常の終身保険よりも低い解約返戻金額が支払われるが、保険料払込終了後に解約した場合には、通常の終身保険と同水準の解約返戻金額が支払われる。

4. **適切**。養老保険の被保険者が保険期間満了まで生存した場合、死亡・高度障害保険金と同額の満期保険金が支払われる。

【問題13】 解答3

1. **適切**。確定年金では、年金支払い開始後10年、15年など契約時に定めた期間中は、被保険者の生死にかかわらず年金を受け取ることができる。

2. **適切**。変額個人年金保険では、積立金の運用成果によって将来の年金額や解約返戻金などが変動する。

3. **不適切**。円換算特約とは、保険金等の受取の際に外国通貨を円換算して取り扱うことができる特約であって、為替ヘッジ機能があるわけではない。したがって、外貨建て個人年金保険では円換算特約を付加しても、受け取る年金額は為替の変動による影響を受ける。

4. **適切**。保証期間付終身年金保険では、保証期間中に被保険者（＝年金受取人）が死亡した場合は、被保険者の相続人が継続して保証期間満了まで年金を受け取ることができる。

【問題14】 解答4

1. **不適切**。総合福祉団体定期保険は１年更新の定期保険である。

2. **不適切**。総合福祉団体定期保険は、役員および従業員の死亡退職金や弔慰金を準備するために利用する保険であり、役員・従業員を被保険者とし、被保険者の遺族を受取

人とする保険である。

3. **不適切**。ヒューマン・ヴァリュー特約は、企業が受取人で、役員・従業員が死亡または高度障害状態となったときに、企業等の経済的損失の財源を確保することを目的とした特約である。

4. **適切**。企業が負担した総合福祉団体定期保険の保険料は、全額損金に算入できる。

【問題15】 解答3

1. **適切**。被保険者本人が受け取った三大疾病保険金、介護保険金などの生前給付保険金は非課税である。

2. **適切**。身体の傷害、もしくは疾病を原因とする入院により、医療保険の被保険者が受け取った入院給付金は非課税である。

3. **不適切**。契約日から5年以下で受け取る満期保険金や解約返戻金は、金融類似商品として、既払込保険料との差益に対して、一律20.315％の源泉分離課税となるが、本問では契約日から9年経過しているので、一時所得として課税される。

4. **適切**。契約者の死亡により、相続人が相続により取得した生命保険契約に関する権利の価額は、解約返戻金相当額で評価される。

【問題16】 解答1

1. **適切**。専用住宅を対象とする火災保険の保険料を決定する要素の1つである建物の構造級別には、「M構造」「T構造」「H構造」の3種類の区分がある。

2. **不適切**。ガス爆発により住宅建物が損害を被った場合には、火災保険の保険金支払いの対象となる。

3. **不適切**。地震保険は、火災保険に付帯する必要があるが、火災保険の保険期間の中途で付帯することもできる。

4. **不適切**。地震保険契約に適用される損害区分は、「全損」「大半損」「小半損」「一部損」の4区分である。

【問題17】 解答1

1. **適切**。対人賠償保険では、被保険者が被保険自動車の運転中の事故により、被保険者の配偶者や子、父母などにケガを負わせた場合には、補償の対象とならない。

2. **不適切**。車両保険では、地震・噴火・津波によって損害を受けた場合、特約を付加していない場合は保険金支払いの対象とならない。

3. **不適切**。人身傷害保険では、被保険者が被保険自動車の運転中に単独事故を起こして後遺障害を負った場合にも、補償の対象となる。

4. **不適切**。ノンフリート等級別料率制度は、契約者の前契約の有無や事故歴に応じて1等級から20等級に区分し、等級ごとに保険料の割増・割引を行う制度である。

【問題18】 解答4

1. **適切**。傷害保険の保険金の支払い対象となる「ケガ」は、「急激かつ偶然な外来の事故」

によってケガをした場合に限られている。したがって、靴ずれ、車酔い、熱中症、しもやけ、細菌性食中毒等は、「急激かつ偶然な外来の事故」に該当しないため、保険金支払いの対象とならない。

2．**適切**。家族傷害保険は、事故発生時における所定の範囲の親族が被保険者であり、保険契約締結後に誕生した子も被保険者となる。

3．**適切**。国内傷害保険では、旅行中に発生した地震、噴火、またはこれらによる津波によるケガは補償の対象とならない。

4．**不適切**。海外旅行（傷害）保険では、旅行行程中であれば日本国内の移動中の事故によるケガについても補償の対象となる。

【問題19】　解答2

1．**適切**。医療保険では、退院後に入院給付金を受け取り、その退院日の翌日から180日以内に前回と同一の疾病により再入院した場合、入院給付金支払日数は前回の入院日数と合算され、1入院当たりの給付日数制限の適用を受ける。

2．**不適切**。先進医療特約の対象となるのは、療養を受けた時点において厚生労働大臣が承認する先進医療に該当する治療を受けた場合である。

3．**適切**。ガン保険は、一般的に責任開始までに3ヵ月または90日の免責期間を設定しており、その期間中に被保険者がガンと診断確定された場合、保険金・給付金は支払われない。

4．**適切**。所得補償保険では、ケガや病気によって就業不能となった場合、入院中だけでなく医師の指示による自宅療養中も補償の対象となる。

【問題20】　解答2

1．**適切**。調理販売した惣菜が原因で食中毒が発生した場合に備えるには、生産物賠償責任保険（PL保険）を契約する。

2．**不適切**。火災・爆発等の災害による営業の休止または阻害による利益の減少等に備えるためには、店舗休業保険を契約する。火災保険は、火災等による損害そのもの（店舗や営業什器などが焼失したなど）を補償する保険である。

3．**適切**。従業員の業務中の事故によるケガに備えて、労働者災害補償保険（政府労災保険）に上乗せして補償を得るには、労働災害総合保険を契約する。

4．**適切**。設備工事業を営む企業が、従業員がマンションの外壁の工事中に誤って工具を落として通行中の歩行者にケガを負わせた場合に備えるには、請負業者賠償責任保険を契約する。

【問題21】　解答3

1．**適切**。国内総生産（GDP）には、物価変動分を調整せず時価で評価する「名目値」と基準となる年の価格をもとに物価変動分を調整する「実質値」がある。したがって、名目GDPが上昇していても、それ以上に物価が上昇していれば実質GDPは下落することになる。

2．**適切**。景気動向指数において、家計消費支出は、遅行系列に分類される。系列には、先行系列11、一致系列10、遅行系列9の30系列がある。

3．**不適切**。消費者物価指数は、全国の世帯が購入する家計に係る商品やサービスの価格等を総合した物価の変動を時系列的に測定する統計で、総務省が作成・公表している。

4．**適切**。マネーストック統計は、景気、物価の動向やその先行きを判断するための1つの統計として、日本銀行が作成・公表している。一般法人、個人、地方公共団体等が保有する通貨の残高を集計したものである（金融機関や中央政府が保有する預金は対象外）。

【問題22】 解答2

1．**適切**。企業の成長性を重視し、将来の売上高や利益の成長性が市場平均よりも高いと見込まれる銘柄に投資する手法は、グロース投資と呼ばれる。

2．**不適切**。ベンチマークを上回る運用成果を目指す手法は、アクティブ運用と呼ばれる。パッシブ運用はベンチマークと連動する運用成果を目指す手法である。

3．**適切**。経済環境などマクロ的な視点から、国別や業種別などの配分比率を決定し、組み入れる銘柄を選定する手法は、トップダウン・アプローチと呼ばれる。

4．**適切**。株価が現在の資産価値や利益水準などから割安と評価される銘柄に投資する手法は、バリュー投資と呼ばれる。

【問題23】 解答3

1．**不適切**。利率と償還日が同じであれば、信用度が高い（債務不履行リスクが低い）債券のほうが最終利回りは低い。

2．**不適切**。債券を中途換金する場合、売却時の市場金利や発行会社の財務状況等の影響を受けて債券価格も変動しているので、投資元本や額面価格を割り込んでしまうこともあれば、投資元本や額面価格を上回ることもある。

3．**適切**。他の条件が同一であれば、その債券価格は表面金利と市場金利の差で決まるため、表面金利と市場金利の差が大きいほど価格変動の幅は大きくなる。

4．**不適切**。一般に、市場金利が上昇すると債券価格は下落し、市場金利が低下すると債券価格は上昇する。

【問題24】 解答4

表面利率0.5％、発行価格が額面100円当たり99円、償還年限が10年の固定利付債券を購入し、3年間保有して額面100円当たり100円50銭で売却した場合の、所有期間利回りは次のような式で計算する。

$$所有期間利回り（\%）＝\frac{表面利率＋\dfrac{売却価格－買付価格}{所有期間}}{買付価格}×100$$

$$＝\frac{0.5＋\dfrac{100.5－99}{3}}{99}×100＝1.0101……\%≒1.01\%$$

【問題25】 解答4

1．**適切**。同規模・同一業種の銘柄間においては、一般に、PERの低い銘柄が割安と考えられる。

2．**適切**。同規模・同一業種の銘柄間においては、一般に、PBRの低い銘柄が割安と考えられる。

3．**適切**。配当性向は、純利益のうちの配当金として支払った割合で、利益をどれくらい株主に還元しているかを示す指標である。

4．**不適切**。ROEは、企業の自己資本に対する当期純利益の割合を示す指標である。

【問題26】 解答3

1．**適切**。国内の証券取引所に上場している株式の受渡日はその売買の約定日から起算して3営業日目であり、外国株式の場合も同様である。

2．**適切**。外貨預金の預入時に為替先物予約を締結した場合、満期時に生じた利息と為替差益は、源泉分離課税の対象となる。

3．**不適切**。米ドル建て債券ファンド（為替ヘッジなし）を保有しているときに、米ドルに対する円の為替レートが円安に変動することは、当該ファンドの円換算の投資利回りの上昇要因になる。

4．**適切**。豪ドル建て個人年金保険の死亡給付金や年金を円貨で受け取る際に、契約時よりも円高になっていると、死亡給付金額や年金総額が当初の払込保険料相当額を下回ることがある。

【問題27】 解答1

シャープレシオは、リスクからどれだけ効率的に収益をあげられたのかをはかる尺度で、数値が大きいほど無リスク資産のリターンを効率よく上回ったという高い評価になる。

$$シャープレシオ = \frac{収益率 - 無リスク資産の収益率}{標準偏差}$$

で求められる。

$$ファンドAのシャープレシオ = \frac{10-1}{3} = 3.0$$

$$ファンドBのシャープレシオ = \frac{6-1}{2.5} = 2.0$$

したがって、ファンドAのほうがシャープレシオの数値が大きく、効率よく運用されていたと評価できる。

【問題28】 解答2

1．**不適切**。つみたて投資枠のみの利用であれば1,800万円が限度額となるが、成長投資枠については内数として1,200万円が限度額となる。

2．**適切**。成長投資枠を通じて購入した上場株式を売却することにより生じた損失は、一

般口座や特定口座で保有する他の上場株式等の配当金等や売却益と通算することはできない。

3．**不適切**。成長投資枠での金融商品の購入は、一括でも積立でも行うことはできる。

4．**不適切**。つみたて投資枠の対象商品は、長期の積立・分散投資に適した一定の投資信託とETFであり、上場株式は対象外である。

【問題29】 解答2

1．**適切**。銀行に預け入れた決済用預金は、預入金額にかかわらず、その全額が預金保険制度による保護の対象となる。

2．**不適切**。財形貯蓄制度により国内銀行に預けられている預金は、預金保険制度による保護の対象である。その銀行に預けられているその他の保険対象となる預金と合算して、元本1,000万円までとその利息が保護の対象となる。

3．**適切**。証券会社が破たんして、預かり資産の一部または全部が返還されない事態が発生した場合、日本投資者保護基金により、一般顧客1人当たり1,000万円を上限として顧客資産が補償される。

4．**適切**。生命保険会社が破たんした場合、生命保険契約者保護機構により、破たん時点における補償対象契約の責任準備金等の90％（高利率契約を除く）までが補償される。

【問題30】 解答1

1．**不適切**。顧客（特定顧客を除く）が金融商品販売業者等に対して、金融サービス提供法に基づき、重要事項の説明義務違反による損害の賠償を請求する場合、その損害額は元本欠損相当額（元本割れ相当額）である。したがって、当該顧客は業者が説明義務に違反したことを立証しなければならないが、損害額について立証する必要はない。

2．**適切**。金融サービス提供法では、金融商品販売業者等が顧客に金融商品を販売するための勧誘をするときには、原則として、あらかじめ勧誘方針を定めて公表しなければならないとされている。

3．**適切**。事業者が消費者に対して重要事項について事実と異なることを告げ、消費者がその内容を事実と誤認して消費者契約の申込みを行った場合には、消費者は、消費者契約法に基づき、当該申込みを取り消すことができる。

4．**適切**。犯罪収益移転防止法では、顧客等が代理人を通じて所定の取引をする場合、銀行等の特定事業者は、顧客等および代理人双方の本人特定事項の確認を行わなければならないとされている。

【問題31】 解答3

1．**適切**。会社員である給与所得者が会社から受け取った通勤手当（通常の通勤の経路および方法での定期代相当額）は、月額15万円まで非課税とされる。

2．**適切**。雇用保険の失業等給付は非課税所得である。

3．**不適切**。年金受給者が受け取った老齢基礎年金は、公的年金等控除の対象とはなるが、雑所得として課税される。

4．**適切**。交通事故の被害者が受け取った損害賠償金は非課税所得である。

【問題32】　解答2

1．**適切**。預貯金の利子を受け取ったことによる所得は、利子所得であり、一般的に源泉分離課税が適用されている。源泉分離課税では、所得税と住民税を合わせた20.315%の税金が源泉徴収されて課税関係が終了する。

2．**不適切**。賃貸していた土地および建物を売却したことによる所得は、譲渡所得として申告分離課税の対象となる。

3．**適切**。会社員が勤務先から無利息で金銭を借り入れたことによる経済的利益は給与所得である。そのほか、商品・土地・建物等を無償や低価格で譲り受けたり、借り受けたりした場合の経済的利益も給与所得として課税される。

4．**適切**。事業の用に供していた営業車両を売却したことによる所得は総合課税の譲渡所得として課税される。

【問題33】　解答4

損益通算できる所得は、不動産所得、事業所得、山林所得、譲渡所得である。ただし、不動産所得であっても、土地取得のための借入金の利子は損益通算の対象とならないので、Aさんの損益通算できる不動産所得の金額は▲70万円となる。また、損益通算できない雑所得の損失はゼロであるとして計算する。したがってAさんの総所得金額は、次のように計算される。

　不動産所得（▲70万円）＋事業所得（300万円）＋雑所得（0円）＝230万円

【問題34】　解答4

1．**適切**。各年において、医療費控除として控除することができる額の上限は200万円である。

2．**適切**。医療費の補てんとして受け取った保険金は、その補てんの対象となった医療費の金額を限度として、支払った医療費の金額から差し引かれる。医療費控除の計算で差し引かれる保険等とは、健康保険の高額療養費、出産育児一時金、生命保険等の入院給付金等である。

3．**適切**。医療費控除の対象となる医療費の金額は、その年中に支払った金額であり、治療を受けたが未払いとなっている金額は対象とならない。

4．**不適切**。出産費用も医療費控除の対象となる。そのほか、診療費や入院費はもちろん、医薬品の購入費、通院費（交通費）も対象となる。

【問題35】　解答1

1．**適切**。配当控除は、上場株式等の配当金にかかる配当所得について、総合課税を選択し、確定申告をした場合に受けることのできる税額控除である。

2．**不適切**。雑損控除は納税者本人や生計を一にする配偶者および親族が保有する資産について、災害や盗難、横領などによって損害を受けた場合に適用される所得控除である。

3．**不適切**。医療費控除は納税者本人や生計を一にする配偶者および親族が支払った医療

費が一定額を超えていた場合に適用される所得控除である。
4. **不適切**。生命保険料控除は、納税者本人が一般の生命保険料や個人年金保険料、介護医療保険料を支払っている場合に適用される所得控除である。

【問題36】 解答1

1. **不適切**。住宅ローン控除の適用を受けようとする者のその年分の合計所得金額は、2,000万円以下でなければならない。ただし床面積が40㎡以上50㎡未満の場合は、1,000万円以下でなければならない。
2. **適切**。原則として、土地だけを取得した場合には住宅ローン控除の対象とならないが、住宅用家屋とともにその敷地である土地を取得した場合には、その土地の取得に係る借入金額は、住宅ローン控除の対象となる借入金額に含めることができる。
3. **適切**。中古の住宅を取得した場合は、1982年以後に建築されたものであること、もしくは一定の耐震基準に適合するものであれば、住宅ローン控除の適用の対象となる。
4. **適切**。そもそも住宅ローン控除を適用するための条件として、「返済期間10年以上の金融機関等のローンであること」という条件があるため、住宅ローン控除の適用を受けていた者が、住宅ローンの一部繰上げ返済を行い、借入金の償還期間が当初の借入の日から10年未満となった場合には、その年以降住宅ローン控除の適用対象とはならない。

【問題37】 解答3

1. **不適切**。交通反則金などの罰金は損金不算入である。
2. **不適切**。法人住民税は損金不算入である。
3. **適切**。減価償却費として損金経理した金額のうち、償却限度額に達するまでの金額は損金算入できる。
4. **不適切**。延滞金は損金不算入である。

【問題38】 解答2

1. **不適切**。株式や債券などの有価証券の譲渡は非課税取引である。
2. **適切**。建物の譲渡は課税取引とされる。
3. **不適切**。貸付期間1ヵ月以上の住宅の貸付けは非課税取引である。
4. **不適切**。金融取引は非課税取引とされる。

【問題39】 解答3

1. **適切**。会社が役員に対して金銭を無利息で貸付けした場合には、役員に対して本来の利息相当額が給与所得として課税される。
2. **適切**。役員が会社の所有する社宅に無償で居住している場合の賃貸料に相当する金額については、原則として役員に対して給与所得として所得税が課税される。
3. **不適切**。役員の所有する土地を会社が適正な時価よりも低い価額で取得した場合、その譲渡価額が適正な時価の2分の1以上で時価未満であるときは、原則として、実際の譲渡価額により譲渡所得の金額が計算される。

4. **適切**。法人側では時価で譲渡したものとされ、時価と売買価額の差額が役員給与として損金不算入となる。役員側では時価と売買価額との差額は、給与所得として課税される。

【問題40】 解答4

1. **適切**。総資本回転率は、企業活動に投下された資本の運用効率・利用度合いを示すもので、「売上高÷総資本」で求められる。数値が高いほど良好といえる。
2. **適切**。自己資本比率（株主資本比率）は、総資産に対する自己資本（株主資本）の割合を示したものであり「自己資本÷総資本×100（％）」で求められる。一般に、この数値が高いほうが財務の健全性が高いといわれる。
3. **適切**。当座比率は、その企業の短期の負債に対する支払能力を評価するための指標であり、「当座資産÷流動負債×100（％）」で求められる。一般に、この数値は高いほうが望ましいとされる。
4. **不適切**。損益分岐点売上高は「固定費÷限界利益率」で求められる。

【問題41】 解答4

1. **不適切**。地価公示の公示価格は、毎年1月1日を価格判定の基準日としている。
2. **不適切**。都道府県地価調査の基準地の標準価格は、毎年7月1日を価格判定の基準日としている。
3. **不適切**。相続税路線価は、地価公示の公示価格の80％を価格水準の目安として設定されている。
4. **適切**。固定資産税評価額は、原則として3年ごとの基準年度において評価替えが行われ、基準日は1月1日である。

【問題42】 解答1

1. **不適切**。アパートを所有する者が、そのアパートの賃貸を自ら業として行う場合には、宅地建物取引業法の免許は不要である。
2. **適切**。専任媒介契約を締結した宅地建物取引業者は、契約の相手方を探索するため、当該契約の目的物である宅地・建物の情報を契約日から7日以内に指定流通機構に登録しなければならない。
3. **適切**。宅地建物取引士が宅地建物取引業法第35条に規定する重要事項の説明をするときは、説明の相手方に対し、宅地建物取引士証を提示しなければならない。
4. **適切**。宅地建物取引業者が自ら売主となり、宅地建物取引業者でない買主と宅地の売買契約を締結する場合には、売買代金の2割を超える手付けを受領してはならない。

【問題43】 解答3

1. **不適切**。買主が売主に解約手付を交付しているので、相手方が契約の履行に着手するまでは、買主は交付した手付金の放棄、売主は手付金の倍額償還により、契約の解除が可能であるが、本問では、売買代金の一部をすでに支払っているので、契約の履行

着手済となる。したがって、売買代金を返還し手付金を倍額償還しても、契約解除はできない。

2. **不適切**。買主に債務の履行遅滞が生じた場合、売主は、相当の期間を定めて履行の催告を行い、その期間内に履行されなかった場合には、契約を解除することができる。

3. **適切**。未成年者（既婚者を除く）が契約等の法律行為を行う際は、法定代理人の同意を得る必要がある。未成年者が法定代理人の同意を得ずに売買契約を締結した場合、本人および法定代理人は民法の規定に従い当該契約を取り消すことができる。

4. **不適切**。共有名義の不動産の自己持分については、他の共有者の同意がなくても、いつでも自由に処分（第三者への譲渡や売却など）ができる。

【問題44】 解答4

1. **不適切**。普通借家契約では、賃貸人と賃借人の合意により、賃貸借期間を1年未満とした場合は期間の定めのない契約とされる。

2. **不適切**。普通借地権の設定当初の存続期間は、借地権者と借地権設定者との合意があれば、30年を超えて定めることができる。

3. **不適切**。定期借家契約では、借主は貸主の同意を得て、借家に借主自身が付加した畳・エアコンなどを貸主に買い取ってもらうことを請求できる（造作買取請求権）が、この権利は特約で排除することが可能である。

4. **適切**。建物の譲渡により建物譲渡特約付借地権が消滅した場合において、当該建物の使用を継続する賃借人が借地権設定者に対して請求をしたときには、賃借人と借地権設定者との間で期間の定めのない建物の賃貸借がされたものとみなされる。

【問題45】 解答2

1. **不適切**。都市計画区域には、都市計画に区域区分（市街化区域・市街化調整区域）が定められていない区域（非線引き区域）がある。

2. **適切**。市街化区域については用途地域を定め、市街化調整区域については原則として用途地域を定めないものとされている。

3. **不適切**。土地区画整理事業の施行として行う開発行為は、市街化区域・市街化調整区域にかかわらず、開発許可は不要である。

4. **不適切**。開発許可を受けた開発区域内の土地に当該開発許可に係る予定建築物を建築する場合であっても、一定規模を超える新築・増改築・移転等を行うときは、建築基準法上の建築確認が必要である。

【問題46】 解答2

1. **適切**。建築物の敷地が、容積率の制限の異なる2つの地域にわたる場合は、それぞれの容積率を加重平均して求められる容積率が適用される。

2. **不適切**。建築基準法第42条第2項により道路境界線とみなされる線と道路との間の敷地部分（セットバック部分）は、建築物を建築することができず、建蔽率、容積率を算定する際の敷地面積に算入することもできない。

3．**適切**。日影規制（日影による中高層の建築物の高さの制限）は、住居系の用途地域・近隣商業地域・準工業地域が適用対象（地方公共団体の条例で指定された区域）で、原則として商業地域・工業地域・工業専用地域は適用対象外である。

4．**適切**。防火地域に耐火建築物を建築する場合には、建蔽率の制限について10％の緩和措置を受けることができる。

【問題47】 解答 4

1．**適切**。共用部分に対する各区分所有者の共有持分は、規約で別段の定めをしない限り、各共有者が有する専有部分の床面積の割合による。

2．**適切**。区分所有者は、敷地利用権が数人で有する所有権その他の権利である場合、規約に別段の定めがない限り、敷地利用権を専有部分と分離して処分することができない。

3．**適切**。区分所有者以外の専有部分の占有者は、建物またはその敷地もしくは附属施設の使用方法について、区分所有者が規約または集会の決議に基づいて負う義務と同一の義務を負う。

4．**不適切**。区分所有建物の建替え（建物を取り壊し、新たに建築する）は、区分所有者および議決権の各5分の4以上の賛成による集会の決議によらなければならず、規約で別段の定めをすることもできない。

【問題48】 解答 3

1．**適切**。譲渡所得の金額の計算上、貸家を譲渡するために借家人に支払った立退料や建物解体費用、仲介手数料などは、譲渡費用に含まれる。

2．**適切**。譲渡所得の金額の計算上、取得費が不明の場合や実際の取得費が譲渡収入金額の5％以下の場合には、譲渡収入金額の5％相当額を取得費とすることができる（概算取得費）。

3．**不適切**。土地の譲渡に係る所得については、その土地を譲渡した年の1月1日における所有期間が5年以下の場合には短期譲渡所得に区分され、5年を超える場合には長期譲渡所得に区分される。

4．**適切**。相続（限定承認に係るものを除く）により取得した土地を譲渡した場合において、その土地の所有期間を判定する際の取得の日は、原則として被相続人が取得した日とされる。

【問題49】 解答 4

有効活用の手法	土地の所有名義 （有効活用後）	建物の所有名義	本人の建設資金負担の要否
事業受託方式	本人	本人	あり
建設協力金方式	本人	本人	なし（全部または一部）
等価交換方式	本人・デベロッパー	本人・デベロッパー	なし
定期借地権方式	本人	借地人	なし

- 事業受託方式は、デベロッパーが調査・企画から建物の設計・施工、建物の管理・運営を土地所有者から受託する方式である。資金は土地所有者が負担する。
- 建設協力金方式は、土地や建物の名義は土地所有者本人であるが、テナントなどが差し入れた建設協力金を建設費に充当する方式なので、土地所有者の資金負担が軽くなる方式である。
- 等価交換方式は、土地所有者は土地を、デベロッパーはその土地の上に建築する建物の建設費を出資し、各々の出資割合に応じてマンション等の土地建物を所有する方式。土地所有者に資金負担はない。
- 定期借地権方式は、土地を一定期間借地人に賃貸する方式である。

【問題50】 解答4

1. **適切**。NOI利回り（純利回り）は、収益から諸経費を控除して求める利回りで、年間賃料収入から実質費用を差し引いた純収益を投資額で割って算出する。実質費用には、減価償却費や借入金の利息は含めない。不動産投資の収益を評価する上で最も基本となる利回りである。
2. **適切**。IRR法（内部収益率法）による投資判断においては、内部収益率が投資家の期待収益率を上回っている場合、その投資は有利であると判定することができる。
3. **適切**。NPV法（正味現在価値法）による投資判断においては、投資不動産から得られる収益の現在価値の合計額が投資額の現在価値の合計額を上回っている場合、その投資は有効であると判断することができる。
4. **不適切**。投資に対する収益率を借入金の金利が下回っている場合に、レバレッジ効果が働いて自己資金に対する収益率向上の効果が期待できる。

【問題51】 解答1

1. **不適切**。負担付贈与でない贈与で、贈与者が目的物の欠陥や不具合等の存在を知らずに贈与を行った場合には贈与者は受贈者に対して責任は負わない。ただし、受贈者に一定の債務を負担させることを条件にした贈与である負担付贈与の場合には、通常の売買契約と同様に、その負担の限度で贈与者は損害賠償責任を負う。
2. **適切**。口頭での贈与契約の場合、当事者双方は、その履行が終わっていない部分についてはその契約を解除することができる。
3. **適切**。贈与は書面によらないものであっても、当事者の一方が自己の財産を無償で相手方に与える意思を表示し、相手方が受諾することによって、その効力を生ずる。
4. **適切**。負担付贈与では、受贈者がその負担である義務を履行しない場合においては、贈与者が相当の期間を定めてその履行の催告をし、その期間内に履行がないときは、贈与者は、当該贈与契約の解除をすることができる。

【問題52】 解答3

1. **不適切**。死因贈与により取得した財産は、遺贈により取得した財産と同様、相続税の課税対象となる。

2. **不適切**。扶養義務者から受け取った生活費や教育費は原則として贈与税の課税対象とはならない。ただし、これを預金したり投資したりした場合には、贈与税の課税対象になる。

3. **適切**。離婚による財産分与として取得した財産は、その価額が婚姻中の夫婦の協力によって得た財産の額等を考慮して社会通念上相当な範囲内である場合、原則として、贈与税の課税対象とならない。ただし、その額が過大であれば、贈与税の課税対象となる場合もある。

4. **不適切**。個人が法人からの贈与により取得した財産は、贈与税ではなく、所得税の対象となる。

【問題53】 解答2

1. **適切**。暦年課税による贈与税額の計算上、贈与税の税率は、贈与税の課税価格に応じた超過累進税率である。

2. **不適切**。贈与税の配偶者控除の適用を受ける場合、その対象となる財産は居住用不動産または居住用不動産の購入資金に限られる。

3. **適切**。「直系尊属から住宅取得等資金の贈与を受けた場合の贈与税の非課税」には、「直系尊属から結婚・子育て資金の一括贈与を受けた場合の贈与税の非課税」との併用を禁じる条件はないので、適用を併用して受けられる。

4. **適切**。相続時精算課税を選択した場合、特定贈与者ごとの贈与税の特別控除額は、2,500万円である。別途、年110万円の基礎控除がある。

【問題54】 解答4

1. **適切**。相続開始時に胎児であった者は、すでに生まれたものとみなされ、相続権が認められる。

2. **適切**。父母の一方のみを同じくする兄弟姉妹の相続分は、父母の双方を同じくする兄弟姉妹の相続分の2分の1となる。

3. **適切**。欠格や廃除によって相続権を失った場合、その者に直系卑属がいれば、その直系卑属が代襲相続人となる。

4. **不適切**。相続の放棄をした場合には、初めから相続人でなかったものとみなされるので、その子が代襲相続することはない。

【問題55】 解答3

1. **適切**。自筆証書によって遺言をするには、原則、遺言者による全文、日付、氏名の自書および押印が必要であるが、「財産目録」についてはワープロやパソコンでの作成が認められている。

2. **適切**。公正証書による遺言は、証人2人以上の立会いが必要であり、推定相続人はその証人になることができない。本人が口述し、公証人が筆記する。

3. **不適切**。遺言による遺産分割方法の指定や遺贈により相続人の遺留分が侵害されても、その遺言は有効である。

4. **適切**。遺言者はいつでも遺言の方式に従って、遺言の全部または一部を撤回することができる。複数の遺言の内容が抵触する場合には、先に作成された遺言の抵触する部分だけが撤回され、抵触していない部分は有効となる。

【問題56】 解答3

1. **適切**。被相続人がその相続開始時に有していた事業上の売掛金は、相続税の課税対象となる。
2. **適切**。2024年に相続により財産を取得した者が、相続開始前3年以内に当該相続の被相続人から贈与により取得した財産は、相続税の課税対象となる。
3. **不適切**。被相続人の孫は相続または遺贈により財産を取得していないので、その相続開始前3年以内(持ち戻し期間は順次7年に拡大される)に被相続人から暦年課税による贈与により取得した財産は、相続税の課税対象とならない。
4. **適切**。相続の放棄をした者が、契約者(=保険料負担者)および被保険者を被相続人とする生命保険契約に基づいて受け取った死亡保険金も、みなし相続財産として相続税の課税対象となる。ただし、相続放棄をした者は、死亡保険金の相続税の非課税財産の適用を受けることはできない。

【問題57】 解答2

1. **不適切**。宅地の評価方法には、路線価方式と倍率方式とがあり、路線価は路線価図によって、倍率は評価倍率表によって公表されている。
2. **適切**。宅地の価額は、その宅地が登記上は2筆の宅地であっても、一体として利用している場合は、その2筆の宅地全体を一画地として評価する。
3. **不適切**。土地所有者が、所有する宅地を青空駐車場として賃貸している場合、土地利用を目的とした賃貸借ではなく自動車を保管する契約とみなされるため、借地権等は発生しない。自用地として評価される。
4. **不適切**。貸家建付借地権の価額は、「自用地評価額×借地権割合×(1-借家権割合×賃貸割合)」の算式により計算した金額により評価する。

【問題58】 解答3

被相続人等の居住の用に供されていた宅地等を配偶者が相続する場合には、「小規模宅地等の課税価格の計算の特例」が適用でき、限度面積は330㎡、減額割合は80%の評価減となる。したがって、

$$60,000千円 - 60,000千円 \times \frac{330㎡}{400㎡} \times 80\% = 20,400千円 \quad となる。$$

【問題59】 解答2

1. **適切**。財産の大半が不動産である場合、不動産の一部を売却し、分割しやすく納税資金にできる現金にしておくことは、遺産分割対策として有効な方法の1つである。
2. **不適切**。遺言による相続分の指定がない場合、相続人同士で協議して合意が得られれば、法定相続分に従って遺産の分割をしなくてもよい。

3. **適切**。換価分割において、共同相続人が相続によって取得した財産(不動産等)の全部または一部を換価し、その換価代金を分割した場合、各相続人が取得した換価代金には所得税が課される場合がある。

4. **適切**。代償分割により特定の財産(遺産)を取得した相続人から他の相続人に交付された代償財産が不動産や株式の場合、不動産や株式を時価で譲渡したものとみなされ、交付した人に対する所得税の課税対象となる。

【問題60】 解答3

1. **適切**。オーナー経営者に退職慰労金を支給すれば、会社の資産が減って自社株式の評価を引き下げる効果が期待できることに加え、相続時における納税資金の確保にもつながる。

2. **適切**。逓増定期保険は将来の保険料を早いうちに支払うため、保険期間の途中で解約した場合にはまとまった金額の解約返戻金が発生するので、オーナー経営者が加入する(契約者および死亡保険金受取人を法人、被保険者をオーナー経営者とする)ことにより、勇退時の退職慰労金の原資を準備することができる。

3. **不適切**。納付すべき相続税額について、金銭一括納付が困難な場合には、相続税の全部または一部を分割して納付する延納が認められているが、相続税額が10万円を超えなければ延納することはできない。

4. **適切**。納付すべき相続税額について、延納によっても金銭で納付することを困難とする事由がある場合には物納が認められている。物納に充てることができる財産の種類には申請順位があり、第1順位には国債、地方債、不動産、上場株式などがある。

実技試験（個人資産相談業務）　解答・解説

《問1》 解答　①860,809（円）　②448（円）　③される

1．Aさんの受け取る老齢厚生年金の報酬比例部分の額は、資料より、

2003年3月以前の期間分＋2003年4月以後の期間分

$$= 26万円 \times \frac{7.125}{1,000} \times 192月 + 36万円 \times \frac{5.481}{1,000} \times 256月$$

$$= 860,809円（円未満四捨五入）$$

2．経過的加算額は、資料より、

1,701円×被保険者期間の月数－816,000円

$$\times \frac{1961年4月以後で20歳以上60歳未満の厚生年金保険の被保険者期間の月数}{480}$$

$$= 1,701円 \times 448月 - 816,000円 \times \frac{448月}{480月}$$

$$= 448円（円未満四捨五入）$$

3．基本年金額は、1、2より

860,809円＋448円＝861,257円

4．Aさんの場合、厚生年金の被保険者期間が20年以上あり、65歳到達時点で生計維持関係にある妻Bさんは65歳未満、かつ、妻Bさんはその時点で老齢厚生年金を受給していないので、加給年金額は加算される。

5．老齢厚生年金の年金額は、2、3、4より

860,809円＋448円＋408,100円＝1,269,357円

《問2》 解答　①ハ　②ホ　③リ

・退職後の公的医療保険の選択肢には、「家族が被保険者となっている健康保険の被扶養者となる」「退職時に加入している健康保険の任意継続被保険者となる」「国民健康保険の被保険者となる」の3つがある。

・健康保険の被扶養者の条件など

> ・被保険者に扶養されていること
> ・年収130万円（60歳以上・障害者は180万円）未満かつ、被保険者の年収の2分の1未満であること
> ・保険料の負担はない

・任意継続被保険者の条件など

> ・継続した被保険者期間が2ヵ月以上
> ・退職日の翌日から20日以内に手続きをする
> ・保険料は全額自己負担
> ・加入できるのは最長2年

《問3》 解答 ①13,255,200（円） ②1,399,749（円）

1．10年後の元利合計額を求めるには、終価係数を用いる。
　　1,200万円×1.1046＝13,255,200円
2．10年間にわたる毎年の取崩し金額を求めるには、資本回収係数を用いる。
　　13,255,200円×0.1056＝1,399,749.12　≒1,399,749円（円未満四捨五入）

《問4》 解答 ①× ②× ③○

① **不適切**。東京証券取引所では、2022年4月から、従前の「市場第一部」「市場第二部」「マザーズ」「ジャスダック」の4つの市場区分が変更され、「プライム」「スタンダード」「グロース」の3市場に再編された。「プレミア」「メイン」「ネクスト」の3市場に再編されたのは、名古屋証券取引所である。
② **不適切**。取引所における株式の売買注文では、価格優先および時間優先の原則にしたがって処理されるが、指値注文よりも成行注文が優先される。
③ **適切**。上場株式の受渡日は約定日から起算して3営業日目なので、X社株式の次回の配当を受け取るためには、権利確定日の2営業日前である2024年9月26日（木）までに買付けを行い、権利確定日に株主として株主名簿に記載される必要がある。

《問5》 解答 ①3.05（倍） ②3.31（倍）

① X社株式のPER
　　・X社の1株当たり当期純利益は、11,000百万円/2,100万株＝523.809…≒523.81
　　・株価は1,600円なので、PER：1,600円÷523.81円＝3.054…≒3.05倍
② Y社株式のPBR
　　・Y社の1株当たり純資産は、29,000百万円/8,000万株＝362.5円
　　・株価は1,200円なので、PBR：1,200円÷362.5円＝3.310…≒3.31倍

《問6》 解答 ①× ②○ ③○

① **不適切**。自己資本比率とは、総資本に対する自己資本（純資産）の割合をいい、純資産（＝自己資本）を、総資本（＝負債と資本の合計＝資産合計）で割って求める。
　　X社の自己資本比率：43,000百万円/73,000百万円×100（％）＝58.904…（％）
　　Y社の自己資本比率：29,000百万円/54,000百万円×100（％）＝53.703…（％）
　　X社のほうが自己資本比率が高いので、設例は不適切である。
② **適切**。配当性向は、「配当金総額/当期純利益×100（％）」で求められる。
　　X社の配当性向：3,200百万円/11,000百万円×100＝29.090…％
　　Y社の配当性向：420百万円/2,300百万円×100＝18.260…％
　　であるので、X社のほうが配当性向が高い。
③ **適切**。株式投資において、PERやPBR等が低い銘柄などの、企業の業績や財務内容等からみて株価が割安と判断される銘柄に投資する方法は一般にバリュー投資と呼ばれる。一方、成長性が見込める銘柄へ投資する方法はグロース投資と呼ばれる。

《問7》 解答 ①800（万円） ②70（万円） ③39（年） ④435（万円）
- 退職所得控除額は、「800万円＋70万円×（勤続年数−20年）」で求める。
- 退職所得控除額を求めるとき、勤続年数の端数は切り上げる。
- 退職所得は、「（収入金額−退職所得控除額）×1/2」で計算する。

〈計算手順〉
1. 退職所得控除額
   800万円＋70万円×（39年−20年）＝2,130万円
2. 退職所得の金額
   （3,000万円−2,130万円）×1/2＝435万円

《問8》 解答 ①× ②× ③○
① **不適切**。Aさんの2024年分の所得税の計算において、賃貸アパートの経営による不動産所得に係る損失の金額75万円には、土地等を取得するために要した負債の利子の額に相当する部分の金額15万円が含まれている。「土地等を取得するために要した負債の利子」は損益通算の対象外となるので、損益通算の対象となる損失の金額は60万円である。
② **不適切**。Aさんは父Dさんについて扶養控除の適用を受けることができる。父Dさんの合計所得金額は48万円以下で、70歳以上の同居老親なので、その扶養控除額は58万円である。
③ **適切**。妻Bさんが負担すべき国民年金の保険料を長男Cさんが支払った場合、その保険料は長男Cさんの所得の金額の計算上、社会保険料控除の対象とすることができる。社会保険料控除は、生計を一にする配偶者やその他の親族が払った健康保険料や厚生年金保険料、国民年金保険料などが対象となる。

《問9》 解答 ①ロ ②ヘ ③ホ
- 退職所得は分離課税の対象となる。
- 「退職所得の受給に関する申告書」を退職金の支払いを受けるときまでに提出していると、勤続年数に応じた税額が計算され、源泉徴収されて課税関係が終了する。
- Aさんの合計所得金額は202万円（給与所得）＋435万円（退職所得）−60万円（不動産所得・負債の利子含まず）＝577万円 と、1,000万円以下。
  また、パートタイマーである妻Bさんの所得は
  給与収入（60万円）−給与所得控除（55万円）＝5万円＜48万円
  したがってAさんは配偶者控除を受けることができる。
- 父Dさんの所得は、公的年金等収入が120万円なので、公的年金等控除が適用され、
  公的年金等収入120万円−公的年金等控除（65歳以上：110万円）＝10万円＜48万円
  さらに、84歳（70歳以上）でAさんと生計を一にしているので、老人扶養親族として扶養控除が受けられる。

《問10》 解答 ①ロ ②チ ③ホ

　ⅰ）・防火地域内においては、原則として、地階を含む階数が3以上または延べ面積が100㎡を超える建築物は耐火建築物としなければならない。

　　　・準防火地域内においては、原則として、地階を除く階数が4以上または延べ面積が1,500㎡を超える建築物は耐火建築物としなければならないとされている。

　ⅱ）最大延べ面積は、「敷地面積×容積率」で求められるが、容積率は建物の前の道路（前面道路）の幅員によって制限を受け、前面道路が2つ以上ある場合は、最も幅の広いものが採用される。指定容積率と、前面道路の幅員による容積率の制限に基づいて計算されたもののうち、小さいほうが容積率とされる。

　　　設例の場合は、前面道路の幅員による容積率：6×6/10＝360％＞300％（指定容積率）したがって、最大延べ面積は、300㎡×300％＝900㎡

《問11》 解答 ①× ②〇 ③×

① **不適切**。賃貸物件の譲渡において、入居者（賃借人）の同意は不要である。ただし、普通借家契約では賃借権の登記をしていなくても、借主が既に入居している場合、貸主が変わっても引き続き借主として入居（建物の賃借権を対抗）することができる。

② **適切**。賃貸人からの普通借家契約の更新拒絶は、正当な事由（建物使用を必要とする事情・立退き料等）があると認められる場合でなければすることができない。

③ **不適切**。Aさんが、建て替えた賃貸アパートの貸借の媒介を宅地建物取引業者に委託する場合、その媒介に関して支払う報酬額の上限は、借主・貸主分を合わせて、賃料の1ヵ月分に相当する額＋消費税となる。

《問12》 解答 ①4,000,000（円） ②10,000,000（円）
　　　　　　　③66,000,000（円） ④13,407,900（円）

1. 不動産の取得費が不明の場合には、総収入の5％を取得費（概算取得費）とすることが認められている。したがって、8,000万円×5％＝400万円　となる。

2. 譲渡費用は、立退き料や建物の取壊し費用、売買媒介手数料などの合計額であるから、300万円+500万円+200万円＝1,000万円

3. 譲渡益は、譲渡価額－取得費－譲渡費用で求められるので、8,000万円－400万円－1,000万円＝6,600万円

4. 対象となる土地は、12年前に相続したものなので、長期譲渡所得にあたる。したがって、税率は、所得税、復興特別所得税および住民税を合わせて20.315％なので、6,600万円×20.315％＝13,407,900円　となる。

《問13》 解答 ①ロ ②ニ ③チ

・協議分割について全員の合意が得られない場合には、家庭裁判所に申し立てて、調停・審判による遺産分割を行う。

・相続放棄を行う場合には、自己のために相続の開始があったことを知ったときから原則として3ヵ月以内に家庭裁判所に申し立てる。

・相続放棄をした場合には、はじめから相続人でなかったものとみなされるので、代襲
相続は発生しない。

《問14》 解答　①×　②○　③×

①　**不適切**。妻Bさんが相続によりAさんの財産を取得した場合、「贈与税の配偶者控除」
の適用を受けて取得した自宅の敷地および建物については、相続財産の加算対象か
ら外れる。

②　**適切**。結婚・子育て資金の非課税特例では、資金管理契約の締結日から終了日まで
に贈与者が死亡した場合、その時点の残額が相続税の課税価格に加算される。2021
年4月以後の孫への贈与の場合は、その残額を孫が相続によって得たとみなされ、
相続税額の2割加算も適用される。

③　**不適切**。長女EさんがAさんから贈与を受けた住宅取得資金については、相続財産の
加算対象から外れる。

《問15》 解答　①5,400（万円）　②3,100（万円）
**　　　　　　③600（万円）　　④4,900（万円）**

・相続税の総額は、課税遺産総額をそれぞれ法定相続分に分割し、分割後の金額に応じ
た税率で算出したものを合計して求める。相続税の総額を求める際は、法定相続人の
中に相続放棄をした者がいても、「相続放棄はなかったもの」として計算する。

・相続税の基礎控除額は、「3,000万円＋600万円×法定相続人の数」で求める。設例の法
定相続人は、妻Bさん、長男Cさん、二男Dさん、長女Eさんの4人である。したがって、
相続税の基礎控除額：3,000万円＋600万円×4人＝5,400万円　となる。

・課税遺産総額は、問題文より2億4,000万円であり、妻Bさんの法定相続分は1/2、長男
Cさん・二男Dさん・長女Eさんの法定相続分は1/6（1/2×1/3）となる。

妻Bさんの法定相続分の相続税：
2億4,000万円×1/2×40％－1,700万円＝3,100万円
長男Cさんの法定相続分の相続税
2億4,000万円×1/6×20％－200万円＝600万円
二男Dさんの法定相続分の相続税：
2億4,000万円×1/6×20％－200万円＝600万円
長女Eさんの法定相続分の相続税：
2億4,000万円×1/6×20％－200万円＝600万円

したがって、
相続税の総額＝3,100万円＋600万円＋600万円＋600万円＝4,900万円　となる。

実技試験（生保顧客資産相談業務）　解答・解説

《問1》　解答　①758,200（円）　②1ヵ月　③361,934（円）

- Aさんは1976年6月13日生まれなので、特別支給の老齢厚生年金は受給できない。
- 65歳以上の老齢厚生年金は、老齢基礎年金の受給要件を満たし、1ヵ月以上の厚生年金加入期間がある人が受給できる。
- Aさんは、厚生年金の加入期間が192月（16年）で20年に満たないので、加給年金は受給できない。

①〈資料〉の老齢基礎年金の式より、

$$816,000円 \times \frac{446月}{480月} = 758,200円$$

③〈資料〉の老齢厚生年金の計算式より、

ⅰ）報酬比例部分の額（円未満四捨五入）＝ⓐ＋ⓑ

　ⓐ2003年3月以前の期間分

$$250,000円 \times \frac{7.125}{1,000} \times 48月 = 85,500円$$

　ⓑ2003年4月以後の期間分

$$350,000円 \times \frac{5.481}{1,000} \times 144月 = 276,242円（円未満四捨五入）$$

ⅱ）経過的加算額（円未満四捨五入）＝ $1,701円 \times 192月 - 816,000円 \times \frac{192月}{480月} = 192円$

　　ⅰ）＋ⅱ）＝85,500円＋276,242円＋192円＝361,934円

《問2》　解答　①ホ　②リ　③ル　④ヘ

ⅰ）確定拠出年金

- 個人型確定拠出年金を自営業者等が利用する場合の拠出限度額は月額68,000円である。

ⅱ）国民年金基金

- 国民年金基金の終身年金のA型・B型は65歳から支給開始となる。確定年金のⅠ型・Ⅱ型は65歳から、Ⅲ型・Ⅳ型・Ⅴ型は60歳から支給開始である。
- 国民年金基金加入者は付加保険料を払うことはできない。

ⅲ）小規模企業共済制度

- 小規模企業共済制度に加入できるのは、常時使用する従業員が20人（商業・サービス業では5人）以下の個人事業主または会社等の役員である。
- 毎月の掛金は1,000円～70,000円で、全額が小規模企業共済等掛金控除の対象となる。
- 給付は、一時金として受け取る場合は退職所得扱い、年金形式で受け取る場合は公的年金等控除の対象となる。

《問3》 解答 ①〇 ②× ③×

① **適切**。Aさんは老齢基礎年金の受給資格はあるが、20歳から22歳までの34ヵ月の国民年金の保険料未納期間があり老齢基礎年金を満額受給できないので、60歳以上65歳未満の間に、国民年金に任意加入して国民年金の保険料を納付することにより、65歳からの老齢基礎年金の年金額を増額させることができる。

② **不適切**。妻Bさんが国民年金の第3号被保険者であった期間は老齢基礎年金の年金額に反映される。合算対象期間とは、任意加入できたのに加入しなかった期間などで、年金額の計算には反映されないが、老齢基礎年金の受給資格期間には反映される期間をいう。

③ **不適切**。振替加算は、老齢厚生年金の加給年金額の対象になっていた配偶者の老齢基礎年金に上乗せされるものである。Aさんは厚生年金の加入期間が20年未満で老齢厚生年金に加給年金額は加算されないので、妻Bさんの老齢基礎年金には振替加算額は加算されない。

《問4》 解答 ①〇 ②× ③×

① **適切**。遺族基礎年金を受給できるのは、死亡した被保険者によって生計を維持されていた「子のある配偶者」または「子」である。「子」は、18歳到達年度の末日まで(障害等級1級または2級の場合は20歳未満)にあり、現に婚姻していない子を指す。遺族基礎年金の額は816,000円で、子の加算が2人目まで1人につき234,800円、3人目以降78,300円(2024年度価額)がある。したがって、設例の場合は、
816,000円＋234,800円＝1,050,800円　を受給することになる。

② **不適切**。現時点においてAさんが死亡した場合、妻Bさんは遺族厚生年金を受給できるが、遺族厚生年金の額は、Aさんの厚生年金保険の被保険者記録を基礎として計算した老齢厚生年金の報酬比例部分の金額の4分の3相当額となる。

③ **不適切**。長男Cさんが18歳到達年度の末日を終了し妻Bさんの有する遺族基礎年金の受給権が消滅したときは、妻Bさんが65歳に達するまでの間、妻Bさんに支給される遺族厚生年金の額に中高齢寡婦加算が加算される。

《問5》 解答 ①〇 ②× ③〇

① **適切**。保険金が年金形式で支給される収入保障特約の保険金は生活費の補てんなどに向いている。収入保障保険(特約)は受取保険金総額が逓減していくので、保険料が割安に設計されている。

② **不適切**。特定疾病保障定期保険特約は、ガン・急性心筋梗塞・脳卒中にかかり、また一定期間所定の状態が続いた場合に、特定疾病保険金が支払われる保険だが、特定疾病保険金を受け取った時点で保険は終了する。特定疾病保険金を受け取ることなく死亡した場合には、死亡保険金が支払われる。

③ **適切**。先進医療の治療を受けた場合、通常の治療と共通する診察料、投薬料などは公的医療保険が適用されるが、先進医療の技術料は全額自己負担となる。先進医療特約の給付対象は、療養を受けた時点において厚生労働大臣が承認する先進医療に

該当する治療である。

《問6》 解答　①ハ　②イ　③ヘ　④リ

・2012年1月1日以降に締結した保険契約の控除額の上限は、所得税40,000円、住民税28,000円である。

・年金受給権のように、ある期間定期的に金銭その他の給付を受ける受給権は、相続税法の「定期金に関する権利の評価」により評価（解約返戻金や一時金、予定利率等を基に算出した金額）され、相続税の課税対象となる。また、収入保障保険や収入保障特約による遺族の年金受給権は、相続税評価額を計算する際に、相続税に係る死亡保険金の非課税金額（500万円×法定相続人の数）を適用することができる。

・収入保障特約から毎年受け取る年金は、雑所得として所得税・住民税の課税対象になる。年金に係る雑所得の計算は、課税部分と非課税部分に振り分けた上で計算する。

《問7》 解答　①33（年）　②1,710（万円）　③1,645（万円）

〈退職所得控除額〉

退職所得控除額を計算する際、勤続年数の年未満の端数は切り上げる。本問の場合、32年1ヵ月なので「33年」となる。

800万円＋70万円×（33年−20年）＝1,710万円

〈退職所得の金額〉

（5,000万円−1,710万円）×1/2＝1,645万円

《問8》 解答　①×　②○　③○　④○

① **不適切**。当該生命保険は、低解約返戻金型ではない終身保険に比べて、保険料払込期間中の解約返戻金の額が低く設定されているため、割安な保険料となっている。保険料の払込みが満了となれば、解約返戻金は低解約返戻金型ではない保険と同等の金額に回復するため、解約して解約返戻金を活かす活用法も考えられる。

② **適切**。当該生命保険の死亡保険金受取人は法人のため、支払保険料は、その全額を資産に計上する。保険料払込期間満了時に被保険者が死亡した場合、それまで計上していた保険料積立金を取り崩し、死亡保険金との差額を雑収入（または雑損失）として計上する。

③ **適切**。契約者貸付制度を利用すれば、当該生命保険契約を解約することなく、資金調達ができる。契約者貸付金を受け取った際は、借入金として負債に計上する。

④ **適切**。法人契約で役員にかけた終身保険は、勇退時に役員の個人名義にすることで、退職金の一部または全部として支給することができる。役員は、個人名義になった後、解約して現金化することもできるし、そのまま個人の保障として継続し、相続時に死亡保険金の非課税枠を使った相続税の軽減や、相続人の納税資金の確保に活用することもできる。

《問9》 解答 ①〇 ②〇 ③×
① **適切**。当該医療保険は、解約返戻金はないと考えられ、保険期間＝保険料払込期間となる全期型の保険である。したがって、支払保険料は全額を損金算入できる。
② **適切**。法人が受け取った入院給付金や手術給付金は、見舞金の原資として活用可能である。なお、会社役員に支払った入院見舞金は社会通念上相当額であれば、福利厚生費として損金算入できる。
③ **不適切**。受取人が法人である医療保険の手術給付金は、その全額を益金（雑収入）に算入する。個人が受け取る手術給付金は非課税だが、法人税法では非課税ではない。

《問10》 解答 ①リ ②ニ ③ハ ④イ
・青色申告制度は、納税者が一定の帳簿を備え付けて正規の簿記の原則に従って記帳している場合に、税制上有利な取り扱いを認める制度である。
・事業所得または不動産所得に係る取引を正規の簿記の原則に従って記帳し、その記帳に基づいて作成した貸借対照表、損益計算書その他の計算明細書を添付した確定申告書を法定申告期限内に提出した場合、最高55万円の青色申告特別控除が受けられる。さらに電子申告もしくは電子帳簿等保存を行っている場合は最高65万円となる。それ以外の場合は10万円となる。また、帳簿書類は、７年間の保管が義務付けられている。
・青色申告の特典として、青色申告特別控除（最高65万円または10万円）、青色事業専従者給与の必要経費算入、純損失の３年間の繰越控除、純損失の繰戻還付などがある。

《問11》 解答 ①〇 ②× ③×
① **適切**。Aさんが受け取った一時払変額個人年金保険と一時払終身保険の解約返戻金は、一時所得の収入金額として総合課税の対象となる。
② **不適切**。長男Cさんは特定扶養親族に該当するので長男Cさんに係る扶養控除の額は63万円であるが、二男Dさんは16歳未満なので扶養控除の対象とならない。
③ **不適切**。妻Bさんは、青色事業専従者なので、給与収入の多寡にかかわらず、控除対象配偶者とはならない。

《問12》 解答 ①12,350,000（円） ②630,000（円） ③1,549,500（円）
① Aさんの一時所得の金額は、収入（1,150万円＋970万円）－必要経費（1,000万円＋1,000万円）－特別控除（50万円）＝70万円 である。総所得金額に算入されるのは一時所得の金額の２分の１の額なので、
総所得金額は、1,200万円（事業所得）＋70万円×1/2＝12,350,000円
② Aさんの受けられる扶養控除は、長男Cさんを対象とした特定扶養控除なので、63万円である。
③ 課税総所得金額は、1,235万円－300万円＝935万円
速算表より、算出税額は、9,350,000円×33％－1,536,000円＝1,549,500円

	事業所得の金額	12,000,000円
	一時所得の金額	700,000円
(a)総所得金額		12,350,000円
	社会保険料控除	□□□円
	生命保険料控除	□□□円
	扶養控除	630,000円
	基礎控除	480,000円
(b)所得控除の額の合計額		3,000,000円
(c)課税総所得金額((a)−(b))		9,350,000円
(d)算出税額((c)に対する所得税額)		1,549,500円

《問13》 解答 ①ロ ②ヘ ③チ ④ル

ⅰ)「小規模宅地等についての相続税の課税価格の計算の特例」とは、被相続人が居住用や事業用に使用していた土地を相続した場合に、その一定範囲まで評価額が減額される制度である。配偶者が被相続人が居住していた自宅の敷地を相続した場合には、「特定居住用宅地等」として、330㎡まで80%相当額が減額される。

ⅱ)死亡保険金には非課税限度額があり、「500万円×法定相続人の数」の金額までは非課税となる。法定相続人は、妻Bさん、長男Cさん、二男Dさん、孫Hさん（長女Eさんの代襲相続人）の4人なので、死亡保険金の非課税限度額は、

500万円×4人＝2,000万円　である。

したがって、妻Bさんが受け取った死亡保険金のうち、相続税の課税価格に算入されるのは、

3,000万円−2,000万円＝1,000万円　となる。

ⅲ)非上場株式は、誰が保有者となるかや、会社の規模等によって、評価方式が異なる。類似業種比準価額は、類似業種の株価ならびに1株当たりの配当金額、1株当たりの利益金額、1株当たりの純資産価額の3つの比準要素をもとに計算される。

《問14》 解答 ①× ②× ③×

① **不適切**。準確定申告書の提出期限は、相続開始のあったことを知った日の翌日から4ヵ月以内である。

② **不適切**。配偶者・1親等の相続人以外の者が取得した相続財産に対する相続税は2割が加算されるが、代襲相続人である孫が取得した場合には2割加算の対象とならない。

③ **不適切**。相続税の申告期限までに遺産分割協議が調わなかった場合、「配偶者に対する相続税額の軽減」「小規模宅地等についての相続税の課税価格の計算の特例」の適用は受けられないが、絶対に受けられなくなるわけではない。相続税の申告の際に「申告期限後3年以内の分割見込書」を提出し、申告期限後3年以内に遺産分割協議が成立すれば、「配偶者に対する相続税額の軽減」「小規模宅地等についての相続税の課税価格の計算の特例」の適用を受けることが可能になり、分割が行われた日の翌日から4ヵ月以内に更生の請求を行うことができる。

《問15》　解答　①7,900（万円）　②5,400（万円）　③5,048（万円）
- 死亡退職金と死亡保険金は、いずれも「500万円×法定相続人の数」が非課税となる。
  したがって本問の場合は、妻Bさん、長男Cさん、二男D、孫Hさんの4人が法定相続
  人なので500万円×4人＝2,000万円が非課税となる。
  よって、
  妻Bさんの課税価格：
  2,000万円＋（3,000万円－2,000万円）＋1,000万円＋900万円＋（5,000万円－2,000万円）
  ＝7,900万円
  長男Cさんの課税価格：
  5,000万円＋10,000万円＝15,000万円
  二男Dさんの課税価格：5,000万円
  孫Hさんの課税価格：2,000万円
  よって相続税の課税価格の合計は、
  7,900万円＋15,000万円＋5,000万円＋2,000万円＝29,900万円
- 相続税の基礎控除額は、「3,000万円＋600万円×法定相続人の数」で求める。設例の法
  定相続人は、妻Bさん、長男Cさん、二男Dさん、孫Hさんの4人である。したがって、
  相続税の基礎控除額：3,000万円＋600万円×4人＝5,400万円　となる。
- 相続税の総額は、課税遺産総額をそれぞれ法定相続分に分割し、分割後の金額に応じ
  た税率で算出したものを合計して求める。
- 相続税の課税価格の合計額が29,900万円なので、基礎控除の5,400万円を控除すると、
  課税遺産総額は、2億4,500万円であり、妻Bさんの法定相続分は1/2、長男Cさん・二
  男Dさん・孫Hさんの法定相続分は1/6（1/2×1/3）となる。
  妻Bさんの法定相続分の相続税：
  2億4,500万円×1/2×40%－1,700万円＝3,200万円
  長男Cさんの法定相続分の相続税：
  2億4,500万円×1/6×20%－200万円＝616.666…万円　∴616万円
  二男Dさんの法定相続分の相続税：
  2億4,500万円×1/6×20%－200万円＝616.666…万円　∴616万円
  孫Hさんの法定相続分の相続税：
  2億4,500万円×1/6×20%－200万円＝616.666…万円　∴616万円
  したがって、相続税の総額＝3,200万円＋（616万円×3人）＝5,048万円　となる。

実技試験（資産設計提案業務） 解答・解説

問1 解答 （イ）

順番は、下記のようになる。

（エ）→（ウ）→（イ）→（ア）→（オ）→（カ）

問2 解答 （ア）○ （イ）× （ウ）○ （エ）○

- （ア）**適切**。生命保険募集人の登録をしていないFPでも、一般的な保険商品の仕組みについて説明することは可能である。ただし、保険の募集を行うことはできない。
- （イ）**不適切**。宅地・建物の賃貸借の仲介・代理は、宅地建物取引業として、国土交通大臣または都道府県知事の免許が必要である。したがって、宅地建物取引業の免許を受けていないFPは、業務として賃貸の媒介を行って、仲介手数料を受け取ることはできない。
- （ウ）**適切**。税理士資格を有していないFPでも、相続税・贈与税についての一般的な説明をするだけならば、有償でも税理士法に抵触しない。
- （エ）**適切**。社会保険労務士資格を有していないFPでも、顧客の公的年金の受給見込み額を計算することは可能である。ただし、公的年金の請求手続き等の代行等は、社会保険労務士や弁護士の資格が必要である。

問3 解答 1

- （ア）PBRは株価を1株当たり純資産で割って求める。PBRが低いほど割安であると考えられ、1倍に近づくほど、株価は大底に近づいたと考えられる。それぞれのPBRは下記のようになる。

  SA社：2,500円÷1,500円≒1.67（倍）

  SB社：3,300円÷2,100円≒1.57（倍）

  したがって、SA社のほうがPBRが高いので、SA社のほうが割高といえる。
- （イ）配当利回りは、「1株当たりの年間配当金÷株価×100（％）」で求める。

  SA社：45円÷2,500円×100＝1.8％

  SB社：50円÷3,300円×100≒1.5％

  したがって、SA社のほうが配当利回りが高いといえる。

問4 解答 （ア）2 （イ）5 （ウ）8

- 対象となる金融商品は、手数料が低水準、頻繁に分配金が支払われないなど、一定の基準を満たした株式投資信託、ETF（上場株式投資信託）のみである。
- 毎年新規に積立ができる金額は120万円で、非課税保有限度額（1,800万円）になるまで積立をすることができる。ただし、成長投資枠を併用する場合は、合計で1,800万円となる。
- 新NISA口座は、1人1口座で、1年単位で金融機関の変更ができる。ただし、つみ

31

たて投資枠と成長投資枠を別々の金融機関で利用することはできない。

問5　解答　3

・PERは、株価を1株当たり純利益で割って求める。A社、B社のPERを求めると、
　A社：3,200円÷180円≒17.8(倍)
　B社：15,600円÷800円≒19.5(倍)
　PERが低いほど株価は割安なので、A社株式のほうが割安である。
・配当利回りは、「1株当たり年間配当金÷株価×100(%)」で求める。
　A社、B社の配当利回りを求めると
　A社：100円÷3,200円×100≒3.125%
　B社：200円÷15,600円×100≒1.282%
　したがって、A社株式のほうが配当利回りが高い。

問6　解答　1.138(%)

最終利回りは、下記の式で求める。

$$最終利回り(\%) = \frac{表面利率 + \dfrac{額面(100円) - 買付価格}{残存年数}}{買付価格} \times 100$$

したがって、

$$\frac{1.4 + \dfrac{100.00 - 101.00}{4}}{101.00} \times 100 = 1.1386\cdots ≒ 1.138\%　（小数点以下第4位切捨て）$$

問7　解答　(ア)○　(イ)×　(ウ)×　(エ)○

(ア)**適切**。不動産広告における「△△線○○駅まで徒歩○分」といったような徒歩所要時間は、1分あたり80mで計算し、1分未満は切り上げて1分とする。したがって、「徒歩5分」であれば、徒歩で4分超5分以内ということなので、320m超400m以下となる。

(イ)**不適切**。マンションやアパートの場合、専有面積にバルコニー面積は含まれない。バルコニーは、災害時に避難経路としてその部屋の居住者以外も利用するため、共用部分とされている。

(ウ)**不適切**。マンションを購入し区分所有者になると、購入者の意思にかかわらず、当然に管理組合の構成員になる。

(エ)**適切**。取引態様のところに、「媒介」とあり、この物件を購入した場合、通常、宅地建物取引業者に媒介業務に係る報酬(仲介手数料)を支払う。

問8　解答　4

・建蔽率の上限は、用途地域ごとに定められているが(指定建蔽率)、防火地域内にある耐火建築物など、一定の条件を満たす場合は、建蔽率の上限が緩和あるいは適用を除

外される場合がある。

本問の場合は、防火地域に耐火建築物を建てるため、建蔽率が指定建蔽率に10%加算され、7/10となる。

したがって、建築面積の最高限度は、280㎡×7/10=196㎡

・容積率の上限も、用途地域ごとに定められているが（指定容積率）、前面道路の幅員が12m未満の場合は、指定容積率か次の計算式で求められたもののいずれか小さいほうが適用される。

〈前面道路の幅員による容積率の制限〉

用途地域	容積率の計算式
住居系用途地域	前面道路の幅員×4/10
その他の用途地域	前面道路の幅員×6/10

本問の場合は、前面道路の幅員が7mなので、

7m×4/10=280%＞200%（指定容積率）

したがって、延べ面積（床面積の合計）の最高限度は、

280㎡×200%＝560㎡

問9　解答　702（万円）

土地の譲渡所得は、所有期間5年以内であれば短期譲渡所得、5年を超える場合は長期譲渡所得とされるが、所有期間は譲渡した年の1月1日時点が基準となる。

本問では、2019年9月15日に取得し、2024年10月10日に譲渡しているので譲渡した2024年1月1日時点では、5年を超えておらず、短期譲渡所得となる。したがって、1,800万円×39%=702万円　となる。

問10　解答　1

実質利回りは、投資した金額に対して年間でどのくらいの純収益を得られたかを表すものなので、

「実質利回り＝純収益/投資金額×100」で計算する。

資料のうち、収益に関するものは、収入が賃料、支出は、管理費等、管理委託業務費、固定資産税となるので、

純収益は、

109,800円×12月−15,000円×12月−109,800円×5％×12月−85,000円=986,720円

よって実質利回りは、986,720円/28,000,000円×100=3.524%　≒3.52%

問11　解答　（ア）2,510（万円）　（イ）7（万円）　（ウ）486（万円）

（ア）交通事故で死亡した場合には、「定期保険特約付終身保険」から、終身保険200万円、定期保険特約1,500万円、三大疾病保障定期保険特約300万円、傷害特約500万円の合計2,500万円。また、「終身ガン保険」の死亡給付金から10万円受け取ることがで

きるので、合計2,510万円受け取れる。
(イ)骨折して8日間入院した場合、入院給付金は5日目から支払われるので5,000円×4日間＝20,000円。手術給付金は入院給付金日額の10倍なので50,000円。したがって、受け取れる給付金の合計は70,000円となる。
(ウ)胃ガンで20日間入院した場合には、「定期保険特約付終身保険」から、三大疾病保障定期保険特約から300万円受け取れる。また、疾病入院特約と成人病入院特約からそれぞれ、5日目から日額5,000円が受け取れるので、入院給付金は、5,000円×16日＋5,000円×16日＝16万円。手術給付金が入院給付金日額の40倍なので20万円。三大疾病保障定期保険特約と入院給付金と手術給付金を合わせると336万円を受け取ることができる。また「終身ガン保険」から、ガン診断給付金100万円、ガン入院給付金1万円×20日間＝20万円、ガン手術給付金30万円を受け取ることができ、合計150万円受け取ることができる。ゆえに、両方の保険を合わせると486万円受け取れる。

問12　解答　2

終身保険の2024年分の年間支払保険料は144,000円なので、一般生命保険料控除額は40,000円となる。また、個人年金保険の2024年分の年間支払保険料は180,000円なので、個人年金保険料控除額も同じく40,000円となる。したがって、生命保険料控除額の合計は、80,000円となる。

問13　解答　(ア)○　(イ)×　(ウ)×

(ア)生命保険の契約者(＝保険料負担者)と保険金受取人が同じで、被保険者が異なる場合は、一時所得として所得税・住民税の課税対象となる。
(イ)生命保険の契約者と被保険者が異なる場合、契約者が保険期間中に死亡したときは、新しく契約者となった人が保険契約の権利を引き継ぐが、その場合、解約返戻金相当額が相続税の課税対象となる。
(ウ)生命保険料控除の対象者は、保険料負担者なので、本問の場合は克己さんである。

問14　解答　(ア)×　(イ)×　(ウ)×　(エ)○

(ア)普通傷害保険は、国内外問わず、日常生活でのケガなどを補償する保険で、心臓発作などの病気は対象外となる。
(イ)対人賠償保険では、運転者自身・父母・配偶者・子などに対する損害については補償対象外となる。よって、運転者が父親を負傷させても対象外となる。
(ウ)個人賠償責任保険では、他人から預かったもの(補償対象となる保険も登場している)や、業務に関するもの、自動車の運行・管理等の賠償責任については対象外となる。
(エ)海外旅行傷害保険では、国外での地震・噴火・津波による傷害と、細菌性食中毒は特約なしで補償される。

問15　解答　1

退職所得控除額を計算する際の勤続年数に1年未満の端数があるときは、端数が1日で

も1年に切り上げる。したがって、勤続年数が32年2ヵ月なので33年で計算する。退職所得控除額は、勤続が20年超の場合は、

「70万円×(勤続年数－20年)＋800万円」なので、

70万円×(33年－20年)＋800万円=1,710万円　となる。

また、退職所得の金額は「(収入金額－退職所得控除額)×1/2」なので

(2,100万円－1,710万円)×1/2=195万円　となる。

問16　解答　1

不動産・事業・山林・譲渡所得の損失は、給与所得や一時所得等の所得と損益通算できる。ただし、不動産所得の損失のうち、土地取得に要した借入金の利子は、他の所得との損益通算はできない。したがって、本問の不動産所得の必要経費460万円のうち、土地の取得に要した借入金の利子40万円は、損益通算の対象外となる。よって損益通算の対象となる必要経費は460万円－40万円=420万円となり、損益通算の対象となる不動産所得は、不動産収入400万円－420万円=▲20万円となる。

また、株式等の譲渡による損失は、申告分離課税を選択した上場株式等の配当所得の金額とのみ損益通算が可能となるので、本問の場合は、損益通算できない。

さらに一時所得の損失は、他の所得と損益通算できないので、マイナスとなった場合は0円として取り扱う。

以上により、「1．不動産所得▲20万円が給与所得と損益通算できる」が正しい。

問17　解答　(ア)×　(イ)○　(ウ)×　(エ)○

(ア)**不適切**。美容目的の歯科矯正は、医療費控除の対象とならない。

(イ)**適切**。電車やバスでの通院が可能な場合は対象とならないが、急を要する場合や歩行が困難など特殊な事情があって利用する場合のタクシー代は、医療費控除の対象となる。

(ウ)**不適切**。一般的な近視を矯正するための眼鏡やコンタクトレンズを購入した費用は、医療費控除の対象とならない。

(エ)**適切**。人間ドックの結果、重大な疾病が発見され、そのまま治療のために入院をした場合は、人間ドックの費用は医療費控除の対象となる。

問18　解答　(ア)1/2　(イ)1/4　(ウ)なし

配偶者は常に相続人となり、それ以外の親族は、子・直系尊属・兄弟姉妹の順に、先の順位者がいない場合に、法定相続人となる。したがって本問の場合は、配偶者である妻と長男と二男と養子の4人が法定相続人となるはずだが、二男は相続放棄している。

相続放棄すると、最初から相続人でなかったものとしてみなされるため、相続放棄した人に子がいる場合でも、その子は代襲相続人にはならない。また、実子と養子の相続分は均等になる。

よって本問の場合、妻が1/2、長男と養子がそれぞれ1/4となる。

問19　解答　3

路線価の付された道路に面する自用地の相続税評価額は、「路線価×奥行価格補正率×面積」で求められる。したがって、

250千円×1.00×320㎡＝80,000千円

また、貸家建付地は、

「自用地評価額×（1－借地権割合×借家権割合×賃貸割合）」で求められるので、

　80,000千円×（1－70%×30%×100%）＝63,200千円⇒6,320万円

問20　解答　1

生命保険については、契約者と被保険者が同じで、受取人が相続人となる場合、死亡保険金はみなし相続財産として、相続税の課税対象となる。ただし、「500万円×法定相続人の数」までは非課税となる。

また、配偶者は常に法定相続人となり、それ以外は、子・直系尊属・兄弟姉妹の順に先順位の相続人がいない場合に、法定相続人となる。さらに被相続人よりも、相続人が先に死亡した場合は、その相続人の直系卑属が、相続人に代わって相続する。

したがって、本問の場合、孫Aが長男の代襲相続人となり、配偶者が受け取った死亡保険金のうち課税価格に算入される金額は、

2,000万円－500万円×3人＝500万円　　となる。

また、債務や葬式費用については、債務控除として相続財産から引くことができる。したがって、「相続税の課税価格＝相続による取得財産＋みなし相続財産－債務控除額」なので、

1,500万円＋2,000万円＋2,500万円＋500万円－500万円＝6,000万円

問21　解答　2

父親からの贈与は、相続時精算課税制度の対象となるので、累計で2,500万円まで（2024年からは別途、毎年基礎控除110万円あり）は贈与税がかからず、2,500万円を超えた分については一律20%で課税される。

したがって、{1,500万円＋（1,200万円－110万円）－2,500万円}×20%＝18万円

次に母からの贈与は500万円で、暦年課税の基礎控除は110万円なので、

（500万円－110万円）×15%－10万円＝48.5万円

したがって、2024年分の贈与税額は、18万円＋48.5万円＝66.5万円

問22　解答　453（万円）

可処分所得は「年収－（社会保険料＋所得税＋住民税）」で計算するので、財形貯蓄や従業員持株会は、可処分所得の計算の際には考慮しない。

したがって、可処分所得は

580万円－（53万円＋33万円＋2万円＋14万円＋25万円）＝453万円

問23　解答　216(万円)

変動率2％で3年後の基本生活費を計算すると、

204万円×(1＋0.02)^3≒216.48万円

万円未満を四捨五入すると、216万円となる。

問24　解答　424(万円)

その年の金融資産残高は、「前年の金融資産残高×変動率±年間収支」で計算する。

2026年の年間収支は462万円−570万円＝▲108万円

したがって

527万円×(1＋0.01)−108万円＝424.27万円

万円未満を四捨五入すると、424万円となる。

問25　解答　1,125,000(円)

元利均等返済の毎年の返済額を求める場合には、資本回収係数を用いる。2,500万円を借り入れて25年で返済するので、25年の資本回収係数を用いて、

2,500万円×0.045＝1,125,000円　となる。

問26　解答　14,436,800(円)

一定の元本をもとに希望する年金額を受け取るために、必要な元本の金額を計算するには、年金現価係数を用いる。

毎年80万円を受け取りたいので、20年の年金現価係数を用いて、

80万円×18.046＝14,436,800円　となる。

問27　解答　7,240,000(円)

目標額を貯めるために必要な元金を求めるためには、現価係数を用いる。

10年後に800万円を準備したいので、10年の現価係数を用いて、

800万円×0.905＝7,240,000円　となる。

問28　解答　1,810(万円)

土地の譲渡は非課税となる。したがって、本問でのマンションの販売価格3,735万円(うち消費税175万円)のうち、土地の譲渡分については非課税取引となる。

消費税率は10％なので、「建物価格×10%＝消費税」となり、

建物の価格＝175万円÷10%＝1,750万円

よって、「土地の価格＝販売価格−建物の価格−消費税」となるので

3,735万円−1,750万円−175万円＝1,810万円

問29　解答　3

(ア)連帯債務は、最初からローンの返済義務があるため、住宅ローン控除は受けられる。

(イ)連帯保証人は、基本的には住宅ローンの返済義務がないため、住宅ローン控除は受

けられない。

（ウ）ペアローンは、住宅ローンを2本契約し、それぞれが契約者となる。したがって、2人とも住宅ローン控除は受けられる。

問30　解答　3

	公社債投資信託	株式投資信託	ETF	J－REIT
成長投資枠による 非課税の対象	対象にならない	対象になる	対象になる	対象になる
上場・非上場	非上場	非上場	証券取引所に 上場	証券取引所に 上場
指値注文	できない	できない	できる	できる

問31　解答　1

10,000オーストラリアドルを6ヵ月定期に預け入れた場合の利息は、

$10,000 \times 3\% \div 2 \times 0.8 = 120$オーストラリアドル

元本＋利息で　$10,000 + 120 = 10,120$オーストラリアドル

円に換算する際にはTTBを用いるので、$10,120 \times 84 = 850,080$（円）　となる。

問32　解答　（ア）×　（イ）×　（ウ）×

（ア）**不適切**。契約者と被保険者が同一人で、受取人がそれ以外の場合は相続税の課税対象となる。

（イ）**不適切**。高度障害保険金は、被保険者、配偶者、直系血族または生計を一にする親族が受け取った場合は非課税となる。

（ウ）**不適切**。入院給付金は、被保険者、配偶者、直系血族または生計を一にする親族が受け取った場合は非課税となる。

問33　解答　（ア）〇　（イ）×　（ウ）×

（ア）**適切**。療養補償給付として受ける「療養の給付」は、労災病院や労災指定医療機関および指定薬局等において行われる。

（イ）**不適切**。「療養の給付」を受ける被災労働者は、労災病院や労災指定医療機関および指定薬局等において、自己負担なしで療養の給付が受けられる（現物給付）。

（ウ）**不適切**。労災の保険給付には、業務災害と通勤災害があり、通勤途上の災害によるケガのために療養を必要とする場合についても保険の給付が行われる。

問34　解答　（ア）〇　（イ）×　（ウ）×

（ア）**適切**。遺族基礎年金は、子が18歳に達した日以後の最初の3月31日を終了するまで支給される。

（イ）**不適切**。中高齢寡婦加算は夫の死亡時、40歳以上65歳未満の妻に支給されるが、遺

族基礎年金が受けられる間は、支給を停止される。したがって、正幸さんが2024年11月に死亡した場合、同時に支給を受けられるのは、遺族基礎年金と遺族厚生年金である。

(ウ)**不適切**。遺族厚生年金の額(中高齢寡婦加算額は除く)は、正幸さんの厚生年金保険の被保険者期間(短期要件に該当するため300月とみなして計算される)に基づく報酬比例部分の年金額の4分の3に相当する額である。

問35 解答 9,220(万円)

白鳥家のバランスシートは下記のようになる。純資産は、「資産合計－負債合計」で求められるので、

9,540－320＝9,220(万円) となる。

〈白鳥家(孝明さんと直子さん)のバランスシート〉 (単位：万円)

[資産]		[負債]	
金融資産		住宅ローン	320
預貯金	3,300	負債合計	320
株式	120		
投資信託	350		
生命保険(解約返戻金相当額)	370		
不動産		[純資産]	9,220
土地(自宅敷地)	4,000		
建物(自宅)	1,200		
その他	200		
資産合計	9,540	負債・純資産合計	9,540

問36 解答 (ア)1/2 (イ)1年

遺留分とは、相続人が最低限受け取れる財産で、被相続人の兄弟姉妹以外に認められている。その割合は、相続人が直系尊属のみの場合は、法定相続分の1/3、それ以外の場合は法定相続分の1/2である。

したがって本問の場合の各相続人の遺留分は

・康彦さん：1/3×1/2=1/6

・孝明さん：1/3×1/2=1/6

・華子さん：1/3×1/2=1/6

よって合計で3/6=1/2

遺留分を侵害した場合には、遺留分権利者は遺留分侵害額を請求をすることで、遺留分の額に達するまで取り戻すことができるが、相続の開始または遺留分を侵害する贈与・遺贈があったことを知ったときから1年以内(知らなかった場合は、相続開始のときから10年以内)に行使しなければ消滅する。

問37　解答　1,150(万円)

　銀行が破たんした場合、預金保険制度により、預金者1人当たり元本1,000万円までとその利息が保護される(利息の付かない決済用預金は全額保護)。ただし、外貨預金は、預金保険制度の対象外となる。よって、

孝明さん：普通預金80万円＋定期預金750万円＝830万円

直子さん：普通預金70万円＋定期預金250万円＝320万円

2人分を合計すると830万円＋320万円＝1,150万円

問38　解答　2

　公的年金のうち、老齢年金は雑所得として課税対象となるが、障害・遺族年金は非課税となる。また、雑所得は、公的年金等とその他の雑所得を分けて計算する。

公的年金は、収入金額－公的年金等控除額 なので、75万円－110万円＝－35万円

よって0円扱い。

また個人年金は、収入金額－収入を得るために支出した額なので、

個人年金120万円－必要経費80万円＝40万円

よって、0円＋40万円＝40万円

問39　解答　(ア)×　(イ)○　(ウ)○　(エ)×

(ア)**不適切**。国民健康保険の保険料(税)は、市区町村ごとに異なる。

(イ)**適切**。国民健康保険の保険料(税)は、世帯単位で徴収される。

(ウ)**適切**。協会けんぽの任意継続被保険者の保険料は、全額自己負担である。

(エ)**不適切**。協会けんぽの任意継続被保険者の保険料は、被扶養者の人数にかかわらず退職時の標準報酬月額に保険料率を乗じて算出する。

問40　解答　2

(1)**適切**。後期高齢者医療制度による自己負担額は、現役並み所得者は3割、一定以上の所得者は2割、それ以外の人は1割である。

(2)**不適切**。介護保険の自己負担額は、65歳未満の第2号被保険者は所得にかかわらず1割負担となるが、65歳以上の第1号被保険者については所得額により、1割負担から3割負担までに分かれる。

(3)**適切**。公的介護保険を利用した自己負担額が、同月に一定の上限を超えたとき、申請により超えた分が高額介護・高額介護予防サービス費として支給される。

(4)**適切**。世帯内で同一の医療保険(健康保険・国民健康保険・高齢者医療保険制度)に加入していて、毎年8月から翌年7月末までの1年間にかかった医療保険と介護保険の自己負担額(高額療養費および高額介護(予防)サービス費を除く)の合計額が基準額を超えた場合、高額医療・高額介護合算制度により超過分が支給される。